ISBN 978-0-265-32667-1
PIBN 10379939

Forgotten Books is a registered trademark of FB &c Ltd.
Copyright © 2017 FB &c Ltd.
FB &c Ltd, Dalton House, 60 Windsor Avenue, London, SW19 2RR.
Company number 08720141. Registered in England and Wales.

For support please visit www.forgottenbooks.com

COLLECTION

COMPLÈTE

DES MÉMOIRES

RELATIFS

A L'HISTOIRE DE FRANCE.

Jean de Troyes, 2ᵐᵉ partie.

Guillaume de Villeneuve. La Trémouille.

LEBEL, IMPRIMEUR DU ROI, A VERSAILLES.

COLLECTION

COMPLÈTE

DES MÉMOIRES

RELATIFS

A L'HISTOIRE DE FRANCE,

DEPUIS LE RÈGNE DE PHILIPPE-AUGUSTE, JUSQU'AU COMMENCEMENT
DU DIX-SEPTIÈME SIÈCLE;

AVEC DES NOTICES SUR CHAQUE AUTEUR,
ET DES OBSERVATIONS SUR CHAQUE OUVRAGE,

PAR M. PETITOT.

———

TOME XIV.

PARIS,

FOUCAULT, LIBRAIRE, RUE DES NOYERS, N.º 37.
1820.

LES CHRONIQUES

DU TRES CHRESTIEN ET TRES VICTORIEUX

LOUYS DE VALOIS,

FEU ROY DE FRANCE (QUE DIEU ABSOLVE)

UNZIESME DE CE NOM.

SECONDE PARTIE.

Le septiesme jour du mois d'avril l'an 1475 fut publiee à Paris l'alliance d'entre l'Empereur et le Roy,
et de l'ordonnance du Roy fut envoyé publier devant
le logis de monseigneur du Mayne, duc de Calabre
et l'ambassade de Bretaigne, qui estoit en ladicte
ville, et apres par les carrefours d'icelle ville. Audit
mois d'avril vint par devers le Roy deux ambassades,
l'une de Fleurance et l'autre de l'empereur d'Alemai-
gne, qui furent moult honnorablement receuz et festiez, tant du Roy que des aultres seigneurs d'autour
de luy. Audit mois d'avril le Roy se partit de Paris
pour aler à Vernon sur Seine, auquel lieu l'attendoient monseigneur l'admiral ; et les aultres capitaines,
pour conclure de la guerre, et ce qui estoit à faire

pour la treve qui failloit le dernier jour dudit moïs
d'avril, et puis s'en retourna à Paris, où il arriva le
vendredy quatorziesme jour dudit mois. Et le lundy
vingtcinquiesme jour dudit mois d'avril s'en partit le
Roy pour aler à Pons Saincte Maixance, pour illec
preparer de son armee, et en emmena pour le conduire
et estre autour de luy avecques les gentils-hommes,
sa garde et officiers de son hostel, huit cens (¹) lances
fournies, et y fut menee et conduicte grant quantité
d'artillerie, grosse et menuë, entre lesquelles y avoit
cinq bombardes, dont les quatre avoient nom : c'est
assavoir l'une Londres , l'autres Brebant, la tierce
Bourg en Bresse, et la quarte Sainct Omer. Et oultre
et par dessus la compaignie desdits de la garde escos-
soise et françoise, et aultres gentils-hommes et officiers de l'ostel y fut et y ala grande compaignie des
nobles et francs archiers de France et Normendie, et
pour l'avitaillement de l'ost y furent envoyez vivres de
toutes parts.

Et le lundy premier jour de may le Roy se partit
de l'abbaye de la Victoire où il estoit, pour aller audit
Pons Saincte Maixance pour faire ses approuches, et
ordonner de la guerre en ce qui estoit affaire sur les
Bourguignons, et fut envoyé devant le Tronquoy et
Mondidier. Et le mardy deuxiesme de may vint et
arriva à Paris monseigneur de Lyon qui venoit de devers le Roy, lequel fut estably lieutenant du Roy au
conseil de Paris. Et le mercredy troisiesme jour dudit
mois. feste de saincte Croix fut faicte une moult belle
procession generale audit lieu de Paris de toutes les
eglises. En laquelle faisant furent tous les petits enfans

_____
(¹) *Huit cens* : manuscrit : *sept cens.*

de Paris, chascun tenant ung cierge, et fut alé querir le sainct Innocent et porté à Nostre Dame. Et en
ladicte procession estoient monseigneur de Lyon, monseigneur le chancellier de costé luy, et après aloient
monseigneur de Gaucourt lieutenant du Roy à Paris,
les prevost des marchans et eschevins de ladicte ville,
les presidens et conseilliers de parlement, chambre des
comptes, et aultres officiers d'icelle ville. Et après le
populaire aloient en grant et merveilleux nombre,
que on estimoit à cent mil personnes et mieux, et fut
porté ledit sainct Innocent en ladicte procession par
monseigneur le premier president, et par Nanterre president en ladicte court de parlement, et le president
des comptes de Ladriesche, et le prevost des marchans.
Et pour conduire et mettre ordre en ladicte procession y estoient les archiers de la ville, et aultres gens
ordonnez pour garder de faire bruit et noise en icelle
procession. Et le mardy second jour de may audit an,
le Roy qui avoit envoyé sommer les Bourguignons
tenans ledit Tronquoy furent par iceulx Bourguignons
tuez ceulx qui estoient alez faire ladite sommation. Et
pour ceste cause fit tirer son artillerie contre ledit lieu
du Tronquoy, tellement que ledit jour à cinq heures
apres midy y fut livré l'assault fort et aspre, et fut
emportee ladicte place d'assault, et furent tuez et
pendus tous ceux qui furent trouvez dedens, sauf et
reservé ung nommé Motin de Caulers, que le Roy
fist sauver, et si le fist esleu de Paris extraordinaire.
Mais avant qu'ils fussent prins firent grant resistence
iceulx Bourguignons contre les gens du Roy, et tuerent
audit assault le capitaine de Ponthoise, qu'on disoit
estre vaillant homme, et aultres gens de guerre et

francs archiers, et puis fut ledit lieu abatu et demoly. Et ledit jour de saincte Croix s'en ala l'armee du Roy mettre le siege devant Mondidier, pour ce qu'ils furent reffusans d'eulx rendre au Roy. Et le vendredy cinquiesme jour dudit mois d'avril audit an fut misé et reduite en la main du Roy ladicte ville de Montdidier, et s'en alerent ceulx de dedens leurs vies saulves, et laisserent tous leurs biens, et puis fut toute ladite ville abatuë.

Le samedy ensuivant sixiesme jour de may fut pareillement renduë la ville de Roye et s'en alerent les Bourguignons de dedens, vies et bagues saulves, et puis fut aussi rendu le chasteau de Moreul pareillement que ceux de Roye. Et en faisant telles executions que dit est sur ledit de Bourgongne et son pays par l'armee du Roy qui estoit si noble, telle et si belle. compagnie et artillerie, que là où elle eust esté menee y avoit gens assez pour en brief temps prendre et mettre en la main du Roy toutes les villes et places dudit de Bourgongne, tant Flandres, Picardie, que aultres lieux, car tout fuyoit devant iceulx. Et pour rompre icelle armee fut le Roy adverty par aucuns, et mesmement de par monseigneur le connestable, que besoing luy estoit de garder sa duchié de Normendie, pour les Anglois que on luy disoit qui y devoient descendre : et si luy fut dit par mondit seigneur le connestable, au moins fut mandé ou escript qu'il fist hardiment ledit voyage en Normendie, et qu'il ne se souciast point d'Abbeville et Peronne, et que cependant qu'il yroit, les feroit reduire en sa main. Et le Roy croyant ces choses s'en ala audit païs de Normendie, et là mena avecques luy monseigneur l'Admiral et cinq cens lances,

avecques les nobles et francs archiers de Normandie,
et à ceste cause se departit l'armee et s'en ala chascun
en son logis. Et puis quant le Roy fut en Normendie,
trouva qu'il n'estoit nulles nouvelles desdits Anglois,
et ala à Harfleu, Dieppe, Caudebec et autres places.
Et cependant ne se fist riens à l'avantage du Roy,
mais au contraire au moyen de ladite alee en Normendie firent lesdits Bourguignons de grans maulx;
aux sujects et païs du Roy, qui y eurent de grans pertes,
et puis s'en vint le Roy à Nostre Dame Descouys, en un
hostel pres d'illec nommé Gaillart-Bois, lors appartenant
à Colon lieutenant de monseigneur l'admiral, où il se
tint par aucun temps, durant lequel eut nouvelles de
monseigneur le connestable, de la venüe et descendüe
que faisoient lesdits Anglois à Calais. Et aussi que monseigneur de Bourgongne s'estoit levé de devant Nux,
dont il disoit qu'il avoit la possession, et fait son appointement avecques l'Empereur. Lequel Empereur
avec ledit de Bourgongne s'en venoit faire guerre au
Roy, desquelles choses n'estoit rien, et fust trouvé
tout le contraire estre vray.

Durant ces choses fut prins ung herault d'Angleterre
nommé Scales, qui avoit plusieurs lettres qu'on escripvoit de par le roy Edouart à diverses personnes,
lesquelles lettres le Roy vist, et dict et certifia au Roy
ledit Scales, que les Anglois estoient descendus à
Calais, et que ledit roy Edouart y devoit estre le vingt
deuxiesme jour de ce present mois de juing, à tout [1]
douze ou treize mil combatans. Et si luy certifia oultre
que ledit de Bourgongne avoit fait son accord avec
ledict Empereur, et estoit retourné à Brucelles, dont

[1] *A tout* : avec.

de tout il n'estoit rien. Audit lieu Descouys fut aussi le
Roy adverty que mondit seigneur le connestable avoit
envoyé à monseigneur de Bourbon son seellé, pour su-
borner et tant faire, que mondit seigneur de Bourbon,
voulsist devenir et estre contre le Roy, et de soy alier
avecques ledit duc de Bourgongne, de toutes lesquelles choses le Roy fut moult merveillé. Et incontin-
nant par plusieurs et divers messaiges, fut mandé par
le Roy mondit seigneur de Bourbon venir à luy, et
enfin l'envoya querir par monseigneur l'evesque de
Maude, par lequel ledit seigneur de Bourbon avoit
envoyé au Roy le seellé dudit monseigneur le connestable, des choses devant dictes.

Audit temps le Roy eut nouvelles de mondit seigneur de Bourbon comment les gentils hommes de ses
pays, francs archiers et aultres que mondit seigneur
avoit envoyez faire guerre pour le Roy à la duchié de
Bourgongne, par laquelle guerre le Roy avoit commis
mondit seigneur à son lieutenant general qu'ils avoient
trouvé lesdicts Bourguignons à Guy pres de Chasteau-
chinon, et illec chargerent sur iceux, lesquels ils descon-
firent et y en eut de prins, de mors et qui s'en fuyrent
grant quantité, entre lesquels Bourguignons y fut
deffait deux cens lances de Lombardie, dont la pluspart y moururent, et si y mourut le seigneur de
Conches et aultres seigneurs. Et y furent prins le conte
Roussi mareschal de Bourgongne, le sire de Longy,
le bailly d'Auxerre [1]; le sire de Lisle, l'enseigne du
seigneur de Beauchamp, le fils du comte de Sainct
Martin, messire Louys de Montmartin, messire Jehan
de Digoigne, le seigneur de Rugny, le seigneur de

[1] Le manuscrit : d'Auxois.

Chaligny, les deux fils de monseigneur de Vitaulx, dont
l'un estoit conte de Joigny, et aultres, et fut ladicte
destrousse ainsi faite le mardy vingtiesme jour de
juing.

Audit mois de juing nonobstant les lettres ainsi en-
voyees par mondit seigneur le connestable au Roy, le
Roy eut nouvelles de l'Empereur qu'il avoit fait ra-
freschir ceulx de ladicte ville de Nux, et d'icelle avoit
mis hors tous les navrez et malades, et les avoit avitaillez pour un an entier, et mis gens tous nouveaulx,
et partant mist ledit de Bourgongne à sa croix de
pardieu, et que avecques ce avoit gaighee grant quantité de son artillerie, sa vaisselle d'argent et aultres bagues. Audit temps de juing le mardy vingtseptiesme
monseigneur l'admiral et ceulx de sa compaignie qui
avoient esté ordonnez de par le Roy à faire le gast en
Picardie et Flandres, et de mettre à feu et à sang tout
ce qu'ils trouveroient esdits pays, vint ledit jour mettre
ses embusches pres de la ville d'Arras. Et icelles mises
envoya environ quarante lances courir devant ladite
ville d'Arras, lesquels d'Arras cuidans desconfire lesdictes lances firent sur eulx grans saillis qui vindrent
asprement courir sus ausdictes quarante lances, lesquelles se vindrent rendre esdictes embusches. Et apres
eulx lesdicts de Arras, tous lesquels furent enclos par
ceulx desdictes embusches, qui sur eulx chargerent et
les mirent en fuite, et en fuyant y en eut de tuez de
quatorze à quinze cens hommes, et y fut tué le
cheval du sire de Romont fils de Savoye et frere de la
Royne, mais il se sauva. Le gouverneur d'Arras
nommé Jacques de Sainct Pol, et plusieurs aultres
seigneurs et gens de nom y furent prins, que mondit

seigneur l'admiral mena devant icelle ville. pour les
sommer de eulx rendre és mains du Roy leur souverain seigneur, ou aultrement qu'il feroit coupper les
cols ausdits seigneurs prisonniers. Audit mois de juing
le Roy qui avoit à son prisonnier le prince d'Orenge
seigneur de Harlay, et qui estoit à trente mil escus
de finance, le delivra et donna sadicte finance, et en
ce faisant devint homme lige du Roy, et luy fist hom-
maige de ladicte principauté d'Orenge. Et partant le
Roy le renvoya à ses despens en ses pays, et luy donna
et octroya telle preeminence, qui se peust nommer
par la grace de Dieu, puissance de faire monnoye
d'or et d'argent de bon aloy, aussi bon que la monnoye du Dauphiné, donner aussi toutes graces, re-
missions et pardons, reservé de heresie et de crime
de leze majesté. Et si donna le Roy dix mil escus contens au seigneur qui avoit prins ledit prince.

Audit mois de juing le Roy envoya ses lettres patentes à Paris, par lesquelles il fist publier que les
Anglois estoient descendus à Calais, et que pour y resister il mandoit au prevost de Paris de contraindre
tous les nobles et non nobles, tenans fief ou arriere-fief,
pour estre prests le lundy troisiesme jour de juillet, entre Paris et le bois de Vinciennes, pour d'illec partir et
aler où ordonné leur seroit, et nonobstant le privilege
et pour ceste fois seulement. En ensuivant lequel cry
furent envoyez par ceulx de Paris plusieurs gens en
armes, montez et habillez par devers mondit seigneur
le prevost de Paris au pays de Soixonnois. Au mois
de juillet ensuivant le Roy qui sejourna en Normendie
par aucun temps s'en revint à Nostre Dame Descouys et à Gaillart-Bois prés d'illec, où aussi il sejourna

une pièce, et puis s'en partit pour aler à Nostre Dame de la Victoire, où il fut aussi une autre espace de temps, et puis s'en ala à Beauvais.

Audit mois ledit duc de Bourgongne qui avoit esté devant la ville de Nux par l'espace de douze mois, s'en partit et s'en ala de nuict et honteusement de devant icelle ville sans l'avoir peu conquerir, qui luy vint à moult grant blasme, et perte de gens et biens. Et puis s'en revint à ses pays, où il trouva son frere le roy Edoüart d'Angleterre qu'il y avoit fait descendre, pour en continuant son mal et malice de rechief faire guerre au Roy et à ses pays et subjects.

Audit temps se fist de grandes batteries et destructions de pays et terres dudit duc de Bourgongne, et y eut plusieurs villes, bourgs et villaiges ars et destruits.

Et audit temps fut mandé par le Roy venir à luy monseigneur le duc de Bourbon, qui avant qu'il y vint eut plusieurs lettres et messaiges, et puis vint pardevers le Roy, luy estant à Nostre Dame de la Victoire; et arriva en la ville de Paris mondit seigneur de Bourbon au mois d'aoust, à moult belle et honneste compaignie de nobles hommes, et bien fort triomphans, et avoit bien avecques luy de sa compaignie cinq cens chevaulx. Et s'en partit ledit duc de Bourbon de ladicte ville de Paris pour aler par devers le Roy, le lundy quatorziesme jour d'aoust, et fut ung peu d'espace de temps avecques le Roy, et puis s'en partit de Senlis pour aler à Cleremont.

Audit mois d'aoust le Roy eut ambassades de par le roy d'Angleterre, qu'il s'estoit venu loger à Lihons en Santers, qui communiquerent avecques le Roy d'aucunes matieres, apres lequel pourparlé le Roy en-

voya à Paris monseigneur le chancelier, messeigneurs
les gens des finances et aultres, pour avoir prest d'argent de ceulx de ladicte ville, ausquels fut fait promesse et obligation de leur restituer leur prest dedens
le jour de Toussaincts. Et fut presté de ladicte ville
soixante et quinze mil escus d'or, qui furent baillez
ausdits Angloïs au moyen de certain traicté fait avecques eulx. Et si fut envoyé au Roy grant quantité de
gens en armes de par ladicte ville, montez et habillez
aux gaiges et despens des officiers et aultres habitans
de ladicte ville.

Audit mois d'aoust le mardy vingt-neufiesme jour
dudit mois, le Roy se partit d'Amiens, et aussi messeigneurs de Bourbon, de Lyon, et autres nobles
hommes, capitaines, gens d'armes et de traict, officiers,
et aultres gens, en moult grant et merveilleux nombre,
que bien on estimoit estre cent mil chevaulx, pour
tous aler à Piquigny. Auquel lieu le roy Edoüart
d'Angleterre vint parler au Roy, et en amena avecques luy son avant-garde et arriere-garde, et demoura
en bataille prés dudit Piquigny. Et dessus le pont dudit Piquigny, le Roy avoit fait dresser deux appentis
de bois, l'ung devant l'autre, dont l'ung estoit fait
pour le Roy, et l'autre pour le roy d'Angleterre. Et
entre lesdits deux appentis y avoit une cloison de bois,
dont la moitié par le hault estoit treillissee, tellement
que chascun des deux rois pouvoient mettre leur bras
par dedens ledit treillis. Et en l'un desdits appentis
vint et arriva le Roy tout le premier, et incontinent
qu'il y fut arrivé s'en partit ung baron d'Angleterre
illec attendant le venuë du Roy, qui ala dire au roy
d'Angleterre que le Roy estoit ainsi arrivé : lequel roy

d'Angleterre qui estoit en son parc loing d'une bonne
lieuë dudit Piquigny, accompaigné de vingt mil Anglois, bien artillez dedens sondit parc, s'en vint incontinent audit lieu de Piquigny, audit appentis qui
luy estoit appareillé. Et amena seulement avecques
luy pour l'attendre au joignant d'icelluy appentis,
vingt des lances de sadicte compaignie, qui illec furent
et demourerent dedens l'eauë à costé dudit pont, par
tout le temps que le Roy et ledit roy d'Angleterre
furent et demourerent en icelluy appentis. Durant
lequel temps vint une moult grande et merveilleuse
pluye, qui fist moult de mal et perte aux seigneurs et
gentils-hommes du Roy, à cause des belles houssures
et nobles habillemens qu'ils avoient preparez pour la
venuë dudit roy Edouart d'Angleterre. Et lequel roy
d'Angleterre quant il vit et apperceut le Roy il se
getta à un genoil à terre, et depuis par deux fois se y
getta avent que arriver au Roy, lequel le receut bien
benignement, et le fist lever, et parler bien ung quart
d'eure ensemble és presences de mesdits seigneurs de
Bourbon, de Lyon, et aultres seigneurs et gens des
finances, que le Roy avoit faict illec venir jusques au
nombre de cent. Et puis apres ce qu'ils eurent parlé
ensemble en general, le Roy fist tout reculler, et parlerent à privé ensemble, où aussi ils furent et demourerent une espace de temps.

Et au departement fut publié que l'appoinctement
estoit fait entre eulx tel qu'il s'ensuit : c'est assavoir que
treves estoient accordées entre eulx pour le temps de
sept ans, qui commencerent ledit vingt-neufiesme jour
d'aoust, l'an 1475, et finiroient à pareil et semblable
jour qui seroit 1482. Laquelle treve seroit marchande,

et pourroient aler et venir lesdits Anglois par tout le royaulme armez et non armez, pourveu qu'ils ne seroient en armes en une compaignie plus que de cent hommés. Et fut publiee ladicte treve à Paris, Amiens (1), et aultres lieux du royaulme de France. Et puis fut baillé audit roy d'Angleterre soixante-quinze mil escus d'or, et si fist le Roy d'aultres dons particuliers à aucuns seigneurs d'autour dudit Edouart, et aux heraulx et trompettes de ladicte compaignie, qui en firent grant feste et bruit, en criant à haulte vois, *largesse au tres noble et puissant roy de France, largesse, largesse.*

Et si promist encores audit roy Edouart luy payer et donner par chascunes desdites sept annees cinquante mil escus. Et si festoya bien fort le duc de Clairance frere dudit roy d'Angleterre, et luy donna de beaulx dons. Et puis le roy Edouart retira tous ses Anglois qu'il avoit, tant de son ost que aultres qu'il avoit envoyez à Abbeville, Peronne et ailleurs, et fist trousser et baguer (2) tout son bagage, et s'en retourna à Calais pour passer la mer et s'en aler en son royaulme d'Angleterre. Et le convoya jusques audit lieu de Calais maistre Jehan Hesberges evesque d'Evreux, et si laissa ledit Edouart au Roy deux barons d'Angleterre, l'un nommé le seigneur de Havart, et l'autre le grant escuyer d'Angleterre, jusques à ce que le Roy eust eu aucune chose que ledit Edouart luy devoit envoyer du royaulme d'Angleterre, et lesquels seigneur

---

(1) *Amiens :* dans toutes les autres éditions on lit, *avenües.* Nous avons relevé un grand nombre de fautes de ce genre, dont nous ne ferons aucune mention particuliére. *Voyez* l'Avertissement. — (2) *Baguer :* emballer.

de Havart et grant escuyer estoient fort amis et en la
grace dudit Edouart, et qui avoient esté moyen de
faire ladicte paix, treves, et autres traictiez entre
iceulx Rois. Et furent iceulx Havart et grant escuyer
fort festiez à Paris, et puis le Roy, mesdits seigneurs
de Bourbon, Lyon, et aultres seigneurs qui estoient à
Amiens, s'en retournerent à Senlis, où ils furent une
espace de temps.

. Et ordonna le Roy gens de sa maison pour mener
et conduire lesdits de Havart et escuyer parmy la ville
de Paris et aultres lieux, et entre aultres y ordonna
et en bailla la charge à sire Denis Hesselin son maistre
d'hostel et esleu de Paris, qui en fist bien son debvoir,
à l'ouneur et loüange du Roy, et demeurerent en ladicte ville par l'espace de huict jours entiers ; où ils
furent bien fort festiez et menez joüer au bois de Vinciennes et ailleurs. Et entre aultres choses furent bien
fort festiez aux Tournelles, en l'ostel du Roy, et pour
ce faire leur fut envoyé pour les honnestement entretenir, plusieurs dames, damoiselles et bourgoises, et
puis s'en retournerent lesdits de Havart et escuyer par
devers le Roy, qui lors estoit à la Victoire prés Senlis.
Et audit mois de septembre le Roy qui estoit audit
lieu de la Victoire, s'en ala vers le païs de Soixonnois,
et à Nostre Dame de Liece. Et en ce voyage print et
reduisit en ses mains la ville de Sainct Quentin que
monseigneur le connestable avoit prinse et usurpée sur
luy, et bouté hors ceulx à qui le Roy en avoit baillé
la charge, ainsi que dit est devant. Et auparavant ledict connestable s'en estoit alé, et avoit habandonné
ses villes et places pour aller avec et en l'obeyssance
dudit de Bourgongue. Et qui pis estoit avoit escrit et

mandé au roy Edouart d'Angleterre apres le traicté par
luy fait avecques le Roy, et qu'il estoit retourné à Calais pour passer la mer, et retourner en Angleterre.;
qu'il estoit ung lasche deshonnouré et povre Roy d'a-
voir fait ledict traictié avecques le Roy soubs umbre
des promesses que le Roy luy avoit faictes, dont il ne
luy tiendroit rien, et qu'en fin s'en trouveroit deceu.
Lesquelles lettres ainsi audit roy Edouart escriptes
par ledit connestable, il envoya dudit lieu de Calais
au Roy, lequel apperceut que ledict connestable n'estoit point feal comme estre devoit. Et puis fut donné
congié par le Roy auxdits de Havart et grant escuyer
d'eux en retourner audit royaulme d'Angleterre, et
leur fut donné de beaulx dons, tant en or qu'en vaisselle d'or et d'argent, et si fist le Roy publier à Paris
qu'on leur laissast prendre des vins au pays de France;
tant que bon leur sembleroit pour mener en Angleterre, en les payant.

Audit mois d'octobre le Roy qui estoit alé à Verdun
et aultres placés environ la duché de Lorraine, retourna à Senlis et à la Victoire. Et y vindrent les ambassadeurs de Bretaigne qui firent la paix entre le Roy
et ledit duc de Bretaigne, qui renonça à toutes alian-
ces et seelez qu'il avoit fait et baillé contre le Roy. Et
pareillement ledit monseigneur de Bourgongne print
et accepta treves marchandes avecques le Roy, pareillement que la treve des Anglois.

Et le lundy seiziesme jour dudit mois d'octobre audit an 1475, fut publiee solempnellement au son de
deux trompettes, et par les carrefours de ladicte ville
de Paris ladicte treve marchande d'entre le Roy et
mondit seigneur de Bourgongne, pour le temps et

terme de neuf ans, commençans le quatorziesme jour
de septembre audit an, et finissans à semblable jour
l'an 1484. Par laquelle toute marchandise devoit avoir
cours par tout le royaulme de France, et ce temps
durant chascun povoit retourner en ses possessions
immeubles.

Et puis le Roy s'en retourna à Sainct Denis, et puis
à Savigny prés de Montlehery, et de là au bois de
Malesherbes, et en apres à Orleans, à Tours, et à
Amboise. Et le lundy vingtiesme jour de novembre
audit an 1475, fut mené escarteller aux halles de
Paris par arrest de la court de parlement, un gentilhomme natif de Poictou, nommé Regnault de Veloux,
serviteur et fort familier de monseigneur du Maine,
pour occasion de ce que ledit Regnault avoit fait plusieurs voyages par devers divers seigneurs de ce
royaulme, et conseillé de faire plusieurs traictiez, et
porté plusieurs seellez contre et au prejudice du Roy;
dudit royaulme, et de la chose publicque. Et fut ledit Regnault par l'ordonnance de ladicte court fort
secouru pour le fait de son ame et conscience : car il
luy fut baillé le curé de la Magdeleine, penancier de
Paris, et moult notable clerc, docteur en theologie,
et deux grans clercs de l'ordre des Cordeliers, et furent pendus ses membres aux quatre portes de Paris,
et le corps d'icelluy au gibet de Paris.

Et pour ce que par le Roy nostre sire d'une part et
ses ambassadeurs pour luy, et les ambassadeurs de
monseigneur de Bourgongne, au mois d'octobre qui
estoit passé dernier, en faisant par eulx la treve de neuf
ans entre eulx deulx, dont est faicte mention devant,
avoit esté promis de par ledit duc de Bourgongne de

mettre et livrer és mains dés gens et ambassadeurs du Roy ledit connestable de France nommé messire Loys de Luxembourg. Fut par ledit duc de Bourgongne baillé et livré ledit connestable és mains de monseigneur l'admiral bastard de Bourbon, de monseigneur de Sainct Pierre, de monseigneur du Bouchaige, de maistre Guillaume de Cerisay, et aultres plusieurs. Et par tous les dessus nommez en fut mené prisonnier en la ville de Paris, et mené par dehors les murs d'icelle du costé des champs, à l'entree de la bastille Sainct Anthoine. Laquelle entree ne fut point trouvee ouverte, et pource fut ordonné et amené ledit monseigneur le connestable passer parmy la porte Sainct Anthoine au dedans de ladicte ville, et mis en ladicte Bastille. Et estoit ledit monseigneur le connestable vestu et habillé d'une cappe de camelot doublee de veloux noir, dedans laquelle il estoit fort embrunché (1), et estoit monté sur ung petit cheval à courts crains et en ses mains avoit unes moufles fort veluës.

Et audit estat apres ce qu'il fut descendu audit lieu de la Bastille, trouva illec monseigneur le chancellier, le premier president, et les aultres presidens en la court de parlement, et plusieurs conseillers d'icelle court. Et aussi y estoit sire Denis Hesselin maistre d'ostel du Roy nostre sire, qui tous illec le receurent, et apres s'en departirent, et le laisserent en la garde de Phelippe Luillier, capitaine dudit lieu de la Bastille. Et auquel lieu de la Bastille ledict monseigneur l'admiral present mondit seigneur le connestable, ausdits chancellier, presidens et aultres dessus nom-

(1) *Embrunché* : signifie également *embarrassé, à couvert.*

mez, profera et dist telles ou semblables parolles, en
effect et substance : « Messeigneurs qui cy estes tous
« presens, veez cy monseigneur de Sainct Pol, lequel le
« Roy m'avoit chargé d'aler querir par devers monsei-
« gneur le duc de Bourgongne, qui luy avoit promis le
« luy faire bailler, en faisant avecques le Roy son der-
« nier appointement de la treve entre eulx. En four-
« nissant à laquelle promesse le me a faict bailler et
« delivrer, pour et au nom du Roy. Et depuis l'ay bien
« gardé jusques à present que je le mets et baille en vos
« mains, pour luy faire son procez le plus diligemment
« que faire le pourrez : car ainsi m'a chargé le Roy de
« le vous dire. » Et à tant s'en partit ledit monseigneur
l'admiral dudit lieu de la Bastille. Et apres que ledit
connestable eut ainsi esté laissé és mains des dessus
nommez, monseigneur le chancellier, premier et second presidens de parlement, et aultres notables et
saiges personnes, en bien grant nombre, à faire ledit
procez, vacquerent et entendirent à bien grant diligence et solicitude à faire ledit procez, et en faisant
icelluy interroguerent ledit seigneur de Sainct Pol sur
les charges et crimes à luy mis sus et imposez, ausquels interrogatoires il respondit de bouche sur aucuns points, lesquels interrogatoires et confessions
furent mis au net, et envoyez devers le Roy.

Et le lundy quatriesme jour de decembre audit an
1475, advint que ung herault du Roy nommé Montjoye, natif du pays de Picardie, et qui faisoit la pluspart de sa residence avecques ledit seigneur de Sainct
Pol, luy estant connestable, vint et arriva luy et ung
sien fils en la ville de Paris, par devers maistre Jehan
de Ladriesche president des comptes et tresorier de

France, natif du pays de Brebant, pour lui apporter
lettres de par le comte de Merle, sa femme et enfans,
affin de secourir et aider par luy en ce que possible
luy seroit audit connestable pere dudict conte de
Merle : lesquelles lettres ledit maistre Jehan de Ladriesche ne voulut pas recevoir d'icelluy herault, sinon
en la presence de mondit seigneur le chancellier, et
des gens du conseil du Roy. Et à ceste cause ledit
maistre Jehan de Ladriesche mena et conduisit ledit
herault jusques au logis dudit monseigneur le chancellier, affin que par luy lesdites lettres feussent
veuës, et ce que dedens y estoit contenu : mais pource que ledit Jehan de Ladriesche demoura longuement au conseil avecques icelluy monseigneur le chancellier et aultres, ledit Montjoye et sondit fils s'en
retournerent en leur logis, et illec monterent incontinent à cheval et s'en alerent au giste au Bourgel.
Combien que à leur partement ils dirent à leur hoste
que se aucun les demandoit, qu'il dist qu'ils s'en
estoient alez au giste au bourg la Royne. Et quand
ledit de Ladriesche cuida trouver ledit herault pour
avoir lesdictes lettres, ne le trouva point, pourquoy
fut hastivement envoyé apres ledit herault jusques au
bourg la Royne, où il ne fut point trouvé : mais fut
trouvé par deux archiers de la ville de Paris audit
lieu du Bourgel, et par eulx ramené le dimenche tiers
jour de decembre audit an, lequel fut mené et conduit jusques en l'ostel d'icelle ville, et illec devant les
gens et conseil à ce ordonnez, fut ledit Montjoye et
sondit fils, chascun à part interrogué, et furent leurs
depositions redigees et mises par escrit par le sire
Denis Hesselin. Et apres ce furent lesdits Montjoye et

sondit fils mis et laissez en la garde de Denis Baudart, archier de ladite ville et en son hostel, auquel lieu il fut et demoura par l'espace de vingt-cinq jours, et illec bien et diligemment gardé avec sondit fils, par trois des archiers de ladicte ville.

Audit temps au commencement du mois de decembre, fut amené le conte de Roussi(1) qui prisonnier estoit dedens la grosse tour de Bourges, jusques au Plessis du Parc, autrement dit les Montils lez Tours, où le Roy estoit. Et illec fut parlé à luy, et luy fist plusieurs grans remonstrances des grandes folies esquelles par long-temps il s'estoit entremis, et comment il avoit du Roy mal parlé, durant ce qu'il avoit esté et soy porté son ennemy, et fait plusieurs grans et enormes maulx à ses villes, pays et subgects, comme mareschal de Bourgongne pour le duc. Et comment villainement et honteusement il avoit esté prins prisonnier par les gens du Roy, qui pour luy estoient en armes audit pays de Bourgongne soubs la charge de monseigneur le duc de Bourbonnois.

Et par ledict de Roussi baillee sa foy au seigneur de Combronde, et comment il avoit accepté de mondit seigneur le duc vingt deux mil escus d'or. Et luy fist le Roy de grans paours et effrois, dont ledit seigneur de Roussi cuida avoir froide joye de sa peau (2) : mais en conclusion le Roy le mist à quarante mil escus de rançon, et luy fut par luy donné terme de les trouver et rapporter devers le Roy dedans deux mois apres ensuivans, pour tous termes et delais, et que aultrement et où il y auroit faulte dedens ledit terme, qu'il

(1) *Roussi* : Antoine de Luxembourg, fils du connétable. — (2) *Froide joye de sa peau* : expression proverbiale, *craindre pour sa peau.*

feust asseuré qu'il mourroit. Et depuis ces choses fut
procédé par toute diligence à faire le procez dudit
connestable, par mesdits seigneurs le chancellier,
presidens, et conseillers clercs et lais de la cour de
parlement, desdicts de Sainct Pierre Hesselin et aultres, à ce faire ordonnez et appellez. Lequel procez
veu fut par eulx conclud, tellement que le mardy
dix-neufiesme jour de decembre audict an 1475, fut
ordonné que ledit connestable seroit mis et tiré hors
de sa prison et amené en la cour de parlement, pour
luy dire et declarer le dictum donné et conclud alencontre de lui, par icelle cour de parlement, et fut à
luy ledit jour de mardy en la chambre et logis d'iceluy
connestable en ladite bastille Sainct Anthoine, où il
estoit prisonnier, ledict monseigneur de Sainct Pierre
qui de luy avoit la garde et charge : lequel en entrant
en la chambre luy fut par luy dict, *monseigneur que*
faictes vous, dormez vous ? lequel connestable lui respondit: *nenny, long-temps a que ne dormy : mais suis*
icy où me voyez pensant et fantasiant. Auquel ledit
de Sainct Pierre dist qu'il estoit necessité qu'il se levast
pour venir en ladicte cour de parlement, pardevant
les seigneurs d'icelle court, pour luy dire par eulx aucunes choses qu'ils luy avoient à dire touchant son
faict et expedition, ce que bonnement ne pouvoit
mieulx faire que en ladicte court : en luy disant aussi
par ledict de Sainct Pierre qu'il avoit esté ordonné que
avecques luy et pour l'accompaigner y seroit et viendroit monseigneur Robert Destouteville, chevalier
prevost de Paris, dont de ce ledict connestable fut ung
peu espouventé, pour deux causes que lors il declaira.

La premiere, pource qu'il cuidoit que on le vousist

mettre hors de la possession dudit Phelippe Luillier,
capitaine d'icelle bastille, avecques lequel il s'estoit
bien trouvé, et l'avoit fort agreable, pour le mettre
és mains dudict Destouteville qu'il reputoit estre son
ennemy, et que s'il y estoit doutoit qu'il luy fist desplaisir, et aussi qu'il craignoit le populaire de Paris,
et de passer parmy eulx. A toutes lesquelles doubtes
ainsi faictes par ledict connestable, luy fut solu (¹) et
dit par ledict seigneur de Sainct Pierre que ce n'estoit
point pour luy changer son logeis, et qu'il le mene-
roit seurement audit lieu du palaiz sans lui faire aucun mal, et à tant s'en partit dudict lieu de la Bastille,
monta à cheval et ala jusques audict palais, tousjours
au milieu desdicts Destouteville et de Sainct Pierre,
qui le firent descendre aux degrez de devant la porte
aux Merciers d'icelle court de parlement. Et en montant esdicts degrez trouva illec le seigneur de Gaucourt
et Hesselin, qui le saluerent et luy firent le bien venant,
et icelluy connestable leur rendit leur salut. Et puis
apres qu'il fut monté le menerent jusques en la tour
criminelle dudit parlement, où il trouva monseigneur
le chancelier, qui à luy s'adressa, en luy disant telles
paroles, « monseigneur de Sainct Pol, vous avez esté
« par cy devant et jusques à present tenu et reputé le
« plus saige et le plus constant chevalier de ce royaume,
« et puis doncques que tel avez esté jusques à main-
« tenant, il est encores mieux requis que jamais que ayez
« meilleure constance que oncques vous n'eustes : » et
puis luy dist, « monseigneur, il faut que ostiez d'autour
« de vostre col l'ordre du Roy, que y avez mise. » A quoy
respondit ledit de Sainct Pol, que voulentiers il le fe-

_____
(¹) *Solu* : du latin *solutus*, lui fut signifié comme chose résolue.

roit. Et de fait mist la main pour la cuider oster, mais
elle tenoit par derriere à une espingle. Et pria audit
de Sainct Pierre qu'il luy aidast à l'avoir, ce qu'il fist.
Et icelle baisa et bailla audit monseigneur le chancelier, et puis luy demanda ledit monseigneur le chancelier où estoit son espee que baillee luy avoit esté en
le faisant connestable. Lequel respondit qu'il ne l'a-
voit point, et que quant il fut mis en arrest que tout
luy fut osté, et qu'il n'avoit riens avecques luy aultrement qu'ainsi qu'il estoit quant il fut amené prisonnier en ladicte Bastille, dont par mondit seigneur le
chancelier fut tenu pour excusé. Et à tant se departit
mondit seigneur le chancellier, et tout incontinent
apres y vint et arriva maistre Jehan de Poupaincourt
president en ladité court, qui luy dist aultres parolles
telles que s'ensuivent : « Monseigneur vous sçavez
« que par l'ordonnance du Roy vous avez esté consti-
« tué prisonnier en la bastille Sainct Anthoine, pour
« raison de plusieurs cas et crimes à vous mis sus et im-
« posez. Ausquelles charges avez respondu et esté ouy
« en tout ce que vous avez voulu dire, et sur tout avez
« baillé vos excusations : et tout veu à bien grant et
« meure deliberation, je vous dis et declaire, et par
« arrest d'icelle court, que vous avez esté crimineux
« de crime de leze majesté, et comme tel estes con-
« demné par icelle court à souffrir mort dedans le
« jourd'huy, c'est à sçavoir que vous serez decapité
« devant l'ostel de cette ville de Paris, et toutes vos
« seigneuries, revenuës, et aultres heritages et biens
« declarez acquis et confisquez au Roy nostre sire. »
Duquel dictum et sentence il se trouva fort perpleux,
et non sans cause, car il ne cuidoit point que le Roy

ne sa justice le deussent faire mourir. Et dist alors et respondit, « Ha, ha ! Dieu soit loüé, veez cy bien « dure sentence, je luy supplie et requier qu'il me « doint grace de bien le recongnoistre aujourd'huy. » Et si dist oultre à monseigneur de Sainct Pierre, « Ha, « ha ! monseigneur de Sainct Pierre : ce n'est pas cy ce « que m'avez tousjours dict, et à tant se retrahit. » Et lors ledit monseigneur de Sainct Pol fut mis et baillé és mains de quatre notables docteurs en theologie, dont l'un estoit cordelier nommé maistre Jean de Sordun, l'autre augustin, le tiers penancier de Paris, et le quart estoit nommé maistre Jehan Huë curé de Sainct Andry des Ars, doyen de la faculté de theologie audict lieu de Paris, ausquels et à mondict seigneur le chancel- lier, il requist qu'on luy baillast le corps de nostre Sei- gneur, ce qui ne luy fut point accordé, mais luy fut fait chanter une messe devant luy, dont il se contenta assez.

Et icelle dicte luy fut baillé de l'eauë beniste et du pain benoist dont il menga, mais il ne bust point lors ne depuis, et ce faict demoura avec lesdicts confes- seurs jusques à entre une et deux heures apres midy dudict jour qu'il descendit dudict palais et remonta à cheval pour aler en l'hostel de ladicte ville, où es- toient faits plusieurs eschaffaulx pour son execution. Et avecques luy y estoient le greffier de ladicte court, et huissiers d'icelle. Et audict hostel de la ville des- cendit et fut mené au bureau dudict lieu, contre lequel y avoit un grant eschaffault drecié, et au joignant d'icelluy on venoit par une alee de bois à ung aultre petit eschaffault, là où il fut executé. Et en icelluy bureau fut illec avec sesdicts confesseurs faisans de grans et piteux regrets, et y fist ung testament tel

quel, et soubs le bon plaisir du Roy, que ledict sire
Denis Hesselin escripvit soubs luy. En faisant lesquelles choses il demoura audit bureau jusques à trois
heures dudict jour, qu'il yssist hors d'icelluy bureau,
et s'en vint getter au bout du petit eschaffault et
mettre la face et les deux genoüils flechis devant l'e-
glise Nostre Dame de Paris, pour y faire son oraison,
laquelle il tint assez longue en douleureux pleur et
grant contrition, et tousjours la croix devant ses yeux,
que luy tenoit ledit maistre Jehan Sordun, laquelle
souvent il baisoit en bien grant reverence, et moult
piteusement plourant.

Et apres sadite oraison ainsi faicte, et qu'il se fust
levé debout, vint à luy un gnommé Petit Jehan fils de
Henry Cousin, lors maistre executeur de la haulte
justice, qui apporta une moyenne corde dont il lià les
mains dudict de Sainct Pol, ce qu'il souffrit bien benignement. Et en apres le mena ledit Petit Jehan et
fist monter dessus ledit petit eschaffault, dessus lequel
il se arresta et tourna le visaige par devers lesdits chancellier, de Gaucourt prevost de Paris, seigneur de
Sainct Pierre, greffier civil de ladicte court, dudit sire
Denis Hesselin, et aultres officiers du Roy nostre sire,
estans illec en bien grant nombre, en leur criant
mercy pour le Roy, et leur requerant qu'ils eussent
son ame pour recommandee. Non pas comme il leur
dist qu'il n'entendoit pas qu'il leur coustast riens du
leur. Et aussi se retourna au peuple estant du costé du
Sainct Esprit, en leur suppliant aussi de prier pour
son ame, et puis s'en ala mettre à deux genoulx
dessus un petit carreau de laine aux armes de ladite
ville, qu'il mist à point et remua de l'ung de ses

pieds, où il fut illec diligemment bandé par les yeulx
par ledit Petit Jehan, tousjours parlant à Dieu et à
sesdits confesseurs, et souvent baisant ladicte croix.
Et incontinent ledit Petit Jehan saisit son espee que
sondit pere luy bailla, dont il fist voller la teste de
dessus les espaules, si tost et si transivement que son
corps cheyt à terre aussi tost que la teste, laquelle teste
incontinent apres fut prise par les cheveulx par icelluy
Petit Jehan, et mise laver en ung seau d'eau estant
prés d'illec, et puis mise sur les appuyes dudit petit
eschaffault et monstré aux regardans ladite execution qui estoient bien deux cens mil personnes et
mieulx.

. Et apres ladicte execution ainsi faicte ledit corps
mort fut despoüillé et mis avec ladite teste, tout ensevely dedens ung beau drap de lin, et puis bouté
dedens ung cercueil de bois, que ledit sire Denis Hesselin avoit fait faire. Et lequel corps ainsi ensepvely
que dit est, fut venu querir par l'ordre des Cordeliers
de Paris, et sur leurs espaules l'emporterent inhumer
en leur eglise. Et ausquels Cordeliers ledit Hesselin
fist bailler quarante torches pour faire le convoy dudit
corps, apres lequel il fut et le convoya jusques audit
lieu des Cordeliers, et le lendemain y fist aussi faire
ung beau service en ladicte eglise, et aussi en fut fait
service à Sainct Jehan en Greve, là où aussi la fosse
avoit esté faite, cuidant que on luy deust enterrer, et
y eut esté mis se n'eust esté que ledit Sordun dist à
iceluy de Sainct Pol, que en leurdicte eglise y avoit
enterree une contesse de Sainct Pol, et qu'il devoit
mieux vouloir y estre enterré que en nulle aultre part,
dont icelluy de Sainct Pol fut bien content, et pria

à ses juges que sondict corps feust porté ausdicts Cordeliers.

Et est vray que apres ladicte sentence ainsi declairee appert audict deffunct de Sainct Pol, que dit est, fut tout son procez bien au long declairé au grant parc de ladicte court, et à huis ouvers. Auquel procez fut dict et declairé de moult merveilleux et enormes cas et crismes avoir esté faits et perpetrez par ledict de Sainct Pol, et en iceulx maux soy estre entretenu, continué et maintenu par long temps, et par diverses fois. Et entre aultres choses fut dict et recité comment lesdicts de Bourgongne et de Sainct Pol avoient envoyé de la partie d'icelluy de Bourgongne, messire Phelippe Bouton, et messire Phelippe Pot chevaliers, et de la partie dudict connestable Hector de l'Escluse par devers monseigneur le duc de Bourbon, affin de esmouvoir mondit seigneur de Bourbon de soy eslever et estre contre le Roy, et soy departir de sa bonne loyauté, ausquels fut dit pour ledict seigneur par la bouche du seigneur de Fleurac son chambellan, qu'ils s'abusoient et que ledict seigneur aimeroit mieulx mourir que d'estre contre le Roy, et n'en eurent plus pour ceste fois. Et que depuis ce ledict de l'Escluse y retourna de rechief, qui dist audict monseigneur de Bourbon que ledict connestable luy mandoit par luy, que les Anglois descendroient en France, et que sans difficulté à l'aide dudict connestable ils auroient et emporteroient tout le royaulme de France. Et que pour eschever sa perdition et de ses villes et pays, ledict seigneur de Bourbon voulsist estre et soy alier avec ledit de Bourgongne, et luy dist en ce faisant que luy en viendroit grant

prouffit. Et où il ne le vouldroit faire que bien luy en
convenist, et que s'il luy en prenoit mal, qu'il ne seroit pas à plaindre. Lequel mondit seigneur de Bourbon dist et respondit audit de l'Escluse qu'il n'en feroit riens, et qu'il aimeroit mieulx estre mort et avoir
perdu tout son vaillant, et devenir en aussi grant
captivité et povreté que oncques fut Job, que de consentir faire ne estre faict quelque chose que ce feust,
qui feust au dommaige, au prejudice du Roy, et à
tant s'en retourna ledict Hector sans aultre chose
faire. Et paravant ces choses mondict seigneur de
Bourbon envoya au Roy lesdictes lettres de seellé
dudit connestable, par lesquelles apparoist la grande
trahison dudict connestable, et plusieurs aultres grans
cas, trahisons, et mauvaistiez que avoit confessees en
sondict procez ledit connestable bien au long declai-
rées en icelluy procez que je laisse icy pour cause de
briefveté.

Et si est verité que ledict connestable apres ce qu'il
eust esté confessé et qu'il vouloit venir audit eschaf-
faut, dist et declaira à sesdicts confesseurs qu'il avoit
dedens son pourpoing soixante dix demy escus d'or
qu'il tira hors d'iceluy, en priant audit Cordelier qu'il
les donnast et distribuast pour Dieu, et en aumosne
pour son ame et en sa conscience, lequel Cordelier luy
dist qu'ils seroient bien employez aux povres enfans
novices de leur maison, et autant luy en dist ledict
confesseur Augustin des enfans de leur maison. Et
pour tous les appaiser dist et respondit iceluy deffunct
connestable à sesdits confesseurs qu'il prioit à tous lesdits quatre confesseurs que chascun en prenist la quatriesme partie, et que en leurs consciences le distri-

buassent là où ils verroient qu'il seroit bien employé.
Et en apres tira un petit auneau d'or où avoit ung
diamant qu'il avoit en son doy, et pria audit penancier qu'il le donnast et presentast de par luy à l'imaige
Nostre Dame de Paris, et le mist dedens son doy, ce
que ledict penancier promist de faire. Et puis dist
encore audit cordelier Sordun : « Beau pere veez cy
« une pierre que j'ay longuement portee en mon col,
« et que j'ay moult fort aymee pource qu'elle a moult
« grande vertu, car elle resiste contre tout venin, et
« preserve aussi de toute pestilence, laquelle pierre
« je vous prie que portez de par moy à mon petit
« fils, auquel direz que je luy prie qu'il la garde bien
« pour l'amour de moy, » laquelle chose luy promist
de le faire.

Et apres ladicte mort mondit seigneur le chancelier
interroga lesdits quatre confesseurs, s'il leur avoit
aulcune chose baillé, qui luy dirent qu'il leur avoit
baillé lesdits demy escus, diamant, et pierre, dessus
declairez. Lequel monseigneur le chancellier leur respondit que au regard d'iceux demy escus et diamant,
ils en feissent ainsi que ordonné l'avoit, mais que au
regard de ladicte pierre, qu'elle seroit baillee au Roy
pour en faire à son bon plaisir.

Et de ladicte execution ainsi faicte que dit est, en
fut faict un petit epitaphe tel qui s'ensuit (1).

> Mil quatre cens l'annee de grace,
> Soixante quinze en la grant place,
> . A Paris que l'on nomme Greve,
> L'an qui fut fait aux Anglois treve,

(1) On trouve dans les recueils de l'abbé Le Grand une longue complainte sur la mort du connétable. Aucun passage ne mérite d'être cité

De decembre le dix-neuf,
Sur un eschaffault fait de neuf :
Fut amené le connestable,
A compagnie grant et notable :
Comme le veult Dieu et raison,
Pour sa tres-grande trahison.
Et là il fut decapité,
En cette tres noble cité.

Et après ladicte execution ainsi faicte dudict connestable, fut le samedy vingt-troisiesme jour dudit
mois de decembre, faict publier à Paris à son de trompe
et cry publique le desappointement des generaulx
maistres des monnoyes, pour les causes contenuës audit mandement. Et au lieu d'eulx le Roy mist et esta-
blist quatre personnes seulement : c'est assavoir sire
Germain de Merle, et Nicolas Potier, Denis Le Breton,
et Symon Ausortan [1]. Et fut ordonné que les escus
d'or du Roy, qui auparavant avoient eu cours pour
vingt-quatre sols parisis et trois tournois, auroient
cours pour trente-cinq unzains, valans vingt-cinq
sols huict deniers parisis. Et que on feroit des aultres
escus d'or qui auroient ung croissant, au lieu de la
couronne qui estoit és aultres escus, qui vaudroient
trente-six unzains, du prix de vingt et six sols six deniers tournois, et des douzains neufs de douze tournois pour piece. Et ledit jour de samedy par la permission du Roy furent alez querir et assembler le
corps qui pendu estoit au gibet de Paris de Regnault
de Veloux, et la teste qui mise estoit au bout d'une
lance és Hales de Paris, avecques ses membres attachez à quatre potences aux portes de Paris, et fut tout

[1] *Ausortan* : Anjorand ou Ausoran.

assemblé ensemble. Et puis furent portez inhumer et enterrer au couvent desdits Cordeliers de Paris, auquel lieu luy fut fait son service bien et honorablement, pour le salut et remede de son ame, tout au coust, mises et despens des parens et amis dudit deffunct Regnault de Veloux.

Et le mardy ensuivant jour de sainct Estienne apres Noël, audit an 1475, fut et comparust pardevant l'ostel de ladite ville de Paris un chevalier Lombart, nommé messire Boufille, qui avoit esté deffié d'estre combatu à oultrance en lice de pié, par ung aultre chevalier natif du royaulme d'Arragon, qui audit jour y devoit comparoir, mais il n'y vint point. Et pour avoir contre luy tel deffault que de raison par ledit Boufille, s'en vint par devers le conte de Dampmartin illec ordonné juge de par le Roy de la question d'entre lesdictes deux parties. Et vint en icelle place ledit Boufille tout armé de son harnois, et en l'estat qu'il devoit combatre, sa hache au poing, et devant luy faisoit porter son enseigne, et avoit trois trompettes, et apres luy avoit plusieurs serviteurs, dont l'ung luy portoit encores une aultre hache d'armes. Et apres qu'il eut ainsi parlé audict de Dampmartin et faict sadicte requeste, il se retrahit et s'en retourna en son hostellerie, où pend l'enseigne du grand Godet prés dudict hostel de la ville.

Et le jeudy vingt-huictiesme jour de decembre audict an 1475, environ l'heure de six heures de nuict monseigneur d'Alençon dont est parlé devant, et qui avoit esté longuement detenu prisonnier audit chasteau du Louvre, en fut mis dehors par la permission du Roy, qui octroya à ses gardes que on le mist en

ladicte ville en ung hostel de bourgeois, où ils verroient estre bon, et il fut mené loger en l'ostel feu
maistre Michel de Laillier, et y estoient à le mener
dudit Louvres jusques audict hostel, ledict sire Denys
Hesselin, Jacques Hesselin son frere : sire Jehan de
Harlay chevalier du Guet, et aultres personnes en
armes : et devant ledit seigneur estoient portees quatre torches.

Au mois de janvier ensuivant dudit an 1475, fut
publiee à son de trompe par les carrefours de Paris
les lettres patentes du Roy nostre sire, qui contenoient
comme de toute ancienneté il avoit esté permis aux
rois de France par les saincts Pères papes, que de
cinq ans en cinq ans ils peussent faire assemblee de
tous les prélats du royaulme de France, pour la re-
formation et affaires de l'Eglise, ce qui de long temps
n'avoit esté fait : pour laquelle chose et aussi que le Roy
voulant les droits de l'Eglise estre gardez et observez,
voult et ordonna qu'il tiendroit le concile de l'Eglise en
la ville de Lyon, ou aultre lieu prés d'illec, pourquoy
il vouloit, mandoit et ordonnoit, que tous archevesques, evesques, et aultres constituez en dignité, feussent residens chacun en leurs benefices, et s'y en alassent
demourer, pour estre tous prests et appareillez à aler
où ordonné leur seroit, et où ils n'auroient ce fait dedens six mois apres ladicté publication, que tout leur
temporel feust saisi et mis en la main du Roy. Et
apres ledit cry, fut fait de rechief publier comme de
pièça le Roy pour luy subvenir à aucuns ses affaires,
et pour la necessité de son royaulme, eust mis et ordonné ung escu à estre levé et payé sur chascune pipe
de vin, à mener dehors du royaulme, et qui en seroit

tiré, et de toutes aultres denrees à la valeur, qui par
aucuns temps avoit esté delaissee à cueillir. Lequel
ayde d'ung escu sur chacune pipe de vin seulement
et non point sur aultre marchandise, fut de rechief
mis sus par toutes les extremitez de ce royaulme. Et
à ce faire et recueillir furent commis maistre Laurens
Herbelot conseiller dudit seigneur, et Denys Chevalier
jadis notaire au chastellet de Paris, nonobstant que
de ceste mesme charge le Roy y avoit pieça ordonné
maistre Pierre Jouvelin correcteur des comptes, qui
de ce en demoura deschargé.

Au mois de febvrier audit an 1475 le Roy qui estoit
à Tours et à Amboise s'en partit pour aler au pays de
Bourbonnois et d'Auvergne, et de là s'en ala faire sa
neufvaine à Nostre Dame du Puy, et de la en Lyonnois, et au pays du Daulphiné. Et luy estant audit
lieu du Puy eut nouvelles que les Suisses avoient rencontré le duc de Bourgongne et son armee, qui vouloient entrer audit pays de Suisse. Et comment ils
avoient rué jus (¹) ledit de Bourgongne, et tué des
gens de son armee, bien de seize à dix-huict mil
hommes, et si gaignerent toute son artillerie par la
maniere qui s'ensuit. Apres que le duc de Bourgongne
eut prins Gransson où il y a ville, il s'en alla au long
du lac de Verdon (²) en tirant devers Fribourg, et
trouva moyen d'avoir deux chasteaulx qui sont sur les
montagnes à l'entree de Saxe (³); mais les Suisses qui
bien sçavoient sa venuë, et la prise qu'il avoit fait desdicts deux chasteaux, et dudit Gransson, s'approu-
cherent. Et le vendredy au soir devant le jour des

(¹) *Rué jus* : mis à terre, défait. — (²) *Verdon* : ou de Neuf-Châtel.
— (³) *Saxe* : suivant le manuscrit : *Soixe*.

brandons , trouverent iceulx Suisses moyen de en-
clorre lesdits deux chasteaux en façon telle que ceulx
qui estoient dedens n'en pouvoient saillir, et mirent
leurs embusches entre et assez pres desdits deux chasteaux en ung petit bois pres de là où les Bourguignons
avoient mises leurs batailles. Et le lendemain ensuivant veille desdicts brandons au bien matin, ledit duc
de Bourgongne passa avecqués ses gens et son artillé-
rie. Et incontinent qu'il fut passé lesdits Suisses qui
n'estoient que environ de quatre à six mil coulevri-
niers, et tout à pied, qui se prindrent à tirer et bouter le feu dedans leurs bastons, dont ils firent tel et si
bon bruit, que les chefs de l'avantgarde dudit de
Bourgongne y furent tous tuez, et ainsi tourna en fuite
toute ladicte avantgarde. Et tantost apres chargerent
lesdits Suisses si estroit que la bataille tourna en fuite.
Et nonobstant ce que ledict de Bourgongne fist son
pouvoir de ralier ses gens pour resister à la fureur
desdits Suisses, finalement luy fut force de tourner
en fuite, et s'en eschappa à grant peine et dangier de
sa personne, et luy cinquiesme en chevauchant et fuyant
sans arrester, et souvent regardoit derriere luy vers le
lieu où fut faicte sur luy ladite destrousse, jusques à
Joigné, où il y a huict grosses lieuës, qui en valent
bien seize de France la jolie, que Dieu saulve et garde.
Et y furent mors à ladicte rencontre la plus part des
capitaines et gens de renom de l'armee dudit de Bourgongne. Et fut faicte ladicte destrousse le samedy
deuxiesme jour de mars audit an 1475, où il y eut
grant meurdre fait desdits Bourguignons. Et apres ce
que ledit de Bourgongne s'en fut ainsi honteusement
fuy que dit est, et qu'il eust perdu toute son artillerie,

sa vaisselle, et toutes ses bagues, lesdits Suísses reprindrent lesdicts deux chasteaulx, et firent pendre
tous les Bourguignons qui dedens estoient. Et aussi
reprindrent les ville et chastel de Gransson, et firent
despendre tous les Allemans que ledit de Bourgongne
y avoit fait pendre, qui estoient en nombre cinq cens
et douze, et les firent mettre en terre saincte. Et puis
firent pendre les Bourguignons qui estoient dedens ledit Gransson és mesmes lieux et des licols dont ils
avoient pendu lesdits Allemans ou Suisses.

Audit mois de mars, et audit an 1475, le Roy qui
avoit envoyé monseigneur de Beau-Jeu avecques grant
quantité de gens de guerre assieger mondit seigneur
le duc de Nemours, qui lors estoit à Carlat en Auvergne, se mist et rendit mondit seigneur de Nemours
és mains de mondit seigneur de Beau-Jeu qui le amena
par devers le Roy, estant lors au pays du Daulphiné
et Lyonnois. Et fut ledit de Nemours de l'ordonnance
du Roy mené prisonnier au chasteau de Vienne. Et
durant ce qu'il fut ainsi assiegé au chasteau de Carlat,
madame sa femme (1) fille de Charles d'Anjou comte
du Maine, accoucha d'enfant en iceluy lieu de Carlat.
Et tant par desplaisance de sondit seigneur et mary
que dudit mal d'enfant, ala de vie à trespas, dont ce
fut grant dommage, car on la tenoit bien bonne et
honneste dame. Et apres ces choses fut mené ledit
seigneur de Nemours à Pierre Assise lez Lyon.

Au mois d'Apvril audit an, le conte de Cambobache Lombart ou Millenois, qui avoit la conduicte de
deux cens lances de Lombardie qu'il avoit amenees
audit duc de Bourgongne, luy tenant le siege devant

(1) *Sa femme* : elle se nommoit Louise.

la ville de Nux, et qui depuis s'estoit trouvée avec
ledit de Bourgongne à la destrousse sur luy faite pres
de Gransson, se partit ledit de Cambobache dudit de
Bourgongne, et ala par devers le duc de Bretaigne,
duquel il se disoit estre parent [1], et faignant par luy
d'aler en pelerinage à Sainct Jacques en Galice, lequel
duc de Bretaigne le recueillit tresbien, et luy donna
de l'argent. Et illec ledit Cambobache disoit dudit de
Bourgongne qu'il estoit tres-cruel et inhumain, et que
en toutes ses entreprises n'y avoit point d'effect, et ne
faisoit que perdre temps, gens, et pays, par ses folles
obstinations.

Au mois de may ensuivant l'an 1476, et apres la
rencontre sur ledit Bourguignon faite par lesdits Allemans pres dudit Gransson, ledit de Bourgongne delibera de poursuivre et continuer sa poursuite sur et
alencontre desdits Alemans, et d'aler devant la ville
de Strasbourg y mettre le siege, laquelle chose bonnement il ne pouvoit faire sans avoir ayde et secours de
gens, et aussi avoir argent de ses pays. Et à ceste cause
y envoya son chancelier nommé maistre Guillaume
Gonnet, et autres deleguez avecques luy jusques au
nombre de douze en aucuns de ses pays et villes pour
leur dire et remonstrer la destrousse ainsi sur luy
faicte par lesdits Allemans ou Suisses. Et que nonobstant icelle son intention estoit de tirer avant, et estre
vengié desdits Suisses, pour lesquelles choses luy falloit
avoir argent et gens, et qu'ils lui voulsissent ayder du
sixiesme de leur vaillant, et de six hommes, l'un puissant de porter arnois, auxquels douze ainsi deleguez

[1] Il étoit de la maison de Montfort-l'Amaury, alliée à celle de Bretagne.

de luy que dit est, fut renduë et faicte responce par les
habitans de Gant, Bruges, Brucelles, l'Isle lez Flandres, et aultres que au regard dudit de Bourgongne
ils le reputoient leur vray et naturel seigneur, et que
pour luy feront toute leur possibilité. En disant par
eulx que se il se sentoit aucunement empressé desdits
Alemans ou Suisses, et qu'il n'eust avecques luy assez de
gens pour s'en retourner franchement en ses pays qu'il
le leur fist assavoir, et qu'ils exposeroient leurs corps
et leurs biens pour l'aler querir pour le ramener saul-
vement en sesdits pays : mais que pour faire plus de
guerre pour luy, n'estoient point deliberez de plus
luy ayder de gens, ne d'argent.

Durant ces choses le Roy demoura à Lyon faisant
grant chiere, et vint par devers luy le roy de Cécille
son oncle, auquel il fist moult beau recueil à l'arriver
par devers luy audit lieu de Lyon, et luy mena voir la
foire qui estoit audit lieu, avecques les belles bourgeoises et dames dudit Lyon. Aussi y vint et arriva ung
cardinal nepveu du Pape qui avoit fait aucuns excez
en Avignon contre le Roy et monseigneur l'archevesque de Lyon legat de Avignon. Lequel cardinal demoura par long temps autour du Roy avant que de
luy peust avoir son expedition. Et puis tout ledit de-
bat fut appointé entre le Roy, ledit legat d'Avignon,
et ledit cardinal.

Audit temps le Roy de Cecile apoincta, voulut et
accorda avecques le Roy, que apres sa mort sa conté
de Provence retourneroit de plain droit au Roy, et
seroit unie à la Couronne. Et en ce faisant la royne
d'Angleterre fille dudit roy de Cecile, veufve du feu
roy Henry d'Angleterre, qui estoit prisonniere audit

Edoüart, fut par le Roy racheptee, et pour sa rançon en paya audit Edoüart cinquante mil escus d'or. Et à ceste cause ladite royne d'Angleterre ceda et transporta au Roy tout le droit qu'elle pouvoit avoir en la conté de Provence, moyennant aussi certaine pension à vie, que le Roy luy bailla par chacun an, durant le cours de la vie d'icelle Royne seulement.

En ce temps le samedy treziesme [1] jour du moys de juing 1476, le seneschal de Normendie conte de Maulevrier, fils de feu messire Pierre de Brezé, qui fut tué à la rencontre de Montlehery. Lequel monseigneur le senechal qui s'en estoit alé à la chasse pres d'ung villaige nommé Rouvres [2] lez Dourdan, à luy appartenant, et avecques luy y avoit mené madame Charlote de France sa femme, fille naturelle dudit feu roy Charles, et de damoiselle Agnés Sorel. Advint par male fortune apres que ladite chasse fut faicte, et qu'ils furent retournez au soupper et au giste audit lieu de Rouvres, ledit seneschal se retrahit seul en une chambre, pour illec prendre son repos de la nuict, et pareillement sadicte femme se retrahit en une autre chambre. Laquelle meuë de lescherie [3] desordonnee, comme disoit sondit mary, tira et mena avecques elle un gentil-homme du pays de Poictou, nommé Pierre de La Vergne, lequel estoit veneur de la chasse dudit seneschal, et lequel elle fist coucher avecques elle, laquelle chose fut dicte audit seneschal par un sien serviteur et maistre d'hostel, nommé Pierre l'apoticaire. Lequel seneschal incontinent print son espee et vint faire rompre l'uys où estoient lesdits dame et veneur,

---

[1]. Le 13 juin étoit un jeudi. — [2] *Rouvres* : ce village est situé à une demi-lieue d'Anet. — [3] *Lescherie* : débauche, libertinage.

lequel de La Vergne il trouva en chemise et pourpoint, auquel il bailla de son espee dessus la teste et autravers du corps, tellement qu'il le tua. Et ce fait s'en ala en une chambre, où retraict au joignant de ladicte chambre il trouva sadite femme mucee dessous la couste (1) d'ung lict où estoient couchez ses enfans, laquelle il print et tira par le bras à terre. Et en la tirant abas luy bailla de ladicte espee parmy les espaules, et puis elle descenduë à terre et estant à deux genoulx, luy traversa ladicte espee parmy les mammelles et estomach, dont incontinent elle ala de vie à trespas, et puis l'envoya enterrer en l'abbaye de Coulons, et y fist faire son service. Et ledit veneur fist enterrer en ung jardin au joignant de l'ostel où il avoit esté occis.

En apres le Roy estant à Lyon, qui aupres de illec avoit grant quantité de son armée, eut certaines nouvelles que le duc de Lorraine qui estoit au pays de Suisse avec les Suisses, Barnes (2), Alemans, et Lorrains pour deconfire ledit de Bourgongne, qui par folle obstination et oultrecuidance estoit entré audit pays de Suisse, et avecques luy mené grande quantité d'artillerie, gens de guerre, et marchands suivans son ost qu'il avoit parqué et mis en forme de siege devant une petite ville dudit pays de Suisse nommée Morat.

Et le samedy vingt-deuxiesme dudict mois de juing audit an 1476, environ l'eure d'entre dix et onze eures de matin, ledit duc de Lorraine accompagné comme dit est, s'en vint assaillir ledict de Bourgongne en sondit parc. Et de prime venuë iceluy de Lorraine et sadicte compagnie desconfit toute l'avant-garde dudit de Bour-

_____

(1) *Couste* ou *couète* : lit de plume, matelas. — (2) *Barnes* : Bernois.

gongne, qui estoient douze mil combattans et mieulx,
dont avoit la charge et conduicte monseigneur le cönte
de Romont qui bien à grant haste trouva moyen de soy
saulver, et mettre en fuitte luy douziesme. Et puis se
boutterent les gens de guerre estans dedens ledit Morat avecques les autres de ladicte armee de mondit
seigneur de Lorraine dedens le parc dudit de Bourgongne où ils tuerent tout ce qui y fut trouvé, et sans
misericorde aucune. Et fut ledit Bourguignon contrainct
de se retraire avecques ung peu de gens de guerré de
son armee qui se sauverent. Et depuis sondit parc s'en-
fuit sans arrester, souvent regardant derriere luy jusques à Joigné, qui est bien distant dudit lieu où fut
ladicte desconfiture de quinze à seize lieuës françoises :
et illec perdit tout son vaillant qui y estoit comme or,
argent, vaisselle, joyaulx, tapisserie, toute son artillerie, tentes, paveillons : et generallement tout ce qu'il
y avoit mené, et apres ladite desconfiture lesdits Alemans et Suisses considerant le grant service à eulx
fait par ledit de Lorraine, luy donnerent et delivrerent
toute ladicte artillerie et parc dudit de Bourgongne,
pour le recompenser de son artillerie qu'il avoit perduë
audit lieu de Nancy, que iceluy de Bourgongne par
violence et vouloir desordonné sans aulcun tiltre avoit
prinse et emportee hors d'icelle ville. Et en ladicte
desconfiture moururent vingt-deux mil sept cens
hommes qui y furent trouvez morts, tant dedens ledit
parc que dehors, par le rapport fait des heraulx et
poursuivans qui pour ladite estimation faire se transporterent audit lieu. Et apres ladicte desconfiture ainsi
faicte que dit est, lesdits de Lorraine et Suisses firent
leur suite apres ledit de Bourgongne, et tuerent depuis

plusieurs aultres Bourguignons qui aussi se retiroient audit lieu de Joigné, et puis firent bouter les feux et destruire toute la conté de Romont en Savoye, où ils tuerent tout ce qui y fut par eulx trouvé, et sans misericorde aucune.

Apres ces choses ainsi faictes ledit seigneur de Lorraine se retrayt à Strasbourg audit pays de Suisse; et d'illec apres s'en partit à tout quatre mil combatans de ladicte armee, et ala mettre le siege devant sa ville de Nancy, où dedens estoient bien de mil à douze cens combatans pour ledit de Bourgongne, lequel siege il mist et ordonna devant ladicte ville de Nancy. Et apres qu'il eut ce fait s'en retourna audit lieu de Suisse et depuis revint audit siege ledit seigneur de Lorraine à tout grant quantité d'aultres gens de guerre.

En apres le Roy qui par long temps s'estoit tenu à Lyon et illec environ, s'en retourna au Plessis du Parc lez Tours, où estoient la Royne, et monseigneur le Dauphin, où il sejourna un peu de temps, et puis s'en ala rendre graces à nostre Dame de Behuart, de ce que ses besoignes s'estoient bien portees durant sondit voyage dudit lieu de Lyon, et si envoya argent en plusieurs et divers lieux où est reveree la benoiste et glorieuse Vierge Marie. Et entre aultres lieux donna et envoya à nostre Dame de Ardenbourg en Flandres douze cens escus d'or, et en soy retournant dudit Lyon fist venir après luy deux damoiselles dudit lieu jusques à Orleans, dont l'une estoit nommee la Gigonne, qui aultrefois avoit esté mariee à un marchant dudit Lyon, et l'autre estoit nommée la Passe-fillon (¹),

---

(¹) *Passe-fillon* : il paroît que cette Passe-Fillon avoit inventé une femme aussi d'un marchant dudit Lyon, nommé Anthoine Bourcier. Et pour l'onnesteté desdites deux femmes, leur fist et donna le Roy de grans biens : car il maria ladicte Gigonne à ung jeune fils natif de Paris, nommé Geuffroy de Caulers. Et pour ledit mariage donna argent et des offices audit Geuffroy. Et au mary de Passe-fillon donna l'office de conseillier en sa chambre des comptes à Paris, au lieu de maistre Jehan de Reillac, auquel pour ceste cause elle fut ostee. Et puis laissa la conduicte desdites deux femmes à les amener à Paris dudit lieu d'Orleans à damoiselle Ysabeau de Caulers femme de maistre Phelippe Le Begue correcteur en la chambre des comptes à Paris. En apres le Roy s'en ala dudict lieu d'Orleans à Amboise et à Tours, par devers la Royne et monseigneur le Dauphin, et depuis en pelerinage à Nostre Dame de Behuart, et aultres saincts lieux. Et apres s'en retourna audit Plessis du Parc, et aultres lieux voisins.

En apres ladicte desconfiture faicte desdits Bourguignons audit lieu de Morat, et que le siege eut esté ainsi mis devant ledit Nancy que dit est, par ledit seigneur et duc de Lorraine, fut icelle ville remise en ses mains, et s'en alerent lesdits Bourguignons estans dedens par composition, eulx et leurs biens saufs. Et apres ce que ledit seigneur de Lorraine eut ainsi recouvré sadicte ville de Nancy, et de nouvel avitaillee, et mis gens pour la garde d'icelle, ne demoura pas ung

nouvelle manière de se coiffer : Marot en parle dans le dialogue de deux amoureux.

Linge blanc, ceinture houpée,
Le chaperon fait en poupée,
Les cheveux en Passe-Fillon,
Et l'œil gay en esmerillon.

mois apres que ledict duc de Bourgongne qui s'estoit
retraict en une ville nommee Rivieres, qui est prés de
Salins en Bourgongne, et qui avoit assemblé et fait
amas de gens le plus qu'il avoit peu, s'en vint de rechief mettre le siege devant ladicte ville de Nancy. Et
d'autre part s'en ala ledit duc de Lorraine audit pays
de Suisse pareillement faire son amas de gens, pour revenir secourir ses gens dudit Nancy et lever ledit siege.

, Apres ces choses le roy de Portugal qui pretendoit
à luy apartenir les royaulmes de Leon et Castille,
ensemble toutes les Espaignes, à cause de sa femme,
se partit de sondit royaulme de Portugal et vint descendre és marches de France, et puis vint à Lyon, et
de là à Tours par devers le Roy, pour luy requerir
aide et secours de gens, pour luy aider à recouvrer
lesdits royaulmes. Et fut receu du Roy moult benignement et honnorablement, et apres ce qu'il eust esté audit lieu de Tours par certaine espace de temps, où il
fut fort festoyé et entretenu de plusieurs seigneurs, et
nobles hommes estans avec le Roy et tout aux couts et
despens du Roy. Ledit roy de Portugal print congé
du Roy et s'en vint à Orleans, où il luy fut fait honneste recueil, et apres s'en partit dudit Orleans et vint
en la bonne ville et cité de Paris, dedens laquelle il
fit son entree, et y arriva le samedy vingt-troisiesme
jour de novembre 1476, environ l'eure d'entre deux et
trois heures apres midy, et y entra par la porte Sainct
Jacques. Et pour aler au devant de luy et le recueillir
aux champs jusques au moulin à vent, y furent tous
les estats de Paris, et par ordre, en honnestes et riches
habits, tout ainsi que ce eust esté pour faire l'entree
du Roy. Et premierement yssirent hors Paris pour aler

à luy, les prevost des marchans et eschevins de ladicte
ville, qui pour ladite venuë furent vestus de robes de
damas blanc et rouge, fourrees de martres, lesquels
estoient accompaignez des bourgeois et officiers de ladicte ville. Et apres y fut aussi messire Robert Destouteville prevost de Paris, qui estoit accompagné de ses
lieutenans civil et criminel, et tous les officiers du
Roy et praticiens du Chastelet, qui se y trouverent en
grand nombre et honnestes habits.

En apres y vint monseigneur le chancelier Doriolle,
messeigneurs les presidens et conseillers de la cour de
parlement, les conseillers et gens des comptes, les ge-
neraux sur le fait des aydes et monnoyes et du tresor,
avecques grant quantité de prelats, evesques et arcevesques, et aultres notables hommes, en moult grant et
honneste nombre. Et ainsi accompaigné que dit est fut
mené et conduit jusques à la porte Sainct Jacques, où
illec en entrant par icelle dedens ladicte ville trouva
de rechief lesdits prevost des marchans et eschevins,
qui lui presenterent ung moult beau poisle ou ciel,
qui estoit armoyé par les costés aux armes du Roy,
et au millieu y estoient les armes d'Espaigne, et puis
se bouta dessoubs icelluy poisle. Et luy estant ainsi
dessoubs, vint et fut conduit jusques à Sainct Estienne
des Grés, où il trouva là les recteur, supposts et be-
deaulx de l'université de Paris, qui proposerent devant
luy sa bienvenuë. Et ce fait s'en vint jusques en l'eglise
de Paris, où il fut receu par le prelat d'icelle moult
honorablement. Et apres son oraison faicte s'en revint
au long du pont Nostre-Dame, et trouva à l'entree
du marché-Palu cinquante torches allumees, qui le
conduisirent autour dudit poisle.

Et au bout dudit pont Nostre Dame à l'endroit de
la maison d'un cousturier nommé Motin, y fut trouvé
ung grant eschaffault, où estoient divers personnaiges,
qui estoient ordonnés pour sadite venuë. Et d'illec
s'en ala descendre en son logis, qui luy fut ordonné
en la ruë des Prouvaires, en l'hostel de maistre Laurens Herbelot marchant et bourgois de ladite ville, où
il fut bien recueilly. Et là luy furent faits plusieurs
beaulx presens, tant de ladicte ville que d'ailleurs, et
y fut voir tous les beaulx lieux et estats de Paris. Et
premierement fut mené en la court de parlement, qui
fort triompha à ce jour de sadite venuë : car toutes les
chambres y furent tenduës et parees, et en la grant
chambre y trouva monseigneur le chancelier Doriolle, messeigneurs les presidens, prelats, conseillers, et autres officiers, tous honnestement vestus. Et
devant luy y fut plaidoyé et publié une matiere en re-
galle par maistre François Haslé archidiacre de Paris
et advocat du Roy en ladicte court, et contre luy estoit pour advocat maistre Pierre de Breban advocat
en ladicte court et curé de Sainct Eustace, lesquels
deux advocats il faisoit moult bel oyr. Et apres ladicte plaidoirie luy furent monstrees les chambres et
lieux de ladicte cour. Et par aultres journees fut en
la grant salle de l'ostel de l'evesque de Paris, pour illec veoir faire un docteur en la faculté de theologie,
et apres ala voir le Chastellet, les prisons et chambres, qui toutes estoient tenduës, et tous les officiers
chascun en son estat vestus de beaulx et honnestes
habits. En apres le dimenche premier jour de decembre audit an 1476, alerent passer pardevant son logis
toute l'université de Paris, et toutes les facultez et

subgets d'icelle, et puis s'en vindrent chanter une grant messe à Sainct Germain Lauxerrois, et par tout où il aloit par ladite ville estoit mené et conduit par monseigneur de Gaucourt, lieutenant du Roy audit lieu de Paris, qui luy donna en sa maison ung moult beau et riche soupper où y furent grant nombre de gens notables d'icelle ville, tant hommes que femmes, dames, damoiselles et autres.

Audit mois d'octobre advint à Tours que ung nommé Jehan Bon, natif du pays de Galles, qui avoit belle pension du Roy, et qui l'avoit marié à une femme de Mante qui avoit bien du sien, conspira par l'enhortement du duc de Bourgongne, comme il confessa, de empoisonner et mettre à mort monseigneur le Daulphin, aisné fils du Roy. Et pour ledit cas qu'il confessa estre vray, fut condempné par le prevost de l'ostel du Roy à estre decapité. Et en le voulant executer luy fut demandé par ledit prevost s'il vouloit plus rien dire, lequel respondit que non, sinon que pleust au Roy d'avoir sa femme et ses enfans pour recommandés. Et alors luy fust dit par ledit prevost qu'il choisist de deux choses l'une : c'est assavoir de mourir ou d'avoir les yeulx crevez. Lequel choisit d'avoir les yeulx crevez, ce qui luy fut fait faire par ledit prevost, et puis fut delivré à sa femme, laquelle le Roy voulut qu'elle eust la pension de sondit mary durant sa vie.

Au mois de decembre audit an 1476, feste de sainct Jehan és festes de Noël, advint par male fortune que le duc de Milan (1) fut tué et meurdry par ung gentilhomme du pays, qui ledit jour en faingnant de vouloir

(1) *Le duc de Milan* : Galeas Marie.

parler à luy dedens la grant eglise dudit Milan, où il
se pourmenoit avecques une ambassade qui étoit venuë par devers luy, vint secrettement lui bouter ung
cousteau parmy la fente de sa robbe dedens le petit ventre, où le mist soubdainnement par trois ou par quatre
fois, et sans dire mot cheyt soudainement à terre tout
mort, et fut fait ledit meurdre pour raison de ce que
ledit gentil-homme, ses parens et amis avoient mis et
employé tout leur vaillant pour payer le vaccant d'une
abbaye pour l'un de leurs parens. Auquel ledit duc
de Milan l'avoit ostee pour la bailler à un aultre : et
pource qu'il ne voulut delaisser et en souffrir jouyr
leurdit parent, icelluy gentil-homme apres ce qu'il eut
de ce fait plusieurs requestes audit duc de Milan, qui
ne luy vouloit accorder, fit et commist ledit homicide
à la personne dudit duc de Milan dedens ladicte eglise.
En laquelle aussi incontinant ce fait fut tué et meurdry,
et un aultre de ladicte ville qui accompaignoit ledit
gentil-homme qui aussi avoit deliberé de tuer ledit duc
de Milan, pour ce qu'il luy detenoit et maintenoit sa
femme, contre son gré et voulenté, estant avecques
luy, et par la sentence des nobles dudit pays, des juges
et aultres notables personnes dudit Milan, fut dit et
deliberé que tous les hommes, femmes et enfans, du
costé et ligne de icelluy gentil-homme, et celui de sadicte compaignie quelque part qu'ils seroient trouvez,
seroient tuez et meurdris, et leurs maisons et seigneuries demolies et gettees par terre et arrasez, mesmement les arbres portans fruicts à eulx appartenans
desracinez, et mise la racine dessus, ce qui fut fait.

Audit mois de decembre 1476, mourut et ala de
vie à trespas madame Agnez de Bourgongne, au chas-

teàu de Moulins en Bourbonnois, laquelle en son temps
eut espousé feu'prince de tres-noble memoire monseigneur Charles, en son vivant duc de Bourbonnois et
d'Auvergne, dont est issuë tres-noble et tres-honneste
lignice, tant masles que femelles, comme tres-hault
excellent et puissant prince monseigneur Jehan duc de
Bourbonnois et d'Auvergne, qui espousa tres-excellente
princesse madame Jehanne de France fille aisnee du
bon roy Charles septiesme de ce nom, monseigneur
Loys seigneur de Beaujeu qui mourut jeune, monseigneur Charles archevesque et conte de Lyon primat de
France, cardinal de Bourbon, monseigneur Pierre de
Bourbon seigneur de Beaujeu qui espousa l'aisnee fille
du roy de France, Louis fils dudit feu roy Charles, monseigneur l'archevesque du Liege, Jacques, monseigneur
de Bourbon qui mourut à Bruges, madame Jehanne
qui fut espousee au prince d'Orenge seigneur d'Arlay,
madame Marguerite femme de Phelippe monseigneur
de Savoye seigneur de Bresse, et laquelle defuncte
dame vesquit sainctement et longuement et à son trespas fut fort plaint et ploré de tous ses enfans, parens,
serviteurs et amis, et de tous aultres habitans esdits
pays de Bourbonnois et d'Auvergne, en benoist repos
gise son ame. Elle gist en l'eglise de Souvigny.

Et apres que ces choses eurent esté ainsi faictes que
dit est, le duc de Bourgongne qui avoit mis le siege
devant la ville de Nancy en Lorraine pour icelle
avoir comme devant avoit euë, mit les gens qui
estoient dedans icelle ville pour ledit duc de Lorraine
en telle necessité qu'ils n'avoient plus que menger, et
par grant contraincte de famine estoient ceux de dedans mis en composition d'eux rendre és mains dudict

duc de Bourgongne. Le dimenche veille des Rois cinquiesme jour de janvier audit an 1476 vint et arriva ledit monseigneur de Lorraine accompaigné de douze à quatorze mil Suisses, Alemans et aultres gens de guerre pour lever ledit siege, combatre ledit de Bourgongne, et recouvrer ledit Nancy, dont en advint ce qui s'ensuit : c'est assavoir que quatre jours avant la journee et venuë dudict de Lorraine devant Nancy, qui fut le dimenche veille des Roys cinquiesme jour de janvier 1476 le conte de Campbasts, le sirc Ange et le seigneur de Montfort laisserent le duc de Bourgongne, et l'abandonnerent en sondit parc. Et le mercredy devant la bataille ou journee iceluy conte de Campbasts en emmena bien avecques luy neuf vingts hommes d'armes, et le samedy ensuivant les deux aultres capitaines dessus nommez en emmenerent bien six vingts hommes d'armes, qui tous vouloient estre François : mais on dissimula de les recevoir pour la treve, et fut ordonné par plusieurs et diverses personnes à qui ils s'adresserent, qu'ils s'en iroient en Lorraine : laquelle chose ils firent, reservé une partie qui demoura pour garder Condé, qui est une place sus la riviere de Mezelle, par où tous les vivres dudit duc de Bourgongne passoient qui venoient du val de Mets et du pays de Luxembourg, et s'en tira ledit seigneur de Campbasts devers monseigneur de Lorraine, et l'advertit de tout le fait dudit de Bourgongne, et incontinent s'en retourna luy et ses gens audit lieu de Condé, qui n'est que à deux lieuës dudit lieu de Nancy. Et ledit jour de samedy quatriesme jour dudit mois de janvier, ledit monseigneur le duc de Lorraine arriva à Sainct

Nicolas de Varengeville et les Suisses avec luy, qui bien estoient dix mil cinq cens de vray compte fait, et d'aultres Alemans y avoit beaucoup, sans les Lorrains et aultres gens de guerre.

Et le dimenche ensuivant cinquiesme jour dudit mois environ huict heures de matin, desemparerent et partirent lesdits seigneurs de Lorraine et de Suisse, et vindrent à Neufville, et oultre ung estang pres d'illec firent leurs ordonnances, et en effect lesdits Suisses se mirent en deux bandes, dont le conte d'Abstain et les gouverneurs de Fribourg et de Zurich avoient l'une, et les advoüez de Berne (1) l'autre, et environ midy marcherent tous à une fois : c'est assavoir une bande devers la riviere, et l'autre tout le grant chemin à venir devers ledit Neufville audit Nancy. Ledit duc de Bourgongne s'estoit ja mis hors de son parc et en bataille, et au devant et devers luy y avoit ung ruisseau qui passe à une maladerie nommee la Magdelaine, et estoit ledit ruisseau entre deux fortes hayes des deux costez, entre luy et lesdits Suisses. Et sur le grant chemin par où venoient l'une des bendes d'iceulx Suisses, avoit ledit duc de Bourgongne fait asseoir tout le plus fort de son artillerie. Et ainsi que les deux bandes marchoient et qu'elles furent à un grant traict d'arc des Bourguignons, l'artillerie dudit duc de Bourgongne deschargea sur iceux Suisses, et y fist quelque dommaige. Laquelle bande des Suisses laissa ledit chemin et tira au dessus vers le bois, et fist tant qu'elle fut au costé dudit duc de Bourgongne, au plus hault du lieu.

(1) *Berne* : dans le manuscrit il y a de *Berne et de Terne*; peut-être que ce dernier mot est pour *Tesin*.

En faisant ces choses ledit duc de Bourgongne fist tourner ses archiers, qui tous estoient à pié devers iceulx Suisses, et ordonna deux esles de ses hommes d'armes pour batailler, dont en l'une estoit Jacques Galiot capitaine italien, et à l'autre estoit le souverain de Flandres, nommé messire Josse de Lalain (¹). Et si tost que lesdits Suisses se trouverent au dessus et au costé dudit duc de Bourgongne, tout à ung coup se tournerent le visaige vers luy et son armee, et sans arrester, marcherent le plus impetueusement et orgueilleusement que jamais gens firent. Et à l'approucher pour joindre deschargerent leurs coulevrines à main, et à ladicte descharge qui n'estoit pas des generaulx des finances (²), tous les gens de pié dudit de Bourgongne se mirent en fuite. La bende desdits Suisses qui estoient devers la riviere marcherent quant et quant celle dudit Galiot et de ceulx qui estoient avecques luy, et frapperent lesdits Suisses dedens eulx tellement qu'ils furent incontinent deffaits. L'autre esle desdits Bourguignons tourna pareillement sur l'autre bende desdits Suisses, mais il les recueillirent bien : et si tost que lesdites gens dudit duc de Bourgongne qui estoient à pied se mirent en fuite, tous ses gens de cheval picquerent apres, et tirerent pour passer au pont de Bridores à demie lieuë de Nancy, qui estoit le chemin à tirer vers Thionville et Luxembourg. Et lequel pont ledit conte de Cambasts (³) avoit empesché,

---

(¹) Josse de Lalain, qui fut depuis chevalier de la Toison d'Or, nommé souverain de Flandres, parce qu'il en étoit bailli souverain. — (²) *Finances :* jeu de mot fondé sur ce que les receveurs généraux donnoient en papier des décharges des sommes qu'ils recevoient. — (³) *Cambasts :* Campobache.

et y estoit luy et ses gens, et aultres gens d'armes tous
en armes, et avoient fait mettre des chariots au travers
dudit pont. Et ainsi que la foule desdits Bourguignons
y arrivoit, trouva illec empeschement, monseigneur
de Lorraine et ses gens qui le suivoient au dos, et
pource que on gardoit ledit pont et qu'il estoit bastillé
lesdits Bourguignons furent contraints de eux jetter au
guéz de la riviere. Et là fut la grant deconfiture et plus
la moytié que au champ de la bataille : car ceulx qui
se gettoient en l'eauë estoient incontinent tuez par lesdits Suisses qui y vindrent, et ceux de l'autre partie
se noyoient eulx mesmes, et tout le demourant fut
mort ou prins, et bien peu s'en sauva.

Et aucuns quant ils virent l'embusche dudit pont
se tirerent vers le bois, et là les gens du pays si les
suivoyent et les prenoient et tuoient, et à quatre
lieuës environ on ne trouvoit que gens morts par
les champs et chemins, et dura la chasse sur lesdits
Bourguignons jusques à plus de deux heures de nuict,
que monseigneur de Lorraine s'enquist par tout et de
tous costez qu'estoit devenu ledit duc de Bourgongne,
et s'il s'en estoit fouy, ou s'il estoit pris ; mais à l'heure
n'en furent sceuës aucunes nouvelles : et tout incontinent apres fut envoyé par ledit de Lorraine homme
propre et expres en la ville de Mets, par devers un
homme qui estoit nommé Jehan Dais, clerc de ladicte
ville de Mets, pour sçavoir si ledict duc de Bourgongne
estoit point passé, et le landemain ledict Jehan Dais
manda dudit lieu de Mets audit seigneur de Lorraine,
que seurement il n'y estoit point passé et ne sçavoit-on
qu'il estoit devenu, et qu'il n'avoit point tiré vers
Luxembourg. Et le lendemain qui fut lundy jour des

4.

Rois, ledit conte de Cambast monstra ung paige qui avoit
esté prins, qui avoit nom Baptiste, natif de Rome, de la
lignee de ceux de la Coulompne, qui estoit avec le conte
de Chalon Neapolitain, lequel estoit avec ledit duc de
Bourgongne. Et après qu'il eust esté interrogué fut icelluy paige mené à grant compaignie de gens de guerre,
au lieu où ledit de Bourgongne gisoit mort, lequel
estoit tout nud. Et en iceluy lieu le mardy ensuivant de
ladicte bataille au matin, ledit paige monstra clairement ledit duc de Bourgongne mort et tout nud, et
environ luy quatorze hommes tous nuds, les ungs
assez loings des autres.

Et avoit ledit duc de Bourgongne ung coup d'un
baston nommé hallebarde, à ung cousté du milieu de
la teste par dessus l'oreille jusques aux dents, ung
coup de picque au travers des cuisses, et ung autre
coup de picque par le fundement, et fut cogneu manifestement que c'estoit le duc de Bourgongne à six
choses. La premiere et la principale fut aux dents de
dessus, lesquelles il avoit autrefois perdues par une
cheute. La seconde fut d'une cicatrice à cause de la
playe qu'il eut à la journee de Mont-lehery en la
gorge, en la partie dextre. La tierce à ses grans on-
gles qu'il portoit plus que nul autre homme de sa
court, ne aultre personne. La quarte fut d'une playe
qu'il avoit en une espaule, à cause d'une escarboucle (1) que autrefois y avoit euë. La cinquiesme fut à
une fistule qu'il avoit au bas du ventre en la pennil-
liere du costé dextre. Et la sixiesme fut d'un ongle
qu'il avoit retrait en l'orteil. Et ausdites enseignes donna
son jugement pour tout vray ung sien medecin portu-

(1) *Escarboucle* : charbon.

galois, nommé maistre Mathieu, que c'estoit ledit duc
de Bourgongne son maistre, et aussi le dirent pareillement ses varlets de chambre, le grant Bastard, messire Olivier de la Marche, son chappelain, et plusieurs
aultres de ses gens prisonniers dudit monseigneur de
Lorraine.

Et apres que ledit de Bourgongne ainsi trouvé, eut
esté porté audit lieu de Nancy, et illec lavé et mondé
et netoyé, il fut mis en une chambre bien close où il
n'y avoit point de clarté, laquelle fut tenduë de veloux noir, et estendu le corps dessus une table, habillé d'un vestement de toille depuis le col jusques
aux pieds, et dessous sa teste fut mis ung oreillier
de veloux noir, et dessus le corps ung poille de veloux noir, et aux quatre cornets avoit quatre grans
cierges, et aux pieds, la croix et l'eauë benoiste. Et
ainsi habillé qu'il estoit le vint veoir mondit seigneur
de Lorraine vestu de dueil et avoit une grant barbe
d'or venant jusques à la seinture, en signification des
anciens preux, et de la victoire qu'il avoit sur luy euë.
Et à l'entree dist ces mots en luy prenant l'une des
mains de dessus ledit poille : « *Vos ames ait Dieu,*
« *vous nous avez fait mains maulx et douleurs.* » Et
à tant vint prendre l'eauë benoiste et en getta dessus
le corps, et depuis y entrerent tous ceulx qui le voul-
drent voir, et puis le fist ledit duc de Lorraine enterrer en sepulture bien et honorablement, et luy fist
faire moult beau service,

Et incontinent apres ladicte desconfiture et mort
dudit de Bourgongne, ledit monseigneur de Lorraine
et aultres seigneurs et capitaines, se mirent à conseil
et ordonnerent que aucuns d'eulx yroient en la duché

de Bourgongne, en la conté et aultres lieux qui se
tenoient pour ledit de Bourgongne pour tous les reduire et mettre en la main du Roy, laquelle chose fut
incontinent faicte sans resistance, et pareillement
ceulx de la conté d'Auxerre se rendirent et firent serment au Roy. En ladicte bataille moururent la pluspart de tous les gens de bien de sadicte compaignie,
et y furent prins le grant bastard de Bourgongne, lequel depuis ledit monseigneur de Lorraine mena au
Roy, luy estant en Picardie, le bastard Baudouin de
Bourgongne et plusieurs aultres grans seigneurs prisonniers.

Apres ces choses et que le Roy eut esté deuëment
acertené de ladicte mort dudit de Bourgongne et des
choses dessusdites, il se departit de Tours pour aler
en pelerinaige à sa devotion, et apres s'en retourna à
Chartres, à Villepereur, à Haubervillier, à Nostre
Dame de la Victoire, et apres à Noyon et à Com-
piengne. Et cependant se reduisirent à luy plusieurs
villes et places tenuës et occupees par ledit de Bourgongne, comme Montdidier, Peronne, Abbeville,
Monstreuil sur la Mer, et aultres places estans pres
d'Arras, mais lesdits d'Arras ne voulurent point obeyr
de prime face et se fortifierent fort en ladicte ville, de
gens de guerre, vivres et artillerie. Et furent envoyez
de par eulx au Roy plusieurs ambassadeurs, qui tindrent la chose en treve, pendant laquelle le Roy fist
le plus grant amas d'artillerie, pouldres, pionniers,
gens de guerre, et aultres preparatoires que jamais on
avoit veu, tousjours attendans quelle conclusion pren-
droient lesdits d'Arras, ou de appointement ou de
guerre. Et pour faire les frais des choses dessusdites

fut faict de grans emprunts à Paris et aultres bonnes
villes de ce royaulme. Et apres le Roy trouva moyen
d'avoir et mettre la cité dudit Arras en sa main, dedens laquelle il entra le mardy quatriesme jour de
mars l'an 1476, et fist fortifier et rediffier ladicte cité
contre ladicte ville d'Arras, dedens laquelle y avoit
ung tas de gens illec venus de plusieurs lieux tenans
le party de Bourgongne, et mesmement des villes qui
nouvellement s'estoient reduictes au Roy. Et illec sans
avoir chief ne hommes de conduicte se fortiffierent
fort, et firent de grans blasphemes au Roy, comme
faire gibets en ladicte ville et sur les murs, et y pendre
croix blanches, monstrer leur cul et autres villenies.
Et s'entretindrent en leurs folles imaginations jusques
à ung peu de temps apres, que vindrent devers le Roy
en ladicte cité aucuns manans dudit lieu de Arras,
pour avoir de luy aucune bonne pacification, avecques
lesquels nonobstant qu'ils feussent de faulse et mauvaise obstination, et que en icelle eussent trop perse-
veré : le Roy fut content avec eulx que ladicte ville
d'Arras seroit mise en sa main comme souverain, et par
deffault de homme, droits et devoirs non faits. Et que
les fruicts et revenuës de ladicte ville et appartenances seroient recueillis par ses commissaires, laquelle revenuë se pourroit prendre par lesdits commissaires, et soubs la main du Roy par icelle damoiselle de Bourgongne, et jusques à ce qu'elle luy eust
baillé homme. Et que au regard de ladicte ville d'Arras le Roy n'y mettroit puissance ne gens d'armes,
sans le bon gré et vouloir des habitans dudit lieu.
Apres lequel appointement ainsi fait le Roy envoya audit lieu monseigneur le cardinal de Bourbon,

monseigneur le chancellier, messire Guyot Pot bailly de Vermendois, messire Phelippes de Creve - Cœur seigneur Desquerdes, gouverneur de ladicte ville, et aultres nobles hommes, pour prendre et recepvoir les sermens des habitans dudit Arras, laquelle chose fut faicte : mais en icelle faisant lesdits habitans d'Arras en aucune partie se rebellerent, et vindrent en l'abbaye de Sainct Wast, où estoient assis à disner lesdits seigneurs cardinal et aultres nommez, en armes et fort effrayez, crians, *tuez, tuez,* dont tous lesdits seigneurs eurent la plus grant paour et frayeur qu'ils eurent oncques en leur vie, mais il n'y eut point de mauvais mal fait pour ceste fois. Et apres ces choses et qu'ils furent retournez en la cité d'Arras, le Roy s'en partit et ala faire ses pasques à Therouenne, et apres s'en ala à Hedin où il eut la ville : mais aucuns paillars tenans le party de Bourgongne s'en alerent mettre et bouter dedens le chastel et parc dudit Hedin, auquel lieu le Roy fist tirer de son artillerie, et incontinent y fist une grant bresche, par laquelle les gens du Roy y entrerent. Et en celle mesme heure ceulx de dedens eurent composition de rendre ledit lieu et eulx en aler, eulx et leurs bagues sauves.

L'an 1477, apres ce que ledit lieu de Hedin eust esté ainsi pris que dit est, advint que aucuns habitans dudit Arras faignans vouloir aler devers le Roy obtindrent sauf-conduit de monseigneur l'admiral qui le leur bailla, mais pource qu'il luy sembloit qu'ils avoient aultre imagination que d'aler devers le Roy, les fist suivre et trouva-on qu'ils aloient en Flandres par devers ladicte damoiselle de Bourgongne, pour laquelle cause ils furent pris et ramenez au Roy au-

dit Hedin, ausquels fut fait leur procez. Et par icelui
trouvez, qu'ils alloient audit voyage en mauvaise
intention, pour laquelle cause furent decapitez audit
lieu de Hedin jusques au nombre de dix-huict, entre
lesquels y estoit un nommé Maistre Oudart de Bucy procureur general de ladicte ville d'Arras et de la conté
d'Artois, auquel fut le col couppé dedens un chapperon d'escarlate fourré de letisses (1), et ladicte testé
avec ledit chapperon mise et bouttee au bout d'ung
chevron, auquel fut foit cloué ledit chapperon, affin
qu'il ne feust emblé (2), ensemble ladicte teste, et contre ledit chevron y avoit ung escripteau où estoit escript : « Cy est la teste maistre Oudart de Bucy con-
« seiller du Roy en sa court de parlement à Paris. »
Et apres ladicte execution faicte le Roy s'en ala à
Nostre Dame de Boulongne sur la Mer, et pour raison des dessusdits ainsi decapitez, le Roy eut grande
malveillance contre ladicte ville d'Arras, et declara
lors qu'elle seroit destruicte : et pour ce faire y envoya manouvriers, gens de guerre, artillerie, vivres,
et aultres choses, et y fut mis le siege fort et aspre. Et
tira l'artillerie dedens icelle ville d'Arras vers la fin
du mois d'apvril, que le Roy retourna en ladicte cité
d'Arras, où incontinent fist tirer sadicte artillerie,
tant bombardes que aultres, à cause dequoy toute la
ville fut fort fouldroyee, et fut abatu le boulevart que
ceulx d'Arras avoient faict contre ladicte cité, tellement qu'on veoit de ladite cité parmy le boulevart
tout au long de ladite ville d'Arras. Et tellement que
apres ces choses lesdits habitans dudit Arras furent
fort espouventez, et cuidoient bien mourir, et trou-

---

(1) *Fourré de letisses* : doublé de fourrure grise. — (2) *Emblé* : volé.

verent le moyen d'envoyer devers le Roy pour de luy
obtenir sa bonne grace et misericorde, lequel là leur
bailla et octroya, combien qu'il l'avoit habandonnee
aux nobles hommes et francs archiers estans pour luy
devant icelle, qui se tindrent à mal contens de la
composition que leur avoit donnee le Roy, veu sondit
habandonnement. Et que les dessusdicts en perseve-
rant de mal en pis, avoient injurié le Roy, tué de ses
gens, et fait moult de maulx, parquoy leur sembloit
bien que le Roy ne les prendroit point à mercy. Et les
gens du Roy au moyen dudit appointement entrerent
dedens ladicte ville d'Arras le dimenche quatriesme
jour de may 1477.

Et apres la composition ainsi faicte dudit lieu d'Arras, s'en partit le Roy, et vint à la Victoire. Aussi
s'en partit monseigneur l'admiral, les gentils-hommes
et francs archiers de Normandie, pour eulx en aler
chacun en leur maison. Et le Roy estant audit lieu de
la Victoire eut nouvelles que cinquante archiers de
son ordonnance estoient alez à Peronne, pour y mettre
et loger cinq prisonniers de par le Roy, ausquels ils
avoient fait refus d'y entrer, pourquoy il s'en partit
et ala audit Peronne, cuidant qu'on y voulsist faire
aucune rebellion, où il fut depuis par aucun temps
que les autres nouvelles luy furent apportees que les
Flamens et aultres tenans leur party estoient sur les
champs pour nuire au Roy et ses pays, pourquoy incontinent le Roy fist publier son arriere-ban, et que
tout homme noble et non-noble, privilegié et non privilegié, et pour ceste fois feust tout prest et en armes
pour le servir et resister à leur fureur. Et fut ledit cry
publié à Paris le dimenche dixhuictiesme jour de may

audit an 1477. Et apres le Roy s'en ala à Cambray, où il fut receu par composition, et illec fut receu par certain temps, et s'y rafreschirent ses gens d'armes jusques au jour de la Trinité. En ce temps le Roy envoya ses lettres patentes adressans aux gens tenans sa court de parlement à Paris, par lesquelles leur mandoit tous en general aler et eulx transporter en la ville de Noyon avec aussi les maistres des requestes de l'ostel du Roy; pour avecques le Roy et aultres seigneurs de son sang et lignage qui seroient illec, veoir prendre conclusion et fin sur le fait du procez fait alencontre dudit de Nemours, qui par long temps avoit esté detenu prisonnier en la bastille Sainct Anthoine à Paris, laquelle chose firent lesdits de parlement, et partirent de Paris pour aler audit lieu de Noyon, le lundi second jour de juing, pour estre le lendemain audit Noyon, ainsi que mandé leur estoit par lesdites lettres.

[Audit an 1477, le samedy septiesme jour du mois de juing, fut crié et publié à son de trompe, par les carrefours de Paris, de par le Roy, comme messire Jehan de Chalon, prince d'Orenge, conte de Tonnerre et seigneur d'Arlay, s'estoit mis et retiré avecques les Bourguignons tenans le party de madamoiselle de Bourgongne, en la Franche Conté dudit de Bourgongne; et illec debouté et chassé dehors les bons et vrais subjets qui mis y avoient esté depuis la mort dudit duc de Bourgongne, de par le Roy; et auquel de Chalon le Roy avoit fait honneur tel, comme de luy avoir baillé et delivré l'ordre de monseigneur Sainct Michel comme à loyal chevalier; lequel, nonobstant icelle ordre et en soy parjurant avoit

esté directement à l'encontre et fait plusieurs mauvaistiez et conspirations contre le Roy et son royaulme,
comme de par le Roy et jusques à quatorze trahisons, et
avecques ce convoqué le dyable comme herese, et fait
plusieurs enormitez, comme par lectres de sa main
aparoit, et courroucé Dieu et l'Eglise. Pour lesquelz
cas estoit declairé privé dudit ordre, comme faulx et
traictre chevalier, et fait pendre en pourtraicture par
diverses villes du royaulme. (1)]

Audit temps et au mois de juing le samedy quatorziesme jour d'iceluy mois, ung qui avoit esté de l'ostel
du Roy, et qui avoit falsifié son signet et celluy d'ung
de ses secretaires et à ceste cause avoit faict et signees
plusieurs lettres et baillees en diverses villes de ce
royaulme, où il avoit au moyen d'icelles prins plusieurs sommes de deniers au nom du Roy, et icelles à
luy applicquees, fut pour ledit cas audit delinquant
son procez fait de par le prevost de l'ostel du Roy ou
son lieutenant, et depuis envoyé audit lieu de Paris,
auquel lieu et pour ledit cas fut pillorié et mitré, et
puis flastré (2) au fronc, le poing couppé, et banny du
royaulme de France, et ses biens et heritaiges declairez acquis et confisquez au Roy.

Audit mois de juin advint que le seigneur de Craon
à qui le Roy avoit baillé la charge de son armee, pour
aler en la conté de Bourgongne, fist guerre alencontre
de monseigneur le prince d'Orenge, qui pour aucunes
injures à luy faictes par ledit de Craon; qui n'estoit
pas de pareille maison de luy, et pour soy venger

---

(1) Ce qui est entre deux crochets est tiré du manuscrit de la
bibliothèque du Roi, et manque dans toutes les autres éditions. —
(2) *Flastré* : marqué d'un fer chaud.

d'icelle injure , et aussi que le Roy qui avoit baillé le
gouvernement du pays audit prince, qui avoit esté
aussi au moyen de faire mettre ledit pays en la main
du Roy, et l'avoit de ce deschargé pour bailler audit
de Craon, s'en courrouça fort et trouva moyen de
faire retourner contre le Roy les pays, villes, et places
qui à sa requeste s'estoient reduictes à luy. Et avecques et en sa compagnie se mist et bouta ung chevalier
dudit pays de Bourgongne, nommé messire Claude de
Vauldray, qui soustindrent la guerre contre ledit de
Craon, jusques à certain temps que ledit de Craon sceust
que ledit d'Orenge estoit en une ville nommée Gray, où
il vint mettre le siege et y demoura par deux jours
que ledit seigneur de Chasteauguyon frere dudit d'O-
renge, et aultres, vindrent pour le secourir, dont fut
adverty ledit de Craon, qui s'en ala mettre en bataille
contre ledit seigneur de Chasteauguyon, et y eut
grant hurtibilis (1) à ladite rencontre, et de cousté et
d'aultre y mourut de gens de façon comme de quinze
à seize cens combatans. Et de ladicte desconfiture
en furent faictes par l'ordonnance du Roy processions
generales à Paris, en l'eglise Sainct Martin des
Champs.

Au mois de juillet ensuivant audit an 1477, le duc
de Guerles qui s'estoit venu loger prés de Tournay à
tout quatorze ou quinze mil Alemans et Flamans
vint pour cuider bouter le feu és fauxbourgs dudit
Tournay et soy loger au pont de pierre prés de ladicte
ville, dommager icelle, fut fait saïllie par deux fois sur
ledit de Guerles, où à la premiere saillie il fut tellement navré qu'il y mourut et fut son corps apporté

(1) *Hurtibilis* : choc.

en ladicte ville de Tournay. Et puis à la seconde saillie
yssirent sur ceulx de son armee de trois à quatre cens
lances de l'ordonnance du Roy, avec aucuns particuliers de ladicte ville, lesquels mirent en fuite tous
lesdits Alemans et Flamens, et bien en tuerent deux
mil, et de sept à huict cens prisonniers. Et de ladicte
desconfiture en fut chanté en l'eglise de Paris *Te Deum
laudamus*, et fait faire les feux parmy les ruës de ladicte ville.

Audit an 1477, le lundy quatriesme d'aoust, messire
Jacques d'Armignac duc de Nemours et conte de la
Marche, qui avoit esté constitué et amené prisonnier
és prisons de la bastille Sainct Anthoine, à tel et
semblable quatriesme jour d'aoust en l'annee precedente, pour aucuns cas, delits, et crimes par luy
commis et perpetrez, durant lequel temps de son em-
prisonnement en icelluy lieu de la Bastille, luy furent
faits plusieurs interrogatoires sur lesdites charges, ausquelles il respondit de bouche et par escrit, tant par
devant messeigneurs le chancelier de France nommé
maistre Pierre Doriolle, qu'aultres des presidens et
conseillers de la court de parlement par plusieurs et
diverses journees. Et encores par certains grans clers
du royaulme, demourans en diverses citez et villes
dudit royaulme, pour ce mandez et assemblez de l'ordonnance du Roy en la ville de Noyon, avec et en la
compagnie desdits de parlement. Et en la presence de
monseigneur de Beaujeu illec representant la personne
du Roy, fut tout veu et visité ladite procedure par
ladicte court, faicte alencontre dudict de Nemours,
ensemble aussi les excusations par luy faictes et baillees servants à sa salvation. Et tout par eulx veu con-

clurent audit procez, tellement que ledit jour de lundy
quatriesme jour d'aoust fut audit lieu de la Bastille
messire Jehan Le Boulengier premier president audict
parlement, accompagnié du greffier criminel de ladicte court, de sire Denis Hesselin maistre d'ostel du
Roy, et aultres, qui vindrent dire et declairer audict
de Nemours que veuës les charges à luy imposees, ses
confessions et excusations par luy sur ce faites, et tout
veu et consideré, à grande et meure deliberation, luy
fut dit par ledit president et de par la court de parlement, qu'il estoit crimineux de crime de leze majesté, et
comme tel condempné par arrest d'icelle court à estre
ledit jour decapité és halles de Paris, ses biens, seigneuries et terres acquises et confisquees au Roy : laquelle execution fut ledit jour faite à l'eschaffault ordinaire desdictes halles, à l'heure de trois heures apres
midy, qu'il eut illec le col couppé : et puis fut ensepvely et mis en biere et delivré aux Cordeliers de Paris,
pour estre inhumé en ladicte eglise, et vindrent querir
ledict corps ésdites halles jusques environ de sept à
huict vingts Cordeliers à qui furent delivrees quarante
torches pour mener et conduire ledit corps dudit seigneur de Nemours en leur dicte eglise.

Audit mois le Roy qui estoit à Therouenne envoya
partie de son armee pour combatre et mettre hors de
leur parc certaine quantité grande de Flamens qui
estoient parquez en un lieu nommé le Blanc Fossé,
lesquels Flamens quant ils ouyrent nouvelles de la
venuë du Roy et son armee s'enfuirent et desparque-
rent, et audit desparquement faire frapperent nos
gens sur les dessusdits Flamens, desquels en y eut bien
tué deux mil. Et depuis furent suivis jusques bien

huict lieuës dedans le pays de Flandres, et passerent lesdites gens du Roy au mont de Cassel, à Fiesnes et autres
places qui furent prises et arrasees, et en tuerent encores bien aultres deux mil. Et desdites desconfitures
en furent faictes de moult belles processions en la
ville de Paris.

Audit mois d'aoust vingtiesme jour d'iceluy mois
l'an 1477 advint que ung jeune fils bourreau à Paris nommé Petit Jehan fils de maistre Henry Cousin maistre bourreau en ladicte ville de Paris, qui
desja avoit faict plusieurs exploits de bourreau : et
entre les aultres avoit executé et couppé le col de
messire Loys de Luxembourg connestable de France,
fut tué et meurdry ledit Petit Jehan en ladicte ville
de Paris, au pourchas d'ung menuisier qui estoit
nommé Oudin du Bust natif du pays de Picardie, qui
avoit conceu haine mortelle contre ledit Petit Jehan,
pour raison et cause de ce que ledit Petit Jehan avoit
frappé ou batu long temps paravant ledit du Bust,
pour aucune noise qu'ils eurent ensemble, à cause de
ce que ledit menuisier du Bust luy demandoit la
grosse et seel d'une obligation, en quoy ledit Petit
Jehan estoit obligé à icelluy Oudin du Bust, et de laquelle obligation ledit Petit Jehan avoit payé le principal, et ne restoit que ledit grossement et seel.

Et pour estre ledit du Bust vengé dudit Petit Jehan,
se associa ledit du Bust de trois jeunes compaignons
demourans à Paris. L'ung d'iceux nommé Lempereur
du Houlx sergent à verge. L'autre Jehan du Foing
fontenier et plombeur. Et l'autre nommé Regnault
Goris orfevre fils de Martin Goris courtier (1) de geo-

(1) *Courtier de geolerie :* courtier de bijoux et joyaux.

lérie. Tous lesquels quatre de guet à pense et propos
deliberé, vindrent assaillir ledit Petit Jehan qu'ils
trouverent au coing de la ruë de Garnelles prés de
l'ostel du Moulinet, et vint le premier à luy le dit
Empereur du Houx soubs fainte amiable, qui le print
par dessoubs le bras en le tenant fermement, en luy
disant qu'il n'eust point de paour des dessusdits, et
qu'ils ne luy feroient point de mal. Et en luy disant
ces choses vint ledit Regnault Goris qui frappa ledit
Petit Jehan d'une pierre par la testé dont il chancella,
et lors ledict Empereur le lascha, et incontinent vint
à luy ledit Jehan du Foing qui luy bailla d'une jave-
line au travers du corps dont il cheyt mort en la place,
et depuis qu'il fut mort ledit du Bust luy vint coupper
les jambes, et à tant se departirent les quatre dessusdits, et s'en alerent bouter en franchise aux Celestins
de Paris. Auquel lieu la nuit ensuivant furent prins
et tirez dehors par l'ordonnance et commandement de
messire Robert Destouteville, chevalier prevost de
Paris, et gens de conseil, pource que par information
leur apparut dudit guet à pense et propos deliberé, dequoy lesdits Celestins appellerent, et par la court de parlement fut l'appel vuidé et dit qu'ils ne jouyroient point
de l'immunité de l'Eglise. Et apres comme clercs furent
requis par l'evesque de Paris comme ses clercs. Auquel
pareillement fut dit par arrest de parlement qu'ils ne
jouyroient point du privilege de clerc, et furent renvoyez
par devant ledit prevost, par la sentence duquel ils
furent tous condempnez à estre pendus et estranglez,
dont ils appellerent en la court de parlement. Laquelle
conferma ladite sentence qui fut executee, et furent
tous quatre pendus au gibet de Paris, par les mains

dudict maistre Henry pere dudit Petit Jehan, qui
pourtant fut vengié de la mort de sondit fils, le jeudy
veille de monseigneur sainct Jehan decollasse, vingt-
huictiesme jour dudit mois. Et furent pendus en la
maniere qui s'ensuit, et tout au joignant l'ung de
l'autre : c'est assavoir ledit Empereur le premier,
Jehan du Foing le second, Regnault Goris le tiers,
et ledit Jehan du Bust le quatriesme et dernier. Et est
assavoir que lesdicts Empereur, du Foing et Goris,
estoient trois beaulx jeunes hommes, et en oultre pour
ledit cas fut batu de verges et banny du royaulme de
France ung jeune fils cordonnier, qui avoit conspiré
de la mort dudit Petit Jehan mais point ne s'estoit
trouvé à icelle.

Audit temps le Roy qui estoit au pays de Picardie,
se partit dudit pays, et y laissa pour son lieutenant
general monseigneur le bastard de Bourbon admiral
de France, pour la conduite de la guerre et garde de
tout le pays. Et au regard des gens de guerre de l'ordonnance du Roy et aultres estans pour luy esdits
pays, on leur bailla et assigna l'en leur logis en la
cité et ville d'Aras, Tournay, Lens, la Bassee, et aultres lieux sur les frontieres de Flandres et autres pays
qui encores se tenoient pour ladicte damoiselle de
Flandres fille d'icelluy feu duc de Bourgongne. Et
apres toutes ces choses ainsi faictes et ordonnees, le
Roy s'en vint à Nostre Dame de la Victoire veoir la
belle dame illec aouree (1), et puis apres s'en tira à
Paris où il ne sejourna gueres, et y estoit le jour de
la feste de sainct Denys. A la reverence duquel sainct
il delivra tous les prisonniers estans en ses prisons du

(1) *Aouree* : souhaitée, desirée.

Chastellet de Paris, et puis s'en ala à Tours, à Amboise et aultres lieux voisins où il se tint par assez longue espace de temps, durant lequel les Bourguignons et autres ennemis du Roy soubs les charges et compaignies du prince d'Orenge, messire Claude de Vaudray et aultres estans en la conté de Bourgongne, firent et porterent de grans guerres aux gens du Roy estans pour luy audit pays, et en fut fait de grans desconfitures sur lesdictes gens du Roy, tant en la ville du Grey sur Sosne et ailleurs, où lesdictes gens du Roy s'estoient logez. Et y tuerent lesdits Bourguignons des gentils hommes de l'ordonnance du Roy, soubs les charges et compaignies de Sallezart et de Conyngan, capitaines des Escossois, en bien grant nombre.

En ladite année le Roy ayant en singuliere recommandation les saincts faits de sainct Louys et sainct Charlemaigne, ordonna que leurs images de pierre pieça mis et assis en deux des pilliers de la grant salle du Palais Royal à Paris, du rang des aultres roys de France, fussent descendus, et voulut iceulx estre mis et posez au bout de ladite grant salle au dessus et au long de la chappelle estant au bout de ladicte grant salle, ce qui fut fait. Et en furent payez les deniers que l'ouvraige cousta à faire, par Robert Cailletel receveur des aydes de ladite ville de Paris.

Au mois de decembre audit an, le Roy pour tousjours accroistre son artillerie, voulut et ordonna estre faites douze grosses bombardes de fonte et metail de moult grande longueur et grosseur, et voulut icelles estre faictes : c'est assavoir trois à Paris, trois à Orleans, trois à Tours, et trois à Amiens. Et durant ledit temps fist faire bien grant quantité de boules de fer és

forges estans és bois prés de Creil, dont il bailla la
charge à maistre Jehan de Reilhac (1) son secretaire.
Et pareillement fist faire és carrieres de Peronne grant
quantité de pierres à bombarde. Et aussi faire dedens
les bois grant nombre de chevretes et tauldis de bois,
avecques des eschelles à assaillir villes et forteresses
pour avoir et prendre les villes de Flandres et Picardie, qui encores audit temps estoient à reduire.

Audit an 1477 advint au royaulmé d'Angleterre
que pour ce que le roy Edouart dudit royaulme fut
acertené que ung sien frere qui estoit duc de Clairence,
avoit intention de passer la mer et aler descendre en
Flandres, pour donner aide et secours à sa sœur duchesse en Bourgongne, veufve dudit deffunct le dernier duc, fist icelluy roy Edouart prendre et consti-
tuer prisonnier son dit frere et mettre prisonnier en la
tour de Londres, où il fut depuis detenu prisonnier
par certaine longue espace de temps. Pendant lequel
ledit Edouart assembla son conseil, et par la deliberation d'icelluy fut condempné à estre mené depuis ladite tour de Londres traînant sur ses fesses jusques au
gibet de ladicte ville de Londres, et illec estre ouvert
et ses entrailles gettez dedens un feu. Et puis luy
coupper le col et mettre son corps en quatre quartiers, mais depuis par la grant priere et requeste de la
mere desdits Edouart et de Clairance, fut sa condemp-
nation changee et muee tellement que au mois de
fevrier audit an iceluy de Clairance estant prisonnier en ladite tour fut prins et tyré de sadite prison,
et apres qu'il eut esté confessé fut mis et bouté tout
vif dedens une queue de malvoisie deffoncee par l'ung

(1) *Reilhac* : il avoit été conseiller des comptes.

des bouts la teste en bas, et y demoura jusques à
ce qu'il eut rendu l'esprit. Et puis fut tyré dehors et
luy fut le col couppé et apres ensepvely et porté enterrer à aux Carmes avecques sa femme jadis fille du
conte de Warvich qui mourut à la journee de Conven-
tery avecques le prince de Galles, fils du sainct roy
Henry d'Angleterre de Lanclastre.

Audit temps advint à Paris que ung nommé Daniel
de Bar, serviteur de maistre Olivier Le Dain premier
barbier et varlet de chambre du Roy, fut mis et constitué prisonnier en la court de parlement, pour raison de plusieurs plaintes qui furent baillees à ladite
court alencontre dudit Daniel, et mesmement à la
complainte d'une nommee Marion femme de Colin
Panier, et d'une aultre femme dissoluë, qui char-
geoient ledit Daniel de les avoir efforcees, et en elles
faict et commis l'ord et villain peché de sodomie. Et
apres que par ladite court et par la justice du prevost
de Paris eust esté vacqué par long temps à besongner
audit procez, icelles deux femmes se desdirent desdites
charges, en confessant par elles, que icelles charges
avoient faictes à la petition et requeste dudit Colin
Panier et d'ung nommé Janvier, comme ennemis dudit Daniel, et pour eulx vengier de luy, pourquoy
lesdites deux femmes par sentence du prevost de
Paris furent condemnees à estre batuës nues, et ban-
nies du royaume de France, leurs biens et heritages
confisquez au Roy, surquoy premierement seroient
prins les dommages et interests dudit Daniel, premierement et avant toute œuvre. Laquelle sentence
fut prononcee, et apres executee par les carrefours de
Paris le mercredy unziesme jour de mars audit an 1477.

Audit an et mois de mars, le Roy qui estoit à Tours s'en vint vers Paris loger à Ablon sur Seine, en ung hostel appartenant à Marc Senamy esleu de Paris où il ne sejourna que deux jours, et puis vint à Paris coucher en son hostel des Tournelles, et d'illec le landemain matin s'en ala en l'eglise de Paris faire son oraison à la benoiste Vierge Marie. Et icelle faicte s'en ala coucher à Louvres en Parisys, et de là à Senlis, à la Victoire à Armenonville et autres lieux voisins, où il sejourna ung peu de temps, et apres ala à Hesdin, Amyens et aultres lieux de Picardie, où le seigneur de Havart de par le roy Edouart d'Angleterre y vint, et communiqua de trouver accord entre le Roy et les Flamens. Et du costé du Roy y fut commis le seigneur de Sainct Pierre et plusieurs aultres. Et durant ce temps le Roy fist tousjours passer son armee audit pays de Picardie, tant ceulx de son ordónnance que les nobles, archiers de retenuë, et aultres gens de guerre en bien grant nombre, et si y fut aussi mené grant nombre de bombardes, pouldres, artillerie, vivres et grans preparations de faire guerre.

Audit an au mois de mars 1478 apres Quasimodo, vint et arriva à Paris madame d'Orleans, monseigneur le duc d'Orleans, ung jeune enfant fils du duc de Cleves nepveu d'icelle dame, madame de Nerbonne fille du feu duc d'Orleans et femme de monseigneur le viconte de Nerbonne-fils du conte de Fouez, le fils du conte de Vendosme et aultres plusieurs seigneurs, gentils-hommes, dames et damoiselles qui moult bien furent festoiees par deux fois en ladicte ville de Paris. Pour la premiere fois par monseigneur le cardinal de Fouez en l'ostel d'Estampes pres la Bastille. Et la

seconde fois par monseigneur le cardinal de Bourbon
en son hostel à ladicte ville de Paris, qui y donna à
soupper à icelle dame, à toute sadicte compaignie et
plusieurs aultres, le mardy dernier jour de mars audit
an 1478. Et fut ledit soupper moult honorable, plantureux (¹) et bien et honnestement servy de tout ce
qu'il estoit possible de trouver, avecques chantres et
plusieurs instrumens melodieux, farces, mommeries
et aultres honnestes joyeusetés. Et fut l'assiete dudit
soupper en la gallerie doree, reservé madicte dame de
Nerbonne qui estoit fort grosse, qui pour son aise avoir
avec monseigneur, son mary, et jusques au nombre
de huict, soupperent en une chambre basse dudict
hostel au logis de Jehan de Roye, secretaire de monseigneur le duc de Bourbon, et garde dudit hostel de
Bourbon.

Au mois d'avril audit an 1478 fut sceu par Guerin
Le Groin baillif de Sainct Pierre le Monstier, et Ro-
binet du Quesnoy, lesquels et chascun de eulx avoient
charge de cent lances de l'ordonnance du Roy, qui
estoient en garnison au pays de Picardie, que les
Flamens venoient à Douay pour apporter argent à
ceulx dudit lieu tant pour leurs gaiges et souldees que
aussi pour les affaires de ladicte ville. Lesquels capitaines se mirent aux champs pour gaigner ledit argent, ce qu'ils firent, et ruerent jus ceulx qui le portoient, et en tuerent aucuns, et plusieurs prisonniers
y furent prins.

Et pour ce que ceux de ladicte ville de Douay et de
l'Isle de Flandres, eurent certaines nouvelles de ladite
destrousse, se mirent aux champs pour rescourre ledit

(¹) *Plantureux :* abondant.

argent et prisonniers. Et nonobstant qu'ils fussent moult grant nombre, nosdites gens se saulverent parmy eulx, en tuerent quatre-vingts et mieulx, et en emporterent ledit argent par eulx gaigné. Et n'y mourut point des gens du Roy plus de trente six ou trente sept hommes.

Au mois de may audit an 1478, le Roy qui estoit au pays de Picardie ne fist guere de choses, sinon de gaigner et avoir par sa puissance une petite ville nommee Condé qui estoit tenuë par les Bourguignons, laquelle estoit fort nuisante à avitailler, et porter vivres à ceulx de la cité de Tournay. Dedens laquelle ville y avoit des gens de guerre du party du duc en Auteriche qui se laisserent batre, mais en fin quant ils apperceurent le grant mal qui leur estoit apparant, ils prindrent composition avec le Roy de luy bailler ladite ville et le chasteau, à quoy le Roy les receupt, et s'en alerent eulx et leurs biens saufs.

En ladicte annee vint à Paris ung cordelier natif de Ville Franche en Beaujolois, pour prescher à Paris, et illec blasmer les vices, et y prescha bien longuement, disant et publiant les vices dont les creatures estoient entachees. Et par ses parolles y eut plusieurs femmes qui s'estoient donnees aux plaisances des hommes et aul. tres pechez qui de ce se retrayrent, et aucunes d'icelles se mirent et rendirent en religion, en delaissant leurs plaisances et voluptez où par avant s'estoient demenees : et si blasma tous les estats, et si prescha de la justice du gouvernement du Roy, des princes et seigneurs de ce royaulme, et que le Roy estoit mal servy, et qu'il avoit autour de luy des serviteurs qui luy estoient traistres, et que s'il ne les mettoit dehors qu'ils le destruiroient et le royaume aussi. Desquelles choses

en vindrent les nouvelles au Roy, parquoy ordonna
qu'on luy deffendist le prescher, et pour ceste cause
vint à Paris maistre Olivier Le Dain barbier du Roy,
pour luy faire deffendre le prescher, ce qui luy fut interdit : ce qui fut à la grant desplaisance de plusieurs
hommes et femmes qui fort s'estoient renduës enclins
à le suivre et oyr ses parolles et predications. Et pour
doubte qu'on ne le print ne que on ne luy feïst aucun
opprobre, le furent veiller nuict et jour dedens le
convent des Cordeliers dudict lieu de Paris. Et si disoit on que plusieurs femmes y alloient curieusement
de nuict et de jour, qui se garnissoient en leurs patois
de pierres, cendres, cousteaux mucees, et aultres fer-
remens et bastons pour frapper ceulx qui luy voudroient nuire ou empescher sadicte predication, et
qu'ils luy disoient qu'il n'eust point de paour, et qu'ils
mourroient avant que esclande luy advinst.

Durant ces choses s'en ala en Picardie par devers
le Roy ung legat de par le Pape, pour remonstrer au
Roy et au duc d'Austriche le grant mal que faisoient
les Turcs infidelles alencontre de la chrestienté, en les
exhortant de faire paix entre eulx, et de eulx deliberer
d'eux exposer à la deffence de ladicte chrestienté, et
destruire lesdits infideles. Au moyen de quoy fut ung
peu cessee ladicte guerre, en esperant trouver accord
en leursdits debats, mais nonobstant ce ne cesserent
point les Bourguignons de la duché et conté de Bourgongne, de tousjours faire guerre ausdits pays et à
l'armee que le Roy y avoit envoyee, et de prendre
sur les gens du Roy, villes, chasteaux, et places par
le Roy recouvrees, et y tuerent des gens du Roy et
francs archiers bien grant nombre.

Et le mardy vingt-sixiesme jour de may fut crié à
son de trompe et cry publicque par les carrefours de
Paris, comme de toute ancienneté il soit de coustume,
et qu'il ne loise (¹) à nuls de quelque estat qu'ils soient,
de faire assemblées de gens en la ville de Paris sans le
congié et licence du Roy ou sa justice. Et que ce neantmoins au moyen de certains sermons et predications
puis n'agueres faits en ladite ville par frere Anthoine
Fradin de l'ordre des Cordeliers, plusieurs personnes
se sont assemblees et venuës au couvent desdits Cordeliers, pour illec garder ledit cordelier, auquel n'a-
voit esté fait aucun opprobre par le Roy ne sa justice,
mais y avoient esté envoyez seulement aucuns des conseilliers du Roy pour le interroguer sur aucunes choses
et matieres secretes, dont le Roy en vouloit sçavoir la
verité. Et illec s'estoient tenus nuit et jour prés de
icelluy frere Anthoine, pour le garder, si comme ils
disoient. Laquelle chose estoit en grande esclandre,
parquoy et par l'advis de la cour de parlement et
prevost de Paris estoit interdit et deffendu à toutes
personnes de quelque condition qu'ils feussent de non
plus faire lesdites telles assemblees en ladicte eglise
des Cordeliers, ne ailleurs, sur peine de confiscation
de corps et de biens. Et que au regard de ceulx qui
ainsi estoient assemblez audit lieu des Cordeliers, incontinent apres le cry se departissent et alast chascun
en sa maison sur lesdictes peines, et aux maris qu'ils
feissent deffence à leurs femmes de plus aler ne eulx
tenir lesdictes assemblees. Apres lequel cry ainsi fait
que dit est, fut par grant derision crié par plusieurs
des escoutans, que ce n'estoit que folie, et que le Roy

_____

(¹) *Loise* : soit permis.

ne sçavoit riens des choses dessusdictes, et que c'estoit
mal fait d'avoir ordonné de faire ledit cry.

Et le lundy premier jour dé juing audit an, par le
premier president du parlement, et aultres qui se disoient avoir charge du Roy, fut dit et declairé audit
frere Anthoine Fradin qu'il estoit à tousjours banny
du royaulme dé Francé, et que pour cé faire il vuidast
incontinent et sans arrester hors d'icelluy royaulme,
ce qu'il fist, et vuida le lendemain dé ladicte ville de
Paris, qui fut mardy second jour dudit mois de juing
1478. Et quant ledit frere Anthoine partit dudit lieu
des Cordeliers de Paris y avoit grant quantité de populaire, crians et soupirans moult fort son departement, et en éstoient tous fort mal contens. Et dú courroux qu'ils en avoient, disoient de merveilleuses choses,
et y en eut plusieurs, tant hommes que femmes qui
le suivirent hors de la ville de Paris jusques bien
loing, et puis apres s'en retournerent.

Audit temps le Roy qui estoit alé au pays de Picardie, en intention d'avoir et mettre en ses mains et obeïs-
sances les villes, places et pays que tenoit le deffunct
duc de Bourgongne au jour de son trespas, comme
appartenans au Roy, et à luy acquises par la rèbel-
lion et desobeyssance du deffunct duc de Bourgongne,
et qui pour icelles avoir y avoit menee la plus belle et
grande quantité d'artillerie et gens-d'armes de son ordonnance, francs archiers et nobles hommes, qui oncques fut veuë en France. Et demoura longuement
audit pays cuidant tousjours avoir les Flamens et le
duc Maximien d'Auteriche, qu'ils appelloient leur seigneur, soubs umbre duquel avoir fut envoyé devers
le Roy luy estant à Cambray et en la cité d'Arras,

ambassadeurs dudit duc d'Auteriche qui pourparlerent
de bailler au Roy paisiblement les contez d'Artois et
de Boulongne, l'Isle, Douay, et Orchies, Sainct Omer
et aultres villes, avecques la duché de Bourgongne entiere. Et soubs umbre desdictes promesses le Roy leur
bailla la jouyssance de Cambray, Quesnoy le Conte,
Bouchain, et aultres villes. Et pour estre plus prés du
Roy pour communiquer des choses dessusdites, s'en
vint loger et parquer ledit duc d'Auteriche, luy et son
ost, que on disoit estre vingt mil combatans et mieulx,
entre Douay et Arras. Et illec tindrent le Roy en
belles parolles soubs umbre desdites promesses, jusques en la fin dudit mois de juing, que le Roy n'eut
aucune chose de ce qui luy avoit esté promis. Et si
avoit eu liberalement du Roy icelluy Maximien lesdites villes, cuidant que de son costé feust entretenu ce
que promis luy avoit, dont il ne fist rien, et n'y eut
aucune conclusion sur ce prinse.

Durant ledit mois de juing, l'armee que le Roy
avoit envoyee en la haulte Bourgongne pour recouvrer ses villes contre luy rebellees, et dont avoit la
charge le gouverneur de Champaigne nommé d'Amboise, prospera fort, et regaignerent et mirent és mains
du Roy la ville de Verdun, Montsaujon, et Semur en
Lauxois, tant par assault que par composition. Et
apres alerent mettre le siége devant la ville de Beaulne,
où ils furent depuis par aucun temps, et jusques au
commencement du mois de juillet ensuivant, et audit an
1478 que ladicte ville de Beaulne se rendit au Roy
par composition és mains dudit gouverneur : tellement
qu'ils eurent leurs vies et biens saufs, et payerent en
ce faisant par forme d'amende pour leurs defaultes

quarante mil escus, et si furent condempnez à rendre
et restituer tout le vin et aultres debtes qu'ils pouvoient
devoir aux marchands de Paris, et aultres marchands
du royaulme, tant en vin par eulx vendu et non livré,
que d'argent à eulx baillé-et presté. Et au regard des
gens de guerre, ils s'en alerent par ladicte composition franchement et quittement, eulx et leurs biens
saufs.

Audit mois de juillet furent et transporterent en ladicte ville d'Arras par devers le Roy illec estant, une
grande ambassade dudit duc Maximien d'Auteriche,
et aussi des habitans des villes et pays de Flandres :
Lesquels furent oys par le Roy et son conseil, et sur
ce qu'ils voulurent dire à grande et meure deliberation, fut appointé entre le Roy et lesdits Maximien et
Flamens, que la guerre qui lors estoit audit pays ces-
seroit jusques à ung an, pendant lequel yroient seurement de chascun des deux costez toutes personnes de
l'ung party en l'autre, et que toute marchandise auroit son plain cours. Et à tant s'en departit le Roy, et
s'en vint loger vers Paris, et ne entra point en la ville,
pour cause de ce que on luy dist que on s'y mouroit,
et s'en ala prés de Vendosme, où il se tint par aucun
temps. Et apres ala à Behuart, et autres pelerinages à
sa devotion.

En ladicte annee et au retour dudit pays le Roy
fist de grans dons à plusieurs eglises et divers saincts :
car il vint veoir la benoiste Vierge Marie de la Victoire prés Senlis, où il donna deux mil francs, qu'il
voulut estre employez à faire des lampes d'argent devant l'autel de ladicte Vierge. Et aussi fist couvrir d'argent la chasse de monseigneur sainct Fiacre, où il fut

employé de sept à huict vingts marcs d'argent. Et en
oultre pour sa grande et singuliere confidence (1) que
de tout temps il a eu à monseigneur sainct Martin de
Tours, voulut et ordonna estre fait ung grant treillis
d'argent tout autour de la chasse dudit sainct Martin,
lequel y fut fait, et pesoit de seize à dix-sept mil marcs
d'argent, qui cousta ayant que estre prest et tout assis,
bien deux cens mil francs. Et est assavoir que pour
finer de ladicte grande quantité d'argent à faire les ouvrages dessusdits, furent ordonnez commissaires pour
prendre et saisir toute la vaisselle qu'on pouvoit trouver à Paris et aultres villes, laquelle vaisselle fut payee
raisonnablement, mais nonobstant ce, en fut grande
quantité mucee et ne fut plus veuë és lieux où elle
avoit accoustumé de courir. Et à ceste cause de là en
avant quant on aloit aux nopces franches et aultres,
où on avoit accoustumé d'y en veoir largement, n'y
estoient trouvez que beaulx verres et esguieres de
verre et feugiere.

En icelluy temps le Roy fist faire grant assemblee
des prelats, gens d'eglise, de grans clercs, tant des
universités de Paris, Montpelier, que d'autres lieux,
pour eulx trouver et assembler en la ville d'Orleans,
pour subtillier et trouver moyen de ravoir la pragmatique, et que l'argent des vaccans et beneficés ne fussent
plus portez à Rome, ne tyrez hors de ce royaume. Et
pour ceste cause se tint ladicte assemblee ainsi estant
à Orleans, où presidoit pour le Roy monseigneur de
Beaujeu, monseigneur le chancelier et aultres du conseil du Roy. Lequel monseigneur le chancellier en la
presence de monseigneur de Beaujeu dist et declaira

(1) *Confidence.*: confiance.

les causes pourquoy ladite assemblee estoit ainsi faicte
audit Orleans, et les causes qui mouvoient le Roy
d'avoir fait faire icelle assemblee, laquelle proposition
fut responduë par maistre Jehan Huë, doyen de la faculté de théologie pour ladite université de Paris, qui
en ce faisant fist de grandes remonstrances et parla fort
et hardiment, pour ce qu'il estoit advoué de par lesdits
de l'université de Paris. Et aussi y parla pour ladicte
université de Montpellier ung aultre grant clerc, qui
aussi parla moult bien. Et apres que icelle assemblee
eut illec esté certaine espace de temps, le Roy vint à
sa devotion en l'eglise Nostre Dame de Clery, et apres
sa devotion faicte ala audit lieu d'Orleans, où il ne sejourna que demie journee. Et apres qu'il s'en fut retourné tout ledit conseil ainsi assemblé que dit est
sans conclure se departit, et ala chascun dont il estoit
party pour y venir, et fut ledit conseil remis à Lyon
au premier jour de may apres ensuivant.

En apres le Roy estant audit pays de Touraine, envoya ses lettres closes à ses bons bourgois de Paris,
leur faisant sçavoir quant il avoit envoyé ses ambassadeurs par devers le roy de Castille et de Leon, sur
aucuns differens qui estoient entre le Roy et luy, affin
de trouver aucun bon accord entre eulx sur lesdits
differens, lesquels ses ambassadeurs estoient retournez
dudict voyaige, et avoient rapporté que ledit roy de
Castille estoit bien content du Roy, et lui avoit promise et juree bonne amour et vraie alliance : pourquoi le Roy voulant de ces choses estre loué et regra-
cié Dieu nostre createur et la benoiste glorieuse
Vierge Marie, mandoit ausdits de Paris, que de ce
ils feissent processions generalles à Paris, et que les

feux en feussent faits parmi les ruës de ladicte ville :
laquelle chose fut faicte. Et furent icelles processions
faictes, qui alerent de Nostre-Dame à madame Saincte
Geneviefve au mont de Paris, et y fut illec presché
par le prieur des Carmes, qui illec declaira bien au
long et honorablement l'intention et contenu desdictes
lettres du Roy.

En ladite annee au mois d'octobre, advint au pays
d'Auvergne que en une religion de moines noirs (1),
appartenant à monseigneur le cardinal de Bourbon, y
eut ung des religieux dudit lieu qui avoit les deux
sexes d'homme et de femme, et de chascun d'iceulx se
aida tellement qu'il devint gros d'enfant, pourquoy
fut prins et saisi, et mis en justice et gardé jusques à
ce qu'il fut delivré de son postume, pour apres iceluy
venu estre fait dudit religieux ce que justice verroit
estre à faire.

Audit pays advint aussi que ung gentil-homme dudit pays d'Auvergne nourrissoit ung lyon, qui luy
eschappa et le perdit par aucun temps, qu'il ne sçavoit où il estoit devenu. Laquelle beste s'en ala à l'es-
cart et sur aucuns chemins, là où mengea et devoura
plusieurs creatures, tant hommes que femmes, pour
cause dequoy grant nombre de gens dudit pays se
mirent sur les champs pour le tuer, et y ala aussi sondit maistre, et tant firent qu'ils trouverent ladicte beste.
Laquelle entre aultres personnes reconneut et vint à
sondit maistre, et incontinent fut tuee et meurdrie. Et
pareillement aussi audit pays y sourdit une fontaine
en lieu où jamais n'en avoit point eu, et illec de-

(1) *En une religion de moines noirs :* Mézerai dit que c'étoit dans
l'abbaye d'Issoire, en Auvergne.

vint la terre mouvant et tremblant merveilleusement.

Audit an 1478 au mois de novembre, ung nommé Symon Courtois, que le Roy avoit fait son procureur general par toute la conté d'Artois, au moyen de la treve qui estoit entre le Roy et les Flamens, se partit de la ville d'Arras faignant aler en ses affaires au païs de Flandres. Auquel pays s'en ala par devers la contesse dudit Flandres, femme de Maximien d'Auteriche, par devers laquelle et non content de l'honneur à luy fait par le Roy de l'avoir ainsi creé sondit procureur general en ladite conté, dist à icelle contesse qu'il estoit bien son serviteur, comme ses aultres parens avoient esté, et qu'elle voulsist prendre de luy le serment et creer sondit procureur, et de raison elle luy revauldroit, et aimoit mieux qu'elle feust et demourast en ses mains que en celles du Roy. Lesquelles choses qui furent sceuës par le gouverneur dudit Arras pour le Roy, fut ledit Symon Courtois prins et saisi, et mené devers le Roy à Tours, où il confessa tout ce que dit est dessus. Et à ceste cause il fut decapité.

Audit an 1478 le lundy devant les Rois, advint que plusieurs officiers du Roy en son artillerie, firent assortir une grosse bombarde qui en ladicte annee avoit esté faicte à Tours, pour illec essayer et esprouver, et fut acculee la queuë d'icelle aux champs devant la bastille Sainct Anthoine, et la gueulle d'icelle en tirant vers le pont de Charenton. Laquelle fut chargee pour la premiere fois et tira tres-bien, et porta la pierre d'icelle de vollee jusques à la justice dudit pont de Charenton. Et pour ce qu'il sembla aux dessusdits qu'elle ne s'estoit pas bien deschargee de toute la poudre qui mise et boutee avoit esté dedens la chambre

14.   6

d'icelle bombarde, fut ordonné par les dessusdits que encores seroit chargee de nouveau, et que de rechief seroit tiree pour seconde fois, et que avant ce elle seroit nettoyee dedans la chambre d'icelle avant que d'y mettre la poudre, ce qui fut fait, et fut faite charger et bouté sa boule qui pesoit cinq cens livres de fer, dedans la gueule d'icelle bombarde, à laquelle gueule estoit ung nommé Jehan Maugue fondeur, qu'icelle bombarde avoit faite : laquelle boule en roullant au long de la vollee contre le tampon de la chambre de icelle bombarde, se deschargea incontinent, sans sçavoir dont le feu y vint. A cause dequoy elle tua et meurdrit et mist en diverses pieces ledit Maugue, et jusques à quatorze aultres personnes de Paris, dont les testes, bras, jambes et corps, estoient portez et gettez en l'air, et en divers lieux. Et ala aussi ladicte boule tuer et mettre en pieces et lopins, ung pauvre garçon oyselleur qui tendoit aux champs aux oyseaulx. Et de la poudre et vent de ladicte bombarde, y en eut quinze ou seize aultres personnes qui tous en eurent plusieurs de leurs membres gastez et brulez, et en mourut plusieurs depuis. Et tellement que de ceulx qui y moururent ledit jour, que de ceulx qui furent happez dudit vent, en mourut en tout de vingt-deux à vingt-quatre personnes. Et apres le trespas dudit Maugue fondeur de ladite bombarde, le corps fut recueilly, et ensevely, et mis en biere, et porté à Sainct Merry à Paris son patron, pour y faire son service, et fut crié par les carrefours de Paris que on priast pour ledit Maugue, qui nouvellement estoit allé de vie à trespas entre le ciel et la terre, au service du Roy nostre sire.

En ladicte annee le mardy second jour de mars, le corps d'ung nommé Laurens Garnier de la ville de Provins, qui avoit par arrest de la cour de parlement esté pendu et estranglé au gibet de Paris un an et demy par avant ledit jour, pour occasion de ce qu'il avoit tué et meurdry ung collecteur ou receveur de la taille dudit lieu de Provins, et duquel cas il avoit obtenu remission qui ne luy fut point enterinee par ladicte court, fut au pourchas d'ung sien frere fait despendre dudit gibet par Henry Cousin executeur de la haulte justice audit lieu de Paris. Et illec fut ensepvely ledit corps et mis en une biere couvert d'ung cercueil, et dudit gibet mené dedens Paris par la porte Sainct Denys, et devant icelle biere alloient quatre crieurs de ladicte ville sonnant de leurs clochetes, et en leurs poitrines les armes dudit Garnier, et autour d'icelle biere y avoit quatre cierges et huict torches, qui estoient portees par hommes vestus de dueil et armoyez comme dit est. Et en tel estat fut mené passant parmy ladicte ville de Paris jusques à la porte Sainct Anthoine, où fut mis ledit corps en un chariot couvert de noir, pour mener inhumer audit Provins. Et l'ung desdits crieurs qui aloit devant ledit corps, crioit « bonnes gens dictes vos patenostres pour l'ame « de feu Laurens Garnier en son vivant demourant à « Provins, qu'on a nouvellement trouvé mort soubs « ung chesne, dictes en vos patenostres que Dieu bonne « mercy luy face. »

En ladicte annee audit mois de mars le jeudy dix-huitiesme jour dudit mois, un gentilhomme nommé Oriole natif du pays de Gascongne, qui auparavant avoit euë la charge et conduicte de par le Roy de cent

6.

lances de son ordonnance, laquelle charge et ordonnance le Roy avoit nouvellement fait casser avecques aultres, laquelle chose il print à desplaisance. Et à ceste cause fut raporté que ledit Oriole parloit mal et usoit de menasses, et que avecques ce aussi qu'il mist en deliberation avecques le lieutenant de sa compaignie, de delaisser le Roy et son service, et aler servir en guerre son adversaire le duc en Auteriche. En quoy faisant commettoit crime de leze majesté envers son souverain seigneur, pour lesquels cas et aultres furent iceulx Oriole et sondit lieutenant decapitez en la ville de Tours ledit jour de jeudy. Et apres ladicte execution faicte furent portez par maistre Denis Cousin executeur de la haulte justice, et qui avoit executé ledit Oriole et sondit lieutenant, leurs testes et partie de leurs membres attachez et mettre aux portes d'Arras, et Bethune, au pays de Picardie.

Audit an et mois de mars fut aussi prins prisonnier à Paris ung nommé le seigneur de Mauves, qui aussi avoit esté cassé de la charge de cent lances, dont aussi avoit euë la charge pour le Roy, et fut prins en l'ostel du Cornet prés Sainct Jehan en Gréve par Phelippe Luillier escuyer capitaine de la bastille Sainct Anthoine, et par luy ou par aultres mené prisonnier audit lieu de Tours par devers le Roy qui lors y estoit. Et depuis fut delivré comme ignorant des cas à luy imposez.

Au mois d'avril 1479 apres, le Roy qui estoit au pays de Touraine delibera du fait de sa guerre, et de ce qui estoit de faire touchant le fait d'icelle, pource que la treve qui sur ce avoit esté entre luy d'une part et le duc en Auteriche d'autre-part, estoit presque fail-

lie. Et que par ledit d'Auteriche n'avoit esté aucune
ambassade envoyée devers luy pour accord-faire entre-
eulx sur leurs differens, et pour conclure de ce qu'ils
avoient à faire apres la fin d'icelle treve.

Au mois de may ensuivant nonobstant que ladicte
treve ne feust empiree ne faillie, les manans et habitans de la ville de Cambray mirent et bouterent les
Picars, Flamens, et aultres ennemis du Roy tenans le
party dudit duc en Auteriche dedens ladicte ville de
Cambray. Et d'icelle en dechasserent et mirent dehors
les gens de guerre qui estoient dedens le chasteau de
ladite ville de par le Roy, nonobstant que ladicte ville
le Roy avoit laissee et baillee en la garde et confidence du seigneur de Fiennes, et incontinent apres
vindrent de trois à quatre cens lances desdits Flamens
et Picars, devant la ville et chastel de Bouchain, dedens laquelle n'y avoit en garnison pour le Roy que
seize lances qui se retrahirent dedens ledit chastel,
pource qu'ils apperceurent que les habitans dudit
Bouchain avoient deliberé de mettre lesdits ennemis
du Roy dedens leur ville, incontinent qu'ils y seroient
arrivez, ce qu'ils firent. Et incontinent eulx arrivez vindrent lesdictes habitans assaillir lesdictes gens du Roy,
que par force ils prindrent et les tuerent tous dedens
ledit chasteau, et de tous ceulx qui y estoient n'en
eschappa que ung seul, lequel s'enferma dedens une
chambre, et par ung tuyau des chambres aisees (1) se
laissa cheoir dedens les fossez et se saulva : desquelles
entreprinses et choses ainsi faictes, le Roy en fut fort
mal content, et non sans cause, veu que ladicte treve
rompuë et entreprises dessusdites ne se faisoient point

(1) *Chambres aisees :* des privés.

pour aucune faulte ou coulpe, que eussent fait les gens
de guerre du Roy sur lesdits ennemis.

Et à ceste cause le Roy envoya certain grant nombre d'artillerie en la duché et Franche-Conté de Bourgongne, avecques grant nombre de nobles hommes et
francs archiers du royaulme de France, par devers le
gouverneur de Champagne, qui estoit gouverneur et
lieutenant general du Roy audit pays de Bourgongne
pour recouvrer ledit pays et mettre de rechief en sa
main. Et y besongnerent lesdits gouverneur et ceulx
de sa compaignie si vaillamment que par assault et
port d'armes ils gaignerent d'assault le chastel de Rochefort, et tuerent tous ceulx qui estoient dedens,
en pillant tout ce qu'ils y trouverent. Et de là s'en
alerent devant la cité de Dole, qui fut fort batüe d'artillerie, et apres fut assaillie tellement qu'elle fut prise
d'assault, à cause dequoy plusieurs gens de façon et
bons marchans y moururent, et si fut ladicte ville ar-
rasee mise par terre.

Au mois de juing ensuivant messire Robert Destouteville, chevalier seigneur de Beine, qui avoit esté
prevost de Paris par l'espace de quarante-trois ans,
ala de vie à trespas audit lieu de Paris. Et en son lieu
le Roy donna ledit office de prevost de Paris à Jacques
Destouteville, fils dudit deffunct prevost, en faveur
de ce qu'il disoit que ledit deffunct l'avoit bien et
loyaulment servy à la rencontre de Montlehery et
aultres divers lieux.

Durant ces choses le Roy estant à Montargis oyt les
nouvelles des choses dessusdictes, dont il fut fort
joyeulx, et lors se partit et s'en ala à Nostre Dame
de la Victoire prés Senlis y faire ses offrandes, et de

là s'en vint au bois de Vinciennes où il ne sejourna que une nuit. Et d'illec se partit et print son chemin pour aler à Provins, et de là au pays de Champaigne, à Langres et aultres lieux, et cependant fut chargé à Paris par la riviere de Seine moult grant nombre de belle et grosse artillerie, entre laquelle y avoit seize grosses bombardes toutes de fonte, et grant quantité de pouldres et salpestres pour mener à Chalons en Champaigne, à Bar-le-Duc et d'illec aler conquester la duché de Luxembourg, mais ledit voyage fut rompu et n'en fut riens fait.

Et le samedy tiers jour de juillet audit an 1479 vint et arriva à Paris une moult belle et honneste ambassade du pays d'Espaigne, que menoit et conduisoit pour le Roy l'evesque de Lombes, abbé de Sainct Denis en France. Et les furent recepvoir aux champs hors de ladicte ville les prevost des marchans et eschevins de ladicte ville, et aultres estats d'icelle ville, et apres leur entree faicte en icelle ville s'en alerent à Sainct Denis, où ils furent fort festiez par ledit abbé dudit lieu, et aussi audit lieu de Paris par aucuns des gens et officiers du Roy estans en icelle.

En icelle annee 1479 arriva en France ung jeune prince du royaulme d'Escoce nommé le duc d'Albanie frere du roy d'Escoce (1) qui par ledit Roy estoit dechassé hors dudit royaulme, lequel s'en vint au Roy à refuge, qui luy fist faire grant honneur à l'entree qu'il fist à Paris : car au devant de luy furent aux champs par la porte Sainct Anthoine, sur le chemin alant au bois de Vinciennes, tous les estats de Paris

(1) *Frere du roy d'Escoce* : Alexandre Stuart, frère de Jacques III, roi d'Ecosse; il est mort à Paris, en 1483, et est enterré aux Célestins.

avecques et en la compaignie de monseigneur de Gaucourt, qui comme lieutenant du Roy le recueillit bien
honnorablement. Et d'illec fut amené et conduit dedens
Paris et mené loger en la ruë Sainct Martin à l'enseigne du Coq, où depuis il fut longuement logé, et
ses gens et compaignie tout aux despens du Roy,
combien que de sa compaignie et gens de sa nation
n'avoit avecques luy que de dix à douze chevaux,
et le fist le Roy accompagner par messeigneurs de
Monypegny, Chevalier, seigneur de Congressault,
qui estoit aussi Escossois.

Au mois d'aoust ensuivant, les Picars, Flamens et
aultres ennemis du Roy, estans logez és pays de Flandres et aultres villes contraires au Roy, se mirent sur
les champs tendans affin de trouver et combatre les
gens du Roy, et vindrent pour ce faire prés de la ville
de Theroüenne, laquelle ville tenoient les gens du
Roy, et lesquels ennemis cuidoient avoir et emporter
ladicte ville par force et violence. Et apres leur venuë
la battirent fort de leur artillerie, à quoy il fut vaillamment resisté et contredit par monseigneur de Sainct
Andry, comme lieutenant de cent lances de monseigneur le duc de Bourbon, et aultres capitaines et nobles hommes de l'ordonnance du Roy. Et dudit ex-
ploict en furent advertis les aultres gens de guerre
estans pour le Roy en garnison esdits pays de Picardie, tous lesquels pour secourir lesdits de Theroüenne
et ladicte ville, se assemblerent et mirent sus les champs
et vindrent trouver lesdits Picars, Flamens, et aultres
gens de guerre ennemis du Roy, à environ une lieuë
prés dudit Theroüenne : lesquels ennemis et adversaires estoient grant nombre, comme soixante mil com-

batans, qui estoient menez et conduits par ledit duc
en Auteriche, le conte de Romont et aultres seigneurs
tenans ledit party, dedans lesquels vindrent frapper
les gens du Roy estans en garnison audit Theroüenne,
avecques plusieurs des compaignies des lances que le
Roy avoit en Picardie, dont avoit la conduite le seigneur des Querdes et aultres capitaines avecques luy,
tous lesquels par grant vigueur et honneste couraige
frapperent dedens lesdits adversaires et ennemis, et
tellement qu'ils deffirent toute l'avant-garde dudit duc
en Auteriche, à cause dequoy y eut grant occision
des gens dudit duc, et y perdirent beaucoup de biens,
et furent menez chassans par lesdites gens du Roy jusques dedens les fossez és portes d'Aire. Et pour ce que
aucuns francs archiers du Roy qui suivoient ladicte
chasse se mirent à piller le bagaige, et aultres biens
laissez par lesdicts adversaires, ainsi chassez comme
dit est, vint sur lesdits francs archiers et aultres gens
de guerre, le conte de Romont, qui bien avoit de quatorze à quinze mil pietons picquiers qui tuerent partie
desdits francs archiers et autres gens de guerre. Et tant
y en mourut des deux costez, qu'on disoit et estimoit
les morts de quatorze à quinze mil combatans, dont
en y eut desdits Bourguignons, Picars, et Flamens,
de morts environ de unze à douze mil combatans,
sans les prisonniers, dont les gens du Roy prindrent
grant quantité : c'est assavoir comme de neuf cens
à mil prisonniers, entre lesquels y fut prins ung des
fils du roy de Poulaine (1), et ung aultre jeune fils
qu'on disoit estre le mignon dudit duc en Auteriche,
avec grant nombre de gens de bonne et grande maison,

(1) *Poulaine* : Pologne.

et tous bons prisonniers. Et au regart des gens de l'armee du Roy y mourut le capitaine Beauvoisien et Waste de Mompedon, baillif de Rouën, et des gens de guerre de l'ordonnance du Roy y y mourut environ trois cens archiers de ladite ordonnance, sans les francs archiers.

Et apres ladicte desconfiture ainsi faicte que dit est, ledit duc en Auteriche, le conte de Romont et aultres de leur compaignie se ralierent et vindrent devant une place nommee Malaunoy, dedens laquelle estoit ung capitaine gascon nommé le Capdet Remonnet, et avecques luy de sept à huict vingts lacquets arbalestriers (¹) aussi Gascons, laquelle place par lesdits d'Auteriche et Romont fut assaillie. Et par lesdits Gascons fut fort resisté, mais en fin furent emportez d'assault, et y moururent la pluspart desdits lacquets, et les aultres se getterrent dedens les fossez. Et au regard dudict Capdet il fut prins prisonnier et mené pour asseurance devers ledit d'Auteriche, lequel nonobstant ladicte asseurance et trois jours apres sadicte prise, et de sang froit et rassis ledit d'Auteriche le fist pendre et estrangler. Et pour vengeance faire de sa mort le Roy tresmal content d'icelle fist pendre jusques au nombre de cinquante des meilleurs prisonniers que ses gens d'armes eussent en leurs mains, et par le prevost des mareschaulx, lequel les fist pendre : c'est assavoir sept des plus especiaux prisonniers, au propre lieu ou le Capdet Remonnet avoit esté pendu, dix aultres prisonniers devant Doüay, dix aultres devant Sainct Omer, dix devant la ville d'Arras, et dix devant l'Isle. Et estoit ledit prevost accompagné pour faire faire ladite execu-

---

(¹) *Lacquets arbalestriers* : soldats armés d'arbalètes.

tion, de huit cens lances et six mil francs archiers, tous
lesquels apres icelle execution faicte s'en alerent coste
la conté de Guynes, et en revenant jusques en Flandres prindrent dix-sept places et maisons fortes, et
tuerent et bruslerent tout ce qu'ils trouverent et en
emmenerent beufs, vaches, chevaulx, jusques és aultres
biens, et apres s'en retournerent en leursdites garnisons.

Audit temps fut prins sur mer par Coulon et aultres
escumeurs de mer en Normendie pour le Roy jusques
à quatre vingts navires de Flandres, qui estoient alez
querir des seigles en Pruce pour avitailler le pays, et
tout le harenc de la pesche d'icelle annee, où il fut
fait la plus grant desconfiture qui passé à cent ans fut
faicte sur mer, à la grande confusion et destruction
desdits Flamens.

En l'annee 1480 passerent la mer d'Angleterre pour
venir en France par devers le Roy, le seigneur de Havart, ung prothonotaire, et aultres ambassadeurs anglois, pour le fait de l'entretenement de la treve d'entre
le Roy et le roy d'Angleterre, lesquels ambassadeurs
furent bien receups du Roy, et leur fist on bonne
chiere et grant, et s'en retournerent apres leur expedition. Et leur fut donné par le Roy de l'or content et
de belle vaisselle d'argent.

En ladicte annee 1480, le Roy bailla lettres de
commission à maistre Jehan Avin conseillier en sa cour
de parlement et à Jehan Doyac de la ville de Cus-
set en Auvergne, pour faire sur monseigneur de
Bourbon, ses villes, pays, officiers, et bons subjects,
plusieurs dampnez exploicts et nouvelletez, que lesdits
commissaires prindrent joyeusement à faire, cuidans

destruire et porter dommaige audit monseigneur le
duc, contre Dieu et raison et sans cause, mais pour
complaire à la voulenté du Roy qui les menoit, afin
de destruire ledit seigneur et mettre en exil. Et par lesdits commissaires en ensuivant leurdicte commission
firent adjourner à comparoir personnellement en la
court de parlement à Paris, la pluspart des officiers
d'iceluy monseigneur le duc, comme son chancellier,
son procureur general, le capitaine de sa garde, et
autres plusieurs en grant nombre, qui y comparurent
au jour à eux assigné, où par commissaires d'icelle
court furent examinez. Et pour ce faire, longuement
detenus en arrests en ladicte ville, alencontre desquels maistre François Haslé advocat du Roy en ladicte court de parlement, plaida pour son plaisir
faire contre Dieu et raison, le service de corps et
d'ame. Et apres par ladicte court furent eslargis et
renvoyez en leurs maisons.

Et apres ces choses ainsi faictes fut aussi adjourné
à comparoir en ladicte court maistre Jehan Hebert
evesque de Constances pour respondre à plusieurs crimes et cas à luy imposez, où il vint et comparut, et fut
sur ce interrogué, et puis par arrest de ladite court fut
fait constitué prisonnier és prisons de la conciergerie,
et tous ses biens et temporels mis en la main du Roy.

En ladicte annee au mois d'aoust fut fait treve avec
le duc en Auteriche pour sept mois dont les trois mois
devoient estre marchans, les trois autres d'abstinence
de guerre, et le septiesme mois de repentailles.

En ladite annee au mois de septembre le lundy
quart jour dudit mois, ung legat du Pape nommé le
cardinal de Sainct Pierre ad Vincula qui estoit venu

en France, et arriva en la ville de Paris où il fut honnorablement receu par tous les estats de Paris, qui alerent au devant de luy par la porte Sainct Jacques. Et par tout son chemin où il passa par ladicte ville estoit tout tendu de tapisserie jusques à l'eglise Nostre Dame de Paris, où il fist illec son oraison. Et apres icelle faite, s'en alla en son logis qui luy estoit ordonné au colliege de Sainct Denys prés les Augustins. Et l'accompaignoit et estoit tousjours prés de luy tres-noble, tres-reverend pere en Dieu monseigneur le cardinal de Bourbon.

Et le lendemain qui fut mardy sixiesme jour dudict mois, maistre Olivier le Diable dit le Dain, barbier du Roy, festoya lesdits legat, cardinal de Bourbon, et moult d'autres gens d'eglise, et nobles hommes, tant plantureusement (¹) que possible estoit. Et apres disner les mena au bois de Vinciennes esbatre et chasser aux dains dedans le parc dudit bois, et apres s'en revint chascun en son hostel.

Et le jeudy ensuivant veille de la nativité de la benoiste Vierge Marie et vendredy ensuivant, ledit legat fut aux vespres et messe en l'eglise Nostre Dame de Paris, où moult de gens de tous estats furent en ladicte eglise, pour veoir faire ledit service audit legat, qui le fist bien et honnorablement.

Et le dimanche ensuivant douziesme jour dudict mois, ledit legat ala disner et soupper en l'ostel de Bourbon à Paris, où monseigneur le cardinal de Bourbon le festoya, et y mena ledit legat plusieurs archevesques, evesques, et aultres seigneurs et gentils hommes, où estoient l'archevesque de Besançon et celuy de

(¹) *Plantureusement :* abondamment.

Sens, les evesques de Chartres, celuy de Nevers, celuy de Therouane, celuy d'Amyens, celuy d'Alet, et aultres, le seigneur de Culton, Moireau maistre d'ostel du Roy, et plusieurs aultres gentils-hommes et gens d'eglise, où ils furent moult honnorablement festoyez.

Et le lundy apres ensuivant treiziesme jour dudit mois, ledit legat se partit de Paris et s'en ala à Sainct Denis en France, où aussi il fut festoyé par l'abbé de Sainct Denis, et dudit Sainct Denis s'en ala au pays de Picardie et Flandres, pour cuider communiquer avecques les Flamens et Picars, et essayer de faire aucun accord entre le Roy et eulx sur leurs differens, où il fut depuis par long temps, la pluspart d'iceluy sejournant à Peronne, cuidant avoir seur acceps d'entrer audit pays de Flandres, où le Roy y envoya aussi maistre François Haslé, le prevost de Paris et aultres, qui sans y riens faire retournerent à Paris. Et aussi retourna ledit legat audit lieu de Paris le jeudy devant Noël vingt et uniesme jour de decembre 1480, lequel legat ala voir monseigneur le cardinal de Bourbon, avec lequel il souppa et coucha, et le lendemain s'en partit dudit hostel par la porte doree, et passa la riviere jusques en l'ostel de Neelle, où il monta à cheval avec ses gens qui illec l'attendoient. Et s'en ala jusques à Orleans où il sejourna certain temps, pendant lequel le Roy fist delivrer le cardinal Baluë, et s'en ala audit Orleans devers ledit legat. Et en ce temps se tint le Roy au pays de Touraine où il demoura par la pluspart de l'yver, et jusques à environ les Rois qu'il s'en ala à Poictiers et aultres lieux, et puis s'en retourna à Tours et aux Forges, vers la fin du mois de janvier.

En ce temps le Roy fist casser et abatre tous les francs archiers du royaume de France, et en leur place y voult estre et demourer pour servir en ses guerres les Souysses et picquiers. Et fit faire par tous coustelliers grant quantité de picques, hallebardes, et grans dagues à larges roüelles (¹).

En ladite annee l'yver commença tard, et ne gela point qui ne feust le landemain de Noël jour Sainct Estienne, et dura jusques au 8 febvrier, qui sont six sepmaines, durant lequel temps fist la plus grande et aspre froidure que les anciens eussent jamais veu faire en leurs vies, et furent les rivieres de Seine, Marne, Yonne, et toutes aultres rivieres affluans en ladicte riviere de Seine, prises et gelees si tres-fort que tous charrois, gens, et bestes passoient par dessus la glace. Et au desgel desdites rivieres en advint plusieurs grans maulx et dommages, à cause desdictes glaces qui en emporterent plusieurs estans sur lesdictes rivieres, et les glaçons firent de grans dommages : car ils rompirent et emporterent grant quantité de basteaux, dont partie s'en alerent frapper contre les ponts Nostre Dame, Sainct Michel d'icelle ville de Paris, lesquels basteaulx sauverent plusieurs grans heurs que eussent fait lesdits glaçons contre lesdits ponts, qui furent en bien grand dangier d'estre abatus. Et pour la paour que en eurent les demourans sur lesdits ponts, desemparerent lesdits ponts, eulx et leurs biens, jusques le dangier en feust passé, et lesquels glaçons rompirent sept des pieux du moulin du Temple. Et à ceste cause ne vint point de bois à Paris par la riviere de Seine, et fut bien chier, comme de sept à huict sols pour le

(¹) *Roüelles* : lames.

moule : mais pour secourir le povre peuple, les gens
des villaiges amenerent en la dicte ville à chevaulx et
charrois grant quantité de bois vert. Et eust esté ledit
bois, plus chier si les astrologiens de Paris eussent dit
verité, pource qu'ils disoient que ladite grande gelee
dureroit jusques au huictiesme jour de mars, et il des-
gella trois sepmaines avant, mais depuis ledit desgel
le temps fut fort froit jusques bien avant le mois de
may, à cause dequoy plusieurs bourgeons des vignes
qui estoient trop avancees furent perdus et gelez, et
les fleurs des arbres et les souches en divers lieux per-
duës et gellees.

Durant ledit hiver et jusques au mois d'apvril, que
failloit la treve entre le Roy et les Flamens, ne fut
riens fait de costé ne d'aultre, pource que lesdits Flamens envoyerent leur ambassade devers le Roy à
Tours, ausquels il donna expedition et continua les
treves d'ung an, esperant que durant icelluy se trouveroit quelque bon expedient de paix finale.

Audit temps les ambassadeurs du roy Edouart d'Angleterre vindrent par devers le Roy, pour le faict de
la treve, et print le Roy la peine d'aler devers eulx
jusques à Chasteau Regnault, où le Roy les ouyst sur
la matiere pourquoy ils estoient venus : et illec furent
expediez par le Roy et puis s'en retournerent en Angleterre. Et apres leur partement fut dit et publié que
la treve d'entre lesdits deux rois, estoit continuee pour
bien long temps.

Audit an 1480 au mois de mars, le Roy estant en
son hostel du Plessis du Parc lez Tours, fut merveilleusement malade d'une maladie qui soubdainement
le print, dont fut dit depuis qu'il fut en grant dangier

de mort, mais moyennant l'ayde de Dieu la sancté luy fut renduë, et revint en convalescence.

En l'annee 1481, le Roy voult et ordonna que certain camp de bois qu'il avoit fait faire pour tenir les champs contre ses ennemis, feust drecié et mis en estat en une grant pleine prés le Pont de l'Arche, pour illec le veoir, et dedens iceluy, certaine quantité de gens de guerre armez avec halebardiers et picquiers que nouvellement avoit mis sus, dont il avoit donné la conduite desdictes gens de guerre à messire Phelippe de Crevecueur, chevalier seigneur des Querdes, et à maistre Guillaume Picquart ballif de Rouen, dedens lequel camp il voult que lesdites gens de guerre feussent par l'espace d'un mois pour sçavoir comment ils se conduiroient dedens, et pour sçavoir quels vivres il conviendroit avoir à ceulx qui seroient dedens ledit camp, durant le temps qu'ils y seroient. Et pour aler audit camp que le Roy avoit ordonné estre prest dedens le quinziesme jour de juing, le Roy s'approcha prés de Paris, et fist la feste de Penthecouste à Nostre Dame de Chartres, et d'illec s'en ala audit Pont de l'Arche, et de là audit camp, qui fut choisi et assis entre ledit Pont de l'Arche et le Pont Sainct Pierre; partie duquel camp tel qu'il povoit contenir fut fossoyé au long de ce qui en fut dressié, et dedens fut tendu des tentes et pavillons, et aussy y fut mis de l'artillerie et de tout ce qui y estoit requis. Et par ladite portion ainsi dressee, qui fut fort agreable au Roy, fait jugement quel avitaillement il fauldroit avoir pour fournir tout icelluy camp, quant il seroit du tout emply de ce que le Roy avoit intention de y mettre et bouter. Et apres ces choses et que le Roy l'eut bien veu et

14.

visité, s'en vint à bien content, et s'en partit pour s'en retourner audit lieu de Chartres, Selome, Vendosme, et à Tours, et en renvoya toutes les compaignies qui estoient venus audit camp par son ordonnance, chascun en sa garnison.

En ladite annee le duc de Bretaigne envoya acheter à Milan certaine quantité de harnois, comme cuirasses, sallades, et aultres harnois, qui furent enfardelez (1) en fardeaux en façon de draps de soye et aultres marchandises fort enveloppees de cotton. Et tellement que à remuer les fardeaux ne faisoient point de noise (2), lesquels fardeaulx qui se porterent sur mulets arriverent aux montaignes d'Auvergne, laquelle marchandise de harnois les gens et commis de Doyac prindrent, et incontinent fut mandé au Roy qui donna lesdits harnois audit Doyac (3) et autres ses satelites.

En ladite annee toutes les vignes presque universellement par tout le royaulme de France faillirent, et ne rapporterent que ung peu de chose, et le vin qui creust en ladicte annee ne valut guieres, et si se vendit bien chier. Et à ceste cause le vin de l'annee precedente qui aussi ne valoit guieres fut vendu moult chier : car le vin qui au commencement d'icelle annee qui ne fut vendu à detail et taverne que quatre deniers tournois, fut vendu douze deniers tournois la pinte. Et par aucuns marchans bourgois de Paris, et d'ailleurs qui avoient gardé du vin creu autour de Paris, comme de Champigny sur Marne et aultres lieux voisins, le vendirent bien cherement : car plusieurs en vendirent à detail deux sols parisis la pinte, qui estoit

(1) *Enfardelez* : emballés. — (2) *Noise* : bruit. — (3) *Doyac* : il étoit gouverneur de la province d'Auvergne.

audit prix trente six livres tournois le muy. Et advint
que au moyen de ce que lesdites vignes faillerent
comme dit est, et que le vin ne valut guieres, plusieurs
marchans s'en allerent cercher les bons en diverses
regions loingtaines, lesquels marchans firent amener
en la ville de Paris, qui fut pareillement chier vendu,
comme six et sept blancs la pinte. Et lesquels vins
furent alez querir jusques és fins et mettes (¹) des der-
nieres villes d'Espagne.

En ladite année les garnisons pour le Roy estans
au pays de Picardie, tenans frontieres sur lesdits Flamens, nonobstant la treve, firent de grandes courses
les ungs contre les aultres, en faisant mauvaise guerre:
car tous les prisonniers de guerre pris de chascun desdits costez, sans misericorde aucune estoient pendus
quant prins estoient, sans aucun en mettre à rançon.

Audit temps le Roy qui avoit esté malade à Tours,
s'en partit dudit lieu de Tours, et s'en ala à Touars,
où aussi y devint tres-fort malade, et y fut en tres-grant
dangier de mort. Parquoy et affin de recouvrer sa santé
envoya faire maintes offrandes, et donner de bien
grands sommes de deniers en diverses eglises de ce
royaume, et fist de grandes fondations. Et entre les
aultres fondations fonda en la saincte chappelle du Palais Royal à Paris une haulte messe, pour y estre dicte
chacun jour en l'honneur de monseigneur sainct Jehan,
à l'eure de sept heures du matin, laquelle il ordonna
estre chantee par huict chantres qui estoient venus du
pays de Provence, lesquels avoient esté au roy René
de Cecile, et de sa chappelle, qui s'en vindrent apres
le trespas dudit feu roy René leur maistre devers le

(¹) *Mettes :* limites, frontières.

Roy, qui les recueillit comme dit est. Et fonda ladite messe de mil livres parisis, prises sur la ferme et coustume de poisson de mer qui se vend és halles de Paris.

Et apres ce que dit est et que le Roy eut esté ainsi malade, il se voüa d'aler en pelerinage à monseigneur Sainct Claude, ce qu'il entreprit de faire, et s'en vint à Nostre Dame de Clery faire ses offrandes, et puis se partit d'illec pour aler accomplir sondit voyage. Et pour estre seurement de sa personne y mena avecques luy huict cens lances, et plusieurs aultres gens de guerre qu'on estimoit bien à six mil combatans. Et avant son partement du pays de Touraine ala à Amboise veoir monseigneur le Daulphin son fils que jamais n'avoit veu, au moins que bien peu, et au departement luy donna sa benediction, et le laissa en la garde de monseigneur Pierre de Bourbon seigneur de Beaujeu, lequel il fist son lieutenant general par tout son royaulme durant sondit voyaige. Et lors declaira le Roy à monseigneur le Daulphin qu'il vouloit qu'il obeist à mondit seigneur de Beaujeu, et qu'il fist tout ce qu'il luy ordonneroit, et tout ainsi que si luy mesmes luy commandoit.

En ladite annee durant le voyage de Sainct Claude, fut le blé moult chier universellement par tout le royaulme de France, et mesmement par tout le pays de Lyonnois, Auvergne, Bourbonnois, et aultres pays voisins. Et à cette cause y mourut grant quantité de peuple, tant de maladie que de famine, qui fut merveilleusement grande par toutes contrees, et si ce n'eussent esté les grandes aumosnes et secours de ceulx qui avoient des blez, la mort y eust esté moult douloureuse. Nonobstant ce se partirent desdits pays plusieurs povres gens qui allerent à Paris et en plusieurs aultres bonnes villes, et furent mis en une grange ou maison à Saincte Katherine du val des escolliers, où illec les bons bourgeois et bonnes bourgeoises de Paris les alloient soigneusement penser. Et depuis furent menez à l'ostel Dieu de Paris où ils moururent tous ou la pluspart : car quant ils cuidoient mengier ils ne pouvoient, pource qu'ils avoient les conduits retraits par avoir esté trop sans mengier.

En l'an 1482, le jeudy quatriesme jour de may, environ l'heure de quatre à cinq heures, de tres-noble, puissante, saincte et des bonnes vivans l'exemplaire : c'est assavoir ma tres-redoubtee dame madame Jehanne de France, femme et espouse de monseigneur Jehan duc de Bourbonnois et d'Auvergne, expira et rendit l'ame à Dieu en son chasteau de Molins en Bourbonnois, par le moyen d'une forte fievre, si merveilleuse que l'art de medecine n'y peut pourveoir, et fut son corps inhumé en l'eglise Nostre Dame dudit Molins. Laquelle dame fut fort ploree et lamentee, tant par mondit seigneur son espoux et mary, ses serviteurs et gens de ses pays, et par tous aultres du royaulme de France, qui ladite dame avoient veuë et eu cognoissance, pour les grandes vertus et biens dont estoit par grace remplie.

Et auparavant icelle annee ala aussi de vie à trespas au pays de Flandres, madame la contesse de Flandres et Artois, fille du feu duc Charles de Bourgongne, femme du duc en Auteriche, et niepce de messeigneurs de Bourbon : de laquelle yssirent deux enfans, c'est assavoir ung fils et une fille, lesquels demourerent en la garde des Flamens en la ville de Gant.

En ceste dite année 1482 de ladite maladie de fievre
et raige de teste, moururent en divers lieux moult
de notables et grans personnaiges, tant hommes que
femmes. Et entre aultres moururent les archevesques
de Narbonne et Bourges, l'evesque de Lisieux, et
maistre Jehan Le Boulengier premier president en la
court de parlement, et aussi messire Charles de Gaucourt chevalier, qui avoit esté lieutenant pour le Roy
en sa ville de Paris, lequel fut fort plaint : car il estoit
ung bon et honneste chevalier, beau personnaige,
saige homme et grant clerc. Et de ladicte court de parlement moururent plusieurs des conseillers et advocats
d'icelle, et entre aultres mourut un nommé maistre
Nicolle Bataille, que on disoit estre le plus grant le-
giste du royaume de France, bonne personne et fort
plaisant, qui fut fort plaint et non sans cause. Et disoit
on qu'il mourut par le courroux qu'il print de sa
femme qui fut fille de maistre Nicole Erlaut, en son
vivant tresorier du Daulphiné, combien qu'elle eust
de sondit mary tout le plaisir que femme en povoit
avoir, et d'elle avoit eu douze enfans en mariage, et
avoit ledit deffunct au jour de sondit trespas quarante
quatre ans d'aage. Laquelle femme se conduisit en la
lescherie de sa pure charougne avecques ribaulx particuliers, durant sondit mariage. Et entre aultres entretint en sadicte lescherie ung jeune garçon fils d'une
venderesse de poires et poisson de mer des halles de
Paris, nommé Regnault la Pie, lequel avoit aultrefois
euë grant familiarité autour du Roy, comme son varlet
de chambre, et depuis avoit esté mis dehors de son
service par les fautes et abus dont l'accusa Olivier le
Diable dit le Dain, aussi son compaignon, comme

barbier, varlet de chambre du Roy. Laquelle femme
le print en son amour desordonnee, et pour l'entretenir en vendit et engaiga de ses bagues et vaisselle de
sondit mary, et si print aussi de l'argent de sondit
mary larcineusement, pour l'entretenement de sondit
paillard : de toutes lesquelles choses sondit mary en
fut adverty, qui en prit si tres-grand courroux que à
cause d'iceluy il ala de vie à trespas, qui fut moult
grant dommaige. Au royaulme des cieulx gise l'ame de
luy en bon repos.

Et apres que le Roy eut fait et accomply son voyage
audit lieu de Sainct Claude, il s'en retourna fort malade à Nostre Dame de Clery, là où il fit sa neufvaine,
et apres icelle faite moyennant la grace et bonté de la
benoiste Vierge Marie illec requise, et à laquelle il
avoit sa singuliere confidence et devotion, revint en
assez bonne convalescence, et fut fort alegé de ses
maux. Durant et pendant le temps que le Roy estoit
audit lieu de Clery y mourut beaucoup de gens, tant
de son hostel que d'aultres, et entre les aultres y
mourut ung docteur en theologie que nouvellement il
avoit fait son conseiller et ausmonier, qui estoit natif
de Tours, fils d'ung bouchier de ladicte ville, et se
nommoit ledit docteur maistre Martin Magistri.

Et apres le Roy qui estoit audit lieu de Clery s'en
partit et s'en ala à Mehun sur Loire, à Sainct Laurens
des Eauës et illec environ, et y fut jusques prés la
feste de Nostre Dame demy aoust qu'il se partit dudit
Sainct Laurens et retourna de rechief audit lieu de
Clery, à la feste et solemnité de la Nostre Dame demy-
aoust.

En ladite annee au commencement de juillet se

mirent sus une belle et honneste ambassade du 'pays
de Flandres, pour venir devers le Roy audit lieu de
Clery, où ils arriverent, et illec parlerent au Roy,
auquel ils firent remonstrer et à son conseil, les causes
pour lesquelles ils estoient venus vers luy, de par les
nobles hommes, gens d'eglise, et populaire du pays
de Flandres. Lesquelles causes estoient tendans afin
qu'il pleust au Roy avoir bon appoinctement avecques
luy pour lesdits Flamens, qui ne tendoient à aultre fin
que d'avoir paix finalle avecques le Roy. Lesquels ambassadeurs furent du Roy tres-bien et honnestement re-
çeus et recueillis, et leur fut de par luy donné expedition , dont iceulx ambassadeurs furent tres-bien
contens. Et ce fait ils s'en retournerent audit pays de
Flandres, et furent conduits et menez de par le Roy
en la ville de Paris par monseigneur de Sainct Pierre,
qui les fist bien festoyer par le prevost des marchands
et eschevins d'icelle ville de Paris, bien et honnestement:
et puis apres s'en retournerent à Gant et autres villes
de Flandres, dont ils estoient partis. Et ainsi que ladite ambassade 's'en retournoit , le Roy avoit fait
mettre sus les champs grant partie de ses gens de
guerre qu'il avoit en garnison au pays de Picardie,
dont avoit la charge et conduite le seigneur des
Querdes : laquelle compaignie il faisoit beau veoir,
car elle estoit fort belle. En laquelle compaignie avoit
quatorze cens lances fournies, tres-bien accompaignees
de six mil Suisses, et aussi de huict mil picquiers. Tous
lesquels gens de guerre ainsi assemblez que dit est,
s'en alerent à grant triumphe et bruit mettre le siege
devant la ville d'Aire, qui est une tres-belle place et
bien assise, prés de Sainct Omer et Therouenne, de-

dens laquelle ville y avoit plusieurs gens de guerre de par le duc en Auteriche. En laquelle place, tout incontinent que les gens du Roy y furent arrivez la battirent moult fort d'artillerie, dont et dequoy les manans d'icelle ville feurent, et se trouverent fort espouventez : mais aucuns des gens de guerre illec estans, qui avoient bonne intelligence avecques ledit seigneur des Querdes pour le Roy, de luy bailler ladicte place et ville, firent composition pour icelle ville, qui estoit telle qu'elle seroit mise en la main du Roy. Et fut faicte ladicte composition par ung chevalier nommé le seigneur Descontrans (1), qui estoit du pays de Picardie, et lequel avoit la garde de ladicte ville de Aire de par ledit duc en Auteriche. Et mist ladicte place en la main du Roy, en luy faisant le serment de le servir bien et loyaulment, dont et pour bien le recompenser le Roy luy donna la charge de cent lances, et si luy fut oultre baillé et donné trente mil escus en or content.

En ladicte annee és mois d'aoust et septembre, un chevalier du pays du Liege nommé messire Guillaume de La Marche, dit le Sanglier d'Ardaine, fist et conspira guerre mortelle alencontre de tres-noble prince et tres-reverend pere en Dieu monseigneur Loys de Bourbon, evesque de ladicte cité de Liege, qui avoit paravant nourry ledit Sanglier d'Ardaine, pour le tuer et meurdrir. Et apres ce fait de metre et faire evesque dudit Liege le frere dudit Sanglier. Et pour faire par icelluy Sanglier sa dampnee entreprise, le Roy luy fist delivrer argent et gens de guerre en grant nombre. Au moyen desquels, et

(1) *Descontrans* : il est nommé Cohem dans Comines.

aussi de certain nombre de mauvais garçons, larrons, et pipeurs, et pillars, qu'il print et assembla tant en la ville de Paris, que en aucuns des villaiges voisins d'icelle ville, jusques au nombre de deux à trois mil. Lesquels il fist vestir et habiller de robes rouges, et à chascune desdites robes dessus la manche senestre y fist mettre une hure de sanglier. Et estoient lesdits mauvais garçons legierement armez : et ainsi ledit Sanglier les mena jusques audit pays du Liege. Et luy illec arrivé trouva façon et moyen d'avoir intelligence avecques aucuns traistres Liegeois de ladicte ville, alencontre de leur seigneur, de dechasser, tuer et meurdrir leurdit evesque, et le mettre hors de la cité, avecques ce qu'il avoit de gens : ce que firent lesdicts Liegeois, et soubs umbre d'une amitié fainte qu'ils disoient avoir à leurdit evesque, luy dirent que force estoit qu'il alast assaillir sondit ennemy, et que sesdits habitans le suivroient en armes, et vivroient et mourroient pour luy, et qu'il n'y auroit point de faulte que ledit Sanglier et sa compaignie demoureroient desconfits et destruits. Lequel monseigneur du Liege inclinant à leur requeste saillit de ladicte cité du Liege, et ala avecques eulx aux champs tout droit où estoit ledit de La Marche : lequel quant il vit ledit evesque se descouvrir de l'embuche où il estoit, et s'en vint tout droit audit monseigneur l'evesque. Et quant lesdits traistres habitans du Liege virent leurdit evesque és mains dudit de La Marche son ennemy, luy tournerent le dos, et sans coup ferir s'en retournerent en ladicté cité de Liege. Et incontinent ledit monseigneur de Liege qui n'avoit ayde ne secours que de ses serviteurs et familiers, se trouva fort esbahy : car ledit

de La Marche qui estoit sailly de sadite embusche,
s'en vint à luy, et sans aultre chose dire luy bailla
d'une taille sur le visage, et puis luy mesme le tua
de sa propre main : et apres ce fait iceluy de La
Marche fist mener et getter ledit evesque, et estendre
tout nud en la grant place devant l'eglise Sainct Lam-
bert, maistresse eglise de ladicte cité de Liege, où
illec fut manifestement monstré tout mort aux habitans de ladicte ville, et à un chascun qui le vouloit veoir.
Et tantost apres ladicte mort y arriverent cuidans le
secourir le duc d'Auteriche, le prince d'Orenge, le
conte de Romont et aultres gens de guerre, lesquels
quant ils sceurent la mort dudite vesque, s'en retournerent sans riens faire, à l'occasion d'icelle.

En ladite annee au mois d'octobre, le Roy se trouva
fort malade en son hostel du Plessis du Parc lez
Tours, à cause de laquelle maladie eut grant paour
de mourir. Et pour ceste cause se fist porter à Amboise
par devers monseigneur le Daulphin, auquel il fist
plusieurs belles remonstrances, en luy disant qu'il
estoit malade d'une maladie incurable, en le exhortant que apres son trespas il vousist avoir aucuns de
ses serviteurs pour bien recommandez. C'est assavoir
maistre Olivier le Diable dit le Dain, son barbier, et
Jehan de Doyac gouverneur d'Auvergne, en disant
qu'il avoit esté bien servy d'eux ; et que ledit Olivier
luy avoit fait plusieurs grans services, et qu'il ne feust
riens de luy, si n'eust esté ledit Olivier. Et aussi qu'il
estoit estrangier et qu'il se servist de luy, et qu'il en-
tretenist en son service et aux offices et biens qu'il luy
avoit donnez. Luy recommanda aussi monseigneur
du Bouchaige, et messire Guyot Pot bailly de Ver-

mandois, et luy enchargea qu'il creust leur conseil : car il les avoit trouvez saiges et de bon conseil. Et si dist oultre à mondit seigneur le Daulphin, qu'il conservast tous les officiers qu'il avoit faits en leurs offices, et que principalement il eust son povre peuple pour recommandé, lequel il avoit mis en grande póvreté et desolation, et plusieurs aultres choses luy remonstra, que depuis il fist magnifester en plusieurs des bonnes villes de son royaulme et en sa court de parlement. Et si luy dist outre que pour la conduite de la guerre il se servist du seigneur des Querdes, lequel il avoit trouvé en tous ses affaires bon, loyal et notable chevalier, et de bonne et grande conduite, et ce fait s'en retourna aux Montils.

Audit temps le Roy fist venir grant nombre et grant quantité de joueurs de bas et doulx instrumens, qu'il fist loger à Sainct Cosme prés Tours, où illec ils se assemblerent jusques au nombre de six vingts. Entre lesquels y vint plusieurs bergers du pays de Poictou, qui souvent jouerent devant le logis du Roy, mais ils ne le veoient point, affin que ausdits instrumens le Roy y prensist plaisir et passe-temps, et pour le garder de dormir. Et d'ung aultre costé y fist aussi venir grant nombre de bigots, bigottes, et gens de devotion, comme hermites et sainctes creatures, pour sans cesser prier à Dieu qu'il permist qu'il ne mourust point, et qu'il le laissast encores vivre.

En ce temps és mois d'octobre et novembre se firent de grans alees et venuës par les Flamens de la ville de Gant, qui vindrent en Ambassade devers le Roy. Lequel pour les oyr y commist maistre Jehan de la Vacquerie qui estoit du pays de Picardie, et lequel il avoit

nouvellement fait et creé son premier president en sa
court de parlement à Paris, pour consulter de la
matiere. C'est assavoir de bonne paix et union estre
faite entre le Roy et lesdits Flamens. Et aussi avecques
ledit president y ordonna et commist le Roy ledit monseigneur des Querdes et aultres; et tellement fut com-
muniqué par lesdites parties tant d'ung costé que d'aultre, qu'ils firent et traicterent ladicte paix. En laquelle
faisant se debvoit faire le mariage de monseigneur le
Daulphin et de la fille du duc en Aulteriche, qui estoit
en la possession et garde desdits Flamens de Gant,
dont de ce le Roy fut fort joyeux, et eut ladite paix
et union pour bien aggreable. Et pour l'honneur d'i-
celle en fut chanté par tout le royaulme, *Te Deum
laudamus,* et si en furent faits les feux en la ville de
Tours. Et incontinent ces choses faites fut grant bruit
que lesdits Flamens s'estoient partis dudit lieu de Gant
pour amener ladicte fille. Laquelle pour la bien et
honnestement recueillir, le Roy y avoit ordonné mes-
dames de Beaujeu, sa fille aisnee, madame de Dunois [1]
sœur de la Royne, madame de Touars, madame l'a-
miralle, et plusieurs aultres dames, damoiselles et gentils femmes, qu'on cuidoit qu'ils deussent venir et arriver en la ville de Paris le huictiesme jour de decembre.
Mais ladicte venuë sejourna pour aucuns menus differens qui survindrent du costé desdits Flamens, et jusques à ce que lesdits differens eussent esté vuidez.

En ladicte annee les roys d'Escosses et d'Angleterre
eurent grant guerre l'ung contre l'aultre, et entrerent
lesdits Escossois bien avant audit royaulme d'Angle-

[1] *Dunois :* Agnès, fille de Louis, duc de Savoie, épouse de François I, comte de Dunois.

terre, lequel ils dommaigerent moult fort. Et nonobstant que lesdicts Escossois estoient cent mil hommes
en bataille plus que n'estoient les Anglois, toutes-fois
afin qu'ils ne frappassent lung sur l'autre, se mist èt fust
fait appoinctement entr'eux par le moyen du duc
d'Albanie frere dudit roy d'Escosse, qui querélloit
contre icelluy roy d'Escosse son frere. Laquelle querelle d'entr'eux estoit telle que ledict duc d'Albanie
disoit que sondit frere usurpoit sur luy ledit royaulme,
pource que lesdicts roy d'Escosse et duc d'Albanie qui
estoient freres, estoient venus et yssus sur terre d'une
ventree, et que d'icelle ledit duc d'Albanie qui estoit
le premier yssu, et que par ainsi il avoit acquis droit
d'ainesse devant sondit frere audit royaulme. Et à ceste
cause ceulx qui menoient ladicte guerre pour ledict
roy d'Escosse firent composition avecques lesdicts
d'Albanie et Anglois qui estoient ensemble, tellement
qu'ils ne frapperent point les ungs contre les aultres,
et s'en retourna chascun au lieu dont il estoit party.

En ladicte annee au mois de janvier, vindrent et
arriverent en la ville de Paris les ambassadeurs de Flandres, qui avoient moyenné la paix d'entre le Roy et
les Flamens, au moyen du mariage de monseigneur
le Daulphin et de damoiselle Marguerite d'Auteriche,
contesse de Flandres, fille dudit duc en Auteriche :
au devant desquels et pour les recevoir en la ville de
Paris, de par le Roy y furent monseigneur l'evesque de
Marceille lieutenant pour le Roy en icelle ville de Paris,
accompaigné du prevost des marchans et eschevins,
bourgois et habitans d'icelle ville, et d'ung docteur de
la ville de Paris nommé Scourable, qui fist une moult
honnorable proposition par devant lesdits Flamens,

qui moult s'en tindrent pour bien contens. Et le lendemain qu'ils furent arrivez en ladicte ville, qui fut le dimanche quatriesme jour de janvier, furent lesdits ambassadeurs Flamens en l'eglise Nostre Dame de Paris oyr la messe. En laquelle. eglise Nostre Dame y furent faictes processions generalles, et y prescha ledit Scourable, qui y fist une moult belle predication, dont tous ceulx qui l'ouyrent furent moult bien con= tens. Et de ladicte venue et publication de ladite paix en fut chanté en icelle eglise, *Te Deum laudamus,* fait les feux, et aussi de grans chieres parmy les ruës de ladicte ville. Et furent ledit jour de dimenche iceux ambassadeurs au partir de ladite eglise Nostre Dame, menez disner en l'ostel de ladite ville de Paris, là où illec ils furent moult bien festoyez. Et le lendemain lesdits ambassadeurs se partirent dudit lieu de Paris et s'en allerent pardevers le Roy.

Et d'icelle venuë et bonne paix en furent resjouys et joyeux tres-noble et tres-reverend pere en Dieu monseigneur le cardinal de Bourbon, qui à l'occasion d'icelle bonne paix fist faire son hostel de Bourbon à Paris, une moult belle moralité, sottie, et farce, où moult de gens de la ville alerent pour les veoir jouer, qui moult priserent ce qui y fut fait. Et eussent les choses dessusdites esté plus triumphantes, se n'eust esté le temps qui moult fut plouvieux et mal advenant, pour la belle tapisserie et le grant appareil fait en la court dudit hostel. Laquelle court fut toute tenduë de la tapisserie de mondit seigneur le cardinal, dont il en avoit grande quantité et de belle.

Apres lesdits jeux ainsi faits que dit est, lesdits ambassadeurs s'en partirent de Paris le lundy ensuivant, comme dit est, et s'en alerent à Amboise, où ils furent moult honorablement receups de par le Roy, et y virent par deux fois monseigneur le Daulphin, qui les recueillit moult honnestement. Et à leur departement de Tours, où ils furent depuis, le Roy leur fist donner pour leur deffroy trente mil escus au soleil, et de belle vaisselle d'argent largement, et puis iceux ambassadeurs s'en retournerent à Paris, où ils firent publier en la cour de parlement les articles faites pour ladite paix : c'est assavoir publiquement et en pleine court, à huis ou- verts. Et apres ladite lecture faicte leurs furent iceux articles confermez par ladite court. Et au departement d'icelle court maistre Guillaume Le Picard baillif de Roüen, mena et conduisit lesdits ambassadeurs et aul- tres officiers du Roy, estans illec en son hostel assis audit lieu de Paris, en la ruë de Quinquenpois, où illec il donna à disner à toute la compaignie, et y furent moult plantureusement festoyez, à ung jour de mardy jour de fevrier en ladicte annee 1482.

Audit mois de fevrier le Roy escripvit lettres à tous les estats de Paris, par lesquelles il les prioit tres ins- tamment qu'ils se vousissent transporter en l'eglise de monseigneur sainct Denis luy faire priere qu'il veille estre intercesseur et moyen envers nostre Sauveur Je- sus Christ, qu'il vousist permettre que le vent de bise ne courust point, pource que par le rapport de tous mede- cins, avoient esté d'opinion que ledit vent de bise quant il venteroit feroit moult de maulx, tant à la santé des corps humains, que des biens de la terre. Et par l'or- donnance du Roy furent tous lesdits estats de Paris à divers jours audit lieu de Sainct Denis faire processions et chanter lesdites messes.

Et le samedy dixneufiesme jour d'avril 1483 apres Pasques, monseigneur de Beaujeu et madame sa femme vindrent à Paris, pour eulx aler en Picardie recepvoir madame la Daulphine des mains des Flamens, qui par le traictié de la paix la debvoient mettre entre les mains de mondit seigneur de Beaujeu pour le Roy. Et fist ladite dame de Beaujeu son entree en la ville de Paris, comme fille du Roy, et y fist des mestiers nouveaulx. Et estoient lesdits seigneur et dame bien honnestement accompaignez de grans seigneurs et dames, comme le seigneur d'Albret, le seigneur de Sainct Valier, et aultres nobles hommes, madame l'admiralle et aultres dames et damoiselles, lesquels séjournerent à Paris par trois jours, durant lesquels monseigneur le cardinal de Bourbon les festoya moult honnorablement.

Audit mois d'avril le roy Edoüart d'Angleterre mourut audit royaulme d'une apoplexie qui le print. Aultres dient qu'il fut empoisonné en beuvant du bon vin du creu de Challuau, que le Roy luy avoit donné, duquel il but en si grande habondance qu'il en mourut : combien que on a dit depuis que il vescut jusques à ce qu'il eust fait roy en son lieu son fils aisné.

Audit mois et an mourut aussi madame Marguerite de Bourbon, feinme de Phelippe monseigneur de Savoye, comtesse de Bresse, de maladie qui longuement luy dura, et d'icelle maladie on n'y peut mettre remede qu'elle n'en mourut etique, dont fut grant dommaige : car elle estoit en son vivant moult honneste et bonne dame, et pleine de grans biens et vertus.

Au mois de may le samedy tiers jour d'iceluy mois, par l'ordonnance et commandement du Roy, tous les estats de Paris, comme le prevost, juge ordinaire, avecque les supposts et praticiens du Chastelet dudit lieu, la cour de parlement, la chambre des comptes, les generaulx des aydes et monnoyes, la chambre du tresor et les esleus, avecques les prevost des marchans et eschevins d'icelle ville, alerent en belle procession dudit lieu de Paris jusques au lieu et en l'abbaye de monseigneur sainct Denys en France, illec prier pour la bonne prosperité du Roy, de la Royne, monseigneur le Daulphin, et les seigneurs du sang, et aussi pour les biens de la terre.

Au mois de juing ensuivant le lundy second jour dudit mois, environ cinq heures du soir, fist son entree en la ville de Paris madame la Daulphine, accompaignée de madame de Beaujeu, madame l'admiralle, et aultres dames et gentils femmes. Et entrerent à ladicte heure audit lieu de Paris par la porte Sainct Denys, où estoient preparees pour sa venuë trois beaulx eschaffaulx, en l'un desquels tout en hault estoit : un personnaige representant le Roy comme souverain. Au second estoient deux beaulx enfans, ung fils et une fille, vestus de damas blanc, faisans et representans monseigneur le Daulphin, et madite damoiselle de Flandres. Et au tiers estaige au des-soubs estoient deux personnaiges, de mondit seigneur de Beaujeu et de madame sa femme. Et à chascun d'iceux personnaiges à costé estoient les escussons des armes desdits seigneurs et dames. Et si y avoit aussi quatre personnaiges : c'est assavoir l'un de la-bour, l'autre de clergié, l'autre marchandise, et

l'autre noblesse, qui tous dirent un couplet à icelle
entree. Et est assavoir que par tout où madite damoiselle de Flandres passa tout fut tendu par les ruës, et
y furent encores faits plusieurs beaulx personnaiges,
tous consonans ausdits monseigneur le Daulphin et
madame la Daulphine. Et pour l'honneur de sadite
venue furent mis hors et delivrez tous prisonniers de
ladite ville de Paris. Et y fut fait nouveaux mestiers.

Et le vendredy septiesme jour dudit mois de juing,
environ l'eure d'entre huict et neuf heures du soir,
se leva grand tonnoire audict lieu de Paris. Et à ung
des esclats dudit tonnoire qui fut à ladite heure, vint
iceluy tonnoire emflamber et mettre le feu au clochier
de madame Saincte Geneviefve au Mont de Paris, lequel brusla toute la charpenterie dudit clochier, qui
estoit demouree par l'espace de neuf cens ans, fondit
toutes les cloches dudict clochier, et le plomb dont il
estoit couvert, où il y avoit par estimation cent mil
livres de plomb et plus, et y eut ung grand dommaige,
qui estoit pitié à voir.

Au mois de juillet audit an 1483, fut fait et so-
lempnisé la feste des nopces de mondit seigneur le
Daulphin et damoiselle Marguerite de Flandres en
la ville d'Amboise. Et y avoit et estoient presens plusieurs nobles et notables personnaiges de ce royaulme,
envoyez des citez et bonnes villes dudit royaulme,
et par l'ordonnance du Roy.

En ladicte annee 1483 le Roy delibera d'avoir et
luy, estre portee la saincte ampolle qui estoit en
l'eglise Sainct Remy de Reims, et qui avoit esté apportee par grace divine dés l'an 500 par une coulombe
blanche au bon sainct Remy de Reims, pour en oindre

8.

et sacrer à roy de France le roy Clovis, qui fut le premier roy chrestien, lequel mourut en ladite annee, et gist en l'eglise Saincte Geneviefve au Mont de Paris. Et par ainsi estoit demouree ladicte saincte ampolle audit lieu de Sainct Remy neuf cens quatre vingts et trois ans qu'elle en fut tiree et mise hors de son lieu, et apportee à Paris par Claude de Montfaucon gouverneur d'Auvergne à ce commis par le Roy. Et arriva à Paris le dernier jour de juillet, et fut apportee en grande reverence et processions reposer en la saincte Chappelle du palais royal à Paris, où elle y demoura jusques au lendemain au soir premier jour d'aoust qu'elle fut emportee dudit lieu de Paris au Roy en son hostel des Montils lez Tours, avec les verges de Moyse et Aaron, et la croix de la Victoire qui aussi fut envoyée par grace divine au bon roy sainct Charlemaigne pour obtenir victoire alencontre des Infideles. Lesquelles verges et croix avoient tousjours esté audit lieu de la saincte Chappelle à Paris avecques les sainctes relicques estans illec au premier jour d'aoust qu'ils en furent avec ladicte saincte ampolle par l'evesque de Seets et aultres commissaires à ce ordonnez de par le Roy emportez.

Audict an le lundy vingt cinquiesme jour dudict mois d'aoust le Roy devint fort malade en son hostel des Montils lez Tours, tellement qu'il perdit la parole et tout entendement, et en vindrent les nouvelles à Paris le mercredy vingt-septiesme jour dudit mois qu'il estoit mort, par unes lettres qu'en escrivit maistre Jehan Briçonnet : ausquelles lettres fut foy adjoustee, pource que ledit Briçonnet estoit homme de bien et de credit. Et à ceste cause les prevost des marchans

et eschevins de la ville de Paris pour pourveoir aux
affaires d'icelle ville, firent mettre garde aux portes
de ladite ville pour garder que homme n'en yssist ne
y entrast. Et à ceste cause fut bruit tout commun parmy ladite ville de Paris que le Roy estoit ainsi mort,
dont il n'estoit riens, et s'en revint, but, parla, et
mengea tres-bien, et vesquit jusques au samedy au
soir ensuivant trentiesme et penultiesme jour dudit
mois d'aoust environ l'eure de entre six et sept heures
au soir qu'il rendit l'ame. Et incontinent fut le corps
habandonné de ceux qui l'avoient servy en la vie.

En apres ledit trespas son corps depuis qu'il fut
appareillé comme on a de coustume de faire fut porté
inhumer dudit lieu des Montils en l'eglise Nostre
Dame de Clery, pource qu'il voulut et ordonna en
son vivant que ainsi feust faict, et ne voulut estre mis
avecques les deffuncts tres-nobles rois de France ses
predecesseurs, en l'eglise et abbaye de Sainct Denis en
France. Et ne voulut jamais dire la raison qui le avoit
meu à ce. Mais aucuns pensoient que ce feust pour
la cause de l'eglise où il fist moult de biens, et aussi
pour la grande devotion qu'il avoit à la benoiste
vierge Marie, priee audit lieu de Clery. Lequel deffunct Roy en son vivant à cause d'aucuns personnaiges
qui estoient à l'entour de sa personne, comme Olivier
le Diable dit le Dain, son barbier, Jehan de Doyac,
et autres plusieurs, lesquels ils creoit plus que gens
de son royaulme, fist durant son regne beaucoup de
injustices, maulx et violences : et tellement qu'il avoit
mis son peuple si au bas, que au jour de son trespas
estoit presque au desespoir : car les biens qu'il prenoit sur son peuple ils les donnoit et distribuoit aux

eglises, en grans pensions, en ambassades, et gens de bas estat et condition : ausquels pour les exaulcer ne se pouvoit tenir de leur donner argent, biens et possessions, en telle façon qu'il avoit donné et aliené la pluspart du domaine de son royaulme. Et nonobstant qu'il eut durant sondit regne plusieurs affaires, toutesfois il mist en telle subgection ses ennemis, qu'ils vindrent tous par devers luy à mercy, et fut si craint et doubté qu'il n'y avoit si grant en son royaulme, et mesmement ceulx de son sang, qui dormist ne reposast seurement en sa maison. Et avant sondit trespas fut moult fort molesté de plusieurs maladies : pour le guerir desquelles maladies furent faittes pour luy, par les medecins qui avoient la cure de sa personne, de terribles et merveilleuses medecines. Lesquelles maladies lui puissent valoir au salut de son ame, et lui donne son paradis par sa misericorde, celui qui vit et regne au siecle des siecles. *Amen.*

DEO GRATIAS.

FIN DES CHRONIQUES DE JEAN DE TROYES.

MEMOIRES

DE GUILLAUME DE VILLENEUVE,

COMMENÇANT EN 1494 ET FINISSANT EN 1497,

CONTENANT

LA CONQUÊTE DU ROYAUME DE NAPLES, PAR CHARLES VIII,
ET LA MANIÈRE DONT LES FRANÇOIS EN FURENT CHASSÉS.

LE PANEGYRIC

DU CHEVALIER SANS REPROCHE,

OU

MEMOIRES DE LA TREMOILLE,

PAR JEAN BOUCHET, PROCUREUR DE POICTIERS.

AVERTISSEMENT

LES MÉMOIRES DE VILLENEUVE,

SUR CEUX DE LA TRÉMOUILLE.

Les Mémoires de Villeneuve retracent les désastres qui suivirent la conquête de Naples par Charles VIII. Ils n'entrent dans aucun détail sur les événemens qui précédèrent et suivirent cette entreprise, et se bornent presque aux aventures de celui qui les a écrits. Les Mémoires de La Trémouille, rédigés par un homme attaché à lui, remontent au règne de Louis XI, et rappellent les actions du héros sous les règnes de Charles VIII, de Louis XII, et de François I. Ainsi le premier de ces deux ouvrages ne présente qu'un épisode isolé du règne de Charles VIII, et l'on cherche en vain dans l'autre, qui n'est qu'une histoire particulière, les développemens qu'on aimeroit à rencontrer sur ce règne, l'un des plus singuliers de nos annales.

Les deux derniers livres des Mémoires de Philippe de Comines contiennent, il est vrai, une espèce d'histoire de Charles VIII : mais l'auteur, compromis dans les premières années de ce règne, arrêté et condamné pour avoir embrassé le parti du duc d'Orléans, garde le silence sur les fameux Etats de Tours, et sur la régence de madame de Beaujeu. Envoyé ensuite à Venise, pendant l'expédition d'Italie, et n'ayant pas été témoin de la plus grande partie des événemens qui s'y passent, il ne parle avec détail que de la négociation dont il est chargé. Si l'on admire dans le récit de cette importante mission, la justesse de son esprit et sa prévoyance extraordinaire, on est frappé de la prévention avec laquelle il juge un jeune monarque, plein d'honneur et de bonté, auquel il semble ne pouvoir pardonner le traitement qu'il a autrefois éprouvé. La partie des Mémoires de Philippe de Comines qui traite de Charles VIII, n'a donc pu nous dispenser de donner un tableau du règne de ce prince.

Quelques personnes penseront peut-être que, afin de réunir tout ce qui appartient à cette époque de notre histoire, nous aurions dû détacher ce fragment de Comines, et le placer après les Mémoires de Jean de Troyes, et avant ceux de Villeneuve et de La Trémouille. Mais, en morcelant ainsi l'un des ouvrages les plus parfaits de notre Collection, nous n'aurions obtenu qu'un ordre apparent ; et les vrais amateurs ne nous auroient point pardonné d'avoir en quelque sorte dénaturé un chef-d'œuvre. Les Mémoires particuliers, composés, dans des dimensions diverses, par des auteurs qui n'ont pu s'entendre, ne sauroient être classés suivant les règles d'une rigoureuse chronologie. C'est ainsi qu'en liant, comme il étoit indispensable de le faire, ceux de La Trémouille au règne de Charles VIII, nous entamons les histoires de Louis XII et de François I, sur lesquelles cependant nous serons obligés de revenir à l'occasion des Mémoires de Bayard, de Fleuranges, de Du Bellay, etc.

Le tableau du règne de Charles VIII, que nous plaçons en tête des Mémoires de Villeneuve et de La Trémouille, a été composé d'après les écrivains contemporains. Presqu'aucun historien moderne n'a donné une idée juste de la régence de madame de Beaujeu, qu'on trouve si singulière, quand on pense à l'extrême jeunesse de cette princesse lorsqu'elle voulut continuer le gouvernement de Louis XI, et aux difficultés de tout genre qu'elle eut à surmonter. Nous nous sommes efforcés de répandre quelques lumières sur cette époque peu connue, en nous aidant de l'histoire de Jaligny, secrétaire du sire de Beaujeu, du procès-verbal des Etats de Tours, par Masselin, des registres du parlement de Paris, et de plusieurs lettres et pièces recueillies par Godefroy. Pour l'expédition en Italie, nous avons principalement consulté Guichardin, Machiavel, Paul Jove, Saint-Gelais, Seyssel et le Journal d'André de La Vigne, secrétaire d'Anne de Bretagne. Nous espérons que ce tableau, dans lequel nous avons tâché de n'omettre aucune circonstance intéressante, suffira pour remplir les nombreuses lacunes des Mémoires auxquels il sert d'introduction.

Les détails de bibliographie qui concernent ces deux ouvrages se trouvent dans les notices qui les précèdent.

TABLEAU

DU RÈGNE DE CHARLES VIII.

———

AprÈs la mort de Louis XI, qui arriva le 3o août 1483, la France parut se réveiller d'un sommeil pénible. Presque toutes les anciennes institutions avoient été anéanties ; les impôts levés arbitrairement étoient montés à un tel degré, que l'agriculture se trouvoit sur le point d'être abandonnée ; le domaine de la Couronne avoit été engagé ou aliéné pour enrichir des parvenus auxquels le prince accordoit sa confiance, et l'esprit de chevalerie avoit disparu d'une Cour où l'on ne voyoit, surtout dans les derniers temps, que des délateurs et des bourreaux. La fin d'un règne à qui la France devoit quelques augmentations de territoire, mais pendant lequel le caractère national avoit été comprimé, pouvoit être suivie de grands troubles, par le penchant naturel qu'ont les peuples à revenir à leurs mœurs et à leurs habitudes, lorsqu'on a voulu les changer avec violence ; et il étoit à craindre que cette impulsion, abandonnée à elle-même, ne produisît tous les maux de l'anarchie.

Cette crainte avoit occupé sérieusement Louis XI, dans les dernières années de sa vie ; et les mesures qu'il prit semblèrent, sous plusieurs rapports, conformes aux calculs les plus justes de la prudence humaine. Sa famille lui offroit en apparence peu de ressources pour atteindre le but qu'il s'étoit proposé. La reine Charlotte de Savoie, à laquelle il n'avoit jamais donné aucun crédit, et dont l'ame avoit été flétrie par ses dédains, menoit depuis long-temps une vie obscure dans les châteaux de Loches et d'Amboise : elle n'avoit aucune expérience dans les affaires, et sa santé qui dépérissoit, faisoit présumer qu'elle mourroit avant son époux, ou qu'elle ne lui survivroit pas long-temps. L'héritier de la Couronne, Charles, fils unique de Louis, étoit encore dans l'enfance. Sa complexion très-délicate, et la crainte que les mécontens ne se réunissent autour de lui, avoient déterminé le Roi à le faire élever dans la plus profonde retraite, de manière qu'il étoit presque inconnu au peuple qu'il devoit gouverner un jour. Les autres enfans de Louis XI étoient deux filles, qui, quoique mariées depuis long-temps, étoient fort jeunes. Il avoit uni Jeanne, la moins âgée, à Louis, duc d'Orléans, premier prince du sang, petit-fils de celui qui avoit été assassiné, sous Charles VI, par Jean-sans-Peur, duc de Bourgogne. Cette princesse, douée du caractère le plus généreux et le plus aimable, avoit des défauts de conformation qui faisoient présumer qu'elle n'auroit jamais d'enfans ; et ce motif avoit seul décidé le Roi à la donner au prince qui étoit appelé à la Couronne, immédiatement après son fils. Anne, son autre fille, objet de toutes ses affections, avoit épousé à peu près dans le même temps Pierre de Bourbon, sire de Beaujeu, cadet de famille. Ces deux époux étoient seuls admis au Plessis-lez-Tours dans l'intimité du Roi ; et le monarque, dans ses longs entretiens avec la princesse, avoit pu démêler toute la justesse de son esprit, et toute l'énergie de son caractère.

Ce fut à cette jeune femme, qui n'étoit alors âgée que de vingt-trois ans, que Louis XI résolut de confier le gouvernement pendant la minorité de son fils. Il calcula très-bien qu'Anne de Beaujeu, ne pouvant prétendre à la Couronne, ni par elle-même, ni par son époux, n'auroit d'autres intérêts que ceux de son frère ; qu'elle veilleroit avec soin à sa conservation, et, qu'initiée depuis long-temps dans les secrets de l'Etat, elle défendroit avec force et prudence l'autorité royale. En septembre 1482, onze mois avant sa mort, il alla voir à Amboise le jeune Dauphin, et lui donna des instructions qui marquoient ses craintes sur l'avenir. Il lui recommanda de maintenir dans les places ceux qui les occupoient, et s'accusa lui-même d'avoir occasionné, par une conduite opposée, une révolte générale et la *guerre du bien public* : ne craignant pas de s'humilier ainsi devant son fils, il exigea de cet enfant la promesse solennelle de suivre ses conseils [1]. Il donna en même temps des ordres pour l'éducation du Dauphin, qui avoit été jusqu'alors fort négligée, et revint au Plessis-lez-Tours, d'où il ne sortit plus que pour quelques pélerinages par lesquels il croyoit pouvoir retarder l'heure de sa mort.

Au moment où il rendit les derniers soupirs, Anne de Beaujeu, qui prit le nom de *Madame*, s'empara sans contradiction des rênes de l'Etat. Son caractère n'étoit pas connu ; elle ne passoit que pour une femme aimable et spirituelle, et ceux qui aspiroient au pou-

[1] Instruction donnée par Louis XI à son fils, le 20 septembre 1482.

voir se flattoient de gouverner sous son nom. Leur
espoir fut bientôt déçu ; et, dans les premiers actes
d'autorité qu'elle exerça, ils reconnurent l'esprit do-
minant, artificieux et inflexible de Louis XI, modifié
néanmoins par la douceur naturelle d'un sexe dont
la princesse possédoit tous les charmes (1). Ils ne tar-
dèrent pas à démêler ses grandes qualités, qui avoient
été long-temps enfouies dans la solitude impénétrable
du Plessis-lez-Tours. Ils frémirent d'avoir à lutter
contre une hardiesse qui n'alloit jamais jusqu'à la témérité, et contre une prudence qui ne déroboit au
courage aucune de ses ressources (2). Cependant ils
osèrent accepter le combat, et ils fondèrent leur espoir
sur le jeune roi Charles VIII, qu'ils se flattèrent de
soustraire à l'ascendant de sa sœur.

La foible santé de ce prince, qui étoit dans sa quatorzième année, avoit empêché qu'on ne le fatiguât
par des études suivies ; et, au moment où son père
étoit allé le voir à Amboise, il savoit à peine lire et
écrire. Depuis cette époque, il avoit rougi de son ignorance, et s'étoit appliqué avec ardeur à réparer le
temps perdu. Bon comme son aïeul Charles VII,
porté comme lui à l'héroïsme, il aimoit à s'entretenir
avec sa petite cour des hommes qui avoient acquis
une grande renommée. Ce fut alors qu'il fit traduire,
pour son usage, les Commentaires de César, et l'His-

---

(1) « Fine et deliée, dit Brantôme, s'il en fut oncques, et vraye
« image en tout de Louis XI, son père. » — (2) Voici ce que dit un
auteur contemporain sur Anne de Beaujeu : *Virago sane supra mulie-
brem sexum, et consulta, et animosa, quæ nec viris concilio, nec au-
dacia cederet, perfecta demum omni ex parte, et ad imperii gloriam
nata, si non illi sexum natura invidisset.* (Hist. latine de Louis XII,
Recueil de Godefroy, page 257.)

toire de Charlemagne. Cette lecture enflamma son imagination, et l'impression qui lui en resta eut beaucoup d'influence sur l'expédition brillante qu'il entreprit par la suite. Les rivaux de Madame espéroient, non sans vraisemblance, s'emparer bientôt de l'esprit de ce jeune monarque, lui faire honte d'être soumis à sa sœur, et leurs spéculations paroissoient d'autant plus fondées, qu'il venoit d'atteindre l'âge fixé par Charles V pour la majorité des rois.

Les dispositions inquiétantes de l'intérieur occupèrent moins Madame, dans les premiers momens, que les relations avec les puissances étrangères. Elles étoient en paix avec la France, mais presque toutes avoient à venger d'anciennes injures et d'anciennes trahisons. Maximilien, roi des Romains, et comte de Flandre, se plaignoit de ce que Louis XI avoit dépouillé son épouse Marie de Bourgogne, et de ce qu'il avoit constamment soutenu les révoltés Flamands. L'année précédente, sa fille Marguerite avoit été fiancée au Dauphin, et envoyée en France pour y être élevée ; mais cet accord avoit été exigé par les Flamands, et conclu à Arras contre le gré de Maximilien. Il avoit été convenu que Marguerite auroit pour dot l'Artois et la Franche-Comté, et que, si elle mouroit sans postérité, ces deux provinces retourneroient à Philippe-le-Beau son frère. La paix n'étoit donc rien moins que solide de ce côté. Ferdinand et Isabelle, dont le mariage avoit réuni les deux royaumes d'Arragon et de Castille, élevoient des griefs encore plus graves contre la France. Louis XI s'étoit autrefois déclaré pour Jeanne, princesse de Castille, rivale d'Isabelle. Depuis, il s'étoit ligué contre les deux époux avec

Alphonse, roi de Portugal, et François Phébus, roi
de Navarre. Ses entreprises avoient échoué; mais il ne
s'étoit pas dessaisi du Roussillon, qui lui avoit été
engagé par le roi d'Espagne, pour une somme considérable. La Provence étoit réunie au royaume depuis
la mort de Charles d'Anjou, comte du Maine, qui l'a-
voit léguée à Louis XI, avec ses prétentions sur le
royaume de Naples. Mais René II, duc de Lorraine,
qui avoit rendu un si grand service à la France, en
accablant Charles-le-Téméraire devant Nancy, s'étoit
efforcé de disputer cette succession, n'avoit cédé qu'à
la force, et se trouvoit en outre dépouillé du duché
de Bar. L'entrée de l'Italie étoit en quelque sorte ouverte aux Français, par les liens qui unissoient la maison de Savoie à la maison de France; mais Louis XI
avoit tellement abusé de ces liens pour dominer dans
le pays, que son fils y comptoit presque autant d'ennemis que de partisans. François II, duc de Bretagne,
s'étoit montré l'un des principaux moteurs de la guerre
du bien public. Jamais il ne s'étoit réconcilié sincèrement avec le feu Roi; et Louis XI avoit formé le projet de dépouiller ses deux filles de leur héritage, en
se faisant abandonner, par les Penthièvre, les avantages d'un prétendu traité qui les appeloit à succéder
au duché, à l'exclusion des filles de la maison de Montfort. Edouard IV, roi d'Angleterre, chef de la maison
d'York, à qui Louis XI payoit un tribut, fatigué des
artifices de ce prince, étoit sur le point de lui déclarer
la guerre, lorsqu'il fut enlevé par une mort subite. Richard III, son frère, s'étoit emparé du pouvoir par le
massacre des deux héritiers du trône; et les troubles,
qui devoient suivre cette usurpation, tranquillisoient

pour quelque temps.Madame sur les entreprises de l'Angleterre.

Telle étoit la situation de la France relativement à ses voisins. Anne.de Beaujeu , en suivant à cet égard le systême de son père, y mit peut-être plus d'adresse, et profita fort habilement du peu de défiance que devoit inspirer une jeune femme appelée tout-à-coup à gouverner un grand Etat. Elle ménagea le roi d'Espagne et la maison de Savoie, donna des espérances au duc de Lorraine, entretint des correspondances avec les mécontens d'Angleterre, et continua de fomenter des troubles en Flandre et en Bretagne.

La Cour, qui s'étoit d'abord soumise aux volontés du feu Roi, fut bientôt remplie de cabales. Divers partis se formèrent pour disputer l'autorité à Madame; quelques seigneurs représentèrent qu'il n'y avoit pas d'exemple dans notre histoire, que la régence eût été confiée à une jeune princesse, au préjudice de sa mère; que les anciens usages et les droits de la nature appeloient la Reine à veiller à la conservation de son fils, et que, dans cette occasion, ils devoient être préférés aux capricieux désirs d'un monarque qui, pendant sa vie, avoit pu faire fléchir toutes les lois, mais dont le pouvoir tyrannique ne devoit point s'étendre au-delà du tombeau.

Le duc d'Orléans paroissoit en même temps à la tête d'un parti nombreux : le titre de premier prince du sang lui concilioit moins de suffrages que les grandes qualités qu'il déployoit à l'âge de vingt-deux ans : ayant perdu son père au moment de sa naissance, il avoit été élevé avec soin par Marie de Clèves, sa mère : habile à tous les exercices , montrant un caractère plein de

9.

franchise et de générosité, adoré de la jeune noblesse, il étoit moins dirigé par l'ambition que par le désir de faire valoir des droits qu'il croyoit légitimes. Ses partisans, parmi lesquels on remarquoit le comte d'Angoulême son cousin, le fils du fameux Dunois, et Georges d'Amboise, évêque de Montauban, s'appuyoient sur les dispositions du roi Charles V, pour la tutelle de son fils, et soutenoient que la régence ne pouvoit être confiée qu'au duc d'Orléans, assisté des autres princes du sang. Le duc de Bourbon, chef de sa famille, et beau-frère de Madame, avoit aussi des prétentions : il se plaisoit à rappeler les vertus du prince de ce nom qui s'étoit conduit d'une manière si désintéressée et si noble pendant la minorité de Charles VI ; et il disoit que, plus éloigné du trône que la maison d'Orléans, il ne devoit inspirer aucune défiance à ceux qui désiroient sincèrement la conservation du jeune Roi.

Les prétentions de la Reine, qui, attaquée d'une maladie mortelle, se prêta malgré elle aux désirs ambitieux de ses partisans, embarrassèrent seules Madame. Elle les contraria sourdement, sans s'écarter du respect qu'elle devoit à une mère : elle donna des espérances, et gagna du temps. Les progrès de la maladie de Charlotte de Savoie dissipèrent peu à peu ceux qui avoient fondé sur elle leurs espérances ; et sa mort, arrivée à Amboise le premier décembre 1483, fit disparoître l'unique rivalité que sa fille auroit pu redouter.

Si l'on en croit Brantôme, Madame n'avoit pas été insensible aux brillantes qualités du duc d'Orléans, et il faudroit attribuer à un amour méprisé l'acharnement qu'elle montra ensuite contre ce prince (1). Quoique cette tradition soit appuyée sur des anecdotes qui paroissent vraies, elle a été rejetée par un grand nombre d'historiens. Il est possible que la princesse, obligée par son père d'épouser un homme beaucoup plus âgé qu'elle, ait envié le sort de sa sœur mariée à l'un des princes les plus aimables de son temps : il est possible qu'avant cette époque elle ait été blessée des froideurs du duc d'Orléans, dont le caractère étoit entièrement opposé au sien, et que son orgueil offensé lui ait ensuite inspiré une haine implacable contre lui. Cette conjecture acquerra peut-être plus de force par les développemens qui suivront.

Madame avoit conservé les ministres de Louis XI, contre lesquels la haine publique ne s'étoit pas trop déclarée : son conseil se composoit du sire de Beaujeu, son époux, du chancelier Guillaume de Rochefort, distingué par son éloquence, de François de Bourbon, comte de Vendôme, prince ennemi de toute espèce d'intrigue, et de Louis Mallet, sire de Graville, qui devoit parvenir aux premières charges de l'Etat. On fut étonné de ne pas y voir figurer le célèbre Philippe de Comines, si habile dans la politique : il est probable que la jalousie du chancelier et de Graville l'en éloigna. Il passa dès-lors au service du duc de Bourbon. Le conseil chercha les moyens de désarmer les prétendans à la régence, et, conformément au vœu de la princesse, ils obtinrent de nouvelles dignités, sans qu'on se fût abaissé jusqu'à entamer des négociations avec eux. Le duc de Bourbon, frère aîné du sire de Beaujeu, fut le

---

(1) « Ils avoient, dit Brantôme, des picotemens de jalousie, d'amour « et d'ambition. »

mieux traité : il reçut l'épée de connétable et le titre
de lieutenant-général du royaume : on ne donna au
duc d'Orléans que les gouvernemens de l'Ile de France
et de Champagne ; et l'on espéra le séparer de Dunois,
en accordant à ce dernier le gouvernement du Dauphiné.

Aucun de ces princes ne fut content de son partage ;
le duc d'Orléans, jaloux de l'élévation de son rival,
lia des correspondances avec Maximilien et le duc de
Bretagne : le duc de Bourbon, convaincu que les dignités dont il venoit d'être revêtu ne seroient que de
vains titres, tint la même conduite ; et tous deux parurent se réunir pour solliciter des réformes dans le gouvernement. Les violences de Louis XI avoient révolté
tous les esprits : on étoit fatigué d'un arbitraire qui,
en ruinant le royaume, n'avoit profité qu'à quelques
particuliers, serviles instrumens, des volontés de leur
maître : on réclamoit de tous côtés la diminution des
tributs, l'exécution des lois, et le libre exercice de la
justice. Les princes profitèrent de ces dispositions, et
devinrent facilement les organes du vœu public, en
demandant la convocation des Etats-généraux. Madame
redoutoit cette assemblée, dans un moment où son
autorité étoit à peine affermie : disposée à soulager le
peuple, à gouverner avec plus de modération que son
père, elle auroit voulu ne point y paroître contrainte.
Elle sentoit d'ailleurs que les réformes exigées n'étoient
qu'un prétexte pour exciter des troubles, et lui ravir
son pouvoir. Elle essaya donc de tromper les mécontens, par des promesses dont elle espéroit éluder l'exécution : mais l'accord de tous les ordres, dans le même
désir, se montra si unanime, les symptômes d'une ré-

volte prochaine à la tête de laquelle on auroit vu les princes, parurent si évidens, qu'elle se détermina bien malgré elle à convoquer les Etats pour le commencement de l'année suivante [1484].

Jusqu'au moment de leur réunion, Madame tenta fort habilement de satisfaire le vœu public, et de prévenir les demandes qu'elle prévoyoit devoir lui être adressées. Elle affecta de suivre un systême entièrement opposé à celui de son père : les prisons furent ouvertes à tous ceux que la haine de Louis XI y avoit plongés ; les exilés furent rappelés ; on vit reparoître le prince d'Orange, époux d'une sœur du duc de Bourbon, ami intime du duc d'Orléans ; et ses biens, qui avoient été confisqués, lui furent rendus. Le domaine de la Couronne fut rétabli dans plusieurs propriétés accordées à des délateurs : des réformes importantes eurent lieu dans l'armée : six mille Suisses à la solde de la France furent en apparence congédiés ; et le peuple se trouva soulagé par la remise d'un quartier de la taille. Mais toutes ces concessions produisirent moins d'effet que la mise en jugement des deux hommes qui avoient été les principaux instrumens de la cruauté de Louis XI. Olivier le Daim et Jean Doyac s'étoient distingués par leur férocité : on leur attribuoit des excès monstrueux, et probablement la crainte qu'ils avoient inspirée portoit à exagérer leurs crimes : le premier fut livré au supplice ; le second put sauver sa vie, mais il fut condamné à un bannissement perpétuel.

Ce fut sous ces auspices que les Etats-généraux furent ouverts dans la ville de Tours, le 15 janvier 1484. Le chancelier, chargé spécialement par Madame de défendre les prérogatives du trône, y parla au nom du jeune

Roi : il exhorta les députés à ne songer qu'au bien du royaume, et promit de la part du gouvernement toutes les facilités qui pourroient y contribuer. Dans la fermentation où la France se trouvoit, deux opinions partageoient les députés sur l'influence que devoient exercer les Etats. Tous s'accordoient à penser qu'ils avoient actuellement pour objet de pourvoir au gouvernement, sans s'arrêter aux dernières volontés de Louis XI. Les plus exagérés soutenoient que l'autorité résidoit en eux, du moins jusqu'au moment où ils auroient formé le conseil du jeune Roi : les plus modérés disoient que le pouvoir appartenoit aux princes du sang, comme tuteurs légitimes du monarque : on ne faisoit aucune mention de Madame, et il sembloit qu'elle n'eût aucun partisan dans cette assemblée qui devoit décider du sort de la France (¹). Cette opposition formidable ne la découragea pas, et elle conçut, sans témérité, l'espoir de la désarmer.

Les trois ordres, parfaitement d'accord sur les réformes à faire, résolurent de délibérer en commun : ils partagèrent la France en six nations; les députés de ces nations formèrent autant de bureaux; et l'on décida qu'il ne seroit présenté qu'un seul cahier. Jean de Villiers, évêque de Lombes, député de Paris, fut nommé président. Le duc d'Orléans, qui avoit évidemment la majorité, et qui se croyoit sûr de ne pouvoir la perdre, eut assez peu d'expérience pour ne pas demander qu'on le nommât sur-le-champ régent; ce qui dans ce moment pouvoit s'exécuter sans que Madame fût en état de s'y opposer. Il aima mieux qu'on examinât l'administra-

(¹) Pièces recueillies par Godefroy sur les Etats de 1684.

tion de Louis XI, se flattant que les abus qu'on remar-
queroit redoubleroient les défiances qu'on avoit déjà
contre sa fille.

On s'occupa donc dans les bureaux des impôts qui
avoient été levés sous le dernier règne; et l'on ne vit
pas sans étonnement que les tailles, qui ne s'étoient
élevées sous Charles VII qu'à douze cents mille livres,
étoient montées sous Louis XI à près de sept millions.
On demanda que les états de recette et de dépense fussent produits; et les ministres eurent la maladresse d'en
présenter de faux, où la recette étoit diminuée de moitié, et la dépense augmentée dans la même proportion.
Cette ruse grossière, qui se découvrit facilement, pensa
détruire les sages combinaisons de Madame : elle excita
les plus violens murmures; et si le duc d'Orléans eût
voulu profiter de cette faute du ministère, il seroit probablement parvenu le jour même au but qu'il se proposoit. Il lui parut plus digne de son noble caractère
de donner avec les princes ses partisans l'exemple du
désintéressement, et d'ouvrir le premier la voie la plus
sûre pour soulager les peuples. Il chargea l'évêque de
Laon de déclarer aux Etats que lui et les comtes d'Angoulême et de Dunois renonçoient aux pensions qu'ils
tenoient du Roi. « Dans cette circonstance, ajoutoient
« ces princes, nous ne voulons pas que nos intérêts
« particuliers enchaînent nos opinions, qui doivent être
« entièrement libres. » Cet acte de générosité n'ajouta
presque rien à l'idée favorable qu'on s'étoit formée du
duc d'Orléans : une scène d'un tout autre genre le fit
bientôt oublier.

Sous le règne de Louis XI, le comte d'Armagnac
avoit été massacré dans Lectoure, en présence de son

épouse, et cette femme infortunée avoit été empoisonnée à la fin d'une grossesse. Charles d'Armagnac, frère du comte, avoit subi une prison de quatorze ans, pendant laquelle il s'étoit vu enfermé dans une cage de fer, et livré à toutes les espèces de tourment. L'esprit égaré par ses longues souffrances, il parut devant les Etats dans un état propre à toucher les ames les plus dures, et demanda, par l'organe d'un homme de loi, qu'on châtiât .es persécuteurs de sa maison, et qu'on lui rendît ses biens. Il fut bientôt suivi par des orphelins de la même famille, dont le sort avoit été encore plus rigoureux : c'étoient les enfans de Jacques d'Armagnac, comte de Nemours, qui, placés par l'ordre de Louis XI sous l'échafaud de leur père, avoient été inondés de son sang. Tous ces supplians attribuoient leurs désastres à Robert de Balzac, neveu du comte de Dammartin. Les Etats leur promirent justice ; et cette scène, qui venoit d'augmenter la fermentation des esprits, pensa être suivie d'une violence qui, en ensanglantant le palais du jeune Roi, devoit avoir des suites incalculables. Au moment où ce monarque sortoit de son appartement, le comte de Dammartin, rassuré sur la clameur publique par les amis qui le suivoient, dit à haute voix que *ce qui avoit été fait au comte d'Armagnac avoit été bien fait, ayant été traître au roi Louis XI.* A l'instant Lescun, sire de Comminges, et d'autres partisans des Armagnac s'écrient que Dammartin a menti : on se défie des deux côtés, les épées se croisent, et si l'un des officiers du Roi n'eût rappelé le respect qu'on devoit à sa présence, la guerre civile commençoit à l'instant sous ses yeux.

Les bureaux s'étant entendus sur la rédaction du cahier, il fut dressé au commencement de février ; et le peu d'opposition qu'il éprouva contribua beaucoup à calmer l'ardeur qu'avoient montrée d'abord les députés. Ces doléances, quoique présentées dans un temps de fermentation, offrent quelques vues très-sages, et jettent beaucoup de lumière sur divers points de notre ancien droit public : elles suffisent presque à l'apologie du duc d'Orléans, qui les dicta, et qui les prit ensuite pour règle de conduite lorsqu'il fut parvenu au trône. Nous allons donner une idée de cette pièce fort curieuse, qui traite, dans des chapitres différens, de l'Eglise, de la noblesse, du tiers-état, de la justice et des finances.

Les Etats rappellent que les libertés de l'Eglise gallicane ont été soigneusement maintenues par saint Louis, Philippe-le-Bel, Charles V, Charles VI et Charles VII. Ils se plaignent de ce qu'au mépris des décrets des conciles de Constance et de Bâle, et de la Pragmatique-Sanction de Charles VII, Louis XI ait souffert que les abus proscrits par ces actes se soient renouvelés. Ils représentent que, si l'on ne s'empressoit de les réprimer, le royaume, déjà bien pauvre, seroit entièrement ruiné par les exactions de la cour de Rome, et qu'on verroit, comme cela étoit souvent arrivé sous le dernier règne, les bénéfices donnés à des laïcs et à des gens non-lettrés, et les monastères soustraits à leurs règles primitives. Ils protestent que, par cette humble remontrance, ils sont loin de vouloir se soustraire à l'obéissance filiale qu'ils doivent au Pape, et observent qu'un bon père reçoit avec indulgence les plaintes de ses enfans, lorsqu'elles sont légitimes (1); ils demandent qu'il soit ordonné, par un édit, que désormais tous les droits, franchises, prérogatives et immunités de l'Eglise gallicane *in rebus et personis*, soient loyalement conservés, comme sous le règne de Charles VII.

La noblesse avoit été surtout l'objet des persécutions de Louis XI : il auroit voulu, s'il eût été possible, l'anéantir entièrement. Le cahier des trois ordres exprime le vœu qu'elle soit rétablie dans ses franchises, libertés, prééminences, droits, priviléges et juridictions. Les Etats représentent qu'elle est le nerf et la force du royaume, et qu'elle est absolument nécessaire à sa garde et à sa conservation. Ils exposent qu'elle a été opprimée et ruinée sous Louis XI, après avoir tant contribué à la restauration de son père Charles VII. Ils se plaignent de ce que les principaux emplois militaires ont été souvent confiés à des étrangers ou à des hommes obscurs : ils rappellent que la noblesse a été sans cesse fatiguée par des appels pour des entreprises injustes, et n'a point été dédommagée de ses sacrifices. Ils observent que la défense expresse de chasser dans les forêts royales a multiplié les bêtes fauves, fléau des laboureurs, et que, sous le feu Roi, les animaux ont été plus libres que les hommes. Leur vœu, relativement à l'ordre de la noblesse, est que

(1) Cette pensée est exprimée dans l'original avec beaucoup de naïveté et de grâce : « Les gens des trois Etats n'entendent eux se departir
« de filiale obédience de notre saint Pere ; lesquels, comme enfans
« de l'Eglise, le veulent cognoitre comme vicaire universel d'icelui sei-
« gneur Jesus-Christ, qui est le chef de l'Eglise, et pour ce qu'il ne
« repugne à obedience filiale que si le fils se sent grevé du pere,
« qu'en bonne crainte et reverence, ne puisse faire sa plainte à autre
« pour en avertir le pere. »

tous ces griefs soient redressés : ils désirent que la chasse soit permise dans les forêts royales, que les nobles ne soient plus mandés si souvent aux bans et arrière-bans , qu'ils soient indemnisés lorsqu'ils s'y rendent, et que cet appel n'ait lieu qu'après une délibération du conseil. Ils demandent enfin que la garde des places frontières ne soit plus confiée à des étrangers, qui souvent les livrent aux ennemis, mais à la noblesse seule, dont la fidélité n'est pas douteuse.

Le tiers-état n'avoit pas été moins opprimé, sous le règne précédent, que les ordres supérieurs. Le cahier entre dans de grands détails sur les causes de la misère du peuple. Il rappelle les troubles du règne de Charles VI, et les guerres opiniâtres du commencement du règne de Charles VII, désastres qui ont duré depuis 1407 jusqu'en 1450. Il loue Charles VII d'avoir donné la Pragmatique, rétabli la justice, et discipliné les troupes. Les onze dernières années de son règne ont soulagé la France ; mais, depuis sa mort, toutes les plaies se sont rouvertes. Louis XI a sacrifié les libertés de l'Eglise gallicane, et une grande partie du numéraire a été transportée à Rome. Dans les guerres continuelles qu'il a suscitées à ses voisins, il n'a fait observer aucune discipline, et les sages réglemens de son père ont été abolis. Il n'a pas craint d'aliéner son domaine pour enrichir ses favoris; les tailles ont été levées en vertu de commissions, et non par les receveurs ordinaires. Les pensions ont été prodiguées à des hommes qui n'en étoient pas dignes. « Au paye- « ment d'icelles, dit le cahier, il y a telle pièce de « monnoye qui est partie de la bourse d'un labou- « reur, duquel les enfans mendient aux portes de

« ceux qui touchent ces pensions. » La gendarmerie
a été abusivement augmentée, et elle a vécu aux dé-
pens des habitans ; enfin, contre les anciens usages,
le peuple, qui ne jouit d'aucun privilége, a été forcé
de répondre aux bans et arrière-bans. Le tiers-état
réclame, comme les autres ordres, le rétablissement
de la Pragmatique. Il demande en outre que le domaine de la Couronne demeure désormais intact, et
que tous les dons et aliénations soient révoqués. Il
insiste pour l'abolition de la taille, dont le nom seul
est odieux. Si une guerre s'allume, les trois ordres
subviendront d'une autre manière aux besoins du
royaume. A l'avenir, les impositions ne pourront être
levées que par les receveurs ordinaires. « Ceux qui
« ont des pensions, dit le cahier, seront priés de n'en
« plus prendre, et de vivre de leurs biens et revenus. »
Le tiers-état ne sera plus obligé de répondre aux
bans et arrière-bans. « Charles VII, ajoute le cahier,
« avec sa gendarmerie et sa noblesse seulement, sans
« bans et sans arrière-bans, ni troupes extraordinaires,
« chassa les Anglais de son royaume, et fit de belles
« conquêtes. Le peuple, dit-on plus loin, ne se con-
« sole que par la patience et l'espérance d'être sou-
« lagé. »

L'article de la justice est celui sur lequel les doléances sont plus vives et paroissent plus fondées.
Charles VII avoit ordonné qu'il fût pourvu aux offices
de judicature par voie d'élection, c'est-à-dire, que les
compagnies se renouvelassent elles-mêmes, en faisant
subir aux candidats plusieurs épreuves qui devoient
donner la garantie de leur savoir et de leur intégrité.
C'étoit un usage qui remontoit fort loin, et auquel les

rois n'avoient guère dérogé que par un petit nombre
de recommandations particulières. Louis XI que des
tribunaux ainsi formés auroient gêné dans ses projets
de vengeance, y fit entrer des gens de guerre, des
étrangers, des inconnus, des hommes illétrés : ce qui
n'empêcha pas qu'il n'éprouvât quelquefois de leur
part une courageuse opposition. Ces offices jusqu'alors
avoient été considérés comme inamovibles : il les dé-
grada en destituant arbitrairement les magistrats : et il
diminua le respect qu'ils inspiroient au peuple, en créant
un grand nombre de charges dont l'utilité n'étoit pas
démontrée. Par un abus qui n'avoit existé que dans les
années désastreuses de Charles VI, on vit un même
homme réunir plusieurs offices ; et, comme si cette révolution dans les tribunaux n'eût pas suffisamment
assuré Louis XI de leur obéissance aveugle, il fit souvent juger les accusés par des commissaires qui se partagèrent ensuite les produits des confiscations.

Les Etats, après s'être étendus sur ces abus, demandent qu'il ne soit pourvu aux offices que par élection, et qu'en aucun cas ces offices ne puissent être
vendus : « Un officier royal et bien exerçant son office,
« dit le cahier, doit être assuré de son état et de sa vie,
« et d'être continué en icelui, s'il ne fait faute ; il n'en
« doit être privé, ni débouté, et n'en doit être désap-
« pointé sans cause raisonnable, lui, sur ce, ouï en
« justice, car autrement il ne seroit vertueux, ni si
« hardi de garder et bien défendre les droits du Roy,
« comme il est tenu de faire, et si seroit plus aigu et
« inventif à trouver exactions et pratiques, pour ce
« qu'il seroit tous les jours en doupte de perdre son
« office. » Les Etats expriment le vœu que les magis-

trats qui ont été destitués sous Louis XI, soient réin-
tégrés ou jugés, que les offices extraordinaires soient
supprimés, que nul à l'avenir ne puisse en posséder
plus d'un, que jamais les accusés ne soient traduits
devant des commissaires, et que toutes les condamna-
tions et confiscations prononcées ainsi sous le dernier
règne soient révoquées. Ils insistent en outre pour que
les coutumes des diverses provinces soient officielle-
ment rédigées, afin que la justice puisse être rendue
avec plus de facilité.

Les Etats, comme on l'a vu, avoient eu sur les finances de vives discussions avec les ministres. L'article qui concerne cette partie de l'administration
porte le caractère de la défiance et d'une économie
poussée à l'excès. Ils octroient une imposition de douze
cent mille livres, somme à laquelle Charles VII s'étoit
autrefois borné, et trois cent mille livres, tant pour
joyeux avénement que pour les frais du sacre. L'imposition n'aura point le nom de taille, et la levée en
sera surveillée par les Etats, qui ne se sépareront que
lorsqu'elle sera terminée. Ils seront convoqués de nouveau dans deux ans, et nul impôt ne sera mis sur le
peuple sans leur consentement.

Les Etats, en présentant ce cahier, supplièrent le
jeune Roi de presser le moment de son couronnement.
Comme il étoit majeur, suivant l'ordonnance de Charles V, le duc d'Orléans espéroit que cette cérémonie
lui donneroit plus d'indépendance, et qu'il deviendroit alors plus facile de le soustraire au pouvoir de sa
sœur.

Madame reçut les doléances, sans paroître effrayée
des demandes qu'elles contenoient. Elle observa qu'il

falloit du temps pour y réfléchir et pour y répondre,
et congédia les députés sans leur laisser entrevoir le
parti qu'elle prendroit. Elle profita de cet intervalle
dans les délibérations pour faire naître des difficultés,
et pour occuper le public d'autres affaires. René II, duc
de Lorraine, lui en fournit l'occasion : il se plaignit aux
Etats, comme tant d'autres, d'avoir été, malgré-ses
services, opprimé et dépouillé par Louis XI. On a vu
que Charles, comte du Maine, possesseur de la Provence et roi titulaire de Naples, avoit reconnu le roi de
France pour héritier, au préjudice de son parent le duc
de Lorraine, et que ce dernier avoit vainement réclamé
auprès du Roi, qui lui avoit encore enlevé le duché de
Bar. René, sans s'occuper beaucoup du royaume de
Naples, alors fort tranquille sous Ferdinand d'Arragon, demanda qu'on lui rendît la Provence et le duché
de Bar. Il ne fut pas difficile à Madame de faire sentir
aux véritables amis de leur pays combien la réunion
de la Provence étoit avantageuse au royaume ; et les
prétentions de René à cet égard furent écartées, quoiqu'elles pussent fournir des déclamations contre le
dernier règne. Il ne s'agissoit plus que du duché de
Bar, dont l'usurpation étoit évidemment injuste : Madame prévint le vœu des Etats en le rendant au duc de
Lorraine.

Plusieurs personnes étoient intéressées aux abus qui
faisoient l'objet des doléances. L'interruption des délibérations leur fit reprendre courage ; et elles se pres-
sèrent autour de Madame, dont elles augmentèrent
considérablement le parti. Quelques prélats, et plusieurs dignitaires ecclésiastiques, voyant dans le rétablissement de la Pragmatique la ruine de leur

fortune, se déclarèrent les premiers. Après s'être con-
certés avec les ministres, ils représentèrent qu'on ne
pouvoit statuer sur ces matières, sans assembler les
évêques; que les Etats n'étoient point appelés à ré-
former la discipline de l'Eglise; et ils se plaignirent
du peu de respect qu'on témoignoit au saint Siége.
Leurs raisons furent développées dans une requête
qu'ils présentèrent au Roi.

Lorsque ces semences de division eurent été suffisamment répandues dans les Etats, Madame fit connoître la réponse du Roi aux doléances. Sur les matières ecclésiastiques, elle annonça que l'opposition
des cardinaux et des prélats empêchoit toute espèce
de résolution, et que le gouvernement ne pourroit
adhérer au vœu exprimé par les trois ordres, que lorsque cette opposition seroit levée. Quant aux autres
objets, elle s'exprima avec beaucoup de mesure et de
précision. La noblesse fut remise en possession de
toutes ses prérogatives. On lui promit de ne plus l'appeler à prendre les armes que pour des motifs graves,
et de lui donner dans ce cas de justes indemnités. La
chasse dans les forêts royales lui fut permise. On lui
fit espérer que la garde des places fortes lui seroit confiée. Il fut représenté au tiers-état qu'on avoit prévenu
ses vœux en travaillant, depuis l'avénement du Roi,
au recouvrement des parties du domaine qui avoient
été aliénées. On n'entra dans aucun détail sur les autres
objets de ses demandes, et l'on se contenta de lui
donner l'assurance qu'il ne seroit plus appelé aux
arrière-bans. Toute satisfaction fut promise sur les réclamations relatives à la justice. Il fut annoncé que
les ordonnances de Charles VII sur les élections se-

roient exécutées, que nul officier ne perdroit sa place, sinon par mort, résignation ou forfaiture, et qu'on reviendroit sur les confiscations qui n'avoient pas été duement faites, et adjugées par juges compétens.

Après avoir réglé ce qui concernoit les finances et les réformes dans l'administration et dans la justice, il restoit à traiter un article aussi important que délicat; c'étoit celui du conseil du Roi. Toutes les démarches des partis n'avoient eu pour but que d'y obtenir la principale influence. Plusieurs discussions très-vives s'élevèrent entre les députés et le ministère. Le chancelier défendit les droits du trône avec beaucoup d'éloquence; et l'opposition eut dans Jean Masselin, official de Rouen, un orateur fort énergique (1). Enfin la conduite habile des ministres, et l'adresse de Madame, parvinrent à dominer l'opinion de la majorité. Il fut convenu que le duc d'Orléans, qui n'avoit pas su profiter du moment favorable pour s'emparer du pouvoir, n'obtiendroit que les honneurs qu'il étoit impossible de refuser à son rang, et que Madame, dont on avoit pu apprécier la haute prudence, conserveroit l'essentiel de l'autorité. Lorsque cet arrangement eut été revêtu de l'approbation définitive des chefs, le chancelier parut dans les Etats, et s'exprima ainsi : « Le Roi formera son conseil conformément « à vos délibérations. Il veut que des hommes habiles « et vertueux, pris dans votre sein, y soient agrégés. « Il donne à ce conseil le pouvoir de régler tout ce « qui intéresse l'Etat, sans cependant qu'aucun acte « puisse avoir force de loi, s'il n'est fait en son nom. »

D'après ce discours, concerté avec la majorité, on

(1) Jean Masselin a laissé une relation latine des Etats de Tours.

10.

choisit dans les bureaux des six nations douze personnes que l'on adjoignit aux anciens conseillers. Le
duc d'Orléans, comme premier prince du sang, eut la
présidence de ce conseil, et, en cas d'absence, le duc
de Bourbon ou le sire de Beaujeu son frère, époux
de Madame, durent le remplacer. Mais le conseil ne
pouvant rien faire sans la volonté du Roi, l'autorité
se plaça naturellement dans les mains de celle qui
continua d'être chargée de sa tutelle. Il fut décidé sur
cet objet qu'il n'y auroit point de régent, mais que
Madame, qui étoit *sage, prudente et vertueuse,* veilleroit à la conservation de son frère, tant qu'il seroit
jeune, conformément aux volontés du feu Roi.

Après que cette décision eut obtenu l'assentiment
des Etats, le duc d'Orléans reconnut les fautes qu'il
avoit faites, et plusieurs députés se repentirent d'avoir
confié le pouvoir à la fille de Louis XI, contre laquelle on leur avoit inspiré tant de préventions. Ils
vouloient remettre la chose en question, lorsque Madame, qui connoissoit tout le prix des instans, envoya
tout-à-coup le chancelier annoncer aux Etats, que le
Roi alloit y paroître [7 mars]. Le monarque vint une
heure après, combla d'éloges les députés sur la conduite qu'ils avoient tenue, et leur ordonna de se séparer. Ils obéirent; quelques mécontens murmurèrent,
mais le plus grand nombre ne put s'empêcher d'admirer l'habileté avec laquelle toute cette affaire avoit
été conduite.

Ainsi le résultat des états de Tours, où l'on avoit
médité la ruine de Madame, fut le triomphe de cette
jeune princesse, qui montra que, dans des circonstances aussi difficiles, elle sauroit tenir d'une main

ferme les rênes du gouvernement. Elle n'en abusa pas
dans les premiers momens, et combla au contraire de
bienfaits ceux qui lui avoient été le plus opposés.

Cette conduite habile enleva au duc d'Orléans presque tous ses partisans. Il ne lui resta que ceux dont
le dévouement ne tenoit à aucune ambition personnelle, tels que le comte de Dunois et le respectable
Georges d'Amboise, alors évêque de Montauban, destiné à devenir l'un de nos plus grands ministres. Ce
dernier pouvoit être fort utile au duc d'Orléans, parce
qu'il résidoit auprès du Roi, dont il étoit aimé, et ne
paroissoit inspirer aucune défiance à Madame.

Un abandon d'autant moins attendu que le prince
étoit quelques jours auparavant l'objet des espérances
et de l'amour du peuple, l'irrita au lieu de le décou-
rager. La présomption de la jeunesse l'empêcha de remarquer qu'il est presque impossible de recouvrer un
pouvoir qu'on a laissé échapper par sa faute, et qu'on
ne doit plus compter sur un parti dont on n'a pas su
employer les forces à propos. Il avoit déjà des liaisons
avec Maximilien, roi des Romains, et François II, duc
de Bretagne : il les resserra. Comme Maximilien, engagé dans une guerre contre ses sujets, n'étoit pas en
état de lui donner de prompts secours, il tourna toutes
ses vues du côté de la Bretagne.

Ce duché, soumis à un prince foible, qui, depuis
la guerre du bien public, ne s'étoit jamais réconcilié
sincèrement avec Louis XI, étoit alors gouverné par
un ministre sorti des derniers rangs de la société. Le
crédit de Landois près de François II, avoit succédé
à celui des maîtresses, et étoit encore plus odieux. Les
seigneurs bretons avoient résolu de le renverser ; et

cet imprudent favori venoit d'attirer sur lui l'indigna-
tion générale en essayant de livrer aux Anglais le
comte de Richemont; prétendant au trône, qui s'étoit
réfugié auprès de son maître, et qui, averti de cette
trahison, avoit sollicité et obtenu la protection de Madame. Landois, se voyant en danger, appela le duc
d'Orléans, et lui promit de mettre à sa disposition toutes
les forces de la Bretagne. Le prince s'y rendit, et fut
accueilli avec transport dans cette Cour, dont les deux
filles du duc, Anne et Isabelle, étoient le principal or-
nement. La beauté de la première fit sur lui la plus
forte impression. Anne parut sensible à ses soins, et il
forma dès-lors le projet de faire rompre les liens qu'il
avoit été obligé de contracter avec l'infortunée Jeanne,
sœur de Madame. Sa présence affermit pour quelque
temps le ministre; mais il fut bientôt rappelé en
France par le sacre du Roi, qui avoit été fixé au mois de
juillet 1484. Il n'avoit pu rien terminer pour l'accom-
plissement de ses desseins; et ce voyage, qui donna
lieu à Madame de concevoir les soupçons les plus fondés, ne fut utile qu'à Landois.

Cependant le jeune Roi, l'esprit rempli de grands
desseins, murmuroit d'être nul, et auroit voulu se
soustraire à l'autorité de sa sœur. Au moment de son
sacre, il avoit vu des tournois : vivement frappé de
l'adresse et de la bonne mine du duc d'Orléans, il avoit
senti pour lui cette sorte d'attachement que les qualités extérieures inspirent à l'enfance. Georges d'Amboise, évêque de Montauban, partisan zélé du premier prince du sang, l'entretenoit soigneusement dans
ces dispositions. Un jour le monarque l'interrompit au
moment où il récitoit les heures devant lui. « Mandez,

« lui dit-il, au duc d'Orléans, qu'il poursuive son en-
« treprise, et que je voudrois bien être avec lui. »
Quelque temps après il témoigna au comte de Dunois
le même désir : « Mon oncle, lui dit-il, emmenez-
« moi : il me tarde de me trouver hors de cette com-
« pagnie (1). »

Madame, instruite de ces discours, fit surveiller
plus exactement son pupille, et le conduisit au château de Vincennes où aucune de ses actions ne pouvoit lui échapper. Elle apprit bientôt que trois chambellans, Maillet, Pot et Gouffier, chéris du monarque,
avoient, de concert avec lui, formé le projet de l'enlever. Le péril qu'elle auroit couru si cette entreprise
eût réussi, la fit sortir de sa modération ordinaire.
Elle entra furieuse dans la chambre du Roi, éclata en
reproches contre lui, chassa en sa présence les trois
chambellans, et menaça de faire arrêter le premier
prince du sang, s'il osoit paroître à la Cour. Bientôt
elle quitta Vincennes, qu'elle regardoit comme trop
voisin de Paris, dont le duc d'Orléans étoit gouverneur, et conduisit son frère à Montargis, où elle passa
le reste de l'année 1484 et les premiers mois de 1485.

Les seigneurs bretons s'étoient montrés très-irrités
de l'appui que le duc d'Orléans avoit prêté à un ministre objet de leur haine. Madame profita de cette
disposition, non-seulement pour arracher à son rival
les secours qu'il pouvoit attendre de la Bretagne,
mais pour réunir cette province à la Couronne, en
faisant valoir les droits que Louis XI avoit prétendu
tenir de la maison de Penthièvre. Elle fit à Montargis un
traité avec ces seigneurs [22 octobre 1484], par lequel

(1) Saint-Gelais, *Histoire de Louis XII.*

il fut convenu que Charles VIII succéderoît au duc, à l'exclusion de ses deux filles, et que tous les privi-léges de la province seroient confirmés. Les signataires de ce traité furent le prince d'Orange, qui, après avoir été persécuté par le feu Roi, s'étoit récemment attaché à sa fille, le seigneur de Rieux, que nous ver-róns figurer dans les troubles qui se préparent, Jean du Perrïer, seigneur de Sourdiac, Pierre de Ville-Blanche, seigneur de Brout, et Jean Le Bouteiller, seigneur de Maupertuis. Madame, non contente de ce traité, exigea et obtint des mêmes seigneurs l'enga-gement solennel qu'ils se soumettroient au Roi, im-médiatement après la mort de leur duc.

Elle traita vers le même temps, avec les sujets ré-voltés de Maximilien, l'autre allié du duc d'Orléans; et il fut décidé qu'on n'admettroit à jouir des avantages de la dernière paix, que les Flamands qui, unis aux habitans de Gand, se seroient déclarés contre le roi des Romains.

Ces deux traités, très-conformes aux principes de Louis XI, offrent une singularité qui n'est pas sans exemple dans l'histoire. On voit d'un côté le duc d'Or-léans, chef de ceux qui s'efforcent de changer en France l'ordre régulier du gouvernement, ligué avec des prin-ces dont il veut défendre les justes droits; et de l'autre, Madame, exerçant au nom de Charles VIII l'autorité légitime, unie au dehors avec des rebelles qui ne ten-dent à rien moins qu'à renverser leurs souverains : contraste qui, dans tous les temps, ne peut avoir que les résultats les plus dangereux.

Le peu d'opposition qu'avoit éprouvée Madame à l'exécution de ses desseins l'avoit portée à ne pas tenir

fort exactement les promesses qui avoient été faites aux
Etats. Les fonds votés pour les dépenses annuelles étant
évidemment insuffisans, elle avoit pris sur elle d'en
augmenter le montant; et cette levée avoit excité
beaucoup de murmures. Le duc d'Orléans, ayant
perdu tout espoir de secours étrangers, résolut de profiter de cette nouvelle fermentation, beaucoup moins
forte cependant que celle qui s'étoit manifestée à l'é-
poque de la mort de Louis XI. Il étoit à Paris, chef-
-lieu de son gouvernement, où il tenoit une grande
maison, accueilloit tout le monde, et croyoit se concilier le vœu général par une popularité qui étoit dans
son caractère. Madame, ayant tout disposé pour lui
résister, continuoit d'habiter Montargis avec le Roi,
et pratiquoit à Orléans des intelligences plus sûres que
celles que le duc entretenoit à Paris [1485].

Lorsque ce prince eut préparé ses partisans de la
capitale à la démarche qu'il vouloit faire, il se rendit
au parlement le 17 janvier 1485, en grande pompe,
et accompagné du comte de Dunois et du seigneur
de Richebourg. Après avoir pris place, il donna l'ordre à Denis Le Mercier, son chancelier, de développer
ses griefs.

Le Mercier exposa que le duc d'Orléans, étant la
seconde personne du royaume, et se trouvant chargé
du gouvernement de Paris, avoit des objets importans
à communiquer à la Cour. Il rappela que ce prince,
malgré les efforts de monsieur et de madame de Beaujeu, étoit parvenu à faire convoquer les Etats; qu'il
avoit défendu leur liberté et leur indépendance contre
les menées des ministres, et que leur cahier avoit été
l'expression du vœu général. Madame de Beaujeu, en

n'admettant qu'un petit nombre de leurs justes réclamations, n'avoit pas même tenu l'engagement qu'elle avoit pris au nom du Roi de s'y conformer. Il avoit été décidé que le monarque gouverneroit d'après les avis du conseil où devoient entrer douze membres des Etats. Cependant le conseil est demeuré tel qu'il étoit auparavant, les promesses les plus solennelles ont été violées; le Roi n'a pas été obéi, et tout a été fait par madame de Beaujeu et ses adhérens. Elle s'est même vantée qu'elle tiendroit son frère en tutelle jusqu'à ce qu'il eût vingt ans accomplis, se fondant sur de prétendues coutumes, d'après lesquelles la fille d'un roi, quelque jeune qu'elle soit, peut être revêtue seule du pouvoir pendant une minorité. Connoissant tout l'ascendant de l'or sur les agens qu'elle emploie, elle s'est emparée des finances du royaume qu'elle dissipe, comme son père, en dangereuses profusions. Les Etats avoient spécifié les sommes qui devoient être annuellement perçues : cependant elle a levé trois cent mille francs de plus pour le sacre, et elle se propose de lever encore d'autres fonds qui rendront la taille presque aussi onéreuse que du temps de Louis XI. Madame de Beaujeu n'a pas craint d'attenter à l'autorité royale en exigeant de la part des gardes un serment qui n'est dû qu'au monarque : ainsi le Roi est en quelque sorte prisonnier entre ses mains. Le duc d'Orléans, profondément affligé de la captivité du monarque, l'a conjuré, par plusieurs lettres très-pressantes, de venir à Paris, où il sera libre, et pourra se choisir un conseil : mais les volontés de ce prince infortuné sont probablement contrariées par sa sœur; et, dans ce cas, le duc d'Orléans est disposé à sacrifier, pour le délivrer, sa fortune et celle de ses amis. A Dieu ne plaise que, dans ce dévouement, dont le premier prince du sang est disposé à donner les preuves les plus éclatantes, il soit guidé par aucun motif d'ambition : il n'a d'autre désir que de voir le Roi libre; et si madame de Beaujeu veut se retirer à dix lieues de la Cour, il s'en éloignera de quarante. Son unique vœu est que l'Etat soit bien gouverné; et il ne prétend se rapprocher du monarque, que s'il est appelé librement par lui. Le duc d'Orléans dédaigne de rappeler ici les sourdes persécutions que lui fait éprouver Madame : il voudroit pouvoir dissimuler qu'un seigneur a déclaré en mourant qu'il avoit reçu l'ordre de lui dresser des embûches et de le faire périr : mais il ne doit rien cacher à la Cour, qui jugera de sa position et de celle du royaume.

Le chancelier du duc d'Orléans conclut, en requérant le parlement, d'aider ce prince dans ses justes desseins, en procurant une nouvelle réunion des Etats, et en appelant le Roi à Paris.

Ce discours, où se trouvoient quelques inculpations fondées, auroit pu produire beaucoup d'effet dans une assemblée populaire; mais il fut accueilli froidement par le parlement, qui démêla sans peine les secrètes pensées du duc d'Orléans et de ses partisans. Le premier président, Jean de La Vacquerie, qu'on avoit vu autrefois résister courageusement aux volontés tyranniques de Louis XI, recueillit les voix, et presque tous les avis se réunirent pour rejeter les propositions du prince. Dans cette circonstance, le parlement maintint les anciens principes de la monarchie, qui, ne reconnoissant dans les cours souveraines que le droit de

faire des remontrances sur des édits et ordonnances,
ne leur accordent qu'une opposition en quelque sorte
passive. Le premier président répondit en ces termes :

« Le bien du royaume, dit-il au duc d'Orléans,
« consiste dans la paix entre le Roi et son peuple,
« laquelle ne peut exister sans l'union de la grande
« famille, dont les princes du sang sont les chefs; ainsi
« la Cour refuse de faire une réponse au discours
« séditieux qui vient de lui être adressé. Elle se borne
« à dire à monseigneur d'Orléans, par forme d'exhor-
« tation, qu'il est trop éclairé pour ajouter foi aux
« faux rapports qui ont pu lui être transmis par des
« ambitieux ; qu'il auroit dû faire de sérieuses ré-
« flexions, avant de se décider à une démarche au
« moins dangereuse, si elle n'est pas imprudente; et
« que son premier devoir est de maintenir la maison
« royale sans division. Quant à la Cour, elle déclare
« qu'elle est instituée par le Roi pour rendre la jus-
« tice, et non pour se mêler de guerre, de finances et
« des intérêts des princes. Messieurs du parlement
« sont gens, clercs et lettrés, dont les fonctions se
« bornent à interpréter les lois et à enregistrer les
« édits; quand il plaira au Roi de les requérir de leurs
« devoirs, ils s'empresseront de lui obéir. Ils pensent
« donc qu'il est contre la règle de venir leur pré-
« senter des plans d'administration et de gouverne-
« ment, sans le bon plaisir et exprès consentement
« du monarque. »

Le Mercier et le comte de Dunois insistèrent vainement pour développer les motifs de la démarche du
duc d'Orléans. La Vacquerie refusa de les entendre.
Le surlendemain, 19 janvier, le parlement, les cham-

bres assemblées, décida qu'il seroit fait un rapport au Roi sur ce qui venoit de se passer. Les députés, chargés de porter ce rapport à Montargis où se trouvoit la Cour, furent le premier président, les conseillers Guillaume de Cambray, Jean Simon, Raoul Pichon, Jean Pellieu, et l'avocat du Roi, Robert Thibout (1).

Le duc d'Orléans et ses partisans, déconcertés par la conduite du parlement, s'adressèrent à l'Université, corps puissant, qui, dans les troubles des règnes précédens, avoit pu mettre sur pied près de vingt mille hommes, et qui, dans ce moment, tenoit une assemblée générale au couvent des Bernardins. C'étoit un parti désespéré, car le parlement, restant fidèle à ses devoirs, le soulèvement des suppôts, parmi lesquels se trouvoit un grand nombre d'étrangers, auroit pu occasionner une horrible guerre civile, et des désastres que le prince n'auroit pu arrêter. Heureusement les chefs de l'Université prirent le même parti que le parlement.

Madame attendoit très-impatiemment, à Montargis, le résultat de ces démarches du duc d'Orléans. Lorsqu'elle eut appris qu'il avoit complètement échoué, elle se crut en position de ne plus garder aucune mesure avec lui. Elle donna l'ordre à plusieurs soldats de se glisser, sous divers déguisemens, dans les faubourgs de Paris, et lorsqu'ils seroient en nombre suffisant, d'enlever le duc et de le lui amener. Ce coup hardi auroit réussi sans le zèle vigilant de Jean de Louhans et de Gui Pot, l'un des chambellans que Madame avoit chassés de la Cour. Ils découvrirent ce

____

(1) Registres du parlement de Paris, lundi 17 janvier et mercredi 19 1485.

complot au moment où il alloit éclater, et coururent
avertir le prince, qui, aussi tranquille qu'en pleine
paix, jouoit à la paume dans un lieu public au milieu des halles. Les soldats approchoient, et le peuple,
frappé de surprise, ne faisoit aucun mouvement. Le duc
d'Orléans n'eut que le temps de monter sur une mule
qu'on lui amena, et de se sauver avec un petit nombre
d'amis. Il poussa jusqu'à Verneuil dans le Perche, ville
appartenant au duc d'Alençon, l'un de ses partisans.

  Madame, regrettant que cette entreprise n'eût pas
entièrement réussi, mais satisfaite d'avoir fait fuir son
ennemi, conduisit le Roi à Paris le 5 février, et fut
reçue avec de grandes acclamations dans cette ville,
dont le duc d'Orléans croyoit quelques jours auparavant être l'unique maître. Son premier soin fut
d'aller au parlement, où elle remercia les magistrats
de la noble conduite qu'ils avoient tenue; elle déclara
qu'elle ôtoit le gouvernement de l'Ile de France au
duc d'Orléans, et qu'elle le donnoit au comte de Dammartin, ancien serviteur de son père. Elle dépouilla
en même temps du gouvernement du Dauphiné le
comte de Dunois, qui eut pour successeur le comte
de Bresse, prince de Savoie, beau-frère du sire de
Beaujeu. Tous les partisans connus du premier prince
du sang furent privés de leurs pensions.

  Après avoir terminé ces arrangemens, Madame se
rendit avec le Roi à Evreux, et fit investir Verneuil
où le duc d'Orléans s'étoit renfermé. Elle intercepta
soigneusement ses correspondances dans les provinces.
Elle ne craignit même pas, à l'exemple de Louis XI,
de faire fabriquer une lettre où l'écriture de ce prince
étoit parfaitement imitée, et par laquelle il étoit

supposé prier le duc de Bretagne de ne point lui envoyer de troupes. Cette ruse l'ayant empêché de recevoir les secours qu'il attendoit, il fut obligé de négocier : Madame lui dicta les dispositions d'une paix désavantageuse, et il alla trouver à Evreux le jeune Roi, qui, en présence de sa sœur, n'osa lui témoigner l'inclination qu'il avoit pour lui.

Au milieu de ces troubles, Madame avoit préparé à l'extérieur l'exécution des plus grands desseins. On a vu que le comte de Richemont, prétendant au trône d'Angleterre, s'étoit réfugié à la cour de France, après avoir pensé être livré à ses ennemis par Landois, favori du duc de Bretagne. Madame avoit résolu de perdre ce ministre, qu'elle savoit dévoué au duc d'Orléans, et de favoriser l'expédition que le comte de Richemont projettoit contre Richard III. Son but, dans cette double entreprise, étoit de brouiller irrévocablement l'Angleterre avec la Bretagne, de priver pour long-temps son rival des secours de François II, et de réaliser par la suite, sur l'héritage de ce dernier, les prétentions qu'avoit formées Louis XI. Conformément au traité conclu l'année précédente avec les seigneurs bretons, elle avoit ordonné à Lescun, comte de Comminges, sénéchal de Guyenne, de réunir les milices de cette province, et de les conduire en Bretagne, pour soutenir les ennemis du favori. En même temps elle avoit fourni des fonds au prétendant, et lui avoit permis de faire des levées en France. Ces deux projets étant fort avancés, elle fit avec le Roi une tournée en Normandie, pour veiller de plus près à leur exécution, et voulut que le duc d'Orléans fût du voyage.

.L'affaire de Bretagne éclata la première.: Lescun, s'étant réuni aux Bretons révoltés, rencontra l'armée du duc près d'Ancenis : il n'y eut point de combat, mais toute la Cour de François II, s'étant soulevée contre Landois, ce malheureux prince fut obligé de le livrer à ses ennemis, qui le firent pendre le 19 juillet 1485. Alors Lescun, et le prince d'Orange, qui l'avoit accompagné, succédèrent au crédit du favori, et l'employèrent d'abord dans les intérêts de Madame. Le 2 août suivant, le comte de Richemont partit d'Harfleur avec une flotte nombreuse ; il descendit le 7 dans le pays de Galle. Un parti considérable, révolté de la cruauté de Richard III, vint le joindre ; et le 22 du même mois, il gagna, contre son rival, la bataille de Bofwoth, triomphe qui le fit presque aussitôt déclarer roi d'Angleterre, sous le nom de Henri VII.

Madame paroissoit avoir complètement réussi dans les deux révolutions qu'elle avoit méditées en Angleterre et en Bretagne. Mais Henri VII ne devoit pas être long-temps reconnoissant de l'assistance qu'elle lui avoit prêtée ; et la Bretagne, quoique ayant changé de ministre, ne pouvoit manquer de reprendre bientôt le système qui lui étoit dicté par ses intérêts. Sans attendre le moment où ces nouvelles discordes devoient éclater, le duc d'Orléans, irrité de l'état d'humiliation dans lequel il se trouvoit, se servit de Philippe de Comines, ancien conseiller de Louis XI, mécontent du gouvernement présent, pour animer le connétable de Bourbon contre Madame : ce prince, quoique beau-frère de la princesse, entra dans les projets du duc, et ils résolurent de tenter un soulèvement. Ils essayèrent de s'emparer d'Orléans, chef-lieu de l'apanage du pre-

mier prince du sang : mais Madame, pendant son
séjour à Montargis, s'y étoit fait un parti considérable : les princes n'y furent pas reçus ; et le duc d'Orléans se replia sur Beaugency avec une petite armée.
Il y fut investi par Louis de La Trémouille, zélé partisan de Madame, et qui, très-jeune encore, sembloit
destiné à devenir l'un des plus grands capitaines de
son siècle. Obligé de négocier encore, par le découragement de ceux qui le suivoient, il fit comprendre
dans le traité le connétable de Bourbon, et obtint en
même temps qu'on accordât la paix au duc de Bretagne. Il ne put empêcher que le comte de Dunois,
qui lui étoit très-utile par son habileté dans les négociations, ne fût relégué en Dauphiné.

Cette pacification n'empêcha pas Madame d'entretenir le mécontentement des seigneurs bretons, le duc
de Bretagne de prendre les mesures qu'il croyoit nécessaires à sa conservation, et le duc d'Orléans de
nourrir des ressentimens aigris par tant de revers. Le
conseil crut un moment pouvoir calmer la fermentation des esprits, en prenant part à une expédition
lointaine. Plusieurs seigneurs napolitains, irrités contre
leur Roi, appelèrent, au commencement de 1486,
René, duc de Lorraine, comme ayant hérité des droits
de la maison d'Anjou. Quoique Madame se fût opposée, pendant les états de Tours, aux prétentions de ce
prince, elle ne balança pas à lui donner des secours,
ne doutant pas qu'il ne fût suivi de presque tous ceux
qui avoient fondé leurs espérances de fortune sur les
troubles de la France. Mais elle apprit bientôt que
René, avant de commencer son expédition, vouloit essayer de recouvrer la Provence, dont il prétendoit

14.   11

avoir été dépouillé injustement. Alors, ayant l'air de,
prendre au sérieux les projets gigantesques de Char-.
les VIII; elle défendit au prince Lorrain de songer à
une conquête que le Roi se réservoit. René étoit à
Lyon : il retourna très-irrité à Nancy, et embrassa
plus vivement que jamais le parti des mécontens. A la
même époque, François II, de concert avec le pre-.
mier prince du sang, conclut à Bruges un traité
avec Maximilien, par lequel les deux souverains se
liguoient contre Madame, et s'engageoient à ne point
poser les armes qu'elle ne fût éloignée des affaires.
Elle ne connut ce traité, qui avoit été tenu très-se-,
cret, que par une démarche des plus singulières que
fit Maximilien dans les premiers jours du mois de septembre 1486.

Fort mal instruit de la situation de la France, où
le parti du duc d'Orléans diminuoit tous les jours, il
fit partir un héraut, porteur d'une lettre adressée au
corps municipal de Paris, par laquelle, comme beau-
père du Roi, il menaçoit de déclarer la guerre, si l'on
ne dépouilloit pas sur-le-champ Madame de la régence, et si l'on ne convoquoit pas ensuite les Etats
pour la réforme du gouvernement. Cet ordre, dicté
par un prince étranger, ne pouvoit que révolter des
Français. La lettre ayant été lue à l'hôtel-de-ville,
les magistrats appuyèrent leur refus sur les motifs les
plus nobles, et envoyèrent à la Cour, qui étoit à Beau-,
vais, une députation chargée d'avertir Madame de ce
qui se passoit. Le conseil, assuré de la fidélité de la
capitale, répondit avec hauteur au héraut de Maximilien, qui avoit accompagné les députés, et lui rappela que jamais les Allemands n'avoient subjugué la

France, tandis que Charlemagne, empereur français,
avoit autrefois soumis l'Allemagne. Le jeune Roi, en-
thousiasmé des exploits de ce héros qu'il se proposoit
de prendre pour modèle, sembla partager l'indigna-
tion de sa sœur, quoiqu'il fût très-fatigué du joug
qu'elle lui imposoit (1).

Il paroît que la démarche de Maximilien n'avoit pas
été ignorée du connétable de Bourbon, qui figuroit
toujours au nombre des mécontens. Ce prince arriva
quelques jours après à Beauvais, accompagné du seigneur de Culant et de Philippe de Comines. Poussé
par eux, il blâma ouvertement la politique de Madame, et se plaignit de ce qu'elle avoit attiré sur la
France une guerre désastreuse. Sans vouloir entendre
à aucun accommodement, il quitta brusquement la
Cour, en déclarant qu'il alloit se mettre à la tête de
l'armée. Cette armée étoit commandée par les maréchaux de Querdes et de Gié, qui avoient rendu sous
Louis XI de grands services, et qui étoient entièrement
dévoués à sa fille. Ils réunirent leurs efforts pour calmer le connétable, et le déterminèrent à retourner
près de Madame qui venoit d'arriver à Compiègne
avec le Roi.

La princesse l'attendoit avec impatience, et ne né-
gligea rien pour le gagner. Elle fit valoir les liens qui
l'unissoient à lui, comme épouse de son frère, lui représenta que leurs intérêts étoient communs, et lui
fit les plus belles promesses. Il étoit difficile que le
connétable, déjà avancé en âge et ami du repos, ré-
sistât aux sollicitations d'une princesse aussi adroite. Il
consentit à ce qu'elle désiroit. Tous deux convinrent

(1) Histoire de Jaligny, secrétaire du sire de Beaujeu.

11.

qu'ils vivroient désormais en bons parens, et qu'ils se
prêteroient une mutuelle assistance. Le connétable,
pour prouver la sincérité de ses nouveaux engagemens, éloigna de lui le seigneur de Culant et Philippe
de Comines, qu'il accusa de l'avoir trompé par de
faux rapports. Dès ce moment leur perte fut décidée.

Maximilien, qui avoit compté sur une guerre civile
en France, attaqua sans succès les frontières de Picardie. Contenu par les maréchaux de Querdes et de Gié,
il manqua Guise, et ne put s'emparer que de Lens,
ville ouverte. N'ayant plus d'argent, il fut obligé de
licencier son armée.

Alors la Cour revint à Paris, où l'on fut bientôt
instruit que le duc de Bretagne étoit dangereusement
malade. Madame, réclamant au nom du Roi les droits
que Louis XI avoit fait valoir sur ce duché, et comptant sur le traité qu'elle avoit conclu avec les seigneurs bretons, conduisit aussitôt le Roi à Tours, afin
d'être plus à portée de lui procurer cette riche succession. A cette nouvelle, le comte de Dunois qui,
comme nous l'avons vu, avoit été relégué en Dauphiné, quitta secrètement le lieu de son exil, et vint
se jeter dans Parthenay, qui lui appartenoit. Son
projet étoit de soutenir contre toutes les forces du
royaume les droits de la princesse Anne, fille aînée du
duc de Bretagne. Il ne répondit aux menaces que lui
fit faire Madame, qu'en amassant des munitions dans
Parthenay, et en cherchant à s'y fortifier. Le duc d'Orléans, qui avoit les mêmes desseins, et qui étoit d'autant plus dévoué à la princesse qu'on vouloit dépouiller, qu'il espéroit obtenir sa main, après avoir fait
annuller son mariage avec la sœur de Madame, se

tenoit confiné dans Blois, et y attendoit le moment d'éclater. Sa conduite mystérieuse, son éloignement de la Cour, inspirèrent de justes soupçons. On le manda près du Roi, dans l'intention de l'arrêter; il refusa de s'y rendre, et se déclara ainsi de nouveau en révolte contre l'autorité royale.

[1487] Quoique la maladie du duc de Bretagne n'eût pas eu de suite, Madame retint le Roi dans le château du Plessis-lez-Tours, afin de surveiller les affaires de ce duché. Elle y reçut des ambassadeurs de François II, qui se plaignirent qu'on eût voulu disposer de la succession de ce prince avant sa mort. Ils eurent probablement des relations secrètes avec le duc d'Orléans qui, au milieu du mois de janvier, quitta furtivement Blois, se rendit à Château-Renault, et passa de là en Bretagne. Cette évasion, que Madame avoit prévue, et qu'elle avoit essayé d'empêcher en tenant des troupes sur les passages, la détermina enfin à prendre des mesures sévères contre les principaux partisans du prince. Elle fit arrêter le seigneur de Culant, Philippe de Comines, l'évêque du Puy, et Georges d'Amboise, qui, n'ayant pas quitté la Cour, instruisoient le duc d'Orléans de tout ce qui s'y passoit. Les évêques furent d'abord traités avec quelques égards. On enferma les laïcs dans des cages de fer. L'évêque d'Alby, frère de Georges d'Amboise, auroit été aussi arrêté dans son diocèse, s'il n'eût été averti à temps par un ecclésiastique de la Cour. Il se réfugia dans Avignon, où il sollicita, en faveur de son frère, l'intervention du pape Innocent VIII.

La présence du duc d'Orléans en Bretagne ranima les espérances des ennemis de Madame. Lescun et le

prince d'Orange qu'elle avoit placés auprès de François II, après la mort de Landois, dans l'espoir qu'ils
soutiendroient les intérêts du Roi, avoient changé de
parti, et non-seulement ils vouloient que la succession
du duché fut assurée à la princesse Anne, mais ils
étoient décidés à servir les projets ambitieux du premier prince du sang. On intercepta dans le même
temps les lettres de Lescun à René, duc de Lorraine,
et à Maximilien, par lesquelles il se flattoit de faire
soulever la Guyenne, où il avoit toujours la charge
de sénéchal, et d'être soutenu dans ce projet par le
comte d'Angoulême, qui étoit alors à Cognac. Cette
découverte inquiéta Madame, et lui fit prendre la résolution de conduire le Roi en Guyenne, espérant
que sa présence suffiroit pour maintenir dans le devoir ceux qui n'attendoient qu'un éclat pour en sortir.
Le jeune monarque avançoit en âge, et montroit
chaque jour davantage l'impatience d'être en tutelle.
Aucune précaution ne fut négligée par sa sœur pour le
maintenir dans la dépendance : « Audict voyage, dit
« Jaligny, estoit toujours avec le Roy madame de
« Beaujeu, sans aucunement l'abandonner, et avoit
« toujours le soin et la garde de sa personne, et ne se
« faisoit aucune chose que ce ne fust de son sçeu,
« vouloir et consentement. » Graville, élevé depuis
peu au rang d'amiral, avoit toute sa confiance, et
remplissoit les fonctions de principal ministre.

L'arrivée inattendue du monarque suffit, comme on
l'avoit prévu, pour soumettre la Guyenne. La séné-
chaussée de cette province fut ôtée à Lescun, et le
comte d'Angoulême, resserré dans Cognac, n'eut
d'autre ressource que de solliciter un pardon qu'il

obtint. Pour l'attacher irrévocablement à elle, Madame lui fit épouser Louise de Savoie, âgée de onze ans, et nièce, par sa mère, du sire de Beaujeu. De ce mariage, contracté dans de si tristes circonstances, devoit sortir François I, l'un de nos plus grands rois. Après avoir fait cette glorieuse expédition, dans la saison la plus rigoureuse, la Cour reprit la route de Bretagne, et mit le siége devant Parthenay; où, comme on l'a vu, le comte de Dunois s'étoit enfermé. Le Roi y entra le 8 mars, et Dunois se retira dans Nantes.

Au moment où l'on attaquoit la Bretagne, la guerre alloit recommencer sur les frontières de Picardie. Maximilien avoit réuni de nouveau une armée, et se préparoit à profiter d'une diversion qui devoit occuper la plus grande partie des forcés de la France. Madame lui opposa, comme l'année précédente, les maréchaux de Querdes et de Gié, habitués à le vaincre; et, suivant le systême de son père, elle crut lui nuire plus sûrement en faisant passer dans les Pays-Bas des émissaires, qui, à force d'argent, déterminèrent les habitans de Gand à se révolter contre lui. Alors elle tourna toute son attention du côté de la Bretagne. L'armée qu'elle avoit destinée à cette guerre parut être sous les ordres du connétable de Bourbon; que son grand âge privoit de l'activité nécessaire; mais elle étoit réellement commandée par Louis de La Trémouille, jeune guerrier déjà célèbre dont le dévouement à la princesse alloit jusqu'à l'enthousiasme.

Ce général ouvrit la campagne sous les auspices les plus favorables. Aidé par les Bretons, partisans de la France, il pénétra dans le cœur de la Bretagne, et s'empara de Vannes; que le duc d'Orléans

essaya vainement de défendre. Ce succès inattendu
détermina Madame à ordonner qu'on fît le siége de
Nantes, ville alors très-fortifiée, où le duc de Bretagne et sa famille s'étoient renfermés. Elle se croyoit
tellement sûre de prendre cette place, qu'elle la demanda au Roi pour récompense de ses services. Le
duc d'Orléans, qui s'y étoit jeté, résolut de la défendre jusqu'à la dernière extrémité.

Le duc de Bretagne, menacé des plus grands désastres, implora les secours du nouveau roi d'Angleterre, de Ferdinand, roi d'Espagne, et de Maximilien. Henri VII, malgré les obligations qu'il avoit
à Madame, ne pouvoit voir sans inquiétude l'asser-
vissement de la Bretagne, ancienne alliée de son
royaume. Il auroit voulu néanmoins éviter la guerre,
mais son parlement le poussoit à prendre part à cette
querelle. L'Espagne avoit d'anciens griefs contre la
France, mais Ferdinand et Isabelle se bornoient à
des promesses qui ne devoient avoir aucun résultat.
Toutes les espérances de François II se tournèrent
donc du côté de Maximilien, à qui le maréchal de
Querdes venoit d'enlever Saint-Omer et Térouenne.
Pour le déterminer à le secourir, il lui promit la main
de sa fille aînée, que le duc d'Orléans s'étoit flatté
d'épouser. Le roi des Romains, excité par cet espoir,
fit partir quinze cents hommes qui, sous la conduite
de Baudouin, bâtard de Bourgogne, arrivèrent par
mer à Saint-Malo, et entrèrent dans Nantes quelques
jours après.

Pendant que le duc flattoit Maximilien de l'espoir
d'épouser sa fille, Lescun, son principal ministre, et
madame de Laval, gouvernante de la princesse, la

promettoient au seigneur d'Albret, dont le fils avoit
épousé la reine de Navarre, Catherine de Foix. Ils
pensoient que c'étoit l'homme qui pouvoit être opposé
avec le plus d'avantage aux prétentions de Charles VIII, parce qu'ayant épousé en premières noces
une Penthièvre, il pourroit faire valoir les droits de
cette maison, sur lesquels s'appuyoit le roi de France.
En cela, ils n'avoient aucun égard aux inclinations
d'Anne de Bretagne, qui aimoit le duc d'Orléans, et
qui avoit la plus forte aversion pour d'Albret, homme
avancé en âge et père de sept enfans. Ce seigneur,
enivré de l'espoir de devenir l'héritier présomptif de
la Bretagne, s'empressa de répondre à l'appel de ses
partisans, et se mit en route bien accompagné; mais
Madame, instruite de ses desseins, avoit déjà fait parvenir ses ordres au duc de Candale, gouverneur de
Guyenne, qui, ayant levé à la hâte les milices de
cette province, poursuivit d'Albret, et l'arrêta dans
le château de Nantron, sur les confins de l'Angoumois
et du Limousin. Il promit de renoncer à ses desseins,
et Madame lui pardonna, quoique convaincue qu'il
étoit loin de les abandonner.

Elle venoit d'être obligée de lever le siége de Nantes,
dont la prise auroit terminé la guerre, et qui avoit
été défendu avec le plus grand courage par le duc
d'Orléans. Elle se dédommagea en forçant le seigneur
de Laval, qui avoit voulu rester neutre, à se déclarer
pour elle, et à lui livrer la ville de Vitré [2 septembre],
place importante, d'où l'armée royale pouvoit faire
des courses vers Rennes, vers Nantes et vers Dinan.
A la fin de la campagne, dans les premiers jours de
novembre, le Roi se trouvoit en possession de Clisson;

de la Guerche, d'Ancenis, de Châteaubriand, de Vitré, de Vannes, de Dol, de Saint-Aubin-du-Cormier,
de Châtillon, de Redon et de Ploermel. Madame
fit mettre des garnisons dans toutes ces villes, et conduisit le monarque en Normandie, pour surveiller de
plus près la conduite de Henri VII. Elle s'arrêta au
Pont-de-l'Arche, où la Cour s'établit pour quelques
jours.

François II avoit conservé Nantes et Rennes, mais
une grande partie de son duché étoit occupée par les
troupes françaises qui y exerçoient les plus horribles
ravages; et il n'espéroit plus aucun secours de Maximilien dont les sujets flamands s'étoient révoltés.
Dans cette perplexité, il chargea Lescun d'aller traiter
avec Madame. Ce négociateur s'étant mis en route,
passa par Ancenis, qui appartenoit au seigneur de
Rieux, l'un des signataires du traité de Montargis; il
lui peignit des plus vives couleurs les désastres de la
Bretagne, et le conjura de rentrer sous l'obéissance du
duc. Rieux ébranlé ne voulut pas se déclarer encore,
mais il chargea Dubois, l'un de ses gentilshommes,
d'accompagner Lescun et d'appuyer ses sollicitations.
Lorsqu'ils furent arrivés au Pont-de-l'Arche, Dubois,
s'acquittant de sa mission, représenta vivement, au
nom de son seigneur, l'injustice des prétentions du
Roi, et insista pour une suspension d'armes, pendant
qu'on négocioit. « Mon ami, lui répondit Madame
« avec aigreur, vous direz à mon cousin de Rieux, votre
« maître, que le Roi n'a point de compagnons, et qu'il
« doit continuer son entreprise puisqu'il l'a com-
« mencée. » Les négociateurs ne purent rien obtenir;
et le seigneur de Rieux, piqué du ton qu'avoit pris

Madame, résolut de quitter le parti de la France.

Après cette entrevue, où la princesse manqua de politique, elle ramena le Roi à Paris, le 20 décembre 1487. Pendant son absence, les amis de Georges d'Amboise, partisan le plus fidèle du duc d'Orléans, prélat aimé du Roi, et recommandable par ses vertus, avoient fait plusieurs démarches pour adoucir sa prison ; et son frère l'évêque d'Alby, qui s'étoit réfugié à Avignon, avoit supplié le pape Innocent VIII de revendiquer le jugement d'une affaire où deux évêques étoient impliqués. D'Amboise étoit enfermé dans la grosse tour de Corbeil, et traité, depuis quelque temps, avec beaucoup de rigueur : il y tomba malade ; et ses amis conjurèrent le parlement de permettre qu'il fût transporté à Paris sous bonne garde, afin d'y être soigné. Le parlement, après avoir pris les ordres de Madame, chargea deux célèbres médecins, René Hangrand et Michel de Creil, de visiter le malade, et il résulta de leur rapport que, s'il n'étoit pas tiré de la tour, il se trouveroit en danger de mort. Malgré ce rapport, ses amis ne purent obtenir qu'il vînt à Paris : le parlement décida seulement qu'il seroit mis dans une des chambres du château, *duement close, fermée, et treillissée de treillis de fer, en laquelle il seroit gardé par le capitaine ou son lieutenant, et où il pourroit être traité par les médecins* (1).

Les démarches que le Pape fit en sa faveur ne dévoient pas avoir, pour le moment, plus de succès. Il chargea ses deux nonces en France, Antonio de Florès et l'évêque de Tréguier, de le réclamer, ainsi que l'évêque du Puy, son compagnon d'infortune. L'ins-

(1) Arrêt du parlement de Paris, du 24 juillet 1487.

truction qu'il leur donna, et qui nous a été conservée, est un monument curieux, très-propre à faire connoître le ton que, vers la fin du quinzième siècle, les papes prenoient avec les rois.

« Sa Sainteté s'intéressant vivement au salut de Sa » Majesté le roi de France, et considérant combien il « est dangereux et criminel devant Dieu de mettre la « main sur ses ministres : attentat qui, suivant le té- « moignage des historiens, tant anciens que moder- « nes, a fait tomber sur plusieurs princes tout le poids « de la vengeance divine ; craignant ainsi que l'arres- « tation des évêques de Montauban et du Puy, s'ils « sont livrés à des juges laïcs, ne cause au Roi quel- « que grand malheur, dont le seigneur veuille le pré- « server ; n'ignorant pas que le Roi a écrit à Sa Sain- « teté qu'il auroit soin de faire connoître les motifs de « cette violence, ce que le grand nombre d'affaires « dont il est occupé, l'a probablement empêché de « faire jusqu'à ce jour.

« A ces causes, Sa Sainteté, tant pour remplir ses « devoirs de premier pasteur, que pour veiller au « salut du Roi très-chrétien et aux droits sacrés des « évêques, ordonne à ses nonces de requérir près du- « dit Roi, les personnes et les biens des évêques de « Montauban et du Puy, afin que lesdits évêques com- « paroissent devant elle, et qu'elle puisse, assistée du « collége des cardinaux, connoître de leur innocence, « ou de leur culpabilité (1). »

Madame accueillit avec respect la réclamation des nonces, mais ne leur donna aucune espérance : elle

(1) Recueil de Godefroy sur le règne de Charles VIII, p. 151 et 152.

montra au contraire qu'elle vouloit être implacable
envers le duc d'Orléans et ses partisans, en faisant
tenir, au mois de février 1488, un lit de justice où le
premier prince du sang, le duc de Bretagne et le comte
de Dunois, furent accusés de félonie par l'avocat général
Jean Le Maitre. Le connétable de Bourbon, le comte
de Nevers, et le comte d'Angoulême, quoique ayant
abandonné le parti rebelle, refusèrent de paroître à ce
lit de justice, qui révolta les personnes modérées,
parce qu'elles y virent, de la part de la princesse, un
acharnement trop grand contre un prince plein d'excellentes qualités, et qu'elle passoit pour avoir aimé.

Les intrigues qu'elle avoit ourdies dans les Pays-
Bas, avoient eu un plein succès. Maximilien étoit pour
long-temps hors d'état de donner aucun secours au duc
de Bretagne. Arrêté à Bruges par ses sujets révoltés, il y
éprouva une captivité de quatre mois, pendant laquelle
il fut exposé aux traitemens les plus ignominieux. Mais
la manière peu modérée dont Madame usa de ses avantages nuisit à ses affaires, et retarda l'exécution de
ses desseins. Le seigneur de Rieux, dont elle avoit con-
gédié l'envoyé avec des paroles piquantes, se déclara
contre elle, et entraîna dans sa défection, le seigneur
de Châteaubriand, ainsi que quelques autres seigneurs
bretons. D'Albret, ne comptant point sur le pardon
qu'il avoit obtenu l'année précédente, et conservant
toujours l'espoir d'épouser l'héritière de François II,
arma de nouveau, s'embarqua à Fontarabie, et vint
en Bretagne augmenter les forces des ennemis de la
France.

Ce parti, devenu plus fort, s'empara d'Ancenis et
de Châteaubriand; et le duc d'Orléans, qui comman-

doit l'armée bretonne sous les ordres de d'Albret, entra dans Vannes. Ces succès, obtenus par une puissance
que Madame croyoit entièrement abattue, la rappelèrent sur le théâtre de la guerre à la fin de février.
Elle établit le jeune Roi à Tours, et y apprit la mort
du connétable de Bourbon. Cette mort, qui rendoit
son époux héritier de propriétés considérables, augmenta son influence, et la délivra d'un prince dont
elle craignoit toujours la défection. Elle ne nomma
point de connétable; et Louis de La Trémouille fut
chargé seul du commandement de l'armée.

Il reprit, non sans difficulté, Châteaubriand et Ancenis, et fit éprouver à cette dernière ville un traitement rigoureux, parce qu'elle appartenoit au seigneur
de Rieux que Madame regardoit comme un traître.
Le duc d'Orléans et les seigneurs bretons entamèrent
alors des négociations pour avoir le temps de fortifier
leurs villes, et surtout Fougères, dont ils vouloient
faire leur place d'armes. Ils fondoient leurs espérances sur quelques secours qu'ils venoient d'obtenir
de Henri VII, forcé par son parlement à se déclarer
contre la France.

On négocioit encore, lorsque La Trémouille vint as-
siéger Fougères, foudroya les fortifications qui n'é-
toient pas encore achevées, et détourna la petite rivière
du Coësnon qui passoit dans la ville. Les assiégés ne
purent résister, et la place fut prise, avant que le
duc d'Orléans pût venir la secourir. Le désespoir s'empara de ce prince, et il résolut, quoique inférieur en
forces, de livrer bataille à l'armée royale.

Sa position étoit des plus terribles. On l'avoit averti
que d'Albret, irrité de ce qu'Anne de Bretagne le pré-

féroit à lui, avoit résolu de l'assassiner dans sa tente.
Cette monstrueuse accusation avoit divisé les seigneurs,
et le danger commun avoit pu seul empêcher qu'elle
n'eût les suites les plus funestes. D'un autre côté, on
avoit persuadé à d'Albret que le duc d'Orléans venoit
de faire son traité avec le Roi ; et le prince n'avoit
trouvé d'autre moyen d'écarter ce soupçon, que de
déclarer qu'il combattroit à pied, et se mettroit ainsi
dans l'impossibilité de passer à l'ennemi pendant le
combat. Il y a tout lieu de croire que ces bruits, évidemment faux, avoient été répandus par des émissaires
de Madame.

Ce fut au milieu de ces défiances que l'armée bretonne rencontra, le 28 juillet 1488, l'armée de La
Trémouille, près de Saint-Aubin-du-Cormier, ville
située à quelques lieues de Rennes (1). Avant le combat, le découragement s'étoit emparé des Bretons. Cependant le premier choc fut terrible. Le duc d'Orléans
et le prince d'Orange combattirent avec l'infanterie,
qui plia la première, et furent faits prisonniers. D'Albret, qui ne put rétablir le combat, parvint à s'échapper avec une partie de la cavalerie. La haine qui ani-
moit les deux partis rendit les vainqueurs cruels : ils
passèrent le reste de la journée à massacrer les vaincus, et le duc d'Orléans lui-même ne dut la vie qu'à
un homme d'armes qui, l'ayant pris en croupe, l'é-
loigna de cette scène de carnage.

Cet abus de la victoire paroît contraire au caractère
de La Trémouille, qui, si l'on en croit ses Mémoires,
étoit aussi humain que brave. La conduite que lui attribue un historien contemporain, dans la soirée de

(1) Saint-Aubin n'est plus qu'un village.

cette journée sanglante, est encore plus extraordinaire. Nous rapporterons cette anecdote, sans en garantir la vérité.

Lorsque la nuit fut venue, La Trémouille retint à
souper le duc d'Orléans, le prince d'Orange et les
officiers prisonniers. Le premier prince du sang eut la
place d'honneur, le prince d'Orange s'assit à côté de
lui, et le général se mit en face d'eux. Au moment où
l'on apporta le dessert, deux Franciscains furent intro-
duits par ordre de La Trémouille : aussitôt la terreur
s'empare des convives, persuadés que ces moines n'ont
été appelés que pour les préparer à la mort. Un silence morne règne dans l'assemblée, et La Trémouille
prend la parole. « Princes, dit-il, je n'ai aucun pouvoir
« sur vous, et quand j'en aurois, je ne voudrois pas
« en faire usage. C'est au Roi seul qu'il appartient de
« vous juger. Pour vous, officiers, qui, en donnant
« lieu à cette guerre, avez manqué à vos sermens, et
« violé la discipline militaire, vous allez payer de votre
« tête ce crime de lèse-majesté. Si vous voulez mettre
« ordre à votre conscience, ces moines sont là pour vous
« confesser. » A ces mots un cri de désolation se fait
entendre : les deux princes conjurent La Trémouille de
sauver des hommes qui n'ont été coupables que pour
les avoir servis; leur douleur est plus grande que s'ils
étoient eux-mêmes condamnés. La Trémouille est inflexible : les officiers sont mis à mort, et les princes
sont envoyés à Madame sous bonne escorte (1).

Les doutes qu'on pourroit élever sur la vérité de ce
récit sont fondés sur ce qu'il ne se trouve que dans

(1) Cette anecdote est tirée d'une histoire latine de Louis XII, qui se
trouve dans le recueil de Godefroy, pages 273 et 274.

l'histoire d'où nous l'avons tiré, et que l'historien ne nommé pas les officiers qui périrent dans cette occasion : d'un autre côté, les détails dans lesquels il entre, les circonstances qu'il rapporte, le caractère quelquefois très-emporté de Madame, et l'obéissance aveugle que lui avoit vouée La Trémouille, peuvent donner quelque vraisemblance à cette tradition, que nous regardons cependant comme fort incertaine.

Lorsque Madame eut les deux princes en son pouvoir, elle prit des mesures pour qu'ils ne pussent lui échapper. Elle fit enfermer le prince d'Orange dans le château d'Angers, et elle mit le duc d'Orléans dans la tour de Sablé, dont le gouverneur lui étoit dévoué, afin que le Roi lui-même ne pût le délivrer. A en croire Brantôme, le duc d'Orléans auroit encore pu adoucir le courroux d'une ennemie, dont les emportemens, selon lui, tenoient à une passion bien éloignée de la haine. Si l'on s'en rapporte à cette tradition, on reconnoît dans Madame tout l'acharnement dont peut être capable une femme offensée. Ce malheureux prince fût bientôt transporté au château de Lusignan, puis à la tour de Bourges, où il ne conserva de tous ses serviteurs qu'un médecin, et où il étoit enfermé la nuit dans une cage de fer.

La Trémouille victorieux voulut d'abord marcher sur Rennes, mais il crut plus utile de s'emparer de Saint-Malo, port de mer le plus important de la Bretagne. Il l'assiégea au mois d'août; et, quoique la place eût une bonne garnison et pût recevoir des secours de l'Angleterre, il la força bientôt à capituler. Cette suite de succès lui fit donner le nom de *grand capitaine ;* et porta la terreur dans le conseil du duc

14. 12

de Bretagne. Ce prince, ne croyant plus avoir aucune ressource, envoya au Roi des ambassadeurs pour le supplier de lui accorder la paix; dans ses lettres, il l'appelle *son souverain seigneur*, titre qu'il lui avoit jusqu'alors refusé. Charles VIII, qui avoit atteint l'âge de quinze ans, ne fut pas insensible à ces supplications du plus puissant de ses vassaux. Il voulut qu'on négociât, malgré les représentations de Madame qui pensoit qu'il seroit facile d'achever la conquête de la Bretagne. Le traité fut signé le 21 août, au Verger, château appartenant au maréchal de Gié, et situé entre Angers et La Flèche. Il portoit que François II congédieroit tous ses soldats étrangers, qu'il s'engageroit à n'en plus appeler, et que ses deux filles ne pourroient être mariées sans le consentement du Roi. Le duc mettoit en dépôt entre les mains du monarque, les villes de Saint-Malo, de Fougères, de Dinan et de Saint-Aubin; et, s'il n'exécutoit pas toutes les conditions du traité, ces villes devoient rester à perpétuité au pouvoir des Français. Par cette dernière clause, le traité n'étoit qu'une trève que Charles VIII pouvoit rompre à son gré, lorsqu'il voudroit profiter d'une occasion favorable pour achever d'accabler son vassal.

Le malheureux duc de Bretagne ne survécut pas à cette humiliation; il mourut de chagrin, quelques jours après, dans le château de Coiron. Par son testament, il nomma le seigneur de Rieux tuteur de ses filles, et les laissa sous la conduite de Charlotte de Dinan, comtesse de Laval, qui avoit été jusqu'alors leur gouvernante. Madame réclama pour le Roi le titre de tuteur des princesses, ne put l'obtenir, et alors elle regarda le dernier traité comme non-avenu. Cependant la saison étant avancée, et ses troupes occupant les principales forteresses de la Bretagne, elle remit la continuation des hostilités au printemps de l'année suivante, et revint à Paris avec le Roi.

Pendant cette campagne, le parlement de Paris avoit pris les mesures les plus rigoureuses contre les partisans du duc d'Orléans. Le comte de Dunois fut déclaré criminel de lèse-majesté, et la confiscation de ses biens fut ordonnée. On fit en même temps le procès à Philippe de Comines. L'arrêt par lequel il fut condamné porta que la quatrième partie de ses biens seroit confisquée au profit du Roi, et que, pendant dix ans, il seroit relégué dans une de ses terres.

Ces dispositions sévères redoublèrent l'intérêt qu'on prenoit au duc d'Orléans. Peu de temps après sa détention, le comte d'Angoulême qui, en abandonnant son parti, lui étoit demeuré fort attaché, envoya près de Madame un gentilhomme solliciter sa grâce. « Je « la suppliai humblement, dit ce gentilhomme, d'être « favorable à la délivrance de monseigneur : elle me « fit bonne chère, et me dit de très-belles et bonnes « paroles touchant la matière dont j'étois chargé ; « mais ce fut tout, car il n'y en eut nul effet (1). » La princesse ne se relâcha un peu de sa rigueur qu'à l'égard du prince d'Orange, à qui elle donna la ville de Riom pour prison.

Les prières de la malheureuse épouse du duc d'Orléans n'eurent pas plus de succès. On nous a conservé deux lettres de cette vertueuse princesse, par les-

---

(1) Histoire d'un gentilhomme du comte d'Angoulême, recueillie par Godefroy.

12.

quelles elle conjure sa sœur de rendre la liberté à un
époux dont elle connoissoit cependant tous les torts.
« Comme je pense incessamment, lui dit-elle, à la
« délivrance de monseigneur mon mari, je me suis
« avisée de mettre par écrit la forme par laquelle on
« pourroit avoir paix, et mondit mari délivré; et ré-
« cris au Roi, et le tout verrez. Je vous prie que teniez
« la main que les choses puissent venir en bon effet, et
« vous obligerez mondit mari et moi à vous à toujours;
« et sur ce, je vous dis adieu, ma sœur. » La duchesse
d'Orléans, craignant sans doute que cette sollicitation
ne soit pas assez pressante, ajoute en *post scriptum :*
« Ma sœur, je vous prie que teniez la main que j'aie
« en bref réponse. Votre bonne sœur, JEANNE DE
« FRANCE. » Dans l'autre lettre, elle craint d'insister sur
ce qu'elle désire si ardemment, et se borne à donner
à Madame des témoignages de tendresse : « Ma sœur,
« lui dit-elle, je me recommande bien fort à votre
« bonne souvenance, en laquelle je vous prie que je de-
« meure; et me faites ce plaisir de souvent me faire
« savoir de vos nouvelles. Il m'est bien arrivé en mal
« de ce que je ne vous vois plus. » Elle lui parle ensuite, à mots couverts, des torts de son époux, les
excuse, et la supplie de s'intéresser à lui.

La Cour, comme on l'a vu, étoit de retour à Paris
depuis le mois de janvier 1489. Madame y reçut une
ambassade du sultan Bajazet II, dont le résultat pouvoit avoir beaucoup d'influence sur les destinées de
l'Europe. Il s'agissoit d'une affaire qui avoit beaucoup
occupé Louis XI, et sur laquelle Madame avoit pris
un parti peu de temps après la victoire de Saint-Aubin. Il est nécessaire d'en rappeler ici l'origine.

Mahomet II, conquérant de Constantinople, avoit eu deux fils, Zizim et Bajazet, qui, à sa mort, se disputèrent l'Empire. Zizim, éloigné de la capitale, ne put empêcher que son frère ne fût reconnu. Ayant vainement tenté de faire valoir ses droits, il prit le singulier parti de se réfugier à Rhodes, chez les chevaliers de Saint Jean de Jérusalem, ennemis implacables des Musulmans. Le celèbre Pierre d'Aubusson, gentilhomme français, étoit alors grand-maître. Il accueillit avec empressement le prince turc ; et, connoissant l'importance d'un tel otage, il le fit garder avec soin. Bientôt Bajazet réclama son frère, et fit à l'ordre les plus belles promesses, s'il consentoit à le lui livrer. D'Aubusson rejeta hautement des propositions contraires à l'humanité et à la bonne politique. Mais il se trouva peu de temps après fort embarrassé par les prétentions et les intrigues auxquelles son prisonnier donna lieu.

Le Pape et le roi de Naples vouloient l'avoir en leur pouvoir, afin de prévenir l'invasion dont les Turcs menaçoient l'Italie ; les Vénitiens le demandoient, dans l'espoir d'intimider Bajazet, et de conserver par là leurs riches possessions dans la Grèce ; le Sultan, de son côté, menaçoit les chevaliers d'une guerre terrible, et prodiguoit les trésors pour séduire les gardiens de son rival. Le grand-maître ne trouva d'autre moyen de sortir de cette position difficile, que d'envoyer Zizim en France. Louis XI, enchanté que la destinée lui livrât un otage aussi précieux, promit à d'Aubusson tout ce qu'il voulut ; et le prince turc débarqua bientôt en Languedoc, d'où il fut transporté au château de Bocalamy dans le comté de La Marche, sous la garde des chevaliers de Rhodes. Il y étoit, depuis quelques années, étroitement renfermé, lorsque les nonces, qui avoient sollicité la délivrance des évêques de Montauban et du Puy, insistèrent plus vivement que jamais pour qu'il fût mis au pouvoir d'Innocent VIII. Ils menaçoient, si Madame s'y refusoit, d'accorder à d'Albret, les dispenses nécessaires pour épouser Anne de Bretagne, dont il étoit parent. Comme, depuis la captivité du duc d'Orléans, ce seigneur étoit devenu l'unique espoir des Bretons, la princesse craignoit l'effet de cette menace, qui auroit renversé tous ses desseins. Elle consentit donc, à la fin de 1488, à ce que Zizim fût conduit dans Avignon.

Il venoit d'y arriver, et il étoit encore possible qu'il ne fût pas transféré à Rome, lorsque les ambassadeurs de Bajazet parurent à la Cour. Ils conjurèrent Madame, au nom de leur maître, de revenir sur les arrangemens qu'elle avoit conclus avec le Pape, de faire enlever Zizim, et de le leur remettre. Non-seulement ils promettoient de donner à la France toutes les reliques qui étoient restées à Constantinople depuis la prise de cette ville, mais ils offroient de conquérir pour Charles VIII, le royaume de Jérusalem. Quelques membres du conseil penchoient pour accepter des propositions si brillantes. L'imagination du jeune Roi en étoit frappée; mais Madame, préférant un intérêt présent à des avantages éloignés et chimériques, persista dans sa première résolution, et le Pape, instruit de la tentative de Bajazet, se pressa de faire venir le prince turc à Rome, où il fut enfermé au château Saint-Ange.

Les nonces profitèrent de leur crédit pour solliciter de nouveau la mise en liberté de Georges d'Amboise et de l'évêque du Puy. Madame ne l'accorda qu'à regret, et dans la crainte que la cour de Rome, malgré ses promesses récentes, ne délivrât les dispenses dont d'Albret avoit besoin pour exécuter ses projets ambitieux. Elle savoit que d'Amboise étoit aimé du Roi; elle connoissoit son dévouement pour le duc d'Orléans, et elle étoit persuadée avec raison qu'il emploieroit tous ses efforts pour mettre fin à la captivité de ce prince. Elle ne brisa donc les chaînes des deux prélats qu'en les reléguant dans leurs diocèses.

Elle n'attendit pas le retour du printemps pour retourner sur les frontières de la Bretagne, où elle espéroit réussir par ses intrigues, plus que par la force des armes. Elle avoit envoyé ses meilleures troupes en Picardie, sous les ordres des maréchaux de Querdes et de Gié. Maximilien, délivré par l'Empereur son père de la prison où les habitans de Bruges l'avoient retenu quatre mois, venoit d'y rallumer la guerre; et les Français avoient été chassés de Saint-Omer. Les deux maréchaux rencontrèrent, au mois de février, l'armée flamande près de Béthune; ils livrèrent bataille, et, après avoir remporté une victoire complète, ils firent prisonniers le duc de Gueldres et le prince de Nassau, généraux de Maximilien. Cette victoire assura pour long-temps le repos de la Picardie. Le prince de Nassau entama des négociations; et Madame put porter toute son attention sur les affaires de Bretagne. Elle persista dans le plan qu'elle avoit d'abord adopté, et résolut de ne plus irriter ce peuple fougueux, en lui faisant éprouver les horreurs de la guerre, mais de le soumettre, en fomentant les divisions dont il étoit tourmenté depuis la mort de François II.

Le prince d'Orange, qu'elle tenoit prisonnier à Riom, lui parut très-propre à l'exécution de ce dessein : partisan sincère du duc d'Orléans, il étoit très-opposé aux prétentions de d'Albret, et sa présence en Bretagne ne pouvoit qu'augmenter la puissance du parti contraire à ce seigneur. Elle eut donc l'air de céder aux sollicitations de la princesse d'Orange, qui étoit sœur de son époux ; et le prince, mis en liberté par elle, partit aussitôt pour la Bretagne.

Les deux partis qui déchiroient ce malheureux pays étoient à peu près aussi forts l'un que l'autre. Dunois étoit devenu le principal ministre d'Anne de Bretagne, qui avoit pris le titre de duchesse ; et cette princesse, ainsi qu'Isabelle sa jeune sœur, avoient en lui la plus grande confiance. Leur Cour peu nombreuse erroit dans cette province dévastée, où elles ne possédoient qu'un petit nombre de places. Mais, quoique foible en apparence, ce parti se composoit d'une multitude de personnes qui, n'osant encore se déclarer, détestoient l'ambition de d'Albret, et ne pouvoient souffrir qu'il contraignît la princesse à l'épouser. Ce seigneur, soutenu par le maréchal de Rieux, qui passoit pour le plus habile général de la Bretagne, et à qui le feu duc avoit donné la tutelle de ses filles, possédoit la ville et le château de Nantes, et comptoit sur la ville de Rennes, qui sembloit encore garder la neutralité. Il avoit à sa suite un grand nombre de seigneurs, presque tous irrités en secret de son ambition, et disposés à l'abandonner au premier revers. Le projet de d'Albret et du maréchal de Rieux étoit de s'emparer des deux princesses par ruse ou par force : « Je crois bien, dit Jaligny, que s'ils eussent

« tenu les filles, qu'ils eussent fait bon gré ou mal-
« gré le mariage de mondit seigneur d'Albret avec
« icelle fille aînée : mais elle n'y vouloit pour rien du
« monde entendre. »

L'arrivée du prince d'Orange ranima les espérances
du parti d'Anne de Bretagne. Cette princesse, ayant
rassemblé une armée, s'avança vers Nantes, se tenant
en croupe sur le cheval de Dunois. Le maréchal de
Rieux, qui avoit d'abord évité la bataille, reparut bientôt avec une armée plus nombreuse, et la prise de la
princesse parut inévitable. Alors Dunois promit au
maréchal qu'elle se rendroit volontairement à Nantes,
et donna pour otage de cette promesse Jean de Louhans, chevalier plein d'honneur, et serviteur dévoué
du duc d'Orléans, dont il avoit été autrefois le capitaine des gardes. A peine Jean de Louhans eut-il appris qu'Anne de Bretagne étoit en sûreté, qu'il écrivit
à Dunois pour le dégager de sa parole, s'exposant ainsi
à toute la vengeance de d'Albret, pour empêcher qu'il
n'obtînt par violence la main de la princesse. Le silence de l'histoire sur les suites d'un dévouement si
noble, fait présumer que Jean de Louhans n'en fut
pas victime.

Cependant, le comte de Dunois et le prince d'Orange
conduisirent d'abord Anne de Bretagne à Vannes,
puis ils l'amenèrent à Redon, ville plus voisine de
Rennes. Ils entretenoient depuis long-temps des intelligences dans cette dernière ville fort attachée au sang
de ses ducs. Bientôt les magistrats de Rennes vinrent
trouver la duchesse, et lui offrir un asile : ils déclarèrent, au nom de leurs concitoyens, qu'ils détestoient
la conduite des Nantais, et lui protestèrent que, si elle

vouloit accepter leur offre, elle seroit entièrement libre
de disposer de sa main. Anne ne douta point de ces
sentimens de fidélité qui lui étoient exprimés par les
magistrats de sa capitale : elle partit pour Rennes où
elle fut reçue avec transport ; et aussitôt les habitans
s'imposèrent eux-mêmes une contribution pour subvenir à ses plus pressans besoins.

Cette noble conduite de la ville de Rennes auroit probablement déconcerté le parti contraire, s'il n'eût été
soutenu par Henri VII, qui venoit de faire passer des
troupes en Bretagne. Vainement la jeune duchesse lui
fit-elle représenter qu'elle étoit irrévocablement décidée à ne point donner sa main à d'Albret, et que, si
l'on vouloit l'y contraindre, elle aimeroit mieux prendre le voile, et s'ensevelir pour toujours dans un
cloître ; le roi d'Angleterre persista dans sa résolution,
jugeant bien que, si ce mariage ne s'accomplissoit pas,
la Bretagne seroit tôt ou tard réunie à la France.

Madame, qui habitoit avec le Roi, le Plessis-lez-
Tours, examinoit tranquillement ces sanglantes divisions : elle se bornoit à veiller à la défense des places que
le traité de l'année précédente avoit mises en son pouvoir ; et elle voyoit avec une sorte de satisfaction, les
Anglais achever de ruiner la Bretagne.

Mais pendant que Madame employoit toute sa politique pour empêcher d'Albret d'épouser Anne de
Bretagne, elle étoit loin de soupçonner qu'il se présentoit pour cette princesse un prétendant plus redoutable. Maximilien, avec lequel la France négocioit
depuis la bataille de Béthune, par l'entremise du
prince de Nassau, avoit des intelligences secrètes avec
la jeune duchesse qui, ayant perdu l'espoir d'épouser

le duc d'Orléans, consentoit à donner sa main à un prince qui pourroit la défendre. Madame, ignorant cette intrigue et instruite que Maximilien étoit sur le point de conclure avec les princes de l'Empire une ligue contre la France, ne refusa point de faire la paix. Il fut convenu que les villes et places fortes de la Bretagne, quelles qu'elles fussent, seroient rendues à la duchesse, et que les Anglais seroient renvoyés. On fit aussi mention, dans le traité, du duc d'Orléans, dont Maximilien ne voulut point paroître sacrifier les intérêts. Il fut décidé que Maximilien et Charles VIII auroient incessamment une entrevue : Charles devoit y déclarer pourquoi il tenoit enfermé le premier prince du sang; et si, après cette explication, Maximilien insistoit pour qu'il fût mis en liberté, il sortiroit de sa prison, à la condition néanmoins que son protecteur donneroit des garanties suffisantes de sa conduite future. On voit, par cet article du traité, que Madame étoit décidée à ne pas mettre fin à la captivité du duc d'Orléans, et que Maximilien ne prenoit à lui qu'un bien foible intérêt.

Ce traité entraîna des conférences avec les deux partis qui divisoient la Bretagne. La duchesse chargea Dunois de négocier sur les mêmes bases. D'Albret et de Rieux, toujours maîtres de Nantes, envoyèrent aussi des députés à la Cour, et élevèrent leurs prétentions très-haut. En même temps, Maximilien, glorieux d'avoir trompé une princesse aussi habile que Madame, fit partir pour la France trois seigneurs, sous le prétexte de veiller à l'exécution du traité. Après avoir rempli leur mission près du Roi, ils témoignèrent le désir de passer en Bretagne pour aplanir les difficultés qui s'opposoient encore à la paix générale. Madame, très-éloignée de soupçonner leurs desseins, les fit conduire honorablement à Rennes par deux hérauts; mais à peine y furent-ils arrivés, que l'un d'eux épousa la duchesse, au nom de son maître.

La cérémonie de ce mariage, conforme aux usages du temps, a paru très-extraordinaire aux historiens modernes : ils devoient seulement observer que le fondé de pouvoir de Maximilien n'oublia aucune des formalités qui pouvoient le rendre indissoluble. Après la messe nuptiale, la jeune princesse fut mise au lit par sa gouvernante, madame de Laval; alors on introduisit l'ambassadeur, qui, tenant à la main la procuration de son maître, plaça dans le lit sa jambe nue, et déclara le mariage consommé. Ainsi Maximilien, prince de peu de mérite, se trouvoit avoir épousé les deux plus belles et les deux plus riches héritières de l'Europe, Marie de Bourgogne et Anne de Bretagne. Mais il ne profita pas de ce dernier mariage comme du premier qui avoit préparé l'élévation de sa maison. Appelé par l'Empereur son père au fond de l'Allemagne, il ne vint pas voir celle qu'il nommoit son épouse ; et comme elle ne tira aucun avantage de ce lien, formé par la seule politique, il devint moins difficile par la suite de la décider à le rompre.

Ce mariage fut d'abord tenu très-secret : mais il paroît que Madame en fut instruite à l'époque de la mort d'Isabelle, sœur unique de la duchesse, qui arriva au commencement de 1490. Elle résolut de tout entreprendre, afin de dissoudre cette union qui pouvoit avoir pour la France les conséquences les plus funestes, et ne vit d'autre moyen de réussir que de faire épouser au Roi, qui étoit âgé de vingt ans, l'héritière de François II. Sa politique se tourna entièrement de ce côté, et elle fit de bonne foi des efforts pour pacifier la Bretagne. Elle commença par traiter avec d'Albret, qui étoit toujours maître de Nantes : en lui rendant ses terres confisquées, et en payant ses dettes, elle obtint de lui qu'il remettroit cette ville au Roi, et qu'il renonceroit à toutes ses prétentions. Elle gagna en même temps le maréchal de Rieux, qui rentra au service d'Anne de Bretagne. Le prince d'Orange et Dunois, voyant qu'il étoit impossible de compter sur Maximilien, et sur les secours de l'Angleterre, promirent d'appuyer ce grand projet, et parvinrent à y faire consentir madame de Laval, qui avoit beaucoup d'empire sur la duchesse, et qui, possédant en France des propriétés considérables, avoit intérêt à ce qu'on se rapprochât de cette puissance. Toute cette intrigue se tramoit à l'insu de la jeune princesse, qui se croyoit toujours unie indissolublement à Maximilien.

Cependant le prince d'Orange et le comte de Dunois, fidèles amis du duc d'Orléans, insistoient vivement pour qu'il fût mis en liberté, et n'obtenoient de Madame que de vaines promesses [1491]. L'épouse de ce malheureux prince crut pouvoir profiter de cette occasion pour faire une démarche qu'elle crut décisive. Oubliant tous les torts que le duc d'Orléans avoit eus avec elle, elle parut devant le Roi, son frère, en habits de deuil, se jeta à ses pieds et lui parla ainsi :

« Vous savez, mon frère, que, depuis plus de « quatre ans, mon époux traîne dans une prison une « vie plus affreuse que la mort : quand j'y pense, mon « cœur se brise, et je suis tellement troublée que je

« ne sais pas bien ce que je dois dire pour sa défense.
« Dois-je l'avouer coupable, ou soutenir qu'il est in-
« nocent? Il est accusé du crime de lèse-majesté, parce
« qu'il s'est retiré chez le duc de Bretagne, parce qu'il
« a pris les armes contre vous, parce qu'il a fait
« alliance avec vos ennemis, et parce qu'il a eu le
« projet de me répudier, moi, votre sœur, pour épou-
« ser la fille du duc de Bretagne. J'espère l'excuser
« sur tous ces points. Lorsqu'il a quitté la Cour, il
« croyoit sa sûreté compromise : réfléchissant au pou-
« voir absolu que ma sœur exerce sur toute la France,
« et ayant eu avec elle des démêlés très-vifs, il a cru
« ne pouvoir trouver d'asile qu'en Bretagne : il y au-
« roit attendu tranquillement la fin de la tempête, si
« vous l'eussiez permis. Il a fui, dites-vous, et il ne de-
« voit pas fuir. Sa fuite ne laisse aucun doute sur ses
« projets criminels : cependant, en se soumettant à sa
« disgrâce, il ne vous a pas offensé; et si l'on peut lui
« reprocher un tort, c'est de ne s'être pas abandonné
« à votre clémence. Mais on lui fait d'autres reproches :
« il a levé l'étendard contre vous, il a combattu vos
« troupes, et il a été pris les armes à la main. Il fut,
« vous le savez, entraîné dans ce soulèvement, plus
« par les circonstances que par sa volonté : les Bre-
« tons se trouvèrent engagés dans une lutte malheu-
« reuse, qui bientôt dégénéra en guerre ouverte: pou-
« voit-il les abandonner? Votre tendresse pour moi,
« mon frère, vous fait trouver plus grave le tort qu'il
« a eu de demander la main de la jeune duchesse. Je
« le connois assez pour être convaincue que ce n'étoit
« qu'une feinte. Il cherchoit à s'attacher les Bretons,
« en leur donnant cette espérance; et ce qui prouve

« qu'il n'a jamais eu l'intention de me répudier, c'est
« qu'il n'a point pressé la conclusion de ce mariage.
« Du reste, s'il a eu en cela quelque reproche à se
« faire, je suis la seule qu'il ait outragée. Daignez,
« mon frère, lui pardonner : laissez-vous vaincre par
« la clémence : jamais vous n'aurez une si heureuse
« occasion d'être généreux. Le duc vous devra d'être
« rendu à la vie, à la liberté et à son épouse. Il sacri-
« fiera pour vous des jours que vous aurez sauvés.
« Croyez-moi, vous acquerrez plus de gloire en ten-
« dant la main à un vaincu, que vous n'en avez acquis
« en triomphant de lui. Les haines entre parens sont
« souvent violentes, mais doivent-elles être éternelles ? »

Le Roi, n'ayant pas eu le temps de consulter Madame, fut vivement touché de la tendresse désintéressée de l'épouse du duc d'Orléans : il connoissoit
le sort qui lui étoit réservé, lorsque le prince seroit
libre. « Vous aurez, ma sœur, lui dit-il, en l'embras-
« sant, celui qui cause vos regrets : et veuille le ciel
« que vous ne vous repentiez pas un jour de ce que
« vous venez de faire pour lui (1). »

Madame suspendit encore l'effet des bonnes dispositions de Charles VIII pour le duc d'Orléans. Le
dépit qu'elle conservoit contre ce prince la fortifioit
dans l'idée que, s'il devoit obtenir sa liberté, ce ne
devoit être qu'après le mariage du Roi avec Anne de
Bretagne; mais cette opiniâtreté accéléra la chute de
son crédit. Le Roi supportoit depuis long-temps avec
peine le joug qu'elle lui imposoit. Gêné dans ses
goûts, dans ses plaisirs, ne jouissant pas même de la

(1) Cette scène touchante se trouve dans l'histoire latine de Louis XII,
recueillie par Godefroy, page 275.

liberté à laquelle il croyoit avoir droit, depuis qu'il étoit sorti de l'enfance, nourrissant dans son imagination des projets gigantesques, auxquels l'imperturbable sang-froid de sa sœur ne cessoit de mettre obstacle, il résolut de régner enfin par lui-même.

Deux jeunes seigneurs de sa Cour, Miolans, l'un de ses chambellans, et René de Cossé, son pannetier, l'encouragèrent dans ce dessein, et lui firent sentir que le premier acte d'indépendance qu'il devoit se permettre étoit de délivrer lui-même le duc d'Orléans, qui, touché d'un si grand bienfait, lui seroit à l'avenir entièrement dévoué. Ce complot contre l'autorité de Madame, fut tramé dans le plus grand secret. Un soir, le Roi, avec une suite peu nombreuse, partit du Plessis-lez-Tours sous le prétexte d'une partie de chasse. Ayant trouvé des relais, il poussa jusqu'à Montrichard, et arriva le lendemain au pont de Barangon. De là il envoya d'Aubigny tirer le duc d'Orléans de la tour de Bourges. Ce prince, pendant une captivité de quatre ans, avoit habité diverses prisons. Madame, craignant toujours qu'il ne fût enlevé, ne l'avoit laissé que peu de temps à Sablé, et l'avoit successivement fait transporter dans les châteaux de Lusignan, de Meun-sur-Yèvre et de Bourges. Enfermé la nuit dans une cage de fer, il n'avoit eu pour compagnie que Salomon de Bombelles, son médecin. Ce fut là que ce grand prince, se livrant à l'étude de l'histoire, mit à profit sa longue infortune. Il puisa dans l'expérience des temps passés ces nobles idées d'ordre et de bien public qu'on lui vit pratiquer lorsqu'il fut parvenu au trône (1).

(1) Histoire de Louis XII, par Saint-Gelais.

On peut se figurer la joie qu'il éprouva d'être en liberté, au moment où le peu de succès des sollicitations de son épouse lui avoit fait perdre toute espérance. Le Roi, qui avoit beaucoup d'inclination pour lui, le combla de bontés. « Il ne savoit quelle chere « lui faire, dit un contemporain, voulant bien donner « à connoistre à chacun que ce qu'il avoit fait étoit de « son propre mouvement et libre volonté (1). » Suivant l'usage du temps, les deux princes couchèrent ensemble, et parurent contracter, l'un pour l'autre, la plus tendre amitié. Le Roi confia à son nouvel ami son projet d'épouser Anne de Bretagne. Le duc, plein de reconnoissance pour son libérateur, lui sacrifia sa passion, et promit d'employer ses partisans bretons pour l'exécution de ce dessein.

Madame étoit trop habile pour ne pas voir que cette action hardie de Charles VIII mettoit fin à sa puissance. Elle parut céder de bonne grâce au coup qui la frappoit, bien convaincue que son frère apprécieroit un jour les services importans qu'elle lui avoit rendus. Le Roi lui-même s'empressa de la rassurer, sur la crainte d'une disgrâce entière, par une lettre qu'il lui écrivit le 21 juin de cette année. « Ma bonne sœur mamie, « lui dit-il, Louis de Peschin m'a informé que vous « avez sçu que aucunes choses m'ont été rapportées « contre vous ; à quoi je lui ai fait réponse que rien « ne m'en a été rapporté, et je vous assure que l'on « ne m'en oseroit parler, car en quelque façon que « ce soit, n'y voudrois adjouter foy, ainsi que j'espère « vous dire quand nous serons ensemble, vous disant

(1) Histoire d'un des gentilshommes du duc d'Angoulême.

14. 13

« adieu, ma bonne sœur mamie. » On voit dans quels termes Madame resta avec son frère.

Sa régence, qui dura près de huit ans, et dans laquelle on ne peut critiquer que les fautes auxquelles l'entraîna son dépit opiniâtre contre le duc d'Orléans, fut très-utile à la France. Elle réprima fort habilement les factions qui s'élevèrent après la mort de Louis XI, vainquit Maximilien dans plusieurs campagnes, donna un roi à l'Angleterre, et réduisit la Bretagne à ne pouvoir plus être qu'une province française. Son système avoit quelques rapports avec celui de son père, mais il. étoit plus mesuré, plus prudent et plus sûr. On ne la vit pas, comme lui, s'engager inconsidérément dans des dangers extrêmes, pour s'en tirer ensuite avec habileté. Elle se bornoit à employer les ressources de son esprit, à prévoir ceux qui pouvoient la menacer, et à les prévenir par toute sorte de moyens.

Le Roi, devenu l'unique maître, continua les négociations entamées en Bretagne par sa sœur. Il fallut alors instruire la duchesse qu'un nouvel époux prétendoit à sa main. Anne, élevée dès sa plus tendre enfance dans la haine de Charles VIII, rejeta cette proposition avec hauteur; elle soutint que son mariage avec Maximilien ne pouvoit être rompu, implora les secours de cet époux, qu'une révolte des Flamands empêchoit de rien faire pour elle, et annonça le projet de fuir en Angleterre. Le duc d'Orléans employa vainement l'ascendant qu'il avoit sur elle pour détruire ses préventions : elle parut inflexible.

Charles VIII, dont l'imagination étoit enflammée par les récits qu'on lui avoit faits des charmes de la princesse, résolut, à la manière des anciens preux, d'aller conquérir ses États, dans l'intention de la laisser ensuite libre de lui donner sa main si elle l'en jugeoit digne. Tout fut bientôt disposé pour cette expédition chevaleresque, et La Trémouille eut le principal commandement de l'armée. La duchesse s'enferma dans Rennes avec le prince d'Orange, le comte de Dunois et le maréchal de Rieux, qui ne désespéroient pas de la fléchir. Elle y fut bientôt assiégée, et la position où elle se trouvoit exaltant son noble caractère, elle se montra moins disposée que jamais à céder aux vœux du Roi.

On eut recours à un moyen qu'on crut décisif : dans un moment de trève, le jeune monarque entra dans Rennes, vit la duchesse, et chercha, mais en vain, à la disposer en sa faveur. Le siége traînant en longueur, et la famine menaçant les habitans, le comte de Dunois ne dissimula point qu'il faudroit bientôt capituler. La princesse fit alors déclarer au Roi qu'elle vouloit être libre, et lui demanda la permission de se retirer où elle jugeroit à propos. La générosité du monarque ne lui permit pas de balancer sur la conduite qu'il devoit tenir dans cette circonstance délicate. Anne obtint un sauf-conduit, et sortit de Rennes avec ses ministres. Charles trembloit qu'elle ne persistât dans le projet de passer en Angleterre. Elle prit une autre route, et se rendit à Langeais en Touraine, d'où elle fit dire au Roi qu'elle consentoit à lui donner sa main.

Le jeune prince, au comble de ses vœux, vola près de la duchesse, accompagné de l'évêque d'Alby, frère de d'Amboise, et de Dubouchage, chargés par lui

13.

de faire le contrat. Il se présentoit de grandes difficultés, parce que Charles avoit été fiancé dès son enfance à Marguerite, fille de Maximilien, et qu'Anne de
Bretagne avoit épousé ce dernier par procureur. L'empressement du monarque, la nécessité des affaires,
l'avantage qui résultoit pour la France d'une telle
union, la crainte qu'elle ne fût rompue, si on la dif-
féroit, aplanirent tous les obstacles; et l'évêque
d'Alby célébra le mariage le 6 décembre 1491. Il fut
stipulé dans le contrat, que, si Charles VIII mouroit
sans enfans, la Reine épouseroit son successeur au
cas qu'il fût libre, et à son défaut le premier prince
du sang, afin que la Bretagne ne passât point aux
étrangers. Le comte de Dunois, qui avoit beaucoup
contribué à déterminer Anne de Bretagne, mourut
subitement quelques jours après ce mariage. Il auroit
fait une grande fortune par la faveur dont il commençoit à jouir auprès des deux époux.

Charles s'empressa de montrer la nouvelle Reine
aux Parisiens. La riche dot qu'elle apportoit, ses
charmes, ses malheurs, lui concilièrent dès-lors l'a-
mour des Français. Dans les premiers jours de 1492,
son époux la fit couronner à Saint-Denis; elle y parut
dans tout l'éclat de sa beauté, coiffée en cheveux,
et vêtue de satin blanc. « Ce fut, dit un témoin ocu-
« laire de cette cérémonie, une chose d'une merveil-
« leuse sollemnité. Il la faisoit beau voir, car elle étoit
« belle et jeune, et pleine de si bonne grâce que l'on
« prenoit plaisir à la regarder. » Madame de Beaujeu,
à la tête des duchesses, fit partie du cortège de cette
princesse, qu'elle avoit autrefois tant persécutée.

Tout annonça d'abord la prospérité d'un mariage

contracté en apparence sous d'aussi heureux auspices.
La Reine devint grosse, et mit au monde, avant la fin
de l'année; un fils qui fut nommé Charles Orland, et
qui eut pour parrain saint François de Paule, ce célèbre Calabrois que Louis-XI avoit appelé dans ses
derniers momens. En plaçant un enfant si précieux
sous la protection particulière de la Divinité, on avoit
conçu des espérances que l'avenir ne justifia pas.

Le Roi, en ôtant l'autorité à madame de Beaujeu,
avoit entièrement changé le conseil formé par cette
princesse. Le chancelier Guillaume de Rochefort étant
mort, Adam Fumé étoit devenu garde des sceaux. L'a-
miral de Graville et François de Bourbon, comte de
Vendôme, n'avoient pas été éloignés : mais l'habileté
du premier et la loyauté du second ne leur donnoient
que très-peu d'influence. Tout le crédit appartenoit à
deux hommes qui avoient obtenu la faveur du Roi,
en le flattant dans ses projets de conquête. Guillaume
Briçonnet, autrefois général des finances en Languedoc, avoit été recommandé par Louis-XI à son fils,
et s'étoit montré opposé au ministère précédent. Devenu veuf, il avoit embrassé l'état ecclésiastique, et
avoit été nommé deux ans auparavant évêque de Saint-
Malo. Son caractère entreprenant, vif et hardi, avoit
plu à Charles VIII, qui lui accordoit une confiance
entière. *Soli Briconnetto*, dit Paul Jove, *ad interio-
rem regis amicitiam aditus patebat.* L'autre favori
étoit Etienne de Vesc, qui avoit été auparavant valet
de chambre du Roi. Il avoit amusé les loisirs du monarque pendant la longue régence de madame de
Beaujeu, et venoit d'être élevé par lui à la charge de
sénéchal de Beaucaire.

Livré à ces nouveaux conseillers, Charles VIII songea sérieusement · à entreprendre les conquêtes qui
avoient été l'objet des rêves de son enfance. Il vouloit porter la gloire de ses armes plus loin que Charlemagne, et surpasser la réputation de ce grand monarque qu'il avoit pris pour modèle. André Paléologue,
neveu et unique héritier du dernier Empereur grec,
lui ayant cédé ses droits, il crut possible de rétablir
en Orient cet empire français, fondé par Baudouin,
comte de Flandre, et dont l'existence momentanée
avoit été si funeste aux vainqueurs et aux vaincus.
Son projet étoit de s'emparer d'abord du royaume de
Naples, afin de s'assurer une retraite en cas de revers.

On a vu qu'au commencement de 1486, plusieurs
seigneurs napolitains, irrités contre leur roi Ferdinand, avoient appelé René, duc de Lorraine, comme
héritier de la maison d'Anjou, et que l'entreprise de
ce prince avoit été arrêtée par madame de Beaujeu, qui,
regardant alors les projets de Charles VIII comme
des chimères, n'en avoit pas moins pris pour prétexte
que le Roi se réservoit cette conquête.

Ferdinand, bâtard d'Alphonse, roi d'Arragon, régnoit à Naples depuis vingt-quatre ans. Il avoit d'abord
montré des talens pour l'administration, et avoit augmenté les richesses de son royaume, en favorisant le
commerce et l'industrie : mais ses cruautés et ses dé-
bauches le rendirent odieux, et le parti de la maison
d'Anjou, devenu très-nombreux, résolut de le renverser. L'entreprise de René ayant échoué, ce parti
fut obligé de traiter avec Ferdinand, qui parut oublier
le passé, accorda la paix aux seigneurs révoltés, et
leur donna une fête dans son palais [13 août 1486].·

C'étoit un piége horrible qu'il leur avoit tendu. Au moment où les seigneurs se livroient sans défiance à la joie d'une réconciliation qui paroissoit sincère, ils furent arrêtés et mis aux fers. Quelques-uns périrent sous le bâton comme de vils esclaves, d'autres furent livrés aux plus cruels supplices, et un petit nombre n'échappa que par hasard.

Cette trahison, qui montra que Ferdinand ne vouloit plus régner que par la crainte, exaspéra les partisans de la maison d'Anjou. Errans et fugitifs dans l'Italie, ils appeloient de tous côtés des vengeurs. Leurs vues se portoient sur René, duc de Lorraine, qui n'avoit pu les secourir, sur Ferdinand-le-Catholique, roi d'Espagne et de Sicile, et sur Charles VIII; qui étoit encore sous la tutelle de madame de Beaujeu? Tous trois avoient des droits au royaume de Naples, et les deux derniers étoient assez puissans pour enlever le trône à Ferdinand.

Ce fut dans ces dispositions, qu'Antoine, prince de Salerne, chef de la maison de San-Severin, attachée très-anciennement à la France, fit un voyage à Venise en 1489. Il exposa au sénat les plaintes et les projets des Napolitains. Ce corps illustre, qui veilloit à la tranquillité et à l'indépendance de l'Italie, vit avec regret que les étrangers alloient être appelés dans ce pays : mais, jugeant avec beaucoup de sagacité que le roi de Naples ne pourroit se maintenir, ne se figurant pas que Charles VIII secoueroit bientôt le joug de sa sœur, et préférant des chances éloignées à un danger présent, il fit répondre au prince de Salerne qu'il ne falloit pas compter sur le duc de Lorraine, dont le rôle étoit fini, et qui n'avoit pas assez de puissance ; que le roi

d'Espagne en avoit trop, et qu'il deviendroit le maître
de l'Italie s'il réunissoit la couronne de Naples à celle
de Sicile; qu'enfin le roi de France, borné en Italie au
royaume de Naples, surveillé d'un côté par le Pape
son suzerain, de l'autre par le roi d'Espagne son rival,
seroit moins à craindre, en même temps qu'il seroit
plus agréable au parti de la maison d'Anjou. Cette
décision du sénat de Venise, dont il étoit loin de croire
l'exécution si prochaine, tourna toutes les vues des
ennemis de Ferdinand du côté de la France : tant que
madame de Beaujeu gouverna, on ne leur donna que
de vaines promesses : aussitôt que le jeune Roi fut le
maître, on traita sérieusement avec eux; mais il falloit
aplanir de grands obstacles avant de s'occuper de
cette conquête éloignée.

Charles VIII étoit loin d'être en paix avec ses voisins. Henri VII n'avoit pas vu sans peine la réunion
de la Bretagne à la France; quoique peu entreprenant,
il pouvoit entretenir la fermentation qui continuoit de
régner dans cette province, et y exciter de nouveaux
troubles. Les ministres du roi de France cherchèrent à
l'occuper de sa propre sûreté, en favorisant Perkin,
jeune aventurier qui se faisoit passer pour le duc d'York,
l'un des fils d'Edouard IV. Il fut attiré à la Cour où l'on
parut ajouter foi à ses récits fabuleux; et, comblé de
bienfaits, il alla en Normandie, d'où le roi d'Angleterre
actuel, n'étant encore que comte de Richemont, étoit
parti quelques années auparavant pour renverser Richard III. Henri VII, sentant la nécessité de détourner promptement cet orage, vint à Calais avec une
armée : l'intention de Charles VIII n'étoit pas de lui
faire la guerre, mais d'obtenir de lui une paix solide,

afin de pouvoir exécuter ensuite ses grands projets. Les négociations furent bientôt entamées, et les deux Rois conclurent à Etaples un traité, dans lequel la France fit de grands sacrifices [décembre 1492]. Il fut stipulé que toutes les dettes contractées par la Bretagne pour les secours que l'Angleterre lui avoit fournis dans la dernière guerre, seroient acquittées; et que Charles VIII continueroit de payer à Henri VII la pension que Louis XI avoit autrefois faite à Edouard IV.

Il étoit surtout important pour Charles VIII d'être en paix avec le roi d'Espagne, qui, possédant la Sicile, pouvoit mettre les plus grands obstacles à la conquête du royaume de Naples. Ferdinand et Isabelle, persuadés que cette entreprise n'auroit que des résultats funestes pour la France, se prêtèrent volontiers aux avances qui leur furent faites, et profitèrent de cette occasion pour recouvrer une province qui avoit été autrefois engagée à Louis XI. Le jeune Roi, pressé de conclure, accueillit sans examen leurs prétentions, et leur rendit le Roussillon, sans exiger même la somme qui avoit été stipulée si ce pays rentroit sous la domination de l'Espagne. Tel fut le traité de Barcelone, signé le 19 janvier 1493, et contre lequel les consuls de Perpignan, très-attachés à la France, réclamèrent en vain, par une lettre adressée à madame de Beaujeu qu'ils croyoient encore puissante.

Maximilien étoit l'ennemi dont Charles VIII avoit le plus à redouter la vengeance, parce qu'il l'avoit doublement outragé. En se mariant avec Anne de Bretagne, non-seulement il lui avoit enlevé une épouse avec laquelle il croyoit avoir contracté des liens indissolubles, mais il avoit en quelque sorte répudié sa fille

Margüerite, envoyée en France dix ans auparavant, et qu'on avoit jusqu'alors traitée en reine. Maximilien sacrifia ces motifs de haine à la politique : espérant que Charles VIII, occupé des guerres d'Italie, ne fomenteroit plus la révolte parmi ses sujets flamands, voulant recouvrér l'Artois et la Franche-Comté qui avoient été donnés en dot à Marguerite, il se prêta volontiers aux propositions avantageuses qui, lui furent faites de la part de Charles VIII. Par le traité de Senlis [23 mai 1493], il rentra en possession de ces deux provinces : sa fille lui fut renvoyée, et elle attesta, par une déclaration du 12 juin, qu'elle avoit été bien traitée en France. La destinée de cette princesse, célèbre par ses grâces et par son esprit, fut très-singulière : elle épousa successivement un infant d'Espagne et un prince de Savoie, et joua ensuite un grand rôle en Flandre, sous le règne de Charles-Quint [1].

Ainsi Charles VIII, sacrifiant tout à ses projets de conquête, avoit considérablement diminué les ressources de la France, soit en prodiguant l'argent pour obtenir la paix avec l'Angleterre, soit en abandonnant des provinces importantes au roi d'Espagne ét à Maximilien. Lorsqu'il crut ne plus avoir rien à redouter de ses voisins, il fit ses préparatifs pour passer en Italie.

Le bruit de ses desseins avoit excité beaucoup de fermentation dans ce pays, qui, après une très-longue paix, alloit éprouver une secousse terrible, et de grandes révolutions. Il est nécessaire d'en représenter la situation, et de développer les divers intérêts des princes qui le gouvernoient.

[1] *Voyez* Précis de l'histoire de la Maison de Bourgogne, servant d'Introduction aux Mémoires de La Marche, tome IX, page 83.

Jamais, dit Guichardin, l'Italie n'avoit été si heureuse et si florissante : soumise à des princes qu'elle avoit vu naître, indépendante de toute influence étrangère, jouissant de la tranquillité intérieure, elle avoit porté les lettres, les sciences, les arts et l'industrie à la plus haute perfection. Enrichie par l'agriculture et le commerce, elle offroit les cours les plus brillantes, les villes les plus somptueuses ; et les plaisirs, résultats nécessaires d'une longue prospérité, étoient arrivés à un degré de délicatesse et de recherche inconnu au reste de l'Europe. Mais dans ce tableau séduisant que trace avec complaisance l'historien italien, on remarque les signes d'une prochaine décadence. Tous les vices de la molesse, la perfidie, la lâcheté, la corruption des mœurs, s'unissoient aux qualités aimables des Italiens du quinzième siècle ; et cet état de bonheur ne tenoit qu'à l'existence de deux hommes, dont la perte devoit attirer sur leur pays les plus terribles fléaux.

A la tête de l'union des princes qui gouvernoient l'Italie, se trouvoient le pape Innocent VIII et Laurent de Médicis. Le premier, pontife plein de sagesse et de modération, le second, simple citoyen de Florence, mais ayant obtenu par ses bienfaits l'autorité d'un souverain, tenoient la balance entre les diverses ambitions, et rien ne pouvoit se faire sans leur médiation ou leur consentement. Ils moururent tous deux presque en même temps en 1492, et furent remplacés par d'indignes successeurs. Alexandre VI devint pape, et Pierre de Médicis hérita des richesses, mais non de la considération de son père.

Les princes d'Italie, jusque-là très-unis, se partagèrent alors en deux factions, l'une favorable à la France, et l'autre décidée à.s'opposer. à toute espèce d'invasion.

Ludovic Sforce., tuteur du jeune duc.de Milan Jean Gáléas, entraîné par la plus criminelle ambition, se mit à la tête de la première. Ce prince, frère du. dernier duc, assassiné en 1476, avoit aspiré à la régence ; mais elle avoit été déférée à Bonne-.de Savoïe, duchesse douairière, et au chancelier Cecco Simonetta. Les menées de Ludovic l'ayant fait exiler, il avoit conservé dans le Milanais un parti puissant. La conduite imprudente de la duchesse qui, encore jeune, passoit pour fort galante, et qu'on accusoit d'avoir une intrigue avec Antoine Thesino, l'un de ses domestiques, irrita contre elle le peuple de la capitale. Ludovic profita de ce mécontentement pour s'introduire dans Milan, et pour s'emparer du château qu'on regardoit comme une des plus fortes places de l'Europe. Il fallut alors que Bonne et le chancelier partageassent avec lui la régence. Pendant cette union passagère de deux partis qui avoient l'un pour l'autre une haine mortelle, Isabelle, petite-fille de Ferdinand, roi de Naples, fut demandée en mariage pour le jeune duc. Cette princesse, d'une grande beauté, eut le malheur, lorsqu'elle fut arrivée à Milan, de plaire à Ludovic, qui voulut en vain l'enlever à son neveu, et qui conçut dès-lors le dessein de perdre les deux. époux. Il commença d'abord par susciter une affaire au chancelier, entièrement dévoué au jeune duc; et il le fit décapiter en 1480. Quatre ans après, ayant feint de découvrir une conjuration tendante à remettre toute l'autorité entre les mains de la duchesse douairière, il la fit arrêter, confina le jeune duc et son épouse dans le château de Pavie, s'empara du pouvoir, et résolut d'usurper la couronne ducale.

Il ne pouvoit exécuter ce projet, sans avoir une guerre avec le roi de Naples, dont le fils Alphonse, père de l'infortunée Isabelle, passoit pour un des capitaines les plus redoutables de l'Italie. Laurent de Médicis et le pape Innocent VIII parvinrent, tant qu'ils vécurent, à contenir son ambition : aussitôt qu'ils furent morts, l'union qu'ils avoient maintenue avec tant de soin fût entièrement rompue. Ludovic se lia étroitement avec Alexandre VI, qui, voulant procurer à ses fils des principautés, cherchoit à entamer le royaume de Naples; et les Vénitiens qui, pour leur commerce, désiroient avoir quelques places maritimes de ce royaume, ne s'opposèrent pas à ses desseins.

D'un autre côté le roi de Naples, irrité du traitement qu'éprouvoit Isabelle, et redoutant l'ambition du Pape, contracta une alliance intime avec Pierre de Médicis qui paroissoit disposer de toutes les forces des Florentins, mais contre lequel s'élevoit une faction redoutable dirigée par le fameux dominicain Jérôme Savanarole.

Ces deux ligues, qui partageoient l'Italie, étant à peu près d'égale force, la lutte pouvoit être douteuse; et Ludovic n'étoit pas encore sûr de pouvoir exécuter sans danger les sinistres projets qu'il avoit formés contre son neveu. Il pensa donc que, pour consommer un si grand attentat, et pour assurer le succès de son usurpation, il avoit besoin d'un bouleversement général. Ce fut alors qu'il accueillit avec faveur les Napolitains mécontens, qu'il leur promit son appui et celui

du Pape, et que, de concert avec eux, il envoya près
de Charles VIII une ambassade solennelle pour lui
offrir la couronne de Naples. En même temps il s'assura de Maximilien, devenu libre par le mariage
d'Anne de Bretagne avec le roi de France : il lui
donna avec une riche dot, Blanche-Marie, sœur du
jeune duc qu'il tenoit en prison, et obtint de lui la
promesse de l'investiture du duché de Milan.

Le prince de Salerne, l'un des principaux seigneurs
napolitains qui avoient résolu la perte de leur Roi,
précéda de quelques mois à Paris l'ambassade de Ludovic, et disposa Charles VIII à lui faire un accueil
favorable. Cette ambassade, composée du comte de
Cajazzo, fils aîné de Robert de San-Severin, de Charles
de Balbiano, comte de Beljoyoso, et de Galéas Visconti,
eut d'abord des conférences secrètes avec les ministres, puis elle fut admise devant le Roi, entouré de
son conseil, de plusieurs prélats, et d'un grand nombre
de seigneurs.

Balbiano, qui porta la parole, représenta au jeune
monarque (1) qu'aucune puissance d'Italie ne s'oppo-
seroit à son passage; que les Vénitiens ne voudroient
pas rompre l'alliance qu'ils entretenoient depuis long-
temps avec la maison royale de France, pour maintenir Ferdinand, leur plus grand ennemi; que Pierre
de Médicis se garderoit bien de s'écarter du respect
que sa famille avoit toujours témoigné à cette illustre
maison, et que, s'il osoit tenir une autre conduite, sa
témérité seroit facilement réprimée; qu'Alexandre VI
favoriseroit cette expédition par ses armes spirituelles
et temporelles, et que Ferdinand, ayant à lutter

(1) Guichardin, liv. 1er, pag. 28 et suiv.

contre une si grande puissance, se trouveroit hors d'état de lui résister. Ensuite Balbiano, qui connoissoit l'imagination vive et ardente de Charles VIII, lui présenta les images les plus propres à l'exalter.

« Ainsi, grand Roi, lui dit-il, vous recouvrerez un
« royaume auquel votre sang vous donne des droits;
« un royaume qui, je le sais, ne peut être comparé à
« la France, mais qui vous offrira d'immenses res-
« sources. J'en ferois le détail, si je ne savois que la
« générosité française se propose un plus noble but,
« et que Votre Majesté, dans ses hautes pensées, ne
« songe point à son intérêt particulier, mais à la pros-
« périté de la république chrétienne. Une occasion
« plus heureuse se présentera-t-elle jamais ? Et quelle
« situation plus favorable que celle du royaume de
« Naples pour faire la guerre aux ennemis de notre
« religion ? la mer qui le sépare de la Grèce n'a que
« soixante-dix milles. Ce malheureux peuple, opprimé
« par les Turcs, brûle de voir sur ses bords les ban-
« nières françaises. Il se levera tout entier lorsque
« vous paroîtrez ; et combien alors ne vous sera-t-il
« pas facile de frapper Constantinople, siége de cet
« empire. Quel monarque, grand Roi, est plus digne
« que vous de tenter cette sainte entreprise ? Vous y
« êtes appelé par la puissance formidable que Dieu
« vous a donnée, par le nom de Très-Chrétien que
« vous portez, par l'exemple de vos illustres ancêtres,
« qu'on vit tant de fois sortir de leurs Etats, soit pour
« délivrer l'Eglise de Rome, asservie par des tyrans,
« soit pour combattre les Infidèles, soit pour recouvrer
« le tombeau de Jésus-Christ : exploits héroïques,
« qui ont élevé jusqu'aux cieux la majesté des rois de

« France. C'est par de telles actions, dirigées vers un
« semblable but, que Charlemagne est devenu em-
« pereur de Rome; vous portez son nom, il s'agit d'ac-
« quérir sa gloire. »

Ce discours produisit, sur un roi âgé de vingt-
deux ans, l'effet que les ambassadeurs avoient attendu.
Cependant il s'éleva de grandes discussions dans le
conseil. Graville et ceux qui avoient été attachés à
Louis XI et à madame de Beaujeu, s'opposèrent de
toutes leurs forces à ce qu'on tentât une entreprise
aussi périlleuse. Ils rappelèrent que le feu Roi avoit eu la
prudence de rejeter les séduisantes propositions qui lui
avoient été faites par les Génois et les Napolitains, et
insistèrent pour qu'on suivît cet exemple. Mais Briçonnet et le sénéchal de Beaucaire, qui avoient toute
la confiance du Roi, et qui savoient que son génie étoit
entièrement opposé à celui Louis XI, traitèrent ces
craintes d'exagérées, développèrent toutes les chances
heureuses d'une si brillante expédition, et conjurèrent
le monarque d'entrer dans la carrière glorieuse qui
lui étoit ouverte. Un traité fut fait avec Ludovic, qui
promit des secours d'hommes et d'argent.

Cette résolution, dont les suites furent loin de répondre aux espérances qu'on avoit conçues, a excité
l'humeur chagrine de presque tous les historiens modernes; mais, sans se rendre, comme la plupart des contemporains, l'apologiste des illusions romanesques de
Charles VIII, ne doit-on pas observer que la France, à
peine affranchie de la tyrannie de Louis XI, et remplie
de factions, avoit besoin d'un grand mouvement qui,
en portant l'enthousiasme dans les ames, les réunît
dans un même dessein, et leur rendît cet ardent pa-

triotisme qui, sous Charles VII, avoit sauvé l'Etat; sentiment que la servitude du dernier règne et l'anarchie des premières années du règne actuel avoient presque entièrement fait disparoître. Il n'est pas probable que cette idée, dont l'administration glorieuse de Louis XII prouva depuis la justesse, soit entrée pour rien dans les motifs qui déterminèrent Charles VIII et son conseil.

La Cour partit pour Lyon dans les premiers jours du printemps de 1494. Toute la noblesse française y accourut; et pour exciter son ardeur on donna des tournois et des fêtes brillantes. Pendant qu'on paroissoit ne s'occuper que de plaisirs, les deux ministres qui avoient conseillé l'entreprise travaillèrent à en préparer les voies. Ils envoyèrent des émissaires dans les principales villes d'Italie, entretinrent des relations avec l'archevêque de Durazzo, qui promettoit de faire soulever la Grèce, et s'assurèrent du concours de d'Aubusson, grand-maître de Rhodes. André Paléologue, qui, comme on l'a vu, avoit cédé au Roi ses droits sur l'empire d'Orient, étoit allé l'attendre en Italie (1). Le monarque comptoit s'emparer, en passant à Rome, de Zizim, frère du sultan, et se servir de ces deux princes pour l'exécution de ses desseins.

On tint encore un grand conseil sur l'expédition dont on s'occupoit. Les anciens serviteurs de Louis XI persistèrent dans leur opinion, et le maréchal de

---

(1) Il paroît que les derniers arrangemens avec Paléologue ne furent faits qu'en Italie. La minute du traité est du 6 septembre 1494. Elle a passé de la bibliothèque du Capitole à celle du Roi. Selon le Journal du voyage de Naples, par Pierre Durey de Troyes, Charles VIII étoit alors à Asti.

Querdes, qui s'étoit couvert de gloire en défendant
la Picardie contre les armées de Maximilien, crut
pouvoir concilier tous les avis, en proposant de substituer à la conquête de Naples celle du Milanais, à la
possession duquel le duc d'Orléans avoit des droits
par son aïeule, Valentine Visconti. Il soutint que
cette entreprise étoit beaucoup plus facile, et ne présentoit presque aucun danger dans ses résultats, quels
qu'ils fussent. Les ministres en faveur n'eurent pas
de peine à faire sentir au Roi qu'il seroit indigne de
lui de trahir ainsi Ludovic, et qu'en suivant un conseil aussi pusillanime, il ne rempliroit pas les grandes
destinées auxquelles le ciel sembloit l'appeler. Le
maréchal tomba malade quelques jours après, et
mourut dans une maison de campagne, voisine de
Lyon, où il s'étoit fait transporter. Sa mort leva
toutes les difficultés qui pouvoient encore s'opposer à
l'expédition projetée.

Avant de partir, le Roi pourvut à l'administration
de la France. La régence fut confiée à la Reine et au
seigneur de Beaujeu, devenu duc de Bourbon depuis
la mort du connétable. Les gouvernemens furent ainsi
distribués : Baudricourt eut la Bourgogne, d'Avau-
gour et Rohan la Bretagne, Graville la Normandie et
la Picardie, et le comte d'Angoulême la Guyenne.
Charles VIII prit la route de Grenoble le 27 août
1494, laissant à Lyon la Reine, qui devoit y rester
pendant son absence, pour avoir plus facilement de
ses nouvelles.

Les seigneurs les plus puissans et les généraux les
plus renommés l'accompagnèrent. On distinguoit
parmi eux deux princes de la maison de Bourbon,

les seigneurs de Montpensier et de Vendôme, auxquels cette expédition devoit être funeste ; les maréchaux de Gié et de Rieux ; et Louis de La Trémouille,
qui s'étoient distingués dans les dernières guerres. Le
duc d'Orléans avoit pris les devans, et étoit chargé
de porter les premiers coups. Outre ce cortége impo-
sant des premiers personnages du royaume, Charles
avoit encore à sa suite d'illustres étrangers, tels que le
marquis de Saluces, le prince de Salerne, chef de la
maison de San-Severin, et Jean-Jacques Trivulce qui,
détestant en secret Ludovic dont il étoit sujet, devoit s'attacher irrévocablement à la France, et y parvenir aux premiers grades militaires (1).

L'armée du Roi, leste et brillante, étoit à peu près
de quarante mille hommes, et se trouvoit surtout forte
en artillerie. On dit qu'elle traînoit avec elle deux
cent quarante pièces de siége, et deux mille quarante
pièces de campagne (2). Elle avoit en outre un corps
de troupes suisses, qui passoient alors pour la meilleure
infanterie de l'Europe (3). Mais les dépenses excessives
qu'on avoit faites pour l'équiper, et pour obtenir la paix
des princes voisins de la France, avoient entièrement
épuisé le trésor. Les ministres furent obligés de faire des

(1) Journal du voyage de Naples, par Desrey de Troyes. — (2) Antiquités de Saint-Denis. — (3) Quoique madame de Beaujeu eût promis, comme on l'a vu, aux Etats de Tours, qu'elle n'entretiendroit
plus de Suisses, il paroît, d'après une chronique du temps, qu'elle ne
cessa point de s'en servir, et que cette année même elle renouvela avec
eux les traités faits par Louis XI. *Porro filius Ludovici Carolus VIII,
anno* 1484, *paternum fœdus cum Helvetiis renovavit, et eorum milite
usus est bello quo Franciscum Britanniæ ducem vicit, potissimum
verò bello Napolitano fortem et fidelem operam militis Helvetii multis
in locis expertus est.* (Smlerus, De Republica Helvetiorum.)

14.

emprunts onéreux à Gênes et à Milan, et les seigneurs les plus riches ne purent s'empêcher de les garantir.

Cet obstacle n'arrêta point l'ardeur bouillante du Roi ; ses troupes passèrent les Alpes sans difficulté, parce qu'il avoit contracté l'alliance la plus intime avec Blanche, duchesse douairière de Savoie, sa proche parente, et gouvernant ce pays au nom du jeune duc Charles II, son fils. Aussitôt qu'il fut arrivé à Turin, cette généreuse princesse lui donna ses diamans, qui furent engagés pour douze mille ducats. Il éprouva le même dévouement de la part d'une autre femme qui partageoit ses illusions sur la possibilité de délivrer l'empire d'Orient, mais qui jugeoit mieux que lui la position dans laquelle il se trouvoit. Marie, princesse grecque, et marquise de Montferrat, mit à ses pieds ce qu'elle avoit de plus précieux, et n'exigea de lui d'autre preuve de reconnoissance que de se défier de Ludovic, dont elle avoit pénétré le caractère perfide. Il est à remarquer que, pendant tout le cours de cette expédition, les Italiennes, à l'exemple des deux princésses, frappées de la hardiesse et de l'intrépidité des Français, leur témoignèrent le plus vif intérêt, et firent les vœux les plus ardens pour le succès de leur entreprise.

De Turin, le Roi passa dans la ville d'Asti, seule place qui restât au duc d'Orléans de l'héritage de Valentine. Il y eut une entrevue avec Ludovic, dont il ne soupçonna pas les desseins secrets, et y fut attaqué de la petite vérole, maladie qui inspira les plus vives inquiétudes à l'armée française, mais qui n'eut pas de suite. Ce fut là que Philippe de Commes, rentré en grâce, mais n'ayant la confiance entière ni du Roi, ni des ministres, fut chargé de l'importante ambassade de Venise.

A peine le Roi entroit-il en convalescence, qu'il apprit des succès qui semblèrent d'un favorable augure pour l'expédition. On a vu que le duc d'Orléans avoit été destiné à porter les premiers coups à la puissance dont la perte étoit jurée. Il étoit parti au mement où Charles se trouvoit encore à Lyon, pour aller défendre Gênes, menacée par le roi de Naples.

Avant de parler de la victoire que le duc remporta près de Rapalo, il est nécessaire d'entrer dans quelques détails sur les forces que Naples et les autres puissances italiennes pouvoient opposer aux Français, et sur la manière de combattre des deux peuples. Cette courte digression expliquera l'étonnante facilité que trouva Charles VIII à traverser l'Italie dans toute sa longueur, et les suites presque inévitables de cette invasion téméraire.

Il y avoit beaucoup de différence entre l'armée française et les armées italiennes. La première étoit moins redoutable par le nombre que par la discipline et la valeur. Composée en grande partie de gentilshommes, et ne recevant sa solde que du Roi, elle étoit toujours bien équipée et au complet. Les sentimens d'honneur dont elle étoit animée la rendoient capable des plus grands efforts, et l'avancement, qui étoit la récompense certaine des services, entretenoit en elle une noble émulation. Les chefs, qui étoient presque tous de grands seigneurs, ne trafiquoient point de leurs troupes, se ruinoient dans la guerre au lieu de s'y enrichir, et n'embrassoient cette carrière que pour acquérir de la gloire, et attirer sur eux les regards du Roi.

Les troupes italiennes étoient d'une toute autre espèce : formées d'un mélange d'aventuriers et de paysans, soudoyées par des capitaines indépendans auxquels on donnoit le nom de *Condottieri*, elles n'avoient aucun zèle pour le prince qu'elles servoient. Rarement ces capitaines étoient-ils sujets de ce prince, et souvent leur intérêt se trouvoit opposé à leur devoir. Leurs rivalités nuisoient au bien du service, et leur avarice les portoit presque toujours à ne pas tenir sous le drapeau le nombre de soldats qu'ils s'étoient engagés à fournir. Guidés par l'unique désir du gain, ils étoient aux ordres de celui qui les payoit le mieux, et passoient ainsi d'un service à un autre sous le moindre prétexte. Propriétaires de leurs soldats, ils les ménageoient au point de ne presque jamais les laisser combattre ; et cependant ces chefs de bande, aussi fanfarons que peu redoutables, prenoient les noms les plus terribles, tels que *Fracassa, Forte Braccio, Taglia Cozza, Brazzo di Ferro*, etc. [1]. Les résultats de cette singulière organisation militaire ont été parfaitement peints par l'abbé Dubos dans son histoire de la ligue de Cambray. « Jusqu'à l'invasion de Char-
« les VIII, dit-il, les campagnes en Italie avoient été
« plutôt des scènes de comédie que des champs de
« bataille. On ne faisoit jamais la guerre pendant la
« nuit ; et, de peur de troubler le repos du soldat,
« l'artillerie se taisoit depuis le coucher du soleil, jus-
« qu'au jour, sur les remparts des assiégés et dans les
« batteries des assiégeans ; il n'y avoit guère de sang
« répandu dans les batailles que par inadvertance. Le

[1] Tous ces détails sont puisés dans Guichardin, témoin oculaire. *Historia d'Italia*, livre 1, pages 91 et 92.

« plus grand mal que les combattans cherchassent à se
« faire, c'étoit de se prendre prisonniers pour gagner
« une rançon. Il y eut deux grandes batailles, dont
« parle Machiavel, celle d'Anghiari et de Castracaro :
« dans celle de Castracaro, il n'y eut ni tués, ni bles-
« sés ; dans celle d'Anghiari, il ne mourut qu'un homme
« d'armes, qui, s'étant laissé tomber de cheval, dans la
« mêlée, fut étouffé par un escadron qui lui passa sur le
« corps. » Les Italiens étoient tellement habitués à
cette manière paisible de faire la guerre, qu'ils ne
purent revenir de leur étonnement et de leur terreur,
au premier choc meurtrier qu'ils eurent avec les Français [1] : mais ceux-ci sembloient ignorer que les peuples
d'Italie détestoient une domination étrangère ; qu'ils
étoient aussi avancés dans l'art des intrigues, qu'en
arrière des autres nations dans le métier des armes ; et
qu'à la longue cette souplesse qui tient à une civilisa-
tion avancée, l'emporte presque toujours sur une valeur aveugle.

L'artillerie influa beaucoup aussi sur le succès mo-
mentané qu'obtint Charles VIII dans son invasion.
Cette arme avoit été très-perfectionnée en France,
depuis le règne de Charles VII : les canons des Français étoient de bronze, attelés de chevaux, suivant les
évolutions de l'infanterie, et tirant plusieurs coups en
peu d'instans, tandis que ceux des Italiens étoient de
fer, traînés lentement par des bœufs, et très-difficiles
à manœuvrer.

[1] *Cosa nova*, dit Guichardin, *e di spavento grandissimo a Italia,
gia lungo tempo assuefatta à veder guerre piu presto belle di pompi
e d'apparati, e quasi simili a spectacoli, che pericolose e sanguinee.*
livre 1, page 101.

Ce fut moins à ces avantages qu'à sa valeur personnelle, que le duc d'Orléans dut sa première victoire.

Ferdinand, roi de Naples, instruit de l'orage qui le
menaçoit, avoit fait, quoique accablé par les maladies
et par la vieillesse, toutes les dispositions nécessaires
pour se bien défendre. Il s'étoit rapproché d'Alexandre VI, qui, inquiet d'une entreprise provoquée par
lui-même, avoit essayé d'engager Charles VIII à ne
pas venir en armes, et lui avoit promis, comme suzerain de Naples, de lui rendre justice. On dit même
qu'Alexandre et Ferdinand avoient demandé des secours au sultan Bajazet, en lui apprenant que le projet des Français étoit d'employer son frère Zizim pour
le renverser du trône. Au milieu de ces négociations,
et des mesures qu'exigeoit la sûreté du royaume de
Naples, Ferdinand étoit mort de fatigues, le 25 janvier 1494.

Alphonse, son fils aîné, lui succéda. Aussi haï que
son père, mais plus habile, il tourna tous ses efforts contre Ludovic qui tenoit en prison l'époux de sa fille, le
jeune duc Jean Galéas. Persuadé qu'il rendroit l'invasion impossible, s'il parvenoit à renverser cet usurpateur qui avoit appelé les Français, il résolut d'attaquer
le Milanais par la côte de Gênes et par la Romagne.
Il confia la première expédition à Frédéric son frère,
qui passoit pour un bon capitaine, et chargea son fils
Ferdinand de la seconde : leurs instructions étoient de
se déclarer les partisans de Galéas, de briser ses fers,
de soulever les peuples contre Ludovic, et d'acquérir
ainsi un allié fidèle, en détruisant un ennemi implacable.

Le jeune Ferdinand, à la tête d'une brillante armée, augmentée par les troupes du Pape, arriva sur les frontières du Milanais : il y trouva un détachement de l'avant-garde française, commandée par d'Aubigny, qui lui disputa le terrein, et évita de livrer bataille. Bientôt Alexandre VI lui retira ses troupes, et il fut obligé de se replier. Frédéric parut en même temps sur les côtes de Gênes avec une flotte considérable : mais le duc d'Orléans, qui étoit parti subitement de Lyon pour prendre le commandement de la flotte française, arriva près de Rapalo, dont Frédéric venoit de s'emparer, attaqua cette place avec furie, en chassa les Napolitains, et les força de retourner dans leur pays. Ainsi le plan d'Alphonse, si sagement combiné, échoua des deux côtés ; et Ludovic, délivré par les Français de ce danger pressant, né songea plus qu'à se défaire du jeune duc son neveu, qu'on avoit voulu faire servir d'instrument à sa ruine.

Le duc d'Orléans, qui venoit de se couvrir de gloire, mais à qui les fatigues avoient donné la fièvre quarte, arriva dans Asti au moment où le Roi alloit en partir [6 octobre]. Il fut chargé de la garde de cette place qui lui appartenoit ; et cette disposition déplut à Ludovic qui craignoit qu'on n'inspirât au prince français l'idée de faire valoir, sur le duché de Milan, les droits qu'il tenoit de son aïeule Valentine.

Ludovic accompagna Charles VIII à Pavie où étoit détenu l'infortuné Galéas avec son épouse. Ce jeune prince étoit consumé d'une maladie de langueur qu'on attribuoit au poison, et la voix publique accusoit l'usurpateur de ce crime. Le Roi, sans paroître ajouter foi à cette accusation, voulut loger dans le château, quoiqu'on lui eût assigné une autre maison, et témoigna le désir de voir le prisonnier. Ludovic trembla que le monarque n'essayât d'approfondir des secrets qui auroient rempli d'horreur son ame généreuse, et n'osa cependant s'opposer à cette entrevue. Il suivit le Roi dans la chambre du duc, qui, accablé par ses maux, sembla se ranimer en voyant un prince dont il espéroit exciter la compassion. La présence de Ludovic l'empêcha de s'expliquer clairement : il ne fit parler que ses soupirs et ses larmes; et Charles fut vivement ému. Au moment où cette scène touchante alloit se terminer par de pénibles adieux, Isabelle, épouse du duc, et fille du roi de Naples, ayant échappé à ses surveillans, entre dans la chambre, et se jette aux pieds du monarque. Sa beauté, sa jeunesse, ses malheurs font sur lui la plus forte impression. Elle le conjure d'avoir pitié de son époux mourant, et de son fils encore au berceau : sans accuser Ludovic, dont les regards la contiennent, elle laisse entrevoir ses affreux desseins. Elle implore en même temps la bonté de Charles pour le roi de Naples son père, qui n'a jamais offensé la France, et qui offre de payer un tribut, si l'on veut détourner l'orage qui le menace. Charles s'attendrit de nouveau, relève la duchesse; et lui donne des espérances qu'il n'est plus en son pouvoir de réaliser.

Le monarque poursuivit sa route, et entra dans Plaisance où il apprit la mort du jeune duc Galéas, dont il avoit vu l'agonie [18 octobre]. La joie féroce que Ludovic ne put dissimuler ne laissa plus aucun doute sur son affreux caractère. Cependant on eut la foiblesse de le laisser partir pour aller consommer son usurpation. Il courut à Milan, répandit partout que la veuve du duc, et son fils, âgé de cinq ans, étoient incapables de gouverner dans des circonstances si difficiles, fit valoir ses prétendus services; et, comme il tenoit depuis plusieurs années les rênes de l'Etat, ce qui mettoit dans sa dépendance tous les hommes puissans, il se forma en apparence une sorte de vœu public qui le pressa de prendre la couronne ducale. Ce prince, qui avoit tenu prisonnier son malheureux pupille, qui peut-être l'avoit fait périr, et qui venoit de préparer les longues calamités de son pays, en y appelant les Français, eut donc l'air de céder aux désirs du peuple, en s'emparant de l'autorité.

Cette conduite sembla un moment ouvrir les yeux à Charles VIII. Il mit en question, dans son conseil, s'il ne devoit pas retourner sur ses pas, pour châtier l'usurpateur, et pour faire valoir les droits de la maison d'Orléans sur le Milanais. Mais une démarche imprudente du Pape le fit revenir à ses premiers desseins. Un nonce arriva à Plaisance, et lui défendit de mettre le pied sur les terres de l'Eglise, sous peine d'encourir l'excommunication. Cette menace l'irrita : mais, cachant sa colère sous l'apparence du dédain, il répondit au nonce : « Vous direz au saint-Père que « j'ai fait vœu de visiter le tombeau de saint Pierre, et « qu'il faut absolument que je m'en acquitte. »

Si l'Etat de Florence se fût opposé au passage de Charles VIII, il est probable qu'il eût éprouvé de grandes difficultés; car Ludovic, qui avoit rempli le but qu'il s'étoit proposé en appelant les Français en Italie, se seroit, selon toute apparence, déclaré contre lui. Déjà par suite de ses prodigalités, l'armée éprouvoit de grands besoins. On voit, par un édit daté de

Plaisance, qu'il fut obligé d'engager le domaine de la
Couronne, pour la somme de cent vingt mille écus d'or,
et, par des lettres-patentes de la même époque, qu'il fit
au clergé de France un emprunt de quinze mille écus.
couronnés, qu'il promit de rendre l'année suivante [1].
Dans les préambules de ces deux actes, il dit que c'est
pour ne pas fouler le peuple qu'il engage son domaine,
que ses affaires prennent la meilleure tournure, et qu'il
est trop avancé pour reculer. Il ajoute qu'il veut négocier dans Rome même pour le maintien des libertés
de l'Eglise gallicane, et qu'ensuite il ne s'occupera
plus que de la conquête de Constantinople, et de la
délivrance de la Terre-Sainte. Malgré ces promesses
brillantes, on remarque l'embarras du monarque, et
l'inquiétude qui commence à le tourmenter.

Les choses tournèrent à Florence tout autrement
qu'on ne l'avoit craint : le dominicain Savanarole étoit,
comme on l'a vu, chef du parti opposé à Pierre de
Médicis : prédicateur éloquent et fougueux, il prodiguoit, dans ses sermons, les injures à ceux qui ne pensoient pas comme lui, faisoit un éloge outré de Charles VIII et des Français, soutenoit que la cour de
Rome avoit besoin d'une réforme, annonçoit que le
roi de France étoit chargé de cette grande mission, et
ne craignoit pas de prédire qu'il réussiroit dans toutes
ses entreprises. L'agitation causée par ses discours
contraignit Pierre de Médicis à venir trouver le Roi à
Pontremolo. Rompant tous ses engagemens avec le
roi de Naples, il offrit à Charles le passage et des
vivres : mais le monarque, qui avoit lieu de se défier
de lui, exigea la remise de toutes les places fortes de

[1] Pièces recueillies par Godefroy, page 685 et 687.

la Toscane, condition honteuse à laquelle Pierre se crut obligé de souscrire.

De retour à Florence, il fut désavoué par ceux même qui l'avoient forcé à cette démarche : une révolte générale éclata contre lui ; le palais des Médicis, où Cosme et Laurent avoient réuni la plus belle bibliothèque de l'Europe et les objets d'art les plus précieux, fut saccagé ; et leur fils, après avoir fait une vaine tentative pour recouvrer son autorité, fut obligé de fuir comme un proscrit. Alors Florence se constitua en aristocratie, état dans lequel elle se maintint jusqu'au commencement du siècle suivant.

Cependant Charles approchoit lentement de cette ville où régnoit la plus horrible anarchie. Arrivé à Pise le 11 novembre, il y fut reçu avec des transports de joie : les Pisans, fatigués du joug des Florentins, dont ils avoient été long-temps les rivaux, le supplièrent de leur rendre la liberté. Sur une parole peu mesurée qui lui échappa dans sa réponse, ils agissent comme s'il avoit comblé leurs vœux, et proclament partout qu'ils sont devenus libres sous la protection des Français. Ce fut à Pise que Savanarole vint trouver Charles VIII. Le ton d'inspiré qu'il prit dans son discours, dut singulièrement frapper l'imagination du jeune monarque. « Ministre des vengeances du ciel, lui « dit-il, j'ai donc enfin le bonheur de vous contem- « pler. Depuis quatre ans j'annonce ici votre arrivée. « Entrez dans cette terre que Dieu vous a livrée : rem- « plissez vos hautes destinées ; mais, en exerçant la « justice du Tout-Puissant, imitez sa miséricorde ; et « sauvez la malheureuse ville de Florence. Quoique « atteinte de la corruption, elle renferme encore un

« grand nombre de justes qui demandent grâce pour
« elle. Défendez la veuve et l'orphelin, conservez la
« chasteté des épouses de Jésus-Christ, ou tremblez
« que, dans sa colère, il ne brise la verge dont il se
« sert pour châtier l'Italie. »

Ce discours rendit à Charles toute sa confiance. Il
marcha sur Florence, et y entra le 17 novembre, en
conquérant, les enseignes déployées. Regardant cette
ville comme soumise, il voulut y exercer les droits de
souverain, et exigea qu'on rappelât les Médicis. Mais
ce peuple, qui avoit cru, sur la foi de Savanarole,
que le Roi, en venant dans la ville, n'avoit eu en vue
que de consolider le nouveau gouvernement, et qui
étoit irrité de ce que la souveraineté de Pise lui eût
été enlevée, entra dans la plus grande fermentation,
et menaça d'un soulèvement général qui auroit pu
avoir pour résultat le massacre des Français. Un des
chefs osa même défier Charles VIII. *Faites battre le
tambour,* lui dit-il fièrement, *nous allons sonner le
tocsin.* Les ministres du Roi lui conseillèrent de se re-
lâcher de ses prétentions : il obtint une contribution
de cent vingt mille écus, et dans le traité il ne fut
point parlé de Pierre de Médicis qui, reçu froidement
à Venise, y vivoit en simple particulier.

L'armée française entra, au commencement de décembre, sur le territoire du Pape, qui avoit en vain
menacé le Roi des foudres ecclésiastiques. Dans la ville
d'Aqua-Pendente, loin d'être reçu en ennemi, il vit
venir au-devant de lui le clergé qui s'empressa de lui
rendre hommage. Arrivé à Viterbe, il envoya La Trémouille à Rome pour y déclarer ses volontés. Alexandre VI, embarrassé dans ses propres piéges, frappé de

crainte, étoit incertain sur le parti qu'il adopteroit.
Attendroit-il le Roi? c'étoit se mettre entièrement en
son pouvoir. Prendroit-il la fuite? c'étoit laisser Rome
au pouvoir de ceux des cardinaux qui étoient ses ennemis, et il s'exposoit à être déposé. Après bien des
irrésolutions, il dit à La Trémouille qu'il conjuroit le
Roi de ne point faire passer son armée par Rome. Le
lendemain, n'ayant pas eu de réponse, il fit partir
quatre cardinaux qui trouvèrent Charles à Bressagna,
et qui lui déclarèrent, au nom de Sa Sainteté, qu'il
seroit reçu avec toutes ses troupes dans la capitale du
monde chrétien.

Il y fit son entrée, à l'approche de la nuit, le 30 décembre, par la porte Flamine. A la lueur des flambeaux, les Romains virent briller les armes françaises,
et furent frappés de consternation. Charles se logea
au palais de Saint-Marc, qui fut aussitôt entouré d'une
formidable artillerie. Alexandre VI s'étoit enfermé au
château Saint-Ange, dont les murs tomboient en ruine.
Dès le lendemain, on tint conseil sur ce qu'on devoit
faire relativement au chef de l'Eglise. Les cardinaux
ses ennemis, et Savanarole qui avoit suivi le Roi, y
furent admis. Ils proposèrent de convoquer sur-le-
champ un concile général pour faire le procès au
Pape, dont ils exagérèrent les crimes, et pour le dé-
poser. Cette mesure violente répugnoit au caractère
généreux du jeune Roi : il continua de négocier.

Cependant il exerçoit à Rome la même autorité
qu'en France. Il y établit quatre tribunaux qui rendirent la justice en son nom. Une querelle s'étant élevée, à l'occasion des Juifs, entre la populace et les
gardes françaises, le maréchal de Gié informa et punit

sévèrement les coupables : plusieurs furent pendus, décapités ou jetés dans le Tibre. On négocioit toujours, lorsqu'une partie des murailles du château Saint-Ange s'écroula, et laissa le Pape sans défense. Savanarole s'empressa de faire considérer cet événement comme un miracle, et engagea le Roi à exécuter l'arrêt prononcé par le ciel contre un pontife coupable. Le monarque, jugeant indigne de lui d'abuser de la foiblesse d'un ennemi désarmé, n'en fut que plus disposé à lui accorder la paix. Il fut convenu que les deux princes se verroient le 15 janvier dans l'église de Saint-Pierre.

Le Roi s'y rendit avec sa noblesse, et rencontra le Pape qui l'y attendoit. Comme s'ils n'eussent eu aucun sujet de ressentiment, ils se précipitèrent au-devant l'un de l'autre, et se tinrent long-temps embrassés. « Leur familiarité paroissoit si grande, dit un témoin « occulaire, que deux pareils et deux égaux ne pou-« voient pas en user réciproquement avec plus de ci-« vilité et de courtoisie, qu'ils s'entrefirent lors comme « deux parfaits amis, et fidèles compagnons (1). » Les principaux articles du traité, dans lequel Charles VIII mit toute sa générosité, et Alexandre VI toute sa perfidie, furent que Zizim seroit livré au Roi pour être gardé à Terracine, que César Borgia, cardinal de Valence, fils puîné du Pape, lui seroit en outre donné en otage ; que Civita-Vecchia et Ostie seroient occupées par les troupes françaises, et que le Pape pardonneroit sincèrement à tous ceux qui s'étoient déclarés pour la France dans les villes de Rome, de Viterbe, de Monte-Fiascone et d'Aqua-Pendente. De son côté,

(1) Journal du voyage de Naples, par Pierre de La Vigne.

le Roi s'engageoit à rendre Zizim et le cardinal de Valence à son retour, d'évacuer à la même époque Civita-Vecchia et Ostie, et de prêter au Pape obédience
personnelle. Le jour même du traité, Alexandre VI
nomma cardinal, Briçonnet, évêque de Saint-Malo,
l'un des principaux ministres du vainqueur.

Après la conclusion de ce traité, Charles resta encore plusieurs jours à Rome, et les employa, comme
en pleine paix, soit à des actes de dévotion, soit à des
parties de plaisir. Il toucha les écrouelles, et les Italiens ne furent pas peu étonnés de voir un roi de
France essayer de faire des miracles; il se montra
dans les églises, fit des offrandes, et répandit des
aumônes. Dans d'autres momens, il parut à la
tête de superbes cavalcades, donna des fêtes, assista,
comme un ancien empereur, à des combats d'animaux, et voulut visiter tous les monumens qui rappe-
loient la gloire des Romains. A son départ, qui eut
lieu le 28 janvier, le Pape le combla de témoignages
d'affection, lui remit Zizim et le cardinal de Valence,
et renouvela ses promesses d'être irrévocablement
attaché au parti de la France.

Charles, après avoir quitté Rome, passa quelques
jours à Veletri, dont les environs étoient délicieux. Il
logea dans la maison de l'évêque, avec les trois princes
qu'il croyoit faire servir d'instrumens à ses projets,
André Paléologue, Zizim et le fils du Pape. Ce dernier s'échappa furtivement, et le prince turc mourut
quelques jours après. Le bruit commun fut qu'Alexandre VI avoit fait empoisonner cet infortuné avant
de le livrer aux Français. La perte subite de deux
otages aussi précieux inspira au Roi des soupçons;

14.   15

qui furent bientôt changés en certitudes. Le Pape venoit de conclure un traité avec Ferdinand et Isabelle,
souverains d'Espagne, et les principales puissances
de l'Italie formoient à Venise une ligue, contre
laquelle Philippe de Comines protestoit vainement.

Antoine Fonseca, ambassadeur d'Espagne près
d'Alexandre VI, vint trouver Charles à Veletri, et lui
déclara que son maître n'entendoit pas que les Français s'établissent si près de la Sicile. Le Roi, ne pouvant ajouter foi à tant de perfidie, fit présenter à l'ambassadeur le traité de Barcelone, par lequel Ferdinand
et Isabelle, pour prix de la restitution du Roussillon,
s'engageoient à ne pas troubler les Français dans leur
expédition de Naples. Fonseca, se figurant que les
Français étoient perdus sans ressource, eut l'inso-
lence de déchirer le traité, et se retira en menaçant.
Charles, loin d'être intimidé de cette bravade, ne persista qu'avec plus d'ardeur dans l'exécution de ses
desseins.

A son approche, le royaume de Naples étoit tombé
dans la plus horrible confusion. Alphonse, redoutant
la haine de ses sujets, avoit pris le parti d'abdiquer
en faveur de son jeune fils Ferdinand, qui montroit
les dispositions les plus heureuses, et dont le caractère n'annonçoit pas les vices de son père et de son
aïeul. Cette cérémonie eut lieu à Naples le 23 janvier.
Alphonse se retira en Sicile, où, renonçant au monde,
il entra dans un ordre religieux, et le nouveau Roi,
devenu l'unique espérance des partisans de la maison
d'Arragon, s'avança au-devant des Français.

Il essaya de défendre les bords du Garigliano, près
duquel se trouvoient deux villes très-fortes, Mont-

Saint-Jean et San-Germano. S'étant enfermé, dans la seconde, il confia la garde de la première à une troupe d'aventuriers de diverses nations, disciplinée avec soin par son père, dévouée à sa cause, et déterminée à s'ensevelir sous les ruines de la place. Les Français qui, dans un si long voyage, n'avoient encore vu aucune image de la guerre, se réjouirent de pouvoir enfin se mesurer avec leurs ennemis. Le château de Mont-Saint-Jean étoit considéré comme imprenable. Encouragés par la présence de leur Roi, faisant usage de leur excellente artillerie, ils l'emportèrent en huit heures, passèrent la garnison au fil de l'épée, et, profitant de la terreur que devoit inspirer cet éclatant fait d'armes, ils mirent aussitôt le siége devant San-Germano. Le jeune Roi étoit décidé à s'y défendre jusqu'à la dernière extrémité ; mais la crainte s'étoit emparée de la garnison, qui redoutoit le même sort que celle de Mont-Saint-Jean. Voyant qu'il ne pouvoit manquer de tomber au pouvoir des ennemis, s'il restoit dans la ville, il en sortit pendant la nuit, et se rendit à Capoue, où il espéroit trouver des troupes plus dévouées. Ses exhortations ne purent ranimer les courages abattus, le découragement des partisans de sa maison étoit au comble ; et il apprit bientôt que la faction française s'efforçoit d'engager la capitale à envoyer une députation à Charles VIII.

Il vola aussitôt à Naples, laissant Capoue au pouvoir du vainqueur. Au lieu des témoignages d'amour et de dévouement qu'il croyoit pouvoir encore attendre, il ne rencontra partout que froideur et mécontentement. Sa présence même n'empêchoit pas les partisans de la France de s'occuper des préliminaires

15.

de la capitulation. Forcé de céder à l'orage, il réunit
les principaux magistrats de Naples, et abdiqua entre
leurs mains la couronne qu'il avoit possédée pendant
vingt-six jours.

« Je prends Dieu à témoin, leur dit-il, que je n'ai
« accepté le trône que pour faire oublier les torts de
« mon père et de mon aïeul; mais le malheur de ma
« maison ne me permet pas d'exécuter ce noble des-
« sein. La situation où nous nous trouvons est moins
« due à la valeur des Français, qu'à la défection
« inattendue de mes troupes. Si j'avois pu tenir quel-
« ques mois, les secours du roi d'Espagne et des
« princes d'Italie auroient sans doute rétabli mes
« affaires, ou m'auroient du moins fourni l'occasion
« de mourir avec gloire en vous défendant. Dans
« l'impossibilité de faire aucune tentative sans vous
« exposer à d'incalculables dangers, je me sacrifie
« pour mon pays. Je vous conseille d'entrer sur-le-
« champ en négociation avec le roi de France, et,
« pour que vous puissiez le faire sans manquer à
« l'honneur, je vous dégage librement des sermens
« que vous m'avez prêtés il y a peu de jours. Essayez,
« par l'obéissance et la soumission, de tempérer l'or-
« gueil naturel des Français. Si la dureté de leur ad-
« ministration vous inspire de la haine, et que vous
« veniez à désirer mon retour, je serai toujours prêt
« à répondre à votre confiance; si, au contraire, vous
« vous habituez à leur empire, je ne chercherai ja-
« mais à exciter aucun trouble, ni dans cette ville,
« ni dans le royaume. Je trouverai ma consolation
« dans le témoignage que je me rendrai de n'avoir
« eu jamais aucun tort avec vous. Privé de ma pa-

« trie, je ne serai pas tout à fait malheureux dans
« mon exil, si je peux croire que le souvenir de ce
« dernier sacrifice ne s'effacera point de vos cœurs (¹). »

Ce discours, aussi adroit que touchant, du jeune
Roi, ne parut faire presque aucun effet sur ses amis
consternés : mais il augmenta l'empressement du parti
contraire à changer de gouvernement. Ce parti, d'accord avec la garnison, résolut d'arrêter Ferdinand, et
de le vendre au vainqueur. Averti à temps de cet horrible complot, il s'échappa le 21 février par une porte
secrète de son palais, et se sauva dans l'île d'Ischia avec
sa femme et la Reine son aïeule.

Charles, instruit de ce qui se passoit, entra le même
jour dans Aversa où il reçut une députation de Napolitains, composée d'ecclésiastiques, de nobles et de
bourgeois; cette députation lui offrit les hommages de
la ville, et lui en présenta les clefs. Le maréchal de Gié
fut aussitôt envoyé pour s'assurer de l'état de la capitale, et pour y faire les préparatifs de l'entrée du roi
de France. Le lendemain cette entrée eut lieu, aux
acclamations du peuple; et Charles alla loger dans le
palais que venoit de quitter Ferdinand.

Persuadé que son pouvoir étoit affermi dans le
royaume de Naples, comme en France, ne redoutant
ni les armemens que faisoit le roi d'Espagne, ni la
ligue des princes d'Italie; rêvant toujours la délivrance
de l'empire d'Orient, il fit dans cette capitale un séjour de trois mois, peu fertile en événemens importans,
mais dont quelques particularités sont curieuses.

Les Français s'occupèrent d'abord de réduire les
châteaux de Naples, qui firent peu de résistance. La

(¹) Guichardin, livre 1, page 138.

citadélle ne tint que deux jours, et fut livrée par des Allemands qui en formoient la garnison : c'étoit là.que les trésors des rois de Naples étoient déposés. « Il s'y « trouva tant de biens, dit un contemporain, que l'on « fut plus de huit jours à la vuider par force de gens « et de charettes : encore n'en put-on venir à bout, « tant il y en avoit. » Le château de l'OEuf tint plus long-temps, et ne fut rendu que vers le milieu de mars. Charles alloit dîner à la tranchée, et excitoit par sa présence le courage des soldats. Pendant ce dernier siége, il eut une entrevue avec Frédéric, oncle de

à Rapalo. Ce prince, qui commandoit la flotte napoli- taine échappée au vainqueur, demanda qu'on laissât son neveu en possession de la Calabre, et promit; à cette condition, que Ferdinand renonceroit à toute prétention sur les autres provinces. Charles, ne doutant pas qu'il conserveroit entièrement sa conquête, rejeta cette proposition, et offrit seulement à la famille dé- trônée un établissement en France. Après la rupture de cette conférence, le sénéchal de Beaucaire alla s'emparer de Gaëte, et d'Aubigny partit pour sou- mettre la Calabre, qui n'opposa point de résistance.

Le monarque; n'ayant rencontré jusqu'alors aucun obstacle, voulut que le repos succédât à tant de fati- gues; et ne se mit point en garde contre les délices de Naples, qui devoient plus nuire à son armée que des batailles. Son séjour favori étoit un établissement royal, fondé par le père du jeune Ferdinand, où l'on avoit réuni tout ce qui pouvoit amollir le cœur et flatter les sens. La description de cette maison de plaisance, appe- lée Ponge-Reale, et située aux portes de Naples, donnera une idée des progrès qu'avoient faits le luxe et l'industrie dans ce royaume, vers la fin du quinzième siècle.

Les bâtimens se composoient de plusieurs appartemens où l'on avoit réuni les recherches du luxe le plus raffiné, et de vastes galeries ornées de statues de marbre et d'albâtre. Ils étoient entourés de jardins délicieux où des prairies verdoyantes, des allées touffues, et une multitude de ruisseaux et de fontaines entretenoient la fraîcheur. Le parc, clos de murailles, étoit, dit l'historien contemporain, plus spacieux que celui de Vincennes. On l'avoit consacré à divers objets d'économie rurale, et à différentes espèces de culture. On y voyoit des enclos où l'on élevoit des animaux étrangers, des volières qui contenoient les oiseaux les plus rares, des haras d'où sortoient d'excellens chevaux, et des fours qui, suivant la méthode de l'Orient, faisoient éclore des milliers d'œufs. Dans d'immenses parterres croissoient des oliviers, des orangers, des grenadiers, des figuiers et des dattiers. Un quartier étoit spécialement destiné à la culture des roses, et l'on en tiroit des parfums presque aussi parfaits que ceux d'Arabie. Sur les côteaux qui se trouvoient dans l'enceinte du parc, on rencontroit des vignes qui produisoient un vin muscat exquis. A tous ces objets d'utilité et d'agrément, se joignoit une fontaine jaillissante qui, du milieu du parc, répandoit ses eaux de tous côtés, et qui étoit assez considérable pour circuler, s'il en étoit besoin, dans toute la ville de Naples. « Bref, dit « l'historien contemporain en terminant ce tableau, « il nous sembloit que ce fût là un vrai paradis ter- « restre (1). »

(1) Journal d'André de La Vigne, page 122.

C'étoit dans ce séjour enchanteur que Charles VIII, âgé de vingt-cinq ans, sembloit oublier les dangers qui le menaçoient. Tous les genres de séductions l'entouroient : « Il y avoit en outre, dit un auteur du temps, « des belles dames à merveille (1). » Le jeune monarque ne s'occupoit avec elles que de fêtes et de parties de plaisir : on cherchoit à les diversifier : un jour la fille de la duchesse de Melfi, l'une des beautés les plus célèbres de Naples, très-habile dans tous les exercices, lui donna un spectacle nouveau. Elle dompta en sa présence un cheval fougueux, et lui fit ensuite admirer la légèreté et la grâce avec lesquelles elle sut le soumettre aux mouvemens les plus difficiles. Le Roi enchanté fit de riches présens à cette charmante amazone, et combla sa famille de faveurs.

Enivré de l'encens des flatteurs et des femmes, il voulut se faire reconnoître empereur d'Orient, roi de Naples et de Jérusalem, au moment où la ligue des princes d'Italie lui fermoit déjà le retour dans son royaume. Le 13 mai, il fit dans Naples une entrée solennelle, revêtu du manteau impérial, tenant d'une main un sceptre, et de l'autre un globe d'or. Arrivé à la cathédrale, il y fut couronné, et jura sur le sang de saint Janvier de maintenir les droits et priviléges du royaume. Alors une multitude de dames, magnifiquement parées, l'entourèrent, lui présentèrent leurs jeunes fils, et obtinrent de lui qu'il les fît chevaliers.

Il paroît qu'immédiatement après cette cérémonie, Charles VIII reçut de Philippe de Comines les nouvelles les plus alarmantes. Tout espoir d'envahir cet empire d'Orient, dont il venoit de recevoir la cou-

(1) Histoire d'un gentilhomme du comte d'Angoulême.

ronne, étoit évanoui. Le grand-maître d'Aubusson, sur lequel il avoit compté, avoit été gagné par le Pape, dont il avoit reçu le chapeau de cardinal. L'archevêque de Durazzo, qui avoit promis de soulever contre les Turcs l'Albanie et la Grèce, et qui étoit allé à Venise pour acheter des armes, venoit d'y être arrêté par ordre du sénat : ses papiers avoient été envoyés à Bajazet qui, effrayé d'une conjuration si dangereuse, avoit fait périr quarante mille Chrétiens. Non-seulement, par la ligue conclue à Venise, les puissances d'Italie s'étoient réunies pour exterminer l'armée française, mais tous les princes voisins de la France avoient promis d'attaquer en même temps ce royaume privé de son Roi. Tandis que Ludovic assiégeroit le duc d'Orléans dans Asti, et que les Vénitiens avec quarante mille hommes attendroient Charles VIII à la descente de l'Apennin, le roi d'Espagne devoit envoyer une armée à Naples, et faire une diversion du côté des Pyrénées, Maximilien pénétrer dans le cœur de la France par la Champagne, et Henri VII se transporter à Calais pour attaquer la Picardie.

Ces nouvelles déterminèrent le Roi à revenir en France : mais, s'aveuglant toujours sur le danger, il voulut conserver sa conquête, et il ne craignit pas de laisser à Naples une partie de ses forces. Ce royaume étoit dans le plus grand désordre : quoiqu'il parût soumis, plusieurs villes s'étoient soustraites à la révolution : presque toutes, au moment de la conquête, avoient sollicité la faveur de faire partie du domaine royal, espérant être moins foulées ; mais le Roi les avoit données à des particuliers qui, par leurs rapines s'en étoient fait chasser, ou qui n'avoient pu parvenir à s'y faire reconnoître : telles étoient Brindes, Otrante, Gallipoli et Regio. Les places fortes étoient loin d'avoir les munitions nécessaires. « Plusieurs de « ceux qui avoient suivi le Roy, dit un contemporain, « lui demandèrent des gratifications et des dédomma- « gemens. Luy qui, de sa nature, ne pouvoit rien re- « fuser à personne, leur accordoit facilement ce qu'ils « demandoient : si bien que les vivres, les munitions, « et généralement tout ce qui estoit nécessaire pour la « défense des places conquises, leur fut très légère- « ment donné : ce qui fut un véritable dommage (1). »

Le Roi, à qui presque tous ces abus étoient cachés par ceux qui avoient eu intérêt à les provoquer, régla, au moment de son départ, le gouvernement de Naples. Il confia les fonctions de vice-roi à Gilbert de Bourbon, comte de Montpensier ; le président de Gannay fut nommé chancelier, ayant pour l'aider dans l'adminis- tration de la justice, Rabot et Nicolaï. Etienne de Vesc, sénéchal de Beaucaire, l'un des premiers moteurs de l'expédition, nouvellement créé duc de Nole, eut les finances ; d'Aubigny obtint l'épée de connétable, et fut spécialement chargé de la défense de la Calabre : enfin toutes les places importantes furent données à des Français.

Après avoir instalé ce gouvernement, Charles VIII quitta Naples le 25 mai, avec un peu moins de dix mille hommes (2), et prit la route de l'Etat Romain : « Il s'en revenoit, dit un historien, tout à son bel aise,

_____

(1) Histoire d'un gentilhomme du comte d'Angoulême. — (2) Il n'a- voit avec lui que neuf cents lances, deux mille cinq cents Suisses, et quinze cents officiers de sa maison : en tout neuf mille cinq cents com- battans.

« dans la croyance qu'il ne lui surviendroit plus au-
« cune affaire. » Le Pape, effrayé de la vengeance que
le Roi pouvoit tirer de ses trahisons, avoit quitté Rome,
s'étoit enfui à Orviette, puis à Pérouse, et avoit voulu
même s'embarquer pour l'Espagne. Rome fut tranquille
pendant le passage des Français ; et la haine qu'ils inspiroient n'éclata qu'à Viterbe où quelques pages qui
s'étoient écartés, furent massacrés [5 juin].

Deux jours après, à Toscanella, on leur refusa des
vivres, quoiqu'ils offrissent de les payer : cette ville fut
aussitôt emportée de vive force et saccagée. Pendant
que Charles, qui s'étoit en vain opposé au pillage, se
reposoit dans la maison d'un des principaux habitans,
on lui amena une jeune fille de la plus grande beauté :
se figurant qu'elle avoit aussi peu de scrupule que plusieurs dames de Naples qui s'étoient disputé sa conquête,
il étoit sur le point d'en agir aussi librement avec elle,
lorsque cette intéressante victime, se jetant à ses pieds,
le conjura, au nom d'une image de la sainte Vierge
qui étoit dans la chambre, de ne pas abuser de son malheur. Aussitôt le prince, dont quelques égaremens pas-
sagers n'avoient point altéré le caractère noble et généreux, la releva, lui témoigna beaucoup de respect,
et déclara qu'il vouloit la marier. Le jeune homme
auquel elle étoit promise, et ses parens, étoient prisonniers de guerre : Charles les mit en liberté, et fit aux
deux époux un présent de cinq cents écus (1).

En arrivant dans la Toscane, le Roi ne trouva
d'amis qu'à Sienne et à Pise, villes qui, malgré les
malheurs dont les Français étoient menacés, vouloient
se mettre sous leur protection, et secouer le joug des

(1) Antiquités de Saint-Denis.

Florentins. L'armée y fut reçue avec transport et comblée de biens; non-seulement les magistrats s'empressoient de témoigner aux Français un dévouement absolu, mais les femmes, les enfans, les vieillards se précipitoient sur leurs pas, et les supplioient de ne pas les abandonner. On dressoit des tables dans les rues, on faisoit des festins publics; les soldats y prenoient place avec les habitans, et ces derniers portoient sur leurs habits des fleurs de lis d'or. Charles ne put résister aux sollicitations de ces deux villes, qui sembloient s'être sacrifiées pour sa cause. Malgré les conseils de Philippe de Comines qui venoit de le joindre, il affoiblit encore son armée pour leur laisser des garnisons.

Comines, ayant quitté Venise au moment où la ligue avoit été conclue, étoit arrivé à Sienne le 15 juin. Il avoit peint à Charles VIII les dangers qui le menaçoient, et lui avoit raconté ce qui venoit de se passer dans le Milanais. Le duc d'Orléans, qui n'étoit pas encore rétabli de sa maladie, et qui, comme on l'a vu, étoit resté dans Asti, instruit par Comines des trahisons de Ludovic et de la ligue des puissances, avoit pris les mesures que les circonstances exigeoient. Dès le mois d'avril, cet excellent prince, inquiet sur le sort du Roi, avoit écrit en France les lettres les plus pressantes. « Pour Dieu, mon cousin, disoit-il au duc de « Bourbon, pourvoyez en toute extrême diligence, et « principalement à m'envoyer gens à ce que je puisse « garder les passages des montagnes pour avoir secours « de la France, afin d'éviter aux inconvéniens, et sau- « ver la personne du Roy, car je suis délibéré à y « employer ma personne et mes biens, sans y rien

«·épargner. Il faut, disoit-il dans une autre lettre, que
« vous envoyez en Suisse pour avoir deux ou trois
« mille hommes, car j'ay été averty que le sieur Lu-
« dovic a envoyé en quérir, et si n'avez argent de leur
« payement, faites vendre ou engager mes terres et les
« vôtres, avec toutes nos vaisselles et bagues, car si
« nous ne faisons diligence de secourir le Roy par ce
« bout icy, il sera en très-grand danger. »

Le duc d'Orléans, qui sacrifioit ainsi tous ses biens
pour sauver le Roi, ne s'étoit point borné à solliciter
des secours : il avoit agi contre Ludovic, qui menaçoit
Asti, et s'étoit emparé de Novare, l'une des places les
plus fortes du Milanais. Par la prise de cette place,
d'où il pouvoit se porter sur Milan, il empêchoit Ludovic de se joindre aux Vénitiens, et faisoit ainsi une
diversion très-heureuse pour le Roi.

Charles traversa la Toscane sans passer à Florence,
où dominoit Soderini qui avoit adhéré à la ligue. Il
arriva le 26 juin à Pietra-Santa, où il apprit que l'armée vénitienne, commandée par le marquis de Gonzague, l'attendoit au-delà de l'Apennin. Il falloit faire
franchir promptement les montagnes à l'artillerie qui
formoit la principale force de l'armée : la chose parut
d'abord impossible, et l'on parla d'enclouer les canons;
résolution désespérée qui auroit livré les Français
désarmés à leurs ennemis. Louis de La Trémouille, le
plus expérimenté des généraux, profita d'une faute
que venoient de commettre les Suisses, et de l'offre
qu'ils faisoient de la réparer, pour les charger d'une
entreprise aussi pénible que périlleuse. Se mettant à
leur tête, et dirigeant leurs travaux, il parvint à faire
passer tous les canons, sans que l'armée ennemie fît

aucun mouvement pour s'y opposer. Le marquis de Gonzague craignoit, s'il attaquoit les Français au passage des montagnes, qu'ils n'opérassent leur retraite sur Pise : il les attendoit dans la plaine pour les envelopper.

Le Roi arriva le 5 juillet à Fornoue, bourg situé à trois lieues de Parme ; et les deux armées se trouvèrent en présence : celle des Vénitiens étoit de trente-cinq mille hommes : l'armée française n'en avoit que huit mille accablés de fatigues et de maladies, après un voyage de dix mois. Il y eut, avant de combattre, quelques négociations inutiles, sur lesquelles Philippe de Comines donne des détails. Charles tint conseil, et il fut résolu qu'on marcheroit en avant. La plus grande partie des forces fut mise à l'avant-garde ; et le bagage, qui contenoit les dépouilles du royaume de Naples, fut placé à la queue de l'armée. Quelques momens avant la bataille [6 juillet], les Vénitiens envoyèrent un héraut, sous le prétexte de traiter, mais en effet pour savoir où se trouveroit le Roi, afin de diriger tous leurs efforts de ce côté. Le héraut réclama un seigneur vénitien qu'il prétendit avoir été fait prisonnier la veille : Charles, qui avoit pénétré son dessein, lui laissa parcourir le camp pour chercher ce personnage, qu'on ne trouva point. Neuf chevaliers, auxquels on donna par la suite le nom des neuf preux, par allusion aux pairs qui accompagnoient Charlemagne, résolurent de veiller spécialement sur la personne du monarque, dont ils savoient que les ennemis vouloient s'emparer à quelque prix que ce fût. Ils prirent les mêmes vêtemens que lui, afin de recevoir les coups qui lui seroient destinés : l'histoire a conservé les noms de ces braves : c'étoient Matthieu, bâtard de Bourbon, Louis de Luxembourg, comte de Ligny, Louis d'Armagnac, les seigneurs de Bonneval, d'Archiac, de Genouillac, de Fraxinelle, et de Barase.

Au moment où le combat alloit commencer, Charles, monté sur un cheval superbe, parla ainsi aux généraux qui l'entouroient : « Que dites-vous, « messieurs ? n'êtes-vous pas délibérés de me bien « servir aujourd'hui ? ne voulez-vous pas vivre et « mourir pour moi ? » Tous répondirent par des acclamations. « N'ayez point peur, mes amis, continua- « t-il ; je sais qu'ils sont dix fois autant que nous, « mais ne vous en inquiétez pas. Dieu nous a aidés « jusques ici ; il m'a fait la grâce de vous avoir emme- « nés et conduits jusques à Naples, où j'ai eu victoire « sur tous mes adversaires, et de rechef, depuis Na- « ples, je vous ai amenés ici sans oppression, sans « honte ni blâme ; et si son plaisir est encore, je vous « remenerai en France, à l'honneur, louange et gloire « de notre royaume. Pourtant, mes amis, ayez cou- « rage, nous sommes en bonne querelle, Dieu est « pour nous, et Dieu bataillera pour nous. Dieu veut « aujourd'hui montrer le bon amour, la dilection et « la charité singulière qu'il a pour les bons et loyaux « Français. Par quoi, je vous prie que chacun se fie « plus en lui et en son aide qu'en la force de soi-même ; « et, en ce faisant, ne doutez point qu'il nous don- « nera faculté victorieuse, vengeance de nos ennemis, « et gloire bien heurrée (1). »

Après ce discours, qui redoubla l'ardeur des troupes, le combat s'engagea. Le général vénitien, dans l'in-

(1) Journal de La Vigne.

tention de couper les Français, fondit sur l'arrière-
garde, qui plia d'abord; mais le Roi vola au secours
avec sa compagnie d'élite; on se mêla, on se battit
à outrance, et bientôt les ennemis furent dispersés.
Le jeune monarque, quoique petit et foible de corps,
fit des prodiges de valeur. « Lorsqu'on frappoit sur
« lui, dit un témoin oculaire, le courage lui crois-
« soit, et qui plus est, il encourageoit ses gens par ses
« paroles et ses actions. » Un Vénitien saisit la bride
de son cheval, il le renversa; et le bâtard de Bourbon fut fait prisonnier à ses côtés. La bataille ne dura
pas plus d'une heure, et fut décisive. Charles victorieux put continuer sa route; mais il perdit son bagage, qui fut pillé par les troupes légères des Vénitiens.
Après avoir couru bien des dangers, au milieu d'un
pays soulevé contre lui, il entra dans Asti le 15 juillet. .

Le duc d'Orléans n'y étoit plus. Il se trouvoit enfermé dans Novare par Ludovic, et le peu de troupes
qui lui restoient étoient en proie aux horreurs de la
famine et des maladies. Cet excellent prince, encore
tourmenté par la fièvre qui ne l'avoit pas quitté
depuis son entrée en Italie, sembloit lutter contre la
nature pour conserver une place aussi importante. Il
présidoit aux fortifications, commandoit les sorties,
plaçoit lui-même les différens postes, et faisoit, suivant l'expression d'un contemporain, *de nécessité
vertu.* Il distribuoit aux soldats les vivres destinés
pour sa maison, et ne s'en réservoit que la moindre
part. « Et étoit aussi commun, dit Saint-Gelais, ce
« qui étoit en sa maison, du plus grand jusqu'au
« moindre, comme à lui-même. »

Charles, qui venoit de recevoir quelques secours

que le comte d'Angoulême envoyoit au duc d'Orléans, chargea le bailli de Dijon de lever vingt mille
Suisses, et entama en même temps des négociations
avec la ligue, qui étoit presque aussi forte qu'avant
la bataille de Fornoue, parce que Ludovic, ayant reçu
les débris de l'armée vénitienne, se trouvoit à la tête
de plus de quarante mille hommes. Lorsque les Suisses
furent arrivés, on délibéra si l'on donneroit encore
une bataille. Le Roi et le duc d'Orléans en témoi-
gnoient le plus vif désir, mais il leur fut représenté que
l'armée française étoit accablée de fatigues et de maladies, et que les Suisses en faisoient l'unique force.
Si l'on étoit battu, le monarque et le duc tombe-
roient entre les mains des Italiens, ce qui occasion-
neroit la perte de l'Etat; si l'on étoit vainqueur, il
étoit à craindre que les Suisses ne s'emparassent des
deux princes, pour assurer le paiement de ce qu'on
leur devoit.

L'avis de ceux qui vouloient la paix ayant prévalu dans
le conseil, on continua, mais avec Ludovic seul, la négociation dont Comines a consigné tous les détails dans
ses Mémoires. Le traité fut signé le 18 octobre. Il
portoit que le Roi rendroit Novare; que Gênes res-
teroit au pouvoir de Ludovic, qui se reconnoîtroit
vassal de la France; que ce prince se sépareroit de la
ligue, et qu'il feroit la guerre aux Vénitiens, s'ils con-
tinuoient de soutenir le jeune Ferdinand. Ce traité,
qui sauvoit en apparence l'honneur des Français, n'eut
aucune exécution de la part de Ludovic. En appelant
sur son pays les plus horribles fléaux, il avoit rempli
son but, qui consistoit à faire périr l'infortuné Galéas, et
à s'emparer de sa couronne. Ainsi, dans cette grande

crise, qui pensa changer la face de l'Italie, toutes les puissances servirent d'instrument à un ambitieux, qui ne devoit cependant pas jouir long-temps de ses criminels succès.

Le Roi, ayant échappé aux plus grands dangers, repassa les Alpes, et s'arrêta dans Lyon, pour surveiller de plus près les affaires de Naples. Il y reçut, peu de temps après, les nouvelles les plus désastreuses. La discorde s'étant mise parmi les généraux chargés de la défense de ce royaume, le vice-roi n'avoit pu profiter de quel · ques avantages qu'il avoit d'abord obtenus sur le jeune Ferdinand, rappelé par le parti arragonais. Ce prince, justifiant la haute idée qu'il avoit donnée de lui au moment de son abdication, avoit réduit les Français aux dernières extrémités, les avoit forcés de capituler; et le malheureux Montpensier étoit mort de chagrin dans l'île de Procida (1). La vue des tristes débris de cette armée ranima les sentimens chevaleresques de Charles : il voulut reconquérir le royaume de Naples; mais les parlemens lui remontrèrent que la France étoit ruinée par les dépenses qu'avoit occasionnées la dernière expédition, et qu'il étoit indispensable de lui accorder quelque repos pour réparer ses pertes.

Ce conseil étoit d'autant plus sage qu'avant d'entreprendre de nouveau une expédition lointaine, il étoit nécessaire de défendre la France contre une invasion des Espagnols. Ferdinand et Isabelle qui, comme on l'a vu, n'avoient pas craint de rompre le traité de Barcelone, envoyèrent dans le Languedoc une armée

(1) On verra dans les Mémoires de Villeneuve les détails de tous les désastres que les Français éprouvèrent dans le royaume de Naples.

qui ravagea les environs de Carcassonne et de Narbonne, et qui essaya de s'emparer de cette dernière
ville. Charles partit pour Avignon, et chargea d'Albon,
comte de Saint-André, de repousser les Espagnols. Ce
général les chassa du Languedoc, les poursuivit dans
le Roussillon, et leur enleva la ville de Salses qui étoit
leur place d'armes. Ce revers, que le roi d'Espagne
étoit loin d'attendre dans un moment où la France
paroissoit ruinée, lui fit craindre que Charles n'essayât
de recouvrer le Roussillon : il lui proposa une trève à
laquelle le mauvais état de ses affaires le contraignit
de souscrire. Maximilien et Henri VII, qui n'auroient
envahi la France que si Charles eût été vaincu par les
Vénitiens, entamèrent avec lui des négociations; et les
derniers traités furent confirmés.

Le jeune Roi, obligé d'ajourner ses projets de conquête, ne songea plus qu'à faire le bonheur de ses
peuples. Il quitta Lyon, et vint à Amboise où il établit
sa résidence. Sa première entrevue avec la Reine fut
déchirante : ils avoient perdu leur fils unique, âgé de
trois ans, pendant l'expédition d'Italie. Conformément
à ses nouveaux desseins, Charles s'occupa uniquement
des soins du gouvernement. Les Etats de Tours avoient
insisté fortement pour que les coutumes des diverses
provinces fussent rédigées. Il répondit à leur vœu par
des lettres-patentes de l'année 1497, qui ordonnèrent
aux différens bailliages de confier cette rédaction à des
personnes choisies dans les trois ordres (1). Il eut aussi
égard aux représentations qui lui furent faites sur l'or-

___

(1) Par une ordonnance du mois d'avril 1454, Charles VII avoit pres-
crit la rédaction des coutumes, mais n'avoit indiqué aucun moyen
d'exécution. Les lettres-patentes de Charles VIII eurent plus d'effet.

ganisation vicieuse du grand conseil. Ce tribunal ac-
compagnoit le Roi dans tous ses voyages, se trouvoit
souvent incomplet, n'avoit point de travail régulier;
et il arrivoit que les plaideurs, après s'être ruinés
pour suivre la Cour, s'en retournoient sans être jugés.
Charles, par un édit du 2 août 1497, ordonna que le
grand conseil seroit sédentaire à Paris : il décida qu'il
seroit composé de dix-sept conseillers assistés de maîtres des requêtes, et que la présidence appartiendroit
au chancelier, en l'absence du Roi. Voulant imiter saint
Louis, pour lequel il avoit une vénération particulière,
il présidoit fréquemment ce tribunal, qu'il regardoit
comme son ouvrage, et se plaisoit à rendre lui-même
la justice à ses sujets. Ce fut à peu près dans le même
temps qu'il forma la compagnie des cent Suisses, dont
Louis de Menton fut le premier colonel.

Ses délassemens, après avoir mené une vie si active,
consistoient à se livrer à des exercices violens, tels que
la paume et la chasse, ou à s'occuper de bâtimens.
Ayant été frappé, pendant son voyage d'Italie, de la
régularité et des belles formes des édifices, il résolut
de faire rebâtir le château d'Amboise sur ce modèle:
Il fournissoit lui-même les plans, et prenoit un grand
plaisir à en surveiller l'exécution.

A son retour en France, il avoit confié le gouvernement de Normandie au duc d'Orléans, auquel il témoignoit la plus grande confiance; et ce prince avoit
choisi pour son lieutenant dans cette province Georges
d'Amboise, son plus fidèle ami. Les courtisans firent
beaucoup d'efforts pour rompre cette bonne intelli-

on s'occupa de ce travail, qui ne fut cependant entièrement terminé
que sous Charles IX.

gence qui régnoit entre le Roi et l'héritier présomptif
de la Couronne : ils y réussirent ; et le duc d'Orléans,
malgré tous les services qu'il avoit rendus en Italie,
fut de nouveau relégué à Blois. Pour le consoler, et
en même temps pour l'éloigner, on lui fit proposer de
se mettre à la tête d'une armée qu'on destinoit à reconquérir le royaume de Naples. Il auroit pris volontiers ce parti, qui l'auroit peut-être privé de la Couronne, si ses serviteurs ne lui avoient fait observer que
la santé du Roi déclinoit sensiblement, et qu'il y auroit de l'imprudence à s'éloigner : il resta donc à Blois,
où il ne parut s'occuper que de plaisirs.

La complexion de Charles avoit toujours été très-
délicate ; les fatigues, le travail, et les exercices auxquels il aimoit à se livrer, l'avoient fait tomber, à la
fleur de l'âge, dans un état de langueur et de foiblesse qui excitoit les plus vives alarmes. Dans un beau
jour du mois d'avril, quelques gentilshommes résolurent, pour le distraire, de lui donner le spectacle d'une
grande partie de paume. Lorsqu'il s'y rendoit, il reçut, en passant sous une porte trop basse, un coup à
la tête, dont il ne se plaignit pas. Il assista au jeu sans
paroître incommodé : mais à la fin de la partie, sentant quelque douleur, il voulut revenir dans ses appartemens, et la Reine alarmée le suivit. A peine avoit-
il fait quelques pas, qu'il tomba et perdit la parole.
On le transporta dans une pièce voisine où il res-
pira encore dix heures. La parole lui revint trois
fois, il en profita pour demander à Dieu et à son
épouse le pardon de ses fautes. Il mourut dans la ma-
tinée du dimanche des Rameaux, le 7 avril 1498, âgé
de vingt-sept ans, laissant la Reine au désespoir, et

regretté de tous ceux qui avoient pu apprécier ses aimables et grandes qualités. Privé des avantages d'une éducation soignée, il s'étoit élevé de lui-même aux plus hautes pensées ; et, si l'âge avoit mûri son imagination fougueuse, il est à croire qu'il seroit devenu un grand roi. Foible de tempérament, d'une taille au-dessous de la moyenne, il se faisoit respecter par un air de majesté répandu dans tous ses traits ; et il est fort bien peint par le vers suivant, qu'on attribue à un contemporain :

Major in exiguo regnabat corpore virtus.

Cette mort appela au trône le duc d'Orléans, qui prit le nom de Louis XII. Destiné à faire les délices de son peuple, il ne devoit être injuste qu'envers l'épouse vertueuse qui avoit prodigué des efforts si ardens et si désintéressés pour le tirer de sa prison.

MÉMOIRES

DE GUILLAUME DE VILLENEUVE,

COMMENÇANT EN 1494 ET FINISSANT EN 1497,

CONTENANT

LA CONQUÊTE DU ROYAUME DE NAPLES; PAR CHARLES VIII,
ET LA MANIÈRE DONT LES FRANÇOIS EN FURENT CHASSÉS.

NOTICE

SUR GUILLAUME DE VILLENEUVE,

ET SUR SES MÉMOIRES.

GUILLAUME de Villeneuve fut un de ces chevaliers, qui, partageant l'enthousiasme de Charles VIII pour les expéditions lointaines, l'accompagnèrent dans le royaume de Naples, et auxquels, en retournant en France, il confia la défense de cette conquête. On ne sait rien ni sur son origine, ni sur l'époque de sa naissance, ni sur celle de sa mort. On ignore à quel titre les familles qui portent son nom pourroient s'honorer de lui appartenir; et, si l'on excepte ses Mémoires, le seul document authentique qu'on ait sur lui, est un état de la maison de Charles VIII, antérieur à la guerre d'Italie, dans lequel il figure comme l'un des écuyers du monarque.

On a vu, dans le Tableau du règne de Charles VIII, les fautes commises par ce prince au moment de la conquête, et les foibles précautions qu'il prit contre une ligue formidable, dont ses ministres, malgré les avis réitérés de Philippe de Comines, s'obstinoient à nier l'existence. Le titre de vice-roi fut donné à Gilbert de Bourbon, duc de Montpensier; et ce prince n'eut qu'une autorité souvent contestée, sur les gouverneurs des provinces et les commandans des places fortes, qui presque tous tendoient à se rendre indépendans. Dans le partage qu'on fit alors entre les seigneurs français, des diverses parties du territoire napolitain, le commandement de Trani, ville importante de la province de Bari, échut à Villeneuve, qui, doué des sentimens d'un loyal chevalier, se distingua des autres capitaines par son désintéressement, les égala par son courage, et dans une circonstance où les plus brillantes carrières sembloient ouvertes à l'ambition, ne songea qu'à remplir fidèlement les engagemens qu'il avoit contractés avec son Roi.

Comme Villeneuve dans ses Mémoires ne s'étend que sur ses aventures personnelles, et ne parle presque pas de la grande révolution, dont elles font un des plus intéressans épisodes, il est nécessaire, pour éclaircir et compléter son récit, de donner les principaux détails de cette révolution.

A peine Charles VIII eut-il quitté le royaume de Naples, qu'on vit se développer le plan arrêté à Venise par le roi d'Espagne, le Pape et les principales puissances de l'Italie. Tandis que les Vénitiens, à l'aide d'une flotte nombreuse, s'emparoient, comme des conservateurs, de plusieurs villes maritimes, le fameux Gonsalve de Cordoue, à la tête d'une armée espagnole, débarquoit à Régio avec le jeune roi Ferdinand, dont les touchans adieux, au moment où il s'étoit vu contraint d'abdiquer, avoient laissé une profonde impression dans le cœur des peuples. Les intelligences entretenues par ce prince, pendant son exil, l'abus que plusieurs Français avoient fait de la victoire, la légèreté naturelle des Napolitains, changèrent aussitôt en dévouement aveugle l'aversion que son père et son aïeul avoient inspiré pour sa famille. Toutes les villes devant lesquelles il se présenta ouvrirent leurs portes, en lui prodiguant des témoignages d'amour; et la capitale n'attendoit que son arrivée pour se déclarer. Mais d'Aubigny l'attaqua près de Seminara, et remporta sur lui et sur Gonsalve une victoire que les Français eurent le malheur de regarder comme décisive. Le général espagnol se concentra dans les environs de Régio, et Ferdinand repassa en Sicile pour réunir de nouvelles troupes.

Montpensier, croyant son autorité affermie, ne s'apercevoit pas que la population entière du royaume étoit fatiguée du joug de la France, et ignoroit qu'une grande conspiration, qui s'étendoit dans toutes les provinces, étoit sur le point d'éclater dans Naples même. Ferdinand parut avec une flotte près de l'île d'Ischia, afin de soutenir les conjurés. C'étoit le moment dont ils étoient convenus avec lui pour se soulever. Mais le vice-roi, ayant reçu à temps quelques avis, fit arrêter les principaux chefs, et crut encore avoir absolument déconcerté ses ennemis. Loin d'être découragés, ils conseillèrent au jeune Roi d'attirer les Français hors de la ville. Ce prince effectua aussitôt un débarquement, et Montpensier, tombant dans le piége, fit sortir toutes ses troupes, dans l'espoir de terminer en un moment la guerre, par la défaite du prétendant à la Couronne. Mais à peine a-t-il franchi les portes, qu'il entend retentir les cris de la sédition dans Naples, et le tocsin de toutes les églises appeler le peuple aux armes. Craignant d'être enveloppé par cette multitude en furie, il renonce à combattre Ferdinand; et, faisant, le tour de la ville, il rentre dans le château neuf, sans être entamé. Toutes les forteresses de la capitale étoient en son pouvoir; et il auroit pu tenir long-temps s'il n'eût pas négligé la précaution de se pourvoir de munitions et de vivres. Cependant les Napolitains préparent une réception magnifique au monarque qu'ils ont chassé quelques mois auparavant. Il entre au milieu des acclamations universelles. Les seigneurs qui ont trahi sa famille s'empressent de lui former une Cour; et leurs femmes, dont l'engouement pour Charles VIII avoit passé les bornes de la décence, se précipitent sur les pas d'un prince du même âge, qu'elles espèrent enchaîner par les mêmes séductions.

Lorsque la nouvelle de la révolution arrivée à Naples fut parvenue dans les provinces, presque toutes les villes se révoltèrent contre leurs gouverneurs; et celle de Trani ne fut pas des dernières. Villeneuve, s'étant enfermé dans le château, résolut de s'ensevelir sous ses ruines. Assiégé par le prince Frédéric, oncle du jeune Roi, et commandant de sa flotte, il rejeta les offres brillantes qui lui furent faites s'il vouloit se rendre; et la trahison put seule le faire céder

à des forces supérieures. Se voyant abandonné par ses soldats d'artillerie, il soutint encore un assaut terrible, se dé-.
fendit long-temps dans une chambre où il avoit fait placer
un canon, et ne fut fait prisonnier que lorsque la fatigue
et l'épuisement l'eurent mis hors d'état de combattre.

Le vainqueur refusa d'abord de le voir, et lui donna
pour prison une galère qui faisoit partie de la flotte napo-
litaine. Villeneuve, manquant des choses les plus nécessaires,
condamné à toutes les espèces de privations, suivit pendant
quatre mois la flotte ennemie dans les diverses expéditions
qu'elle entreprit. Il passa devant Brindes, Otrante, Gallipoli, s'arrêta quelque temps à Tarente, où le brave Silly
tenoit encore pour Charles VIII, eut la permission de passer
un jour avec ce frère d'armes qui lui donna des secours,
vogua ensuite vers la Sicile; et, après avoir côtoyé la Calabre, arriva enfin à Naples, où il fut d'abord enfermé dans
une maison particulière, puis dans le château neuf, que la
garnison française venoit d'abandonner. Ce fut là qu'il
ébaucha ses Mémoires, où l'on trouve les détails les plus
intéressans sur ce pénible voyage. Les souffrances que l'auteur éprouve ne l'empêchent pas de peindre avec beaucoup de vérité les villes et les châteaux devant lesquels il
s'est arrêté. Flottant sans cesse, comme tous les prisonniers,
entre la crainte et l'espérance, il éprouve les plus douces
jouissances quand il apprend quelques succès de ses com-
patriotes, et gémit profondément lorsqu'il ne peut plus
douter de leurs revers. Cette suite de sentimens si opposés
donne à ses récits un attrait tout particulier.

Villeneuve n'avoit été traité avec tant de rigueur que
parce que Ferdinand croyoit avoir de justes motifs de se
plaindre du vice-roi. Ce prince manquant de vivres, et
craignant de ne pouvoir tenir long-temps dans les châteaux
de Naples, avoit fait une convention par laquelle il s'engageoit à les rendre s'il n'étoit pas secouru dans trente
jours. Charles VIII avoit envoyé des troupes par mer,
mais la flotte vénitienne leur ayant fermé le passage, elles

s'étoient retirées à Livourne ; et le délai pour la reddition des châteaux étoit expiré. Montpensier, encouragé par un avantage que Persi, général français, venoit d'obtenir près d'Eboli, sortit furtivement du château neuf, dans lequel il laissa garnison ; et, ayant reçu quelques secours de la France, il voulut occuper la Capitanate, l'une des plus riches provinces du royaume, où il espéroit lever de fortes contributions. Ferdinand, outré de cette violation d'un traité solennel, marcha contre lui avec une forte armée, dans l'intention d'éviter une bataille, et de se borner à le harceler : système excellent dans un pays dont les habitans sont soulevés contre l'ennemi, et prennent part à la guerre. Montpensier, poussé dans la Basilicate, enfermé inopinément dans la petite ville d'Atelle, que ses soldats avoient voulu piller, fut obligé de capituler encore. Il se rendit avec cinq mille hommes qui lui restoient, à la seule condition que l'armée seroit ramenée en France. Ayant donné l'ordre à tous les gouverneurs de se soumettre à cette capitulation, la plupart s'y refusèrent ; et Ferdinand crut qu'ils s'entendoient secrètement avec le viceroi. Il n'exécuta donc pas l'engagement qu'il avoit pris de renvoyer les Français dans leur pays ; et Montpensier, relégué dans l'île de Procida, y mourut bientôt de chagrin.

Ces divers événemens rendirent plus dure la captivité de Villeneuve. Séparé de ses compagnons d'infortune, il fut plongé dans un cachot, où il n'eut pour société que son chapelain. Enfin la fermeté de son caractère, plus que la vigueur de son tempérament, l'ayant fait survivre à tant de malheurs, il fut mis en liberté, et put revenir en France.

Arrivé à Marseille dans un dénuement absolu, il voulut rendre grâce au ciel de sa délivrance, en pratiquant l'humilité, et en offrant le spectacle, devenu fort rare, d'une pénitence publique. Ce fut par cet unique motif qu'il refusa les secours qui lui furent généreusement offerts par le marquis de Rothelin, gouverneur de Provence. Il alla en pélerinage à la Sainte-Beaume, et partit ensuite pour Lyon,

à pied, en demandant l'aumône. Charles VIII, qui se trouvoit dans cette ville, reçut avec bonté son ancien serviteur,
prit beaucoup d'intérêt au récit de ses infortunes, le nomma
maître-d'hôtel, le lendemain de son arrivée, et combla sa
famille de bienfaits.

Les Mémoires de Villeneuve, auxquels il mit la dernière main lorsqu'il fut de retour en France, offrent des
peintures locales qu'on chercheroit vainement ailleurs ;
c'est presque l'unique pièce authentique qui donne des
détails circonstanciés sur les suites funestes de l'expédition
brillante de Charles VIII. Cet ouvrage, très-curieux, resta
inconnu jusqu'au commencement du dix-huitième siècle,
époque à laquelle il fut confié par Jacques du Poirier, médecin de Tours, au célèbre bénédictin dom Martène, qui
le fit entrer dans le troisième volume de son *Trésor des
Anecdotes* (¹). Les éditeurs de l'ancienne collection se sont
permis d'y faire quelques suppressions. Nous le donnons tel
qu'il se trouve dans l'édition originale. Nous avons cru seulement devoir substituer le titre de *Mémoires de Villeneuve* au titre un peu ambitieux, adopté par dom Martène, et qui est ainsi conçu : *Historia belli italici sub Ca-
rolo VIII, rege Franciæ, Siciliæ et Jerusalem, gallice
scripta a Guillelmo de Villanova qui præsens aderat :
ex MS. clarissimi viri Jacobi du Poirier, doctoris me-
dici Turonici.*

(¹) Voici le titre de ce Recueil : *Thesaurus novus anecdotorum, to-
mus tertius, complectens chronica varia aliaque cùm ecclesiastica tùm
civilia omnium penè nationum monumenta historica, prodit nunc pri-
mùm studio et operâ domini Edmundi Martene, et domini Ursini
Durand, presbyterorum et monachorum benedictinorum è congregatione
S. Mauri. Paris, 1717.)

MÉMOIRES

DE GUILLAUME DE VILLENEUVE.

Jᴇ Guillaume de Villeneufve, chevalier, conseiller, et maistre d'ostel du roy de France, de Secile et de Jerusalem, Charles VIII de ce nom, mon tres hault et redouté seigneur et souverain, soit donnée gloire et bonne victoire de tous ses enemis.

Moy estant prisonnier au roy Ferrand (¹), prins en la conqueste du reaume de Naples, detenu tant en ses gallées par force, que en la grosse tour du portal du chasteau neuf de Naples, par l'espace de ung an et trois jours, pour eviter oisiveté, ay voulu rediger et mettre par escript et en memoire la venuë du tres victorieux bien aymé et par tout le monde redoubté Roy en ce reaume de Secile et cité de Naples, des gestes et actes qui par lui ont esté faits estant oudit reaume, et ce qui s'est ensuivy aprés son département, selon ce que j'en ay peu veoir et savoir en mon petit entendement.

Et premierement, le tres vertueux, et tres victorieux, et tres aymé, et bien servy, et par tout le monde redoubté passa les mons [en 1494] à l'âge de vingt-

(¹) *Au roy Ferrand* : le jeune Ferdinand, fils d'Alphonse, qui venoit de recouvrer le trône de Naples. (*Voyez* le Tableau du règne de Charles VIII.

deux ans. Aprés passa la duché et seignourie de Milan, la terre et seignourie des Lucquois, aussy la seignourie des Pisans, qui totalement se donnerent à luy
de leur liberal arbitre et propre voulenté. Et pareillement passa par la terre et seignourie de Flourence,
là où il feist la plus belle entrée en armes, tant de
gens de cheval que de gens de pié, qui jamais fut
faite aux Italies, comme l'on disoit, et logea par
toutes les maistresses villes des seignouries dessusdites,
reservée la ville de Milan, et par tout eust grand
recueil et bonne obeissance. De là entra dans la terre
et seignourie de Saenne (1), en laquelle cité pareillement logea, et y a eu toute bonne obeyssance, et
grant recueil, comme dessus ay dit, et tant alla le
Roy par ses journées qu'il arriva en la terre Romaine;
et logea dedans ladite cité l'espace de trois semaines
ou environ, et toute son armée.

Nonobstant que le duc de Calabre (2) estoit arrivé
dedans ladite cité de Rome un bien peu de temps
avant, accompaigné de grant nombre d'hommes d'armes, et de plusieurs autres gens de guerre, tant à
cheval qu'à pié, pour lui vouloir garder le pas. Mais
quant il sceut la venuë du tres grant et puissant
Roy, il deslogea lui et toute son armée de la ville
de Rome, et se retira à toute diligence au reaume de
Naples.

Et debvez bien sçavoir qu'il n'est pas chose à oublier
que quant le tres vertueux roy de France, de Secile
et de Jerusalem arriva et logea dedans ladite cité

---

(1) *Saenne* : Sienne. — (2) *Le duc de Calabre* : il s'agit ici du jeune
Ferdinand, dont le père, Alphonse, régnoit encore, et qui évacua
Rome à l'approche de Charles VIII.

de Rome, qu'il n'avoit pas avec luy la grand armée, ne semblable compaignie de gens que avoit Hanibal de Cartaige, ou temps passé, quant il alla devant la cité de Rome pour la destruire. Car ledit Hanibal avoit si grand nombre de gens, que nullui ne luy pouvoit resister à l'encontre. Combien qu'il en perdist beaucoup avant qu'il fut arrivé en plaine Lombardie, néantmoins il trouva avecques lui le nombre de cent mille hommes de pié et vingt milles hommes de cheval, quant il arriva devant ladite cité de Rome, comme plus à plain dit l'histoire.

Pareillement debvez bien entendre, que le tres vertueux Roy n'avoit pas telle compaignie, ne la multitude des gens d'armes, comme estoient les François, Allamans, et les Cypriens, quant ou temps passé ils voulurent venir pour destruire ladite cité de Rome; mais en ce temps leur saillist au devant, et courut sus ung consul de Rome, nommé Sempronius, lequel avecques la puissance de Rome se alla vers ses ennemys, lesquels, pour le grant froid, neige, et gellée, qui faisoit, ne se peurent defendre, si leur courut sus ledit Sempronius si asprement et par telle maniere, qu'il les desfeist, et y eust de gens mors, tant des François, Allamans, que Cypriens, jusques au nombre de cent quarante milles, et de prisonniers bien soixante dix milles, comme dit l'histoire plus au long, et à cause de ceste victoire fut fait à Rome le temple que l'on appelle Cypre pour les Cypriens, qui furent destruis comme plus à plain avez peu, et pouvez sçavoir par les histoires romaines bien au long.

J'ay bien voulu dire et alleguer ces histoires romaines cy dessus escriptes, pour vous donner à en-

tendre, et aussy vous veuls bien prier, et à ung chacun
de vous supplier, que si une autre fois vous amenez le
tres chrestien roy de France aux Italies, soit cestuicy
ou autre, que pour l'onneur de Dieu vous l'amenez
mieulx accompaigné qu'il n'estoit, à celle fin que vous
ne mettez en si grant peril et dangier la couronne de
France, comme a esté la personne du tres vertueux
roy Charles, lequel en est eschappé par sa bonne
conduite et vertu de sa personne, et par la grant
grace que nostre Seigneur luy a faite, comme plus au
long oirez cy apres.

Car comme ung chacun de vous scet la grand conqueste qu'il feist de son reaume de Naples en peu
de temps, et à peu de gens; et là fut couronné roy
pacifique. Et la plus grand victoire qu'il eust à son
retour sur la grand puissance des ligues, c'est à sçavoir
le Pape, le roy d'Espaigne, la seigneurie de Venise,
et le duc de Millan, et nonobstant leur grant puissance demoura le vertueux Roy victorieux, et se retira en son reaume de France avecques la bonne aide
et conduite de nostre Seigneur, et tout incontinent
envoya secours au reaume de Naples par mer et par
terre : tout en une année furent faites les trois choses
dessus dites, qui ne fust pas petite euvre : mais je
m'en tairay, et retourneray à mon premier propos.

Or veulz-je retourner à mon premier ouvraige et
petit passe-temps, en attendant la grace et misericorde de nostre Seigneur, et la delivrance de cette miserable prison. Aprés que le roy Charles eust logié
et sejourné trois sepmaines ou environ en la ville et
cité de Rome, comme vous ay dit cy devant, nonobstant plusieurs dissentions et grant murmures, qui

estoient dedans ladite cité; aprés tout ce fait, il deslogea de ladite ville de Rome en grant amour et grant
amitié d'avecques nostre saint Pere le pape Alexandre,
et s'en alla son voyage pour faire la conqueste de son
reaume de Naples et de Secille.

En allant le Roy son chemin, passa par une ville
nommée Mont Saint Jehan, qui estoit au marquis de
Pescaire. Pour certaines violences, et autres grans
deplaisirs, qu'ils avoient fait au Roy, et aussy qu'ils se
declarerent ses ennemys, partist le Roy de la ville de
Bahue (1) ung aprés disner, et feist dresser l'artillerie
devant ledit Mont Saint Jehan; et à bien peu de ba-
terie promptement et vertueusement commandast ledist
prince, que l'assault fust donné, laquelle chose ne
faillist pas commander deux fois : car soudainement fut
fait de tant bons et hardis cappitaines et gens de guerre,
qui là estoient; que aultre chose ne demandoient,
que d'acquerir honneur et faire service à leur Roy et
souverain seigneur. Et fut l'assault donné ainsi, comme
il le commanda, si tres asprement, que les ennemys
furent vaincus, et le tout mis à feu et à sang pour
donner exemple aux autres : et delà alla tousjours
son droit chemin faisant sa conqueste.

Ledit roy Charles tres vertueux et tres victorieux, lui
arrivé en son reaume de Naples, tout incontinent le roy
Alfonse (2), le duc de Calabre son fils, et le prince de

----

(1) *La ville de Bahue*: il ne paroit pas, comme le croient les éditeurs de
l'ancienne collection, qu'il s'agisse ici de la ville de Boiano. Cette ville,
située dans le comté de Molise, est loin du Garigliano et de la route que
tenoit Charles VIII. — (2) *Le roy Alfonse*: Alphonse avoit abdiqué en
faveur de son fils Ferdinand, lequel abdiqua à son tour quelques jours
après. Le prince de Haultemore étoit Frédéric, duc de Tarente, frère
d'Alphonse, qui parvint depuis au trône de Naples.

Haultemore son frere, eulx bien avertis et assennetez de la venue et grand puissance du Roy, né l'ouserent attendre; mais à toute diligence se retirerent en leur gallées, et habandonnerent le reaume et la ville et cité de Naples, et s'en allerent par mer en la ville de Ysgne (1), et de là à Messine, qui est en l'isle de Secille, qui pour le present tient et est en l'obeissance du roy d'Espaigne.

Estant le roy Charles VIII de ce nom en la ville et cité de Naples pacifiquement, et là fut couronné roy en grand solennité, comme à luy appartenoit, accompaigné de plusieurs princes, archiducs, ducs, contes et barons, et plusieurs cardinaulx, et autres prelats, voulut donner et donna ordre aux choses necessaires dudit reaume, ainsi que tout bon prince, saige et vertueulx, est tenu de faire.

Et premierement comme bon, juste, et charitable prince, rendist et restitua les terres, villes et seigneuries, rentes et revenuës qui appartenoient aux princes, ducs, contes et barons, et autres gentils hommes dudit reaume, desquelles seigneuries reintegra les dessus dits; lesquelles avoient esté prinses et usurpées violemment, induement, et à force par les roys, qui par avant avoyent esté comme l'on disoit.

Encore plus d'abondant et de grace comme liberal et piteable prince, voulut descharger et soulagier, deschargea et soulagea tout son peuple dudit reaume de la somme de deux cens milles ducas à perpetuité, et à jamais des charges, et autres subsides, de quoy ils estoyent chargez oudit reaume, qui pas ne fut petite chose.

(1) *La ville de Ysgne :* l'île d'Ischia.

Il ne faut pas que je oublie à vous dire les grans
biens et oblations que le vertueux Roy a fait et con-
cedé aux eglises, et en general par toutes les religions
dudit reaume, qui grace luy ont demandé et justice,
nulluy ne s'en est allé esconduit de ce que au tres vertueux Roy a esté possible de faire.

Aprés que le Roy eut demouré et sejourné en son
dist reaume de Naples par l'espace de long temps,
fut adverti bien au vray, et informé bien à la verité,
que le Pape, le roy d'Espaigne, le roy Ferrant (1), le
duc de Milan, et la seigneurie de Venise avoyent fait
ligue tous ensembles à l'encontre de luy, et une tres
grosse armée, tant de gens de cheval que de gens de
pié, jusque au nombre de soixante milles hommes,
comme l'on disoit, dont ce fut forte chose à croire au
Roy, attendu les grans promesses et grans sermens
qu'il avoit eu de nostre saint pere le Pape (2), du
roy d'Espaigne, et du duc de Milan, desquelles promesses et grans sermens je m'en tairay : car à moy
n'appartient, ne mon sens est assés suffisant pour parler,
ne pour discuter d'une si haute matiere, ne si cor-
rompue, comme cestecy. Mais neantmoins qui m'en
demanderoit mon opinion, je y serviroye pour ung tes-
moing ou temps advenir, comme celluy qui en a veu
et ouy la pluspart des choses dessus dites. Car je y

(1) *Le Pape, le roy d'Espaigne, le roy Ferrant :* on croiroit que le
roi d'Espagne et le roi Ferrant sont deux personnages différens : l'auteur désigne ainsi Ferdinand-le-Catholique, roi d'Arragon, qui avoit
épousé Isabelle, reine de Castille. Dom Martine observe que, dans le
manuscrit, les mots *le Pape et le roy Ferrant* sont effacés, de manière cependant à ce qu'on puisse les lire. — (2) *Nostre sainct pere le
Pape :* dom Martine observe encore que ces mots sont effacés dans le
manuscrit.

estoye en personne : mais il est force que je m'en taise,
de peur de errer, et en laire parler et mettre par escript
plus au long à ceux qui ont plus de sens en leur
testes, et plus d'encre en leur cornet que je n'ay, car
c'est trop mieulx leur mestier que le miens.

Mais pour retourner à mon propos, non-obstant
que je Roy tres chrestien, tres vertueux, et victorieux,
fut bien adverti de la grant armée et multitude de
gens qui estoyent amassez au devant de luy pour le
vouloir deffaire, si ne laissa pas pour cela de partir
de son reaume de Naples et de s'en retourner tout son
droit chemin au reaume de France, et de rechef logea
dedans la ville et cité de Rome, lui et toute son armée : et au desloger de ladite cité, tant alla par
ses journées qu'il rencontra ses ennemis et tres grand
puissance de gens d'armes tant à cheval comme à pied,
comme cy devant vous ay dit. Et n'avoit le Roy avecques
luy point plus de douze cens hommes d'armes, et de

C'estoit bien peu envers les autres. Mais non pour cela
ne delaissa pas le tres vertueux et tres victorieux Roy
à donner dedans ses ennemis là où il les trouva, si
tres hardiement, et si tres vaillamment de sa personne,
comme ung chacun de vous scet, qu'il est bien chose
digne de memoire. Car c'estoit celluy qui tousjours
eust la face droit à ses ennemys, l'espée au poing, la
bouche plaine de bonnes et vertueuses paroles à ses
gens. Et le fait de mesme le cueur plus gros que le
corps avecques la fierté de ung lyon tant que la bataille
dura (1); et aprés la victoire doulx et begnin, comme

(1) *Tant que la bataille dura* : cette bataille est celle de Fornoue,
livrée et gagnée par Charles VIII, le 6 juillet 1495.

un ange, recognoissant la grant grace que Dieu lui avoit faite.

Il faut bien dire que pour neant ne porte le nom de Charles, car ce fut pour le jour ung second Charlemaine. Car à toutes heures alloit et venoit parmy ses gens, et principalement là où besoin en estoit, et sans regarder le dangier de sa personne. Car si avant se mist dedans la bataille et parmy les coups, qu'il y fut blessé, comme l'on dist, et en tres grand dangier : mais il fust promptement secouru de bons et hardis cappitaines et autres gens de guerre, qui estoyent à tours de luy, et aussi de plusieurs gentilshommes qu'il avoit nourri, qui point ne l'abandonnerent, mais bien et vaillament, comme bons et loyaulx subjets et serviteurs, le servirent pour le jour, dont je leur en sçay bon gré. Car trop eust esté grande la perte de ung si bon et si vertueux Roy et naturel maistre comme luy.

En effet la bataille fut moult aspre et grande tant d'un costé que d'autre, et y fut tué grant nombre de gens de ligues, et de grans personnaiges, et bien petit des François furent mors, comme l'on dit. Et n'y fut prins homme de renommée du party de France, que monseigneur le grant bastart de Bourbon, qui moult vaillamment et vertueusement se pourta pour le jour, comme bon et hardy chevallier qu'il estoit. Et la bataille finie, le Roy tres vertueux et tres victorieux passa la riviere, lui et ses gens, à bien petit de perte, comme vous ay dit cy derriere, l'espée au poing, et tousjours retournant sa face droit à ses ennemis, comme vertueux prince, ainsi que plus à plain le verrez et oirez par les chroniques, et par ce qui en

a esté mis par escript par plusieurs saiges et discretes
gens accoustumez de ce faire, car c'est trop mieulx
leur mestier que le miens.

Par quoy leur prie de tout mon cueur que à ceste
fois ne vueillent avoir la bouche clouse, ne faulte de
eloquence. Car il y a matiere belle et grande pour
bien y employer papier et encre, que pleust à Dieu
mon createur qu'il m'eust donné la science de bien le
sçavoir faire comme le cas le requiert : car encore
prendroye voulentiers la patience une autre année en
cette miserable prison pour faire une si tres haulte
euvre et digne de memoire, comme ceste cy est de
ung si tres vertueux, tres victorieux, et si tres bien
aimé, et si tres loyalement servy, et par tout le monde
redoubté, roy Charles VIII de ce nom de France, de
Secille et de Jerusalem mon tres redoubté et souverain seigneur et bon maistre.

S'ensuit la prinse de la ville de Naples faite par le
roy Ferrant à cause de la rebellation et grant
deloyauté de la commune de ladite ville. Et aussi
s'ensuit plusieurs autres actes, tant prinses de
villes, de renditions de chasteaux, et plusieurs
rencontres et autres rotures (1), qui ont esté faites
oudit reaume en cellui temps, comme plus à plain
verrez en ce petit livret.

L'an de grace 1495, et le septiesme du mois de
jullet, se rebella la ville et cité de Naples à l'encontre

(1) *Rotures* : ce mot vient du mot latin *ruptura* : il veut dire ici défaite.

du roy de France, de Secille, et de Jerusalem, leur
souverain seigneur, Charles VIII de ce nom : et leverent la baniere du roy Ferrant sus, et cedit jour
ledit roy Ferrant entra dedans ladite ville de Naples
environ dix heures au matin par la porte de la Magdelaine, là où ledit roy Ferrant descendit de ses gallées; et tous les François qu'ils rencontrerent dedans
ladite ville furent mis à mort.

Le prince de Sallerne [1] luy estant en sa maison
ouyt ce bruit, et le grant cry, qui estoit dedans la
ville, du peuple, qui estoit aussi esmeu, soudainement
se retira au Chasteau Neuf, et plusieurs autres seigneurs
et contes du pays, le seneschal de Beaucaire estoit
au chasteau de Capoannes, pareillement oyant l'a-
larme et horrible bruyt, qui estoit dedans ladite ville,
à toute diligence mit poine de gaigner le Chasteau
Neuf, moyennant l'aide de ses bons amys; et par ce
moyen se sauva, le seigneur d'Alegre, le seigneur de
La Marche, le cappitaine missire Gratian de Guerres,
le seigneur de Jehanly, le seigneur de La Chapelle, le
seigneur de Rocquebertin, et plusieurs autres gens de
bien feirent grant effort tant à cheval que à pié à rebou-
ter les ennemys; mais le nombre et fureur du peuple
fut si tres grant, qu'ils ne peurent resister à l'encontre, et
leur fut force de eulx retirer dedans le Chasteau Neuf,
quant ils virent qu'ils ne povoient autre chose faire.

Et là trouverent oudit chasteau Guillebert monseigneur de Bourbon, seigneur de Monpensier, conte
daulphin d'Auvergne, archiduc de Cesse, viceroy et
lieutenant pour le roy de France, de Secile, et de

---

[1] *Le prince de Sallerne* : Antoine de Sanseverin, seigneur napolitain, dévoué aux Français.

Jerusalem, au reaume de Naples, et dedans ledit Chasteau Neuf furent assiegez par ledist roy Ferrant et plusieurs autres gens de bien en leur compaignie. Mais ils n'en tindrent pas grand conte, tant qu'ils eurent dequoy manger. Car tous les jours sailloient à puissance dudist chasteau à l'escarmouche, et aussi de l'eglise. Sainte Croix et du chasteau de Pisfaucon [1] : car il y avoit grant nombre de gens par tout; et là faisoient tous les jours de moult belles saillies : et principalement sur le mole du port; et y fut tué grand nombre des ennemys, et des François le seigneur de Beauveau, et le sieur des Champs, gentil homme de la maison du Roy, le maistre d'ostel Huvart, qui fut tres grand domaige : car ils estoyent vaillans et hardis de leurs personnes : et aussi y fut tué Petit Jehan le tambourin du Roy, homme d'armes qui homme de bien estoit.

Un bien peu de temps aprés se retourna une partie des villes et chasteau de la Poueille [2]; et se rendirent au prince de Haultemore, qui sans cesser alloit et venoit au long de la marine avec trois gallées, qu'il avoit ordinairement.

Deux jours aprés que ladiste ville de Naples fut rebellée et renduë au roy Ferrant, la ville et cité de Trane se retourna soudainement, et leverent la baniere du roy Ferrant sus, criant tous ensemble *Ferre, Ferre*. Cedist jour voulurent prendre messire Guillaume de Villeneufve, chevalier, conseiller, maistre d'ostel du roy de France, et de Secille et de Jerusalem, qui pour lors estoit gouverneur de ladiste ville de Trane, et cappitaine dudit chasteau : mais ledit de Villeneufve

---

[1] *Chasteau de Pisfaucon* : Pizzifalcone. — [2] *De la Poueille* : de la Pouille.

estoit bien accompaigné. Et aussi messire Barnabo de
La Mare estoit avecques lui accompagné de vingt-cinq
Estradios (¹) ; et tous deux ensemble se retirerent sans
rien perdre au chasteau. Ces choses voyant ledit mes-
sire Barnabo, commencea à dire audist de Villeneufve :
« Il faut que je vous laisse, et que je m'en voise à
« Berlette : car je me doubte que ladiste ville de Ber-
« lette ne soit rebellée, comme les autres. » Laquelle
chose estoit vraye, et sur ce point s'en alla ledist messire
Barnabo avecques les Estradios.

Ledist de Villeneufve demoura dedans le chasteau de
Trane, et tout incontinent feist lever les pons dudist
chasteau, et charger l'artillerie. Car il y en avoit de
bonne. Et ce soir de nuyt luy fut mis le siege et commancerent à faire leurs approches et trenchées ; et tindrent le siege l'espace d'ung mois. Durant ledit siege
ledit de Villeneufve feist trois saillies, l'une sur les gens
de la ville de Berlette, qui amenoient des vivres à la
ville de Trane, et y print gens et vivres, et les mena
au chasteau, qui grand secours luy fut. L'autre saillie
fut sur les gens de la ville, là où il y eust deux prins
des ennemys. Et l'autre sur un Estradiot, qui venoit de
Berlette, porter des nouvelles à la ville, lequel pareillement fut prins, et durant ledit siege, fut ladite place fort
batuë de artillerie, et environnée d'une grant tranchée,
qui prenoit d'un des costez jusques à l'autre ; tellement
que ladite place fut environnée de fossez en telle façon,
qu'on n'y povoit plus sortir dehors que par la mer,
laquelle estoit aussi bien gardée que la terre.

Ung peu de temps aprés que la rebellion fut faite,

(¹) *Estradios* : c'étoit une milice albanaise, qui, comme les Suisses,
se mettoit à la solde de diverses nations.

l'armée des Venissiens vint devant le chasteau de Trane,
incontinent qu'ils eurent prins, et mis à sac la ville de
Manople (¹), et la sommerent, et requirent ledit messire Guillaume de Villeneufve, cappitaine du chasteau,
et gouverneur de ladite ville de Trane, qu'il voulsist
rendre le chasteau à la seigneurie de Venise; et que on
luy donneroit dix milles ducas, et le mener lui, et
ses gens, et ses bagues sauves, jusques au port de Marseille; ou autrement qu'ils luy feroyent pis qu'ils n'a-
voient fait à la ville de Manople, laquelle ils avoient
prins d'assault, pillée, et mise à sac. Et estoit dedans la ville pour le roy de France le cappitaine Prudence.

Ausquels Venissiens ledit de Villeneufve respondist
qu'il avoit le chasteau en garde du roy de France, de
Secille, et de Jerusalem, son souverain seigneur, et
qu'ils n'y avoyent que veoir et que demander; et qu'ils
s'en allassent : car il aymeroit mieux mourir que de le
rendre jamais sans le commandement de son Roy et
souverain seigneur. Et aussi qu'il ne leur appartenoit
en riens. Et à tant s'en allerent lesdits Venissiens fort
malcontens, et se retirerent au port de Menople, qui
tenoit pour eulx, car les villes et chasteaux qu'ils povoient prandre, ils les gardoient pour la seigneurie
de Venise, et mettoient sous la banniere de Saint
Marc, comme villes gagnées de bonne conqueste.

Monseigneur le prince de Haulte-More, dom Federic d'Arragon, ung peu de temps aprés vint avec ses
gallées devant ledit chasteau dudit Trane, et y envoya
un sien maistre d'hostel à seureté, nommé messire
Vincent, requerant audit de Villeneufve de par mon-

(¹) *Manople* : Monopoli.

seigneur le prince, qu'il lui voulsist rendre ledit chasteau ; et qu'il le traitteroit si bien qu'il auroit cause d'estre content de lui ; et qu'il l'envoyroit lui, et ses gens, et ses bagues sauves, jusques à Marseille. Lequel Villeneufve lui respondit, qu'il l'avoit en garde du Roy son souverain seigneur, comme dessus a dit, qu'il aymeroit mieux y mourir que de faire si grand faulte, et si grand lascheté au Roy ; et à tant s'en alla ledit prince fort maucontent devant le chasteau de Manfredonne, là où estoit missire Gabriel de Montfaulcon et sa compaignie, et tant fit ledit prince avecques lui, qu'il lui rendist le chasteau ; car il avoit faulte de vivres, comme l'on disoit. Et d'appointement fait entre eulx par la composition ledit prince lui promist l'en envoyer lui, et ses gens, et ses bagues sauves, au reaume de France, laquelle chose il feist.

Incontinent que ledit prince eust ledit chasteau entre ses mains, s'en alla devant le chasteau de Berlette, qui pareillement est sus la mer ; lequel tenoit ung gentilhomme de monseigneur de Monpensier, nommé Bouzeguin, auquel le prince parlementa, et pareillement s'accorda ledit Bouzeguin, et rendist le chasteau par composition ; et lui promit ledit prince l'en envoyer en France avecques messire Gabriel de Montfaulcon, et ses bagues sauves : laquelle chose il feist ; car ledit Bouzeguin avoit faulte de gens et de vivres.

Une partie des gens dudit Bouzeguin se mirent à la soulte et gaiges dudit prince, et entre les autres chanonier flameng (1), lequel fut envoyé de par le prince souborner ung autre chanonier flameng, que avoit messire Guillaume de Villeneufve pareillement audit

(1) *Chanonier flameng* : canonier flamand.

chasteau de Trane ; auquel il dit de nuyt semblables
paroles : « Si vous voulez vous rendre à monseigneur
« le prince, il vous sauvera la vie, et vous prendra à
« son service, et vous donnera cent ducas, et à tous
« les autres compaignons que vous amenerez avecques
« vous vingt-cinq ducas, et tretous seront mis à ses
« gaiges : » lequel comme traistre et lasche qu'il fut, s'y
accorda, et lui promist sa foy de ainsi le faire ; et par un
peu d'espace de temps, petit à petit, il souborna trente-
deux des compaignons dudit chasteau, lesquels il emmena avecques lui hors du chasteau le jour que on
donna l'assault, et se descendirent le long d'une
corde par dessus les murs de la basse court, et ne
demoura que huit compaignons avec ledit de Villeneufve. Ce fut le quatriesme jour du mois d'aoust,
que les traitres vendirent le chasteau de Trane,
et aussi vendirent leur capitaine missire Guillaume
de Villeneufve, dont les noms des traîtres s'ensuivent
cyaprés.

Tout incontinent que le prince fut assanneté de la
trahison qui se faisoit dedans ledit chasteau de Trane,
aprés qu'il eust prins ledit chasteau de Manfredonne et
de Berlette, renvoya derechief son maistre d'ostel devers ledit de Villeneufve, pour le sommer et requerir
encore une autre fois de par le prince, qu'il eust à
rendre ledit chasteau ; auquel ledit de Villeneufve luy
respondist, comme dessus, qu'il aymeroit mieulx mourir l'espée au poing, que de faire ceste laschété au
Roy son souverain seigneur et maistre, et à tant s'en
retourna ledit missire Vincent faire son rapport audit
prince, dont il en fut terriblement malcontent ; lors
dit ledit prince, qu'il donneroit deux cens ducas au

premier homme qui entreroit dedans ledit chasteau, et trois cens à celluy qui·mettroit la teste audit de Ville-neufve sus le portal au bout.de la lanse de la baniere du roy de France, qui là estoit : et habandonna le chasteau à estre mis à sac ; et sur ce point feist crier l'assault ; et celle heure s'en allerent trente-deux traî-tres compaignons qui dedans le chasteau estoient, dont les noms s'ensuivent. Et premierement·Pierre de·Corse, Flameng ; Jehan Freron, natif de Beaucaire ; Jehan Bonnier d'Uzez ; Julien son fils, chanonier ; Claude Coulon, de Languedoc ; Guillaume de Vitry ; Guyot de Gra, Savoizien ; Guillaume Munier, Savoizien ; Le-cure , natif de la Vote en Languedoc ; Le Laquays, Jehan son frere, du Daulphiné ; Loys de Tharascon, de Provence ; Guyaume Menon, d'Yeres en Provence ; Ber-thelemieu , Provensal ; Le Flameng ; Jehan de Nicole, Piemontois ; Jehan Vusseval, de Beaucaire ; Le Tore, Gascon ; Janot, Gascon ; Menon, Gascon ; Le Tabourin, Gascon ; Le Roberques, de Saint Mathurin de l'Ar-chaut ; Lamoureur, d'Avignon ; Petit Jehan Bienvenu, d'Auvergne ; Colle, Italien ; maistre Honnorat, char-pantier ; maistre Berthelemieu, mareschal ; Fleurent, Picard ; Laventurier, du Daulphiné ; Jehan Le Peintre, d'Auvergne, Marin Potier, mareschal ; George Mon-nier ; Vincent Fournier, sont les noms des traîtres, qui ont vendu le chasteau et place de Trane, et ont prins soulte du prince de Haulte-More.

Sur ce point feist donner l'assault, et y vint gens tant par mer que par terre, et les huit pouvres compai-gnons, qui dedans ledit chasteau estoient demourez avec ledit de Villeneufve, se deffendirent bien et vail-lamment, comme bons et loyaulx, qui furent pour le

Roy. Car ils resisterent et tindrent fort au premier assault qui fust donné à la basse court, tant que à eulx
fut possible, mais au long aller fut force qu'ils haban-
donnassent; car la basse court est de grande garde, et
y furent assaillis de tous coustés, tant du quartier de
la mer que de la terrre; et à ceste cause fut contraint
de se retirer dedans le chasteau, lui et ses gens, et à
toute diligence mirent peine de gaigner le hault des
grosses tours, et le dessus de la posterne. Car la grant
porte estoit tres fort murée; et tout incontinent à force
d'eschelles les ennemis entrerent dedans ladite bassecourt; et moult y furent bien recueillis de coups de
tret et de pierre. Car quand ils furent dedans ils ne
sçavoient où leur cacher, ne où se mettre à couvert,
pource que ledit de Villeneufve avoit fait abatre toutes
les chambres et maisonnemens de ladite bassecourt.
Mais nonobstant les ennemis estoient si fort couvers
de paroys et de rodelles (1), qui ne laisserent point de
venir prés au pié de la muraille, et là il y écheut largement de blessés et mors; car autrement ils ne le pouvoient, veu le grand nombre qu'ils estoient.

Ung peu aprés qu'ils furent refreschis, et qu'ils
eurent recouvré leur gens de tret et leur eschelles,
donnerent un aultre assault au chasteau, et dresserent
leur eschelles de tous coustez; mais nonobstant cela
tant que les pouvres compaignons, qui dedans estoient,
peurent les bras lever, se deffendirent moult vaillament, jusqu'à temps qu'il y eust deux tuez, et le chastelain blessé d'une harquebuse au traver du coulde,
qui fut tres grant domaige: car il estoit homme de bien;
et ledit de Villeneufve eust trois trects d'arballeste de-

(1) *Rodelles* : rondelles.

dans sa sallade, et un autre dedans le pertuis de son
plastron : et dura ledit assault par l'espace de trois
heures, si tres aspre de tous coustez, qu'il n'y avoit
homme qui plus se peust deffendre, ne les bras lever.
Entre les autres vint un Esclavon, qui montoit au
long d'une eschelle, pour entrer dedans ung grand pertuis de la salle où ledit de Villeneufve avoit fait mettre un gros canon, qui battoit les reperes et taudeis
des ennemys.

Etant ledit de Villeneufve sur la fausse porte,
apperceut ledit Esclavon, qui vouloit entrer dedans
ledit pertuis, soudainement et à toute diligence l'espée
au poing dedans ladite salle, et rencontra ledit Esclavon qui ja étoit entré; et ledit de Villeneufve l'approcha et appressa de si prés, que ledit Esclavon se
rendist à luy, et luy pria qu'il ne le voulsist pas tuer.
Et ledit de Villeneufve lui demanda s'il estoit homme
pour lui sauver la vie, lequel Esclavon lui respondit
que ouy; et luy bailla la foy en le baisant en la bouche,
et en cet appointement faisant, ledit de Villeneufve
laissa entrer trois autres Esclavons par ledit pertuis, et
print semblablement la foy de l'un aprés l'autre, qu'ils
lui sauveront la vie; laquelle chose ils lui promirent
aussi le faire, car il n'y avoit remede de se pouvoir
plus tenir, pource qu'ils estoient de toute part entrez,
et fut ledit chasteau prins de assault, pillé, et mis à
sac; et fut grant grace nostre seigneur, que tous ceux
qui estoient dedans ne furent tuez et mis en pieces,
car ainsi l'avoit commandé le prince; et sus ce point
ledit de Villeneufve pria aux Esclavons, qu'il le me-
nassent à la chapelle, de peur qu'il ne fut tué à la
foule; car autrement il estoit mort. Et là vint grant

quantité de gens, et entre les autres ung gentilhomme,
nommé Jacobo Pinadelle ; lequel vint l'espée au
poing prendre ledit de Villeneufve, et l'emmena tout
en pourpoint, lui et ses gens : et le laissa en la maison
de madame Jule, et en alla tout incontinent au prince,
et luy dit qu'il avoit mené ledit de Villeneufve en la
maison de madame Jule, et qu'il lui plaisoit que l'on
en feist. Lequel prince fut fort émerveillé dequoi il estoit en vie, et commanda que l'on le mena en la gallée par force, nommée la gallée Marquese : là où tout
incontinent vindrent à lui cinquante Estradiots grecs
de l'armée des Venissiens, et accompaignerent ledit
prince, qui s'en alla par terre en une ville nommée
Daneston, et feist cappitaine general de toutes les galées ung Venissien.

Cedit jour se leverent toutes les gallées, et feismes
voilles, et allasmes surgir au port de Brindes devant
ladite ville, et arrivasmes le vendredi 8 d'aoust, à cinq
heures de nuyt, à l'entrée dudit port, en une isle, là
où il y a ung chasteau tres fort de muraille et de tours,
et fors bollevars bien percez et bien fournis d'artillerie,
grosse et menuë ; et y a ordinairement soixante mortes
payes pour la garde dudit chasteau ; et se nomme le chasteau de Sainct André dedans Lisole ; et s'appelle Sainct
André, pource que autrefois il y avoit une abbaye, qui
estoit nommée Sainct Andrée, mais le roy Alfonse en
feist faire un chasteau pour la garde dudit port.

En cestui chasteau estoit en prison le seigneur de
Lespare, yssu de la maison d'Alebret, frere germain du
seigneur d'Orwal, lequel estoit viceroy en la Poueille
pour le roy de France, de Secille, et de Jerusalem ; et
fut prins en une saillie qu'il feist sur les ennemis, qui

estoient venus courrir de la ville de Brindes devant une ville nommée Messaigne (1), là où estoit ledit seigneur de Lespare : et promptement qu'il oüyt l'alarme, saillist hors de ladite ville, l'espée au poing, et rebouta les ennemys bien asprément jusques à leurs embusches, et là fut rencontré et son cheval mis par terre, et luy blessé de cinq ou six playes, et fut emmené prisonnier dedans ladite ville de Brindes, pour faulte qu'il ne fut suivy à la charge qu'il feist : car bien et vaillament se defendit, et un de ses gentils hommes fut tué auprés de lui, qui alloit à son secour nommé Peysac.

Ainsy que les galées s'en retournoient du port dudit Brindes, ledit sieur de Lespare s'enquist et demanda se Guillaume de Villeneufve estoit dedans lesdites gallées ; et on lui dit que ouy. Et il requist au cappitaine dudit chasteau qui l'avoit en garde, qu'il lui plust de lui faire ceste grace de le mener jusques à la galée Marquese, là où estoit ledit de Villeneufve, laquelle chose le capitaine luy accorda voulentiers, et le mena au devant de la pouppe de la gallée, sans entrer dedans ; et là veist ledit de Villeneufve sans robbe, bien pouvre ettres piteux de sa personne ; et en fut ledit seigneur de Lepare tres desplaissant de le voir ainsy maltraitté, et ledit seigneur de Lespare luy presenta la moitié de son vaillant, qui estoit en somme de dix ducas, que on lui avoit presté, et à tant le capitaine ne les voulut plus laisser parler ensemble, et le retira dedans ledit chasteau, et la gallée feist voille et s'en alla, et vous promet que piteuse fut leur despartie.

Le seigneur de Champeroulx (2), duc de Leches, et

---

(1) Mesagnà ou Mesagne, bourg situé dans la terre d'Otrante. —
(2) *Le seigneur de Champeroulx* : Jean de Grassai.

le roy d'Evitot (¹) estoient dedans l'autre chasteau de
Brindes, qui est un autre tres fort chasteau à merveilles ; mais ils n'estoient pas detenus comme priso-
niers ; car ils saillirent par composition hors de la ville
de Leches, eulx et leurs bagues sauves et leurs gens,
reservez chevaux et arnois, pour ce que ladite ville
estoit foible, et mau garnie de vivres ; et ledit prince
le leur accorda voulentiers ; car il ne demandoit que
gaigner pays, et leur promist de les faire mener à
Marseilles ou en Aiguesmortes, à sauveté de leur personne.

Audit port de Brindes trouvasmes quatre naux (²) et
trois gallions, qui estoient aux Biscayns, qui ordinairement avoient demouré là pour la garde dudit port,
et bien besoing leur en fut.

Au departir dudit Brindes venismes surgir et gester
ancres en mer au port de Otrante, qui est à soixante
milles de Brindes ; et est ladite ville de Otrante belle et
forte ; et y a ung tres fort chasteau ; et y estoit madame
la princesse de Hautemore. Et de là partist l'armée, et
feist voile le dix-septiesme jour du moys d'aoust, et
passa devant le chap Sainte Marie, sans y arrester.
Ledit chap nommé Sainte Marie (³), est un des bouts
du reaume du quartier de la Turquie. Et dudit chap
Sainte Marie, entrasmes ou gouffre (⁴) de Tarente, et
passasmes par devant Lusante, et lendemain arrivasmes au port de Galippe : et y a cinquante milles de
Otrante jusqu'audit Galippe ; et est ladite ville de
Galippe tres forte, et toute environnée de mer ; et y a

(¹) *Le roy d'Evitot :* on sait ce que c'étoit que cette royauté : ce seigneur s'appeloit Jean Branchier. — (²) *Naux :* navires. — (³) *Chap nom-*
mé Sainte Marie : le cap Sainte-Marie. — (⁴) *Gouffre :* golphe.

un tres fort chasteau; et seroit malaisé à prendre sans praticque ou sans famine.

Le dix-neuviesme jour du moys ensuivant se leva l'armée dudit port de Galippe, et alla devant Tarente; et en chemin eurent nouvelle de monsieur le prince de Haultemore, qui s'en venoit embarquer aux gallées avec deux cens chevaulx legiers, laquelle chose feist, et renvoya les chevaux à la rive de terre, que menoit don Chese d'Arragon (¹).

Ce jour à la my-nuyt fut ordonné par ledit prince, que la gallée Marquese s'en iroit devant à Tarente avec deux brigandins, pour arriver devant le jour en une isle, qui est vis à vis dudit Tarente; et s'appelle l'isle de Nostre Dame, pour ce qu'il y a une chapelle fondée de Nostre Dame, et autre chose non; car c'est une isle deserte. Ladite gallée y arriva devant le jour, et les deux brigandins; lesquels deux brigandins allerent courir devant le port de Tarente, et la gallée demoura en embusche derriere l'isle. Et incontinent saillist deux autres brigandins, une fuste, et un petit bateau de Tarente, et donnerent la chasse aux deux brigandins arragonois, lesquels se retirerent à toute diligence devers la gallée, et le faisoit tout exprés pour tirer les autres aux champs, et quant le guet de la gallée vit qu'il estoit temps que ladite gallée se descouvrit, lui feist signe, et à toute diligence ladite gallée se despartist pour aller au secour : et bien besoing lui fut, car autrement les brigandins estoient prins.

Tout incontinent que lesdits brigandins arragonois

(¹) *Dom Chese d'Arragon* : don César d'Arragon, fils naturel du vieux Ferdinand, roi de Naples, mort avant l'entrée de Charles VIII en Italie.

veirent leur gallée de secours, soudainement tournerent et donnerent la chasse aux Tarentins, tant que tref
et rames povoïent tirer, et à peu qu'ils ne les prindrent,
et furent chassez si asprement, qu'ils feirent donner de
prouë en terre au petit basteau ; et fut la chasse si tres
soudaine, que l'artillerie du chasteau les despartist les
uns d'avecques les autres.

Le gouverneur de la ville, qui là estoit pour le roy
de France, de Secile et de Jerusalem, nommé missire
George de Silly, saillist à toute diligence à cheval au
long de la marine, pour recueillir ses gens, cuidant
qu'ils donnassent de prouë en terre, et le tout retira en
la ville à sauveté, sans rien perdre. Et ceulx de ladite
ville en furent tres joyeux. Car il y avoit dedans ladite
fuste et brigandins largement de gens de bien, qui leur
estoient tres grand perte ; et tout cecy voyoit messire
Guillaume de Villeneufve, qui estoit prisonnier dedans ladite gallée Marquese. De là s'en retourna ladite
gallée à l'isle Nostre Dame ; et là attendismes monseigneur le prince de Haultemore, qui arriva entre
quatre et cinq heures, accompagné de sept gallées
venissiennes, et la sienne, et celle de frere Lienard,
chevalier de Rhodes, et quatre barches biscaynes,
qu'il amena avec luy du port de Brindes ; et vindrent
surgir et gester leurs ancres en mer devant ladite ville
de Tarente.

Et tout incontinent le gouverneur missire George de
Silly saillist de rechief bien accompaigné tant de gens
de cheval que de gens de pié ; et feist mener une grosse
piece de artillerie avecques luy, qui tira trois ou quatre coups à l'encontre desdites gallées ; et bien peu s'en
faillist, qu'il ne donnast dedans celle du prince : et

tout incontinent ladite armée de mer se leva, et alla
surgir dedans l'isle de Nostre Dame; là où demou-
rasmes six sepmaines, en attendant l'autre armée des
Venissiens; et faisant le guest tous les jours, et grand
gast aux vignes, jardins, et oliviers des Tarentins, pour
les cuider gaigner : mais tousjours furent bons et
leaulx pour le roy de France, de Secile et de Jerusalem, avecques l'aide de leur gouverneur, qui moult
homme de bien se monstroit continuellement.

Ung peu de temps aprés, le prince envoya ung sien
gentilhomme, nommé Raphaël de Faulcon, et un roy
d'arme du roy de France, de Secile et de Jerusalem,
nommé Champaigne, que le prince tenoit en sa gallée ;
et les envoya devant le chasteau de Tarente dedans un
brigandin parlementer audit gouverneur, pour le cuider pratiquer : mais le gouverneur est trop bon serviteur,
et loyal pour le Roy son souverain seigneur et maistre.
Ledit gouverneur respondist audit Raphaël, qu'il s'en
retournast, et qu'il ne vouloit point parlementer
avecques luy, et qu'il estoit assez suffisant pour garder
la ville et le chasteau, lequel luy avoit baillé en garde
le Roy son souverain seigneur. Et puis dit au roy
d'armes, nommé Champaigne : « Si vous voulez de-
« mourer ceans avec moy pour l'onneur du Roy, je
« vous recueilleray de bon cueur; » laquelle chose il
eust fait volontiers : mais y n'estoit pas en sa liberté,
et à tant s'en retournerent devers le prince faire leur
rapport.

Le seizieme jour du mois de septembre, jour de la
Sainte Croix, arriva l'armée des Venissiens devant le
prince devant Tarente, laquelle amena le general des
Venissiens, qui estoient en nombre dix-neuf gallées

et néuf qui estoient de par devant, et furent vingt-
huit qui tous les jours faisoient grant gast aux Tarentins pour les cuider gaigner et retirer à eulx; mais pour
cela il ne remua droit; car tousjours ils furent bons et
loyaulx pour le roy de France, de Secile, et de Jérusalem, leur souverain seigneur.

Ung bien peu de temps après ledit prince alla descendre en une plaige au dessous de Tarente avec mille ou
douze cens Venissiens; et là le vindrent recueillir grant
force gens à cheval du champ de don Chesfre d'Arragon,
qui estoit à Franqueville; et là menerent ledit prince
avec les Venissiens, qu'il avoit prins aux gallées, pour
ce que don Chesfre d'Arragon n'avoit pas grans gens
avecques lui en son champ; et trois jours après allerent mettre le siege à une ville nommée les Grotailles,
qui est à huit milles de Tarente, et donnerent l'assault
à ladite ville, et tres bien se defendirent ceulx de dedans; et rebouterent ledit assault, et blesserent grant
nombre des ennemis, et lendemain redonnerent un
autre assault, et fut ladite ville prinse par composition;
et cela fait, s'en retourna ledit prince aux gallées
avecques les Venissiens, mais non pas tous; car il y en
eust largement de mors et blessez.

Ce jour mesme alla le general des Venissiens descendre devant la ville de Tarente à grant puissance de
gens cauteleusement, à celle fin que le gouverneur
de ladite ville ne donna secours à la ville des Grotailles
durant l'assault.

Mais ledit gouverneur saillist sur les Venissiens,
si bien accompaigné, tant de gens de cheval que de
pié, qu'il rompist les Venissiens et les mist en fuite par
telle façon, que il y en eut bien cinquante ou soixante

de mors, et autres tant de prins, et à tant se retirerent lesdits Venissiens en leursdites gallées.

Le jour de monsieur saint Michel, le prince de Haultemore envoya sa gallée, accompaignée de la gallée Marquese dedans le port de Tarente, pour cuider prendre la citadelle de ladite ville : car il avoit intelligence à ung gens-d'arme de la compaignie du roy d'Evitot, nommé Loys Bertochelle, lequel la lui devoit bailler, et mettre dedans à ung signe qu'il leur devoit faire, et lever la banniere blanche sur la tour de ladite citadelle. Mais la trahison fut descouverte, comme Dieu le voulut, deux heures devant que les gallées y arrivassent ; et tout incontinent le gouverneur feist prendre le traistre, dit Loys Berthochelle ; lequel lui confessa et declara la trahison, et les signes qu'il devoit faire au prince pour faire venir avec lesdites gallées : et promptement ledit gouverneur garnist tres bien ladite citadelle de gens et de artillerie, et tout le long des murailles dudit port; et puis feist le signe de la banniere, pour faire venir lesdites gallées; laquelle chose il feist à toute diligence à grans crys, et grans coups de canon, cuidant que ladite citadelle fut retournée pour eulx, car le chasteau batoit contre ladite citadelle à cautelle, et arriva la gallée dudit prince dedans le port, et gesta ses ancres en mer pour cuider mettre l'esquif et ses gens en terre; et ces choses voyant le gouverneur feist descharger et tirer artillerie de tous coustez, si tres asprement, que les patrons des gallées furent terriblement esbahis, et tous ceulx qui estoint dedans : et y eut certain nombre de mors et de blessez. Mais le patron de la gallée du prince, nommé Matthieu Corse, se monstra vertueux et hardi, et alla tout au long de la cousfie (1), l'espée au poing, et feist laisser les ancres en la mer, et tourna la gallée à toute diligence, en telle façon que pour coup de canon ne de trect, que on sceut tirer, ne laissa qu'il ne retirast devers le prince à sauveté.

Ledit prince estoit descendu de sadite gallée, et s'estoit mis dedans la gallée du general des Venissiens; et tout cecy voyant, fut fort esbahy et fort desplaisant. Car il avoit grand peur de perdre sa gallée, pour ce qu'il y avoit la pluspart de sa robe et de ses bagues dedans, et aussi des plus gens de bien qu'il eust.

Le prince y fut allé en personne, ce ne fut pour ce que ung des galios de la gallée Marquese avoit dit plus d'un mois devant, que par trois fois lui estoit venu en vision de nuyt une femme vestue de blanc, laquelle lui disoit qu'il allast dire au prince, ou feist dire, qu'il se donnast bien garde sur sa vie, qu'il ne mit sa personne en dangier par mer ne par terre le jour de monsieur saint Michel, ou autrement qu'il lui en prendroit mal, et à ceste cause ledit prince n'y alla pas, dont bien lui en print.

Le premier jour d'octobre ledit prince, et le general, et le provediteur, et le cappitaine des Venissiens allerent avecques toute leur armée de mer descendre, et mettre la prouë de leur gallées en l'isle qui est devant Tarente, pour faire le gast et brusler les maisons; et estoient en nombre des gallées venissiennes, vingt-sept, et trois de celles du prince, et quatre grans barques tusqueines, et plusieurs autres brigandins; et mirent cedit jour bien mille ou douze cens hommes

(1) *De là cousfie* : terme de marine qui ne se trouve dans aucun dictionnaire.

en terre, tant Venissiens, Biscains, que Italiens, et le
capitaine des Venissiens les conduisoit, car le prince et
le general demourerent aux gallées.

. Ledit prince demoura dedans sa gallée, et le general
dedans la sienne, et avoit fait mettre toutes les gallées
de rang de bataille, qui battoient merveilleusement de
leur artillerie au long des venuës de la ville de Tarente.
Mais non obstant cela le gouverneur dudit Tarente,
et le capitaine Buffez, lieutenant du Roÿ d'Evitot, et
monsieur d'Alegre saillirent tant à cheval que à pié dedans les Venissiens, si tres asprement, qu'ils les rompirent et les chasserent dedans la mer, comme bóns et
hardis hommes qu'ils estoient.

. La premiere escadre estoit quatre cens hommes portant tous longues lances, comme piques paintes de
rouge ; ceulx-là furent les premiers rompus, et se ne
fut la grant quantité de artillerie qui tiroient de leurs
gallées, ils eussent fait un grant meurtre, et eust largement de mors et de prins des ennemis ; et des François n'y eust qu'ung archier, qui fut tué, et le cappitaine Buffez eust ung doit couppé, qui fut tres grant
domage ; car il estoit homme de bien ; et à tant se
retirerent les ennemis, et les François demourerent au
champ.

Ledit cappitaine Buffez, lieutenant du roy d'Evitot,
ne laissa pas de bien servir le Roy pour l'inconvenient qui lui advint, car ung peu de temps aprés il
partist de la ville de Tarente ung soir bien tard, accompaigné de vingt cinq chevaulx, alla à la ville de Messaigne toute nuit, pour querir le seigneur de Champeroulx, duc de Leches, et le roy d'Evitot, son oncle,
qui estoient à ladite ville de Messaigne detenus par

le prince de Haultemore, et bien quatre vingt gentilshommes, tant hommes d'armes que archiers; et
tous ensemble les amena avecques luy à ladite ville
de Tarente, dont ledit prince en fut merveilleusement
mal content, car il les attendoit à Galippe, et eut bien
cause d'en estre bien desplaisant : car ils donnerent
ung grand secour à la ville de Tarente, et moult
crurent le courage aux bons Tarentins. Missire Guillaume de Villeneufve veit partir ledit capitaine Buffez
de Tarente, qui estoit venu dedans ladite ville sur
sa foy.

Ung peu de temps aprés partist de Tarente, et le
second jour d'octobre, le general et providiteur
avecques toute leur armée, et s'en allerent la route
de Naples, quant ils veirent que autre chose ne pouvoient faire à l'encontre de ladite ville de Tarente,
et semerent ung bruit, qu'ils alloient courir et piller
le pays de Provence; mais ils demourerent au port
de Naples et de Castel-la-Mér; et là donnerent grans
faveurs et secours aux Napolitains. Car ils estoient les
plus fors sur la mer pour gallées.

Le tiers jour d'octobre, ledit prince alla avecques les
trois gallées vis-à-vis de la ville de Massafre, qui est à
huit milles au dessus de ladite ville de Tarente; et tenoit
ladite ville de Massafre bon pour le roy de France,
de Secile et de Jerusalem. Et quant il fut à l'endroit
de ladite ville de Massafre, feist mettre trois cens
hommes en terre, tant Biscains, que Italiens; pour
aller joindre à l'armée de terre que menoit don Chestre
d'Arragon, pour aller prendre ladite ville de Massafre (1).

(1) *Massafre* : Massafra, à quelques lieues de Brindes.

Mais le gouverneur de Tarente faisoit chevaucher lesdites gallées au long de la marine, et au couvert des oliviers, envoya une escadre de soixante à quatre-vingts hommes à cheval, que menoit le seigneur d'Espuisac, lieutenant du seigneur d'Alegre ; et quant ledit Espuisac veit les trois cens hommes en plaine champaigne, un peu eloignez de la marine, saillist hors de son embusche, là où il estoit derriere une chapelle, et donna dedans les Biscains, et autres gens de pié, qui avecques eulx estoient si tres asprement, qu'il les rompit, et en mit à mort la plus grant part, et de prisonniers jusqu'au nombre de cinquante à soixante, et y fut prins le cappitaine des barches biscaines, qui s'appelloit Jean Martin, et le cappitaine Haultebelle, capitaine des Italiens, et ung autre cappitaine biscain, des autres barches, nommé Jeanne Rousset, lequel y fut tué et mis à mort, et furent tres fort plains, et en fut le prince terriblement desplaisant, car les barches demourerent sans cappitaines, et à bien peu de gens. En cedit rencontre fut tué huit ou dix des gens et rensonniers de missire Guillaume de Villeneufve, que le prince avoit prins en sa garde.

Ung peu de temps aprés ledit prince partist de devant la ville de Tarente, luy voyant ne povoir faire autre chose, ne par force, ne par practique en ladite ville ; car trop estoient bons et loyaulx les Tarentins pour le roy de France, de Secile, et de Jerusalem, leur souverain seigneur, et aussi estoient bien gouvernez de leur gouverneur, qui moult bien y servit le Roy, et tous les gentilshommes qui avecques luy estoient.

Ledit prince ne laissa devant ladite ville que une

gallée, nommée frere Lienart, chevallier de Rhodes, et c'estoit pour garder que victuailles n'entrassent dedans la ville de Tarente par mer : et cedit jour le prince s'en alla coucher au port de Gallippe : et là surgit avecques ses deux gallées : et y a soixante mille de Tarente jusques audit Gallippe, et là demoura trois jours.

Ladite ville de Gallippe est tres forte, comme vous ay dit devant, toute environnée de mer, et le chasteau moult fort de tours et de murailles bien persées de tous costez, et bien garni d'artillerie et de gens; et y a une tres grosse tour au milieu, qui s'appelle la tour Maistre, qui est terriblement forte, et cependant que ledit prince demoura là, feist habiller ses gallées et monstrer carenne, et feist mettre missire Guillaume de Villeneufve dedans la tour du portail dudit chasteau, là où il trouva missire Pierre Fregouse de Gennes, et ung autre gentilhomme, nommé Gaspart de Gireme, qui estoit de la compaignie du roy d'Evitot, lesquels avoient esté prins à une course qu'ils avoient faite devant ladite ville.

Cependant arriva le seigneur de Lesparre, que ledit prince avoit envoyé querir, et là le feist monter dedans la gallée Marquese, et aussi ledit de Villeneufve, et les autres prisonniers françois, qui estoient dedans ledit chasteau.

Lendemain ledit prince feist voille, et s'en alla cedit jour au port de Cotron, où il y a cent milles de Gallippe jusques au port, et est ladite ville de Cotron tres belle, et le chasteau tres fort, mais qu'il fut parachevé.

Lendemain 20 du moys d'octobre partist ledit prince

du port de Cotron, et alla au chap de Colonnes, qui est
à trois milles de Cotron, et là demoura trois jours et
trois nuys à cause du vent contraire. Au departir de là
entrasmes dedans le goùffre de Esquilage (1) qui dure
soixante milles, et de là entrasmes dedans la plage de La
Rochelle, et costeasmes la terre de la Calabre ; qui tenoit
la plus part pour le roy de France, de Secille et de
Jerusalem ; et passasmes pardevant une ville, nommée
La Chastelle ; et de là passasmes une cité, nommée
Esquilage ; et d'Esquilage passasmes devant une ville
nommée La Rochelle (2), et de La Rochelle passasmes
devant une ville nommée Usaige (3), tres forte place
à merveilles ; là où estoit le seigneur d'Aubigný, connestable du reaume de Naples ; et de là allasmes
passer le chap de Partenente, qui dure trente milles ;
et delà alla ledit prince passer la ville de Rege, qui
est à trente milles du chap de Partenente. La ville de
Rege est tres belle ville, et fort chasteau, et avoit print
ledit chasteau le roy Ferrant par assault et le capitaine
qui estoit dedans estoit Escossois, tres homme de bien,
et fut mis à mort et haché en pieces, et tous les compaignons qui estoient dedans pendus par la gorge.

Le mercredy matin vingt-troisiesme jour du moys
d'octobre, entrasmes dedans le far de Messinne qui
dure dix milles, et arrivasmes à ladite ville de Messine, et là descendit le prince à terre, et alla
veoir le roy Alfonse, qui dedans ladite ville estoit, et avoit mal ledit Roy en une main, tellement
qu'il en perdist le bout de ung doy ; mais nonobstant
cela, de la grant joye qu'il eust du prince son frere,

---

(1) *Le gouffre de Esquilage* : le golfe de Squillace. — (2) *La Rochelle* : La Roccella. — (3) *Usaige* : Ugento ; ce n'est plus qu'un village.

vint monter sur la gallée du prince, et s'esbastist bien
deux milles en la mer avec le prince, et puis s'en
retourna dedans ladite ville.

Ladite ville de Messinne est tres belle, et grande;
et y a ung tres beau port et grant, qui bat au long de
la muraille de ladite ville. C'est une cité tres fort
marchande, mais elle est foible, et prenable, et ba-
table de tout cousté ; et est ladite ville au reaume de
Secile, et la tient le roy d'Espaigne.

Ce jeudy ensuivant 24 du mois d'octobre print le
prince congié du roy Alfonse, et s'en alla ledit jour
auprez d'une eglise nommée les Selnantes; et est dedans le port de ladite ville tout environnée de mer :
le soir se retira le prince et tous ses gens en la gallée.

Le vendredy ensuivant 25 dudit moys, partist ledit
prince, et entra dedans la courante du far de Messine, qui dure dix milles : et de là passasmes devant
une autre ville nommée Marsille, qui est à six milles
de Messinne; et de Messinne alasmes passer devant la
cité de Turpie (1), qui est à trente milles de Nousille,
et de Turpie passasmes devant la Vilanne : et de là entrasmes au gouffre de Sainte Fumée (2), qui dure quarante milles : et du gouffre passasmes pardevant une
cité qui se nomme Montelionne : et de Montelionne,
passasmes pardevant une autre ville, qui se nomme
le Puissel. Cedit jour passasmes l'isle de la montaigne
de Broguane, laquelle montaigne est fort haute, et
y a au milieu un grant pertuis, dont incessament
jour et nuyt en sort grant feu et flambe : et s'appelle
ledit pertuis Bouche d'Enfer. Et de l'autre costé y a

---

(1) *Turpie* : Tropea. — (2) *Gouffre de Sainte Fumée* : golfe de Sainte
Euphémie.

une autre isle, nommée l'Ypre; et y a une tres grant
cité, qui tousjours a tenu le party du roy Ferrant;
et de Ypre passasmes pardevant l'isle de Strangoul (1),
où pareillement y a une autre grand montaigne, qui
a au dessous ung autre grant pertuys, qui jour et nuyt
jette feu et fumée et pierre, comme poussés; et pareillement s'appelle Bouche d'Enfer; et de là allasmes
passer pardevant une grand cité, qui s'appelle Lamantie (2) : et de Lamantie à Fumée-Frede, qui est à
deux milles de Lamantie : et de là à Sainte Lucite, qui
est à dix milles de Fumée-Frede; et de Sainte Lucite
passasmes pardevant ville de Paule en Calabre; et
est tres bonne ville environnée de boys de ung quartier, et de la mer l'autre; et en est natif le saint
homme de Tours, et y faisoit sa residence, quand le
roy Louys que Dieu abseuble l'envoya querir.

De Paule alla ledit prince devant une autre ville,
nommée Fonescault qui est à six milles de Paule. Et
de là allasmes devant une autre bonne ville nommée
Cescaude, qui est à sept milles de Fonescault. Cedit
jour passasmes pardevant une autre bonne ville nommée
Nochetraro, là où se font naves et gallées; et est ladite ville à douze milles de Cescaude. Et cedit jour
passasmes pardevant Belveder, qui est à dix-huit milles
de Nochetraro : et de Belveder passasmes pardevant
une autre ville, nommée Florelle, qui est à dix milles
de Belveder; et toutes cesdites villes sont en Calabre
au long du cousté de la marine. Et de là passasmes
pardevant une autre ville nommée Lestaliere : et de
Lestaliere allasmes passer pardevant la ville de Poli-

---

(1) *Strangoul* : Strombole, une des iles de Lipari. — (2) *Lamantie* :
Amantea.

castre ; et y a de Lestaliere jusqu'à Policastre, quarante et cinq milles: et de Policastre passasmes devant
Guamerode; et y a dix huit milles. De Guamerode
allasmes passer le pas de Palenode (1) et y a quinze
milles de Guamerode.

Cedit jour passasmes devant une ville nommée Pichote, qui est à dix milles de Palenode : et de là
allasmes passer à la couste de Exellente, là où il y a
vingt milles de Pichote. Et de là passasmes une autre
ville qui s'appelle le chastel de l'Abbat, qui est à dix
milles de Exellente; et de là passasmes à une autre
ville qui se nomme Arobbe (2), qui est à dix milles de
chastel de l'Abbat. Et plusieurs autres petites villes
passasmes au cousté de la marine de ladite Calabre,
lequel seroit trop long à mettre par escript.

De là entrasmes dans le gouffre de Salerne, et toute
la nuyt le passasmes à grant peril, et merveilleux
dangier ; car le vent estoit merveilleusement grant,
et la mer terrible; par telle façon qu'il n'y avoit ma-
rinier, qui ne perdist son entendement; et furent fort
esbahis du mauvais temps qui couroit. Mais non obstant cela ledit prince faisoit tirer tousjours en avant
pour gaigner le port de Naples pource que le roy
Ferrant l'avoit mandé à toute diligence; car le marquis de Pescaire avoit esté tué devant Sainte Croix
d'un coup de trect d'arbalestre, qu'il eut en la gorge.
Et ledit marquis gouvernoit l'armée du roy Ferrant en
son vivant, ainsi n'ousoit descendre, ne prendre port
pour les ennemys.

Nous passasmes ledit gouffre de Salerne toute nuyt
à grant dangier, qui dure quarante milles, et au

_____

(1) *Pas de Palenode* : cap de Palinure. — (2) *Arobbe* : Agropoli.

saillir dudit gouffre, allasmes au long de la coste de Malfe (¹), et passasmes pardevant une ville, qui s'appelle l'isle de Crape (²), et de là entrasmes au gouffre de Naples, et passasmes devant la ville de Masse : et de Masse passasmes devant une autre ville, qui s'appelle Soriente ; et de Soriente alasmes au port de Castelamer. De la ville de Capre jusques à Naples, y à trente milles.

Le samedy ensuivant vingt-quatriesme jour du moys d'octobre arriva le prince au port de Castelamer qui est à dix-huit milles de Naples, et là trouva l'armée des Venissiens, qui estoient en nombre de vingt gallées, et des autres navires biscains, et espaigneulx, deux naves, deux gallions, et deux escorpions, qui le reveillirent à grand alegresse de coup de canons et de trompette à l'usance de la mer ; et là surgit ledit prince, et y demoura toute la nuyt en attendant des nouvelles du roy Ferrant, qui estoit en champ au quartier de Noucheres, qui est à dix-huit milles de Naples, et le sieur prince de Besilanne, et le sieur de Pressy, grant senechal du reaume, estoient au devant de lui.

De la ville de Messine vint le prince avec ses gallées en trente heures jusqu'au port de Naples, là où il y a trois cens milles de l'ung à l'autre.

Lendemain, qui fut le dimanche 25 du moys d'octobre se leva ledit prince avec ses gallées, et s'en alla à la rote de Naples ; et passa devant la tour du Grec, et rencontra le capitaine Villemarin, qui venoit au devant de lui, sa galée fort parée, et principalement de baniere et estendars, et entre les autres portoit trois banieres tout d'ung égal, d'une grandeur et d'une.

(¹) *Malfe* : Amalfi. — (²) *Crape* : Capriée.

La premiere estoit la baniere du Pape, la seconde du roy de Castille, la tierce du roy Ferrant; et feist la reverence ledit capitaine au prince, et le prince lui feist grand recueil : car il estoit lieutenant general des gallées du roy d'Espaigne. Et de là allasmes surgir et jetter ancre en mer devant la ville de Naples vis-à-vis de la Magdelaine : et là descendist ledit prince, et fut fort recueilly de coups de canon et de trom-pettes, et lui feist on grand allegrie à la coustume du pays.

Cedit jour vint audevant dudit prince pour le re-cevoir en terre don Alfonce d'Arragon, son frere bastard, evesque, et don Jehan d'Arragon, son neveu, bastard du roy Alfonce, et des gens de la ville petite quantité : car le roy Ferrant avoit fait prendre des gentilshommes de ladite ville, et les avoit envoyé au chasteau de l'Iscle jusques au nombre de trente.

Dedans ledit port de Naples y avoit que naves, que gallées de vingt cinq à trente sans l'armée des François, qui estoit sous le castel de Lone de quinze à seize voiles, que les ennemis tenoient assiegés.

Cedit jour laissa ledit prince le sieur de Lesparre, et missire Guillaume de Villeneufve, et Pierre Fre-gouse, fils de messire Perrin Fregouse de Genes, et Gaspart de Gireme, homme d'armes soubs la charge du roy d'Evitot, dedans la gallée Marquese prison-niers, et là demourerent ung moys sans descendre en terre. Ung peu de temps aprés le prince envoya ledit Pierre Fregouse au chasteau de l'Iscle prisonnier pour le tenir plus seurement.

Le lundy ensuivant 26 dudit moys d'octobre partist ledit roy Ferrant de la ville de Naples, et alla à son

champ, qui estoit à Cerne, et laissa le prince à Naples
pour faire faire les approches contre le Chasteauneuf, et
autres chouses necessaires au fait de la guerre. En icelluy
temps estoit le Chasteauneuf en treves avecques le roy
Ferrant, pour ce qu'il avoit faute de vivres, et estoit
encore dedans monsieur de Monpensier, le prince de
Salerne, et le senechal de Beaucaire, et plusieurs autres
gens de biens.

Ung peu de temps aprés, et croys que ce fut le 27
du moys d'octobre que l'armée de mer des François
se leva, et s'en alla sous le chastel de Lone, là où elle
estoit, et emmenerent monsieur de Monpensier, le
prince de Salerne, le senechal de Beaucaire, et plusieurs autres gens de bien avecques eulx s'en allerent
descendre au port de Salerne, et à la ville, et se rea-
lierent avecques les autres François. Et tout cecy
feirent non obstant l'arrivée des ennemys, qui devant
eulx estoient jusques au nombre de trente gallées et
vingt naves que barches.

Dedans le castel de Lone estoit Claude de Robodenges, qui point n'estoit comprins en la treve, et sans
cesser tiroit tous les jours de l'artillerie. Mais ung peu
de temps aprés le Chastelneuf fut rendu; il print
treve avec le prince pour deux moys, que en cas qu'il
n'eust secours dedans ledit terme des deux moys,
qu'il rendroit ladite place, car il avoit faulte de vivres,
et bailla en ostage Jehan de La Vernade; qui avec lui
estoit. Et à cette cause le prince luy faisoit bailler
des vivres tous les jours. Les treves de Chasteauneuf
et de la ville furent rompus, pour ce que ceulx dudit
chasteau retindrent le maistre justicier de la ville;
qui leur porta des vivres : car il n'estoit pas connu

pour ce faire, et y alloit à cautelle, et aussi pource
qué monsieur de Monpensier s'en estoit· allé avecq
l'armée de mer, dont ceulx de là ville en murmu-
royent tres fort, et en furent moult malcontens.

Ung peu avant que monsieur de Monpensier partist ·de Chasteauneuf, le prince de Besilanne, et le ,
sieur ·de Pressy grant senechàl du reaume, vindrent
accompagnez de cinq ou six milles hommes tant à
pié que. à cheval jusques à Nostre Dame de Piede-
crote, qui n'est qu'à une petite lieuë du Chasteau-
ncuf, et menoient avec eulx grant force vivres ; pour
avitailler ledit Chasteauneuf; mais pource que monsieur de Monpensier avoit ·desja baillé les ostages pour
avoir des vivres, leur entreprise fut rompuë, ·et s'en
retournerent. Et estoient lesdits ostages le sieur d'A-
legre frere dudit sieur de Pressy, le sieur de La Marche; le sieur de·Jehanly, le sieur de La Chapelle, et le
seigneur de Roguebertin.

A· l'occasion des ostaiges dessus nommez , ledit
prince dè Besilanne, et le sieur de Pressy s'en retournerent, moult vertueusement sans rien perdre, fors
que les victuailles, lesquels ne peurrent ·pas ramener
avec eulx, pource que le roy Ferrant estoit sailly de
la ville de Naples au devant de eulx, accompaigné de
quinze à seize mille hommes tant à cheval que à pié,
et les Françoys n'estoient pas cinq milles comme vous
ay cy devant·dit.

Mais non obstant le grant nombre qu'ils estoient,
n'eust esté pour l'inconvenient.qu'il en eust peu estre
venu ausdits ostaiges, ils se fussent mis en leur debvoir de avictuailler ledit chasteau, qui eust esté une
tres grant réputation d'onneur et louange audit prince

et au grant senechal, et à toute leur compaignie.

Le vendredy 8 du moys de novembre le roy Ferrant feist donner le premier assault à la citadelle du Chasteauneuf de Naples, lui present et le prince de Haultemore ; là où il eust tres fort et asprement combatu, tant de ceulx de dedans que de ceulx de dehors ; mais au long furent les ennemys rebutez bien et vertueusement par les François à coups de lances à feu et de pigues, par telle façon qu'il y eut largement des ennemys morts et blessez, et des François n'y eust que deux blessez.

Tout cecy voyant le roy Ferrant, commanda faire sonner la retraite, laquelle chose fut faite promptement, pour ce qu'ils veoient qu'ils n'avoient pas du meilleur; car moult grand deffence faisoient les Françoys à bien garder leur breches, et ainsy en demourerent maistres pour le jour.

Le roy Ferrant se retira en son logis au chasteau de Capoane fort desplaisant des gens qui avoient esté morts et blessez audit assault; et ordonna que on feist venir grand quantité de massons et autres maneuvriers, lesquels furent mis à miner ladite citadelle ; et la minerent plus de deux lances de parfont, et puis l'estansonnerent sur pillotis, et bouterent dedans grand force fagos et pouldre de canon : et quant la mine fut preste, le manderent dire ou roy Ferrant.

Le vendredy 28 du moys de novembre revint le roy Ferrant de son champ en la ville de Naples, pour faire mettre cedit jour le feu en la mine; et feist crier à l'assault, et les gens de tout coustez assaillirent la citadelle ; et y eust merveilleusement combatu tant d'ung

cousté que d'autre. Mais quand les estansons de ladite
mine furent brûlez; ung grand quartier de la citadelle
tomba; les François furent tout à descouverts, et furent
fort esbahis, et leur fut force d'abandonner le combat,
et de eulx retirer, car longue estoit leur retraite, et
leur avoit-on rompu le grand pont, et aussi le pont
de Paradis. Non obstant tout cela ils s'en retirerent bien
et honestement par dedans les fossez, et à bien peu
de perte.

Et par ainsi fut ladite citadelle prinse par les ennemys, qui grand perte fut pour les François; car c'estoit
le boulevart et la force dudit chasteau, et à tant s'en
retourna ledit roy Ferrant en son champ.

Le lundi ensuivant se leva toute l'armée du roy
Ferrant, qu'il avoit par mer devant la ville de Naples
à cause de la grand tourmente qui se mist sur la mer :
car ils ne s'ouzoient mettre devant le mollé de peur
de l'artillerie du chasteau; et alasmes tant de nuyt
que de jour au port de Baye, et là surgismes naux,
gallées, gallions, et getismes ancre en mer : et fut la
tempeste si grande qu'elle tomba dedans une nave, et
tua deux hommes.

De Naples jusques au port de Baye il y a sept milles,
et est ledit port bel et grant, et autre fois y a eu une
tres grande cité, la plus grande du reaume; et à cause
de leur villain et grant peché de sodomye, ladite cité
abisma, et fondit dedans la mer. Et encore y apperent
grandes tours, grans collisseaux et grands crottes, et
dedans lesdites crottes y a encore bains, qui incessamment sont chaulx; et au plus prés y a ung rochier
là où sont les estuves continuellement chauldes, sans
que homme ny femme y fasse ne feu ne flambe : les-

dits bains sont si tres naturels, que autrefois les Romains y souloient venir eulx baigner et estuver pour
la santé de leur personnes. Car ils guerissent de plusieurs grandes maladies; et y avoit autre fois en escript
les maladies de quoy ils guerissoient; mais les medecins de Salerne vindrent rompre les escritures, qui
estoient pour notifier les maladies dequoy ils guerissoient, et ce feirent à cause que desdits bains ils par-
doient leur prattiques de medecine.

Auprés dudit port y a une ville nommée Pusol (1),
là où il y a une montaigne vis à vis, qui s'appelle la
Souffriere (2), là où se fait le souffre.

Le dimanche ensuivant premier jour de novembre,
feste de Tous-saints, se leverent toutes les gallées, et
s'en allerent devant Naples, chargées de grans fagos,
pour faire les repaires devant le Chasteauneuf de Naples; et en passant devant ladite ville de Pusol, chargerent grant force pierres et bombardes grosses et
menuës, et le tout portasmes à Naples, et les deschar-
geasmes de nuyt, à cause de l'artillerie qui tiroit du
chasteau sans cesser. Le seigneur de L'Esparre estoit
dedans la gallée du prince, là où estoit missire Guillaume de Villeneufve continuellement.

Le lundi ensuivant allasmes avecques la gallée dudit
prince, et les deux gallées de missire Saragousse, à
l'isle de Iscle, et remenasmes les naux avec nous, et
barches, qui là estoient, pourceque les ennemis doubtoient que l'armée des François ne les allasse prendre
ou brusler, et les remocasmes avecques les gallées
jusques au port de Castelamer, là où trouvasmes l'ar-

(1) *Pusol* : Pouzzol. — (2) *La Souffriere* : La Solfatara,

mée des Venissiens jusques au nombre de vingt gallées,
et le sieur Villemarin, cappitaine general pour le
roy d'Espaigne, des gallées, accompaigné de trois gallées, et missire Francisque de Pau , accompaigné de
deux gallées, naux, barches, gallions, jusques au
nombre de quarante , et deux escorpions; mais il est
bien vray que lesdites naux estoient mal garnies de
gens et de vivres.

Le mardi ensuivant ce , l'armée des Venissiens et le
cappitaine Villemarin , accompaigné de vingt-cinq
gallées, allerent au port de Baye , pource que l'on disoit que l'armée de France qui estoit au port de Salerne, s'estoit levée, et avoit fait voille pour aller avitailler le Chasteauneuf, et chasteau de Lonc, et aussi
qu'ils se doubtoient qu'ils n'allassent au port de
Gaiette, laquelle chose ils feirent.

Et le mercredi ensuivant, feste de monsieur Saint
Martin, arriverent deux grosses naux genoisses devant
le port de Baye, et là surgirent et getterent leur ancres
en mer sans entrer dedans ledit port, ne sans saluer
l'armée, dont le general des Venissiens, et le cappitaine
Villemarin, et tous les autres patrons en furent fort
esbahis, car ils ne savoient se c'estoit pour eulx ou
contre eulx, attendu qu'ils n'avoient point salué l'armée, ne getté leur batteau dehors de leur naux, à la
coustume de là mer; et grant joye en eut le sieur de L'Esparre, et ledit de Villeneufve, et les autres François,
qui estoient prisonniers dedans lesdites gallées, cuidant que ce fut le secours de France, car assez
suffisoit des deux naux pour recouvrer la ville de Naples pour l'eure; car les deux naux estoient belles et
grandes, portant l'une trois millés bottes, et l'autre

deux milles et cinq cens bottes; et s'appelle l'une la
nave Gallienne, et l'autre nave l'Espinole.

Or vint lendemain à matin que se leva la gallée du
prince, et allasmes voir lésdits naux; èt tout le long
cria le commite de ladite gallée par deux fois : *qui
vivé, qui vive;* et ceulx des naux repondirent : *Saint
George, et Frerré, Frèrre;* et tous ensemble commancerent à crier de rechief : *Frerre;* et tirerent grans
coups de canons, et trompette de sonner, et arborerent
grant quantité de bannières et estendars d'ung cousté
et d'autre : qui fut ung horrible dueil pour les Françoys.

Là descendit le patron de la gallée du prince,
nommé Mathieu Corse, et ung gentilhomme nommé
missire Francisque Corvé : et allerent tous deux dedans ladite nave pour sçavoir des nouvelles : et de là
escripvirent au prince qui estoit à Naples fort esbahis,
et la ville bien esmeuë, cuidant que ces deux naves
venissent pour le secours de France, car le chasteau
de Lonc en avoit fait grant feu de joye, cuidant
qu'ainsy fut.

Tout incontinant que le general des Venissiens
sceut les nouvelles, il vint devers les naves avecques
toutes ses gallées, et renvoyerent lesdites naves surgir
auprés du chasteau de Lonc, donc les François qui
dedans le chasteau estoient, en furent bien esbahis,
quant ils veirent qu'ils estoient du party contraire,
et aussi fut le Chasteauneuf.

Le lundi 6 du mois de novembre vint monseigneur le
prince en la gallée qui estoit à Marguillon derriere le
chasteau de Lonc; et là disna. Et aprés disner, à la
requeste de monseigneur de L'Esparre, qui dedans la
gallée estoit, feist appeller missire Guillaume de Ville-

neufve, et l'envoya querir en soubte dedans l'esquan-
dalar par le patron Mathieu Corse, et par son maistre
d'oustel missire Vincent; et le feist mener devant le
prince, et là ledit de Villeneufve fit la reverence au
prince qui encore ne l'avoit voulu avoir.

Mais bien debvez sçavoir que en ladite reverence
fut assez pitteuse, car ledit de Villeneufve avoit grant
barbe grise, et le visaige bien negre et fort defait, et
bien pourrement vestu ; et assez triste de sa personne,
comme cellui qui avoit esté quatre moys en gallée prisonnier par force, et tres mal nourry : car la pluspart
du temps ne mangeoit que biscuit, et la moitié de ses
gens enchesnez et enfibrez, sans que ledit prince le
voulsist veoir, ne parler à luy durant ce temps, ne
souffrir qu'il descendist en terre, fors ung jour, qu'il
le feist descendre à Tarente à la requeste de George
de Silly gouverneur de ladite ville, lequel promist sur
sa foy rendre ledit de Villeneufve landemain, laquelle
chose il feit tout incontinent que la gallée vint le requerir.

Mais bien debvez sçavoir que à la descenduë que
ledit de Villeneufve feist à la ville de Tarente, fut
moult bien recueilli du gouverneur, et de tous les
gentils hommes qui avec luy estoient, pour l'onneur
du roy de France, de Secile et de Jerusalem, et aussy
pour la pourreté en quoy ils vindrent, tant de vestemens que de la personne. Car il y avoit plus de dix
huit jours qu'il n'avoit mangé pain ne beu que de
l'eau de la pluye. Car biscuit et eaux leur estoient
faillis, et ne povoient prandre eaux fresche à plus de
dix milles de Tarente, pour la forte guerre que leur faisoit le gouverneur de ladite ville.

Pareillement fut bien recueilli ledit de Villeneufve par les Tarentins, pour l'onneur du Roy ; car moult fideles et bons Françoys estoient, et bien le montrerent, quant le prince mettoit gens en terre ; car ils estoient tousjours les premiers armez pour les combattre.

La cité de Tarente est une tres belle ville et grande, et y a tres fort chasteau ; et encore seroit plus fort, se il estoit parachevé du quartier de la ville ; et est ladite ville et chasteau toute environnée de mer ; et ne se peut assieger ladite ville sans trois grans puissances de gens pour y mettre trois sieges, l'ung du quartier de la ville des Cortailles ; et l'autre en l'isle de l'autre quartier vis-à-vis de ladite ville sus le chemin de la ville de Massafre, et l'autre par mer, et l'un des sieges ne peut secourir l'autre.

Et si fauldroit pour tout le moins que à chacun siege y eust sept ou huit milles combatans : car ils saillioient des habitans de ladite ville cinq ou six milles hommes à cinq coups pour une saillie. Ledit chasteau estoit tres bien pourvû de blez, de vin, de mil, de chair, de poudres, et de toutes choses neces-saires, pour la provision d'une telle place, et princi-palement des gens de bien, qui estoient avec ledit gouverneur, qui moult bien les sçavoit traitter et con-duire.

Quant vint lendemain que la gallée vint querir ledit de Villeneufve, sachez pour tout vray, que piteux fut le congié, que ledit gouverneur et gentils hommes, et les gens de bien de ladite ville, prindrent dudit de Vil-leneufve, à l'entrée qu'il feist dedans la gallée de la pitié qu'ils avoient : car il n'y avoit homme, tant du chasteau que des gens de bien de la ville, qu'ils ne luy départissent de leur biens pour vivre dedans la dite gallée; et bien besoing en avoit, pourceque en ladite gallée n'avoit mangé plus de huit jours avecques herbes, et olives verdes, et estoient bien mal fournis d'eaue, comme vous ay dit par cy-devant. Et à tant s'en alla en la gallée, et les Tarentins tous ensemble se prindrent à crier, *France, France*, comme bons et loyaux Françoys qu'ils estoient.

Cedit jour que le prince envoya querir ledit de Villeneufve en la gallée, present le seigneur de Lesparre, et le cappitaine Villemarin, capitaine general de toutes les gallées du roy d'Espaigne, ledit prince dit audit de Villeneufve, qu'il estoit fort esbahis de quoy il ne luy avoit voulu rendre et bailler le chasteau de Trane entre ses mains, attendu que par plusieurs fois l'en avoit fait requerir et principalement par son maistre d'oustel missire Vincent; et aussy que luy mesme y estoit venu une autre fois en personne; et qu'il luy voulsist mieux avoir fait comme les autres cappitaines, qui leur avoient rendu leurs places par composition, leurs personnes, et leurs gens, et leurs bagues sauves, et qu'il les envoyroit tous en seureté jusques au port de Marseilles, ou d'Aiguemortes.

Ledit de Villeneufve répondit au prince qu'il ne luy voulsist déplaire : car il n'eust pas fait son debvoir de luy rendre une telle place sans le commandement du Roy son souverain seigneur, de qui il l'avoit en garde; et qu'il eut mieux aimé y mourir, que de lui avoir fait cette grande faulte et lascheté.

Et alors lui respondit ledit prince, qu'il avoit entendu que ledit de Villeneufve l'avoit voulu bailler entre les mains des Venissiens, et qu'il en estoit bien esbahis. Ledit de Villeneufve lui respondit, sauvant son honneur, que jamais ne l'avoit pensé ne voulu faire; et que s'il l'eust voulu bailler entre les mains des Venissiens ladite place, qu'ils lui eussent donné tres volontier dix milles ducas, de laquelle chose il n'avoit garde, car il le monstra bien à la parfin.

Et lors ledit de Villeneufve dit au prince, presens les dessus nommés, le seigneur de L'Esparre, et le cappitaine Villemarin, et plusieurs autres gens de bien, que s'il y avoit Venissiens, ou autre homme, de quelque langue qui fut, qui voulsist dire, ne maintenir qu'il eust voulu'bailler, ne rendre ladite place à homme du monde, que faulsement et mauvaisement ils avoient manti, sauvant l'onneur du prince, et que avecques son bon congié et licence, il estoit prest et appareillé de le combattre l'espée au poing dedans ladite poupe de la gallée, et de l'en faire dedire par sa gorge, que faulsement et mauvaisement l'avoit dit; et sus cela ledit de Villeneufve en jetta son gage de bataille ou milieu de la poupe de la gallée, present ledit prince, le seigneur de L'Esparre, le cappitaine Villemarin, et le cappitaine Francisque de Pau, et plusieurs autres gens de bien qui presens estoient.

Alors le seigneur Villemarin, et le cappitaine Francisque de Pau dirent au prince que autresfois ils avoient veu et cogneu ledit de Villeneufve aux guerres de Castalongne, là où tousjours avoit esté renommé homme de bien, et attendu qu'il faisoit l'offre de youloir prouver de sa personne, que ledit prince se devoit tenir pour excusé, et pour content, laquelle chose il feist, oyant les chouses dessusdites, et que nullui ne disoit alencontre, nonobstant que les Venissiens fussent pre-

sens, et à tant le prince s'en retourna à la ville, et le
seigneur de L'Esparre et ledit de Villeneufve demourerent en la gallée.

Ung peu de temps aprés fut mené le seigneur de
L'Esparre et ledit messire Guillaume dedans la ville
de Naples, prisonniers par le cappitaine Montanegre,
cappitaine de la guerre, et par le maistre de la monnoye, nommé messire Charles, et furent mis dedans
la maison dudit Montanegre, jusques à temps que le
Chasteauneuf fut prins.

Ung peu aprés que le Chasteauneuf fut prins,
fusmes menez audit Chasteauneuf, et fut environ à la
fin de decembre; et là fusmes en prison en la grosse
tour du portal jusques à la délivrance de nos personnes.

Le deusiesme jour du moys de decembre fut envoyé querir le seigneur de L'Esparre de par le roy
Ferrant, qui estoit à la ville de Cerne, en son champ;
cela amassoit gens de tous coustez, et disoit l'on la cause
pourquoy il avoit envoyé querir le seigneur de L'Esparre, c'estoit pour faire le change du fils du conte
Chamberin et de lui, qui pareillement estoit prisonnier au champ de monseigneur de Monpansier, qui
estoit au quartier de Salerne assez prés les ungs des
autres.

Le huitiesme jour dudit moys de decembre ensuivant se rendist le chasteauneuf de la ville de Naples
au roy Ferrant; et entra le prince de Haultemore dedans ledit chasteau, pour ledit roy Ferrant, et feist lever
les armes et banieres dudit Roy sus les grosses tours,
et moyennant la rendition dudit chasteau, furent rendus les ostaiges que avoit baillé monseigneur de Monpensier. C'est à sçavoir le seigneur d'Alegre, le sei-

gneur de La Marche, le seigneur de Jehanly, le seigneur de La Chapelle, et le seigneur de Roquebertin. De ladite place tous ceulx qui estoient dedans se retirerent à sauveté dedans les navires qui les debvoient porter en France, eulx, leurs bagues et leurs harnoys, et toute l'artillerie qui estoit au roy de France, de Secile et de Jerusalem, et furent envoyez en France, et aussi les oustaiges, comme avoit esté dit par l'appointement. Mais nonobstant ledit appointement, ils furent détenus sur la mer, tant au port de Naples que au port de Baye, l'espace de six sepmaines, qui moult leur ennuya.

Mais comme l'on disoit, les ennemis les detenoient en cautelle, de peur qu'ils ne s'en previssent et ralliassent avecques l'armée qui venoit de France; car ils estoient une tres belle compagnie, et grand, tant avecques monseigneur d'Alegre, que avecques messire Gabriel de Monfaulcon, qui pareillement s'en alloit par composition, et croys qu'ils estoient de nombre de cinq cens hommes; et estant le roy Ferrant en Calabre avant que la ville de Naples fut renduë, monseigneur d'Aubigny, connestable dudit reaume, le prince Besillanne, le seigneur d'Alegre, grant senechal du reaume, chevaucherent tant par leur journées, qu'ils rencontrerent ledit Roy auprés d'une ville nommée Semenare: lequel Roy estoit bien accompagné, tant d'hommes d'armes que de gens de pié, et d'un grand nombre de genitaires (1) que le roy d'Espaigne lui avoit envoyé.

Mais nonobstant que ledit Roy fut fort grandement accompaigné, comme dessus ay dit, lés François ne

(1) *Genitaires*: cavaliers ainsi appelés du nom de piques dont ils étoient armés.

14.

delaisserent point que vaillament et hardiment ne donnassent dedans comme bons et hardis hommes de biens,
conduits par les trois chevaliers, que dessus vous ay
nommé.

Et par telle façon fut le joindre des ungs avecques
les autres, que les François tuerent, et preindrent largement des ennemis, et tout le demourant fut rompu,
et se misdrent en fuitte.

Le roy Ferrant, comme bon chevalier et hardi de
sa personne se monstra vertueux par telle façon, cuidant rallier ses gens, par plusieurs fois tourna le visaige vers les ennemys; et par tant de fois qu'il fut getté
par terre, et perdit son cheval, et n'eust esté un sien
soudart (1), qui le remonta sur une jument qu'il che-
vauchoit, ledit roy Ferrant eut esté en grant dangier
de sa personne, et dessus ladite jument se retira et
sauva le Roy.

Ung peu de temps aprés le seigneur de Pressy grant
senechal du reaume, et le prince de Besillanne ouyrent
des nouvelles, que le Pape envoyoit le fils du conte
Chamberin, et quatre autres contes au secour du roy
Ferrant, accompaignez de trois cens hommes d'armes
ou plus, et de bien six milles enfans de pié, en somme
ils estoient plus la moitié que les François. Mais nonobstant le grand nombre, ledit seigneur de Pressy, et le
prince de Besillanne, comme bons et hardis chevaliers,
sans regarder le dangier de leurs personnes, donnerent
dedans bien et hardiement, et rompirent la premiere escadre, que menoit le conte Chamberin, et par telle façon qu'il y eust largement de mors et de prins, et le
demourant mis en fuite et en roture jusques à la ville

(1) *Un sien soudart* : Jean d'Attavita, frère du duc de Termini.

de Yolc; laquelle ville voyant ladite roture, se retourna
pour les François. Entre les autres y fut prins le fils du
conte Chamberin, et plusieurs autres, et mené prisonniers en la ville de Salerne par les Françoys. En
sommé et en conclusion le champ et la victoire demoura aux Françoys, et la louange à Dieu. Ledit fils
du conté Chamberin fut mis à treize milles ducas de
ranson, et depuis fut eschangé pour le seigneur de
L'Esparre, qui estoit prisonnier entre les mains du rôy
Ferrant.

Le samedy ensuivant, sixiesme jour du moys de
janvier, le seigneur de L'Esparre et ledit de Villéneufve
estoient prisonniers en la grosse tour du chasteauneuf
de Naples, leur fut dit les nouvelles du secour des
François, qui estoient arrivez à Gayette, et à toute
diligence le prince de Haultemore y alla, et Prospre
Coulonne avecques lui par terre; et y feirent aller la
pluspart des naux et des gallées : mais trop tart y arriverent les ungs et les autres; car ja estoit entré ladite
armée de France dedans le port de Gayette. Nonobstant
lesdits François ne sceurent tant faire qu'ils ne per-
dissent une de leur barches, chargée de vivres, qui
s'appelloit la Magdelaine, laquelle fut prinse des ennemys.

Le vingt-sixiesme jour du moys de janvier fut delivré
le seigneur de L'Esparre hors de la prison du chasteauneuf de Naples, et fut fait par le change de luy et du
fils du conte Chamberin, que les François tenoient
prisonniers; et estoit ledit fils Chamberin mis à ranson,
à treize milles ducas.

Le 26 du moys de fevrier partist le roy Ferrant de la
ville de Naples, et s'en alla à une ville nommée la Tri-

pande (¹), là où son champ seroit remué pour s'en
aller à l'Apoüeille aprés l'armée des Françoys, qui y
alloit pour lever les deniers de l'Apoüeille des brebys,
qui montoit la somme de quatre vingt à cent mille
ducas.

Le 27 du moys de fevrier fut rendu le chasteau de
Lone au roy Ferrant, que pour lors tenoit Claude de
Robodenges pour le roy de France, de Secile et de
Jerusalem, pource que le terme estoit venu qu'il le
devoit rendre par l'appointement fait entre le prince de
Haultemore et lui; et en ce faisant ledit prince lui faisoit bailler tous les jours des vivres; car il n'en avoit
point, comme l'on disoit; et en baillant ledit chasteau,
fut randu Jehan de La Vernade qui estoit baillé pour
ostaige; et cedit jour se retirerent dedans la barches
qui les debvoit porter en France, eulx et leurs compaignons, leur bagues sauves, ainsi qu'avoit esté dit par
leur appointement; et entra dedans ledit chasteau,
pour le roy Ferrant, le conte Mathelon, comme cappitaine et chastelain, accompaigné de trois à quatre
cens hommes, et leverent les banieres du roy Ferrant
sus à grant joye, et à grand allegrie à la coustume du
pays : car c'estoit une des chouses que plus ils desi-
roient de recouvrer ledit chasteau de Lone aprés qu'ils
eurent le Chasteauneuf.

Le roy Ferrant n'estoit point à la ville de Naples
pour le jour, ne aussi le prince de Haultemore; car
ledit Roy estoit à son champ, et le prince estoit au
cartier de Gayette, là où il avoit assemblé des gens le
plus qu'il avoit peu, et pareillement aussi feist Prospre
Coulonne, à cause du secour qui estoit arrivé.

(¹) *La Tripande* : Attripalda.

Lendemain, qui fut le dix-huitiesme (¹) jour de fevrier, arriva le roy Ferrant à la ville de Naples, et rencontra auprés de ladite ville la seigneure Infante d'Arragon, fille de la royne Jehanne d'Arragon, relaissée du roy Ferrant, qui venoit de la chasse ; et s'en vindrent tous deux ensembles. Et quant le Roy fut arrivé, au nombre de deux ou trois milles hommes qui s'en alloient droit au moule, deliberez de vouloir aller prendre la nef là où estoient les François, qui estoient saillis du chasteau de Lone, et mettre à mort et en piece tous lesdits François qui estoient dedans la dite nef. La raison pourquoi cedit peuple vouloit faire cette execution, pource que nouvelles estoient venuës à Naples, que le conte de Montoire, qui avec les Françoys estoit, avoit fait pendre par la gorge quatre ou cinq Napolitains, et à cette cause la commune vouloit faire cette vengence sur lesdits Françoys ; mais comme Dieu voulut, l'armée du roy Ferrant lui estant devant ledit chasteau, voyant cette tumulte et assemblée de gens, à toute diligence alla devant eulx, et lui informé de l'execution qu'ils vouloient faire, leur remontra que c'estoit à son deshonneur et folle attenduë, que lesdits Françoys estoient saillis hors du chasteau sous son sauf. conduit et seureté, et feist tant que ledit peuple se retira.

Lendemain, certain nombre des habitans de ladite ville vindrent faire requeste audit roy Ferrant, qu'il lui pleust faire trancher la teste, et mettre en quatre quartiers à cinq hommes, qu'il tenoit prisonniers au Chasteauneuf pour vengence. Les trois estoient fils legitimes du conte de Montoire, et le quart, son fils bastart, et le cinquiesme, son frere bastard ; ausquels

(¹) *Le dix-huitiesme : lisez* le vingt-huitième.

le roy Ferrant répondit qu'il y aviseroit ; et lendemain
leur accorda et octroya le fils et frere bastars leur
seroient baillé et delivré pour en faire leurs voulontez ;
et cedit jour s'en alla le roy Ferrant en son champ.

.. La royne Jehanne d'Arragon relaissée du roy Ferrant dernier mort, tante du roy Ferrant, qui pour
l'eure vivoit, elle esmuë de pitié et de misericorde,
aprés que ledit roy Ferrant fut parti, pardonna aux
prisonniers dessus nommez, que on vouloit faire mourir, et feist tant de ces belles paroles et remonstrations
envers ledit peuple, qu'ils en furent contens pour l'onneur d'elle.

Le 25 du moys de febvrier partist la nef de Claude
Robodenges du molle de Naples, lui et tous ses gens
dedans, et Jehan de La Vernade, qui avoit esté baillé
pour ostaige ; et furent menez en Prouvence, ainsi que
avoit esté dit par leur appointement.

. En celluy temps avoit ordinairement le roy Ferrant
vingt gallées venissiennes à son secours et à ses gaiges ;
et pource qu'ils y avoient esté longuement à leurs dé-
pens, qui n'est pas petite chose ; car lesdits Venissiens
ont de coustume d'avoir cinq cens ducàs pour moys
pour chacune gallée, qui seroit en somme dix milles
ducas tous les mois pour les vingt gallées, et en oultre
avoient quatre cens estradiots grecs par livres.

Et à cette cause que ledit roy Ferrant avoit plusieurs autres gallées et naux, tant d'Espaigne que de
Biscaye, et de Gennes, qui lui montoit une autre terrible somme, et grand despense, lesdits Venissiens
qui rien ne veulent perdre, car ils ne l'ont pas de coustume, voulurent estre assignez de leur payement, tant
du temps passé que du temps à venir, ou autrement s'en

fussent allez ; et pourtant, comme l'on disoit, le roy Ferrant leur bailla et consigna entre leurs mains trois villes
de l'Apoüeille, toutes trois sur la marine, c'est à sçavoir la ville de Trane, la ville de Brindes, et la ville de
Tarente, et les chasteaux ; et furent baillées lesdites
villes en gaiges aux Venissiens jusques à fin de paye.

Le premier jour du moys de mars arriva le roy
Ferrant au chasteauneuf de Naples, qui estoit vers
Salerne, là où estoit l'armée des François, et ce soir
coucha avecques la seigneure Infante d'Arragon, fille
du roy Ferrant dernier mort, publiquement comme sa
femme espousée ; car la dispense estoit venuë de Rome,
de nostre saint Pere le Pape, pourcequ'elle estoit son
anté-fille du roy Ferrant, lequel a espousé ladite Infante
d'Arragon. Et ne fut fait nulles nopces, ne nulle feste, à
cause de la grant guerre, qui estoit au reaume de Naples.

Le prince de Haultemore, don Federic d'Arragon
y arriva lendemain ; et vint de son armée, qui tenoit
au quartier de Gayette : et au bout de deux jours s'en
retournerent chacun en son champ.

Le 7 du mois de mars saillist hors de prison de la grosse
tour du portail du chasteauneuf de Naples, messire Jehan
de Rabot, conseiller du roy de France, de Secile et de
Jerusalem, et Gaspart de Giresme, homme d'armes, soubs
la charge du roy d'Evitot, et furent menez devers le roy
Ferrant à la ville de Benevent. La façon comment ils
furent delivrez par ranson, ou par eschange, ou autrement, je ne vous sçauroye pas pour cette heure dire.

Ledit messire Jehan de Rabot, et Gaspart de Giresme
laisserent messire Guillaume de Villeneufve prisonnier
dedans la grosse tour, seul avecques son prestre, et
ung sien serviteur, et avoit ja esté ledit de Villeneufve

detenu huit mois prisonnier : c'est à sçavoir quatre
moys en gallée, et quatre moys en terre. Car bien-deb-
vez sçavoir que grant deuil et grand desplaisir lui fut
de veoir en aller les dessus nommez, et demourer tout
seul, et aussi que le seigneur de L'Esparre avoit esté
delivré six sepmaines avant ; lequel seigneur de L'Esparre et ledit de Villeneufve avoient esté tousjours prisonniers ensemble depuis qu'il fut mis en terre. Et lors·
ledit de Villeneufve cogneust bien qu'il estoit sans maistre, attendu que autre chouse n'y povoit faire, se tourna à Dieu et à Nostre Dame, lui suppliant qu'il leur
pleust lui donner briefve delivrance et bonne patience.

Ung peu de temps aprés que ledit messire Jehan de
Rabot fut delivré de prison, là où il estoit avec ledit
de Villeneufve, l'on deslogea ledit de Villeneufve de la
prison, et fut mené au plus haut de la tour dedans
une vote obscure et tenebreuse, et pour le tenir en
plus grant detresse, et faire vivre en desplaisir, lui firent
barrer et trellisser les fenestres de ladite prison, de gros
treillis de bois par dedans, nonobstant qu'elles fussent
bien ferrées par dehors de gros treillis de fer; et en telle
façon furent lesdites fenestres fermées, qu'on ne povoit
appercevoir la veue, ne voir homme ne femme, fors que
une More esclave, qui lui apportoit tous les jours sa
pourre vie, et bien porrement et le tout failloit qu'il
prinst en patience, en attandant la misericorde de Dieu.

[1496] Le vendredi prouchain aprés le jour de Pasques
arriva le marquis de Mantoa au chasteauneuf de Naples, et là alla faire la reverence à la royne Jehanne
d'Arragon, relaissée du roy Ferrant, et aussi à sa fille
la seigneure Infante, que le roy Ferrant, fils du roy
Alfonce avoit nouvellement espousée, et ja s'appelloit

royne. Lendemain s'en retourna ledit marquis à la
ville de Capoa, là où il avoit laissé ses gens d'armes
qu'il amenoit pour le secour du roy Ferrant; qui estoient en nombre de quatre cens armez, et cinq milles
enfans de pié, et cinq cens chevaulx legiers, comme
l'on disoit.

De ladite ville de Capoa s'en départit ledit marquis
avecques toute son armée, pour s'en aller devers le roy
Ferrant, qui estoit au quartier de l'Apoüeille, à une
ville qui s'appelle Benevent, laquelle ville appartient
au Pape; et là alentour faisoit assembler toute son armée. C'est à sçavoir don Chesdre d'Arragon, qui estoit
au quartier de Tarente avecques une bande de gens, et
don Salvo, qui estoit au quartier de la Calabre avecques
une autre bande de genitaires, lesquels tous ensemble
se debvoient trouver autour de la ville de Fogez, pour
lever les deniers de la doüanne des brebys, qui mon-
tent cent milles ducas par an, car le plus fort le devoit emporter. Monsieur de Monpensier, le prince de
Salerne, le prince de Besillanne, le seigneur de Pressy,
grant senechal du reaume, monseigneur don Julien,
duc du Mont Sainct-Angle, et plusieurs autres cappitaines s'estoient assemblez autour de la ville de Saint
Sever, là où estoit le seigneur Virgille pour le roy de
France, de Secile et de Jerusalem, tous ensemble se
faisoient fors pour lever les deniers de ladite doüanne.
Je ne sçay encore comment il en ira.

Le onziesme jour du moys d'apvril, fut ramené missire Jehan de Rabot de ladite ville de Benevent en la
grosse tour du chasteau de Naples, là où estoit missire Guillaume de Villeneufve, et avec lui fut ramené
Gaspart de Giresme, et Jehan de Brion gouverneurs

de la ville de Capoa pour monseigneur de Ligny, et
messire Benard, chevalier, homme d'armes soubs
la charge de monseigneur de Pressy, grand seneschal
du reaume, pource qu'ils ne furent pas d'accort de
l'eschange qu'il vouloient faire avec ung escuier d'es-
curie du roy Ferrant, que on appelloit Lamouche, lequel estoit prisonnier entre les mains du conte de
Salerne. Neanmoins le lendemain furent renvoyez querir les dessus nommez par le prince de Haultemore,
et furent ramenez à la ville de Benevent, et crois que
l'eschange sortit son effect, la façon je ne la vous sçauroye dire.

Le dimanche 24 du moys d'apvril arriva le prince
de Haultemore en la ville de Naples, et venoit avecques
le roy Ferrant, qui estoit en l'Apoüeille avec son armée, et disoit l'on que le prince venoit pour renforcer
l'armée de mer, pour aller à Gayette, tant pour essayer s'ils pourroient prendre ladite ville de Gayette,
que pour la doute qu'ils avoient du secour de France,
que on disoit qui venoit par mer, laquelle chose ils
craignoient trés fort et non sans cause.

Le 15 du moys de juing fut amené prisonnier au
chasteau de Naples, le frere du prince de Besillanne,
qui avoit esté nourry au reaume de France en la maison de tres-hault, et puissant prince monseigneur le
duc de Bourbon et d'Auvergne, et fut mis en la prison
nommée la Princesse, et quatre ou cinq autres barons
qui avoient esté prins avec lui en Calabre; dont grant
feu et grans allegris en furent faits à la ville de Naples, car de peu de chouse se rejouissent à la coustume
du pays.

En cellui temps pareillement amenerent les enne-

mys devant le chasteau de Naples trente ou quarante
compaignons de guerre, lesquels ils avoient prins d'assault en une petite ville méchante, avecques trois
gentils-hommes, qui les conduisoient, et crois qu'ils
estoient de la bande du cappitaine Loys Dars. Et celui propre jour tous les pourres compaignons furent
mis en gallée par force, nommée la gallée Francin
Pastour; et les trois gentils hommes furent mis en prison en la fosse du Mil, tres mauvaise et piteuse. Le
nom de ces trois gentils hommes; je ne les vous sauroye
nommer pour cette heure.

A l'entrée du moys de juing s'en alla le cappitaine
Villemarin devers le roy d'Espaigne, et emmena les
trois gallées avecques lui pour certaine chouse que ledit Roy avoit à besoigner à lui.

Le 15 du moys de juillet vindrent les nouvelles à
Naples, que une fuste de Turcs avoit prins les deux
gallées de Francisque de Pau au quartier de la Calabre, qui estoit chose fort à croire, non pourtant si
fut-il vray; et fut ledit cappitaine Francisque de Pau
mis à mort et haché en pieces; et fut trés grant dommaige, car il estoit gentil chevalier.

Le 26 du moys de juillet feste de madame Sainte
Anne furent apportez les chapitres à la ville de Naples,
et attachez aux carrefours de ladite ville du traitté et
appointement fait entre le roy Ferrant et monsieur de
Monpensier archiduc de Cesse, conte dauphin d'Auvergne, viceroy, et lieutenant general pour le roy de
France, de Secile et de Jerusalem, au reaume de
Naples; lequel estoit assiegé à la ville de Latelle par
ledit roy Ferrant, nonobstant qu'il fust accompaigné
de plusieurs bons hommes d'armes et autre compaignie

d'hommes de guerre, jusques au nombre de six à sept milles combatans, comme l'on disoit, tant Françoys que Italiens, et y estoit le seigneur Virgille en la compaignie.

S'ensuivent les chapitres et appointemens, c'est à sçavoir :

Que monseigneur de Monpensier bailleroit pour oustage le seigneur de Pressy grant seneschal du reaume, et le bailly de Vitry pour la partie des Françoys; et pour la partie des Italiens le seigneur Paule Vitelle, et le seigneur Paule Ursin; et pour la partie des Allemans le cappitaine des Souyches Brochart; que en cas que le secours ne viendroit pour les Françoys si très fort, qui feist remuer le roy Ferrant hors du champ dedans le 13 du moys d'aoust, que ledit seigneur de Monpensier rendroit la ville, et s'en iroit lui et toute sa compaignie au port de Castelamer, comme aussi le roy Ferrant le debvoit faire bailler navires à suffisance pour l'emmener lui et tous ses gens, chevaulx, bagues, et harnoys en bonne seureté au reaume de France, reservée l'artillerie, et les barons et autres gentils hommes du reaume, qui s'en vouloient aller, ou demourer à la discretion du roy Ferrant. Et en ce faisant ledit Roy estoit tenu de faire bailler vivres audit monseigneur de Monpensier et à tout son ost durant le temps qu'il estoit dit par l'appointement; c'est à sçavoir pain, vin, chair, huille, et toutes autres choses necessaires pour la vie des

hommes et des chevaulx; car ils n'en avoient point,
et à de cela furent contraints de faire cest appointement, en attendant le secour. Bien est vray que monseigneur d'Aubigny connestable dudit reaume, ne
monseigneur le prince de Salerne, ne le prince de
Besillanne, ne plusieurs autres barons, qui hors de
ladite ville estoient, n'estoient point compris en cest
appointement. Car ils n'estoient pour lors sur la puissance de monseigneur de Monpensier.

Mais bien debvoit ledit seigneur de Monpensier
mander commissaires, et faire exprés commandement
à toutes les villes et par tout où il avoit puissance,
qu'ils eussent à faire ouverture, et à eulx rendre au
roy Ferrant, ainsi qu'il estoit contenu aux chapitres
de l'appointement. Encore plus fort dit que en passant
devant le chasteau d'Ostie auprés de Rome, qu'il eust
à faire commandement au cappitaine, qui dedans
estoit, nommé Menault de Guerres, qu'il eust à rendre ladite place entre les mains de nostre saint Pere
le Pape, de laquelle chouse, je croy que s'il le feist,
qu'il eut mauvaise obeissance.

Le premier dimanche d'aoust, 7 dudit moys fut
missire Guillaume de Villeneufve, chevalier, mis hors
de prison de la grosse tour du portal du chasteauneuf
de Naples, là où il avoit esté ung an trois jours comprins quatre moys qu'il avoit esté aux gallées par
force.

En cette sepmaine se rendit la ville de Saint Se-
verin au roy Ferrant par composition, et le chasteau
prins d'assault, et tous les gens qui estoient dedans
furent mis à mort et hachez en pieces.

En cette propre sepmaine print le roy Ferrant la

ville de Salerne en la mercy, pour que ledit Roy y
mist le siege, et y feist grand batterie. Le chasteau de
ladite ville tint bon pour le roy de France, pource qu'il
estoit tres fort et bien avitaillé.

En celui temps partit monseigneur de Monpensier,
et le seigneur Virgille de la ville de l'Estolle (¹), là
où ils avoient esté assiegez par l'espace de long temps,
et par faulte de vivres, s'appointerent avecques le roy
Ferrant, et par cest appointement faisant ledit roy
Ferrant les debvoit envoyer au reaume de France,
eulx, et leur compaignée, qui estoit en nombre de trois
milles ou environ, et de cheval deux milles, et les
feist embarquer à Castelamer. Et depuis ledit embar-
quement fait il feist mettre le seigneur Virgille en
terre contre sa voulenté, et à force, et le détint prisonnier, nonobstant la seureté qu'il lui avoit donnée,
et par telle façon qu'il mourut en ses prisons, et aussi
feist mourir monseigneur de Monpensier par le mauvais traittement et longueur de temps, qu'il le detint
sur la mer, et plusieurs autres gens de bien.

La feste de madame sainte Anne 26 du moys de
juillet vindrent les nouvelles à Naples, que la nave
nommée la Marmande, et trois gallées estoient arrivées
dedans le port de Gayette, portant gens et vivres pour
le secour de ladite ville; et nonobstant que le conte
Raguerre fut devant le port de Gayette avec l'armée
du roy Ferrant jusques au nombre de quinze naux
et barches, et de dix à douze gallées, dont le peuple
de la ville de Naples en fut terriblement desplaisant.

Le jeudy dix-huitiesme du mois d'aoust entra un gallion de France dedans le port de Gayette, pour le se-

_____

(¹) *L'Estolle* : Batella.

cour des Françoys, en despit de toute l'armée, qui devant estoit, dont en fut grant bruit et grant murmure en
la ville de Naples. Le jour devant y estoit allé cinq
gentilshommes du roy Ferrant avecques ung autre de
monseigneur de Monpensier, pour sçavoir s'ils se voul-
droient point rendre, dont ils furent tres mal obeys;
et encore pirement recueillis; car les François qui
estoient dedans Gayette, estoient grant quantité de
gens, et bien avitaillez de nouveaux, et pleins de
bonne voulenté de bien servir le Roy; et y estoit pour
chef le capitaine Aubert Roussel, et le capitaine
Champie capitaine du chasteau.

Le vingt-huitiesme jour du moys de septembre,
jour de monsieur Saint Michel partist ung gallion du
port de Pusol, qui estoit à don-Federic d'Arragon,
pour porter les gens d'armes de monsieur de Ligny,
qui estoit à Venise, pour eulx en aller au reaume de
France, qui estoient sous la charge du gouverneur
Ragusse.

Cedit jour s'embarqua dedans ledit gallion messire
Guillaume de Villeneufve, chevalier, conseiller, maistre d'oustel du Roy nostre sire; et cedit jour allerent
à ung chasteau nommé Prochite (¹), là où il y a sept
milles de Baye; de Prochite passasmes l'isle de Ponce,
où il y a quarante milles; de Ponce entrasmes en la
plage Roucaine, où il y a du mont Celselle (²), jusques au mont Argentel (³), cent cinquante milles; et
est le mont Argentel en la terre des Senoys; et du
mont passasmes entre l'isle de Gourgolle (⁴) et Ca-

(¹) *Prochité* : Procida. — (²) *Celselle* : Cercelle. — (³) *Mont Argentel* : monte Argentaro. — (4) *L'isle de Gourgolle* : l'île de la Gor-
gonne.

porse (1) qui est aux Genevois. Ladite montaigne est
inhabitée à cause de la grande quantité de ras qui ordinairement sont en ladite montaigne. De Gourgollé
tirasmes la vie de Prouvence, et passasmes devant la
montaigne de Sarrezane et de Petresante, et de là pas-
sasmés à Vintemille ; et de là allasmes prendre le port
à Monegue (2), là où ledit gallion cuida perir, et tous
ceulx qui estoient dedans du grand fortunal du temps
qui courut ; mais Nostre Seigneur et Nostre Dame de
la Garde de Marseilles, à laquelle fut voué ung pelle-
rin, sauva et garda toute la compaignie.

Ledit port de Monegue est beau, et est une tres
forte ville et chasteau et de grant regart ; mais pour
l'onneur du Roy, le seigneur dudit Monegue nous
recueillit, et nous donna vivres et toutes autres choses
necessaires, ayant esgart à la pitié qui estoit en
nous ; et de là partist ledit de Villeneufve, à pié, et
s'en alla à Villefranche, et de là à Nysse, et de là à
Marseille, là où il trouva monseigneur le marquis de
Rothelin, gouverneur dudit pays de Prouvance, lequel
pour l'onneur du Roy, et pour la grand pitié de pourreté en quoy il veist ledit de Villeneufvé, lui presenta beaucoup de bien ; mais il ne voulut rien prendre fors sa vie, pour l'amour de Dieu ; ainsi qu'il est
voué de faire estant en sa prison, jusques à tant qu'il
eust trouvé le Roy son souverain seigneur et maistre ;
et de là s'en alla ledit de Villeneufvé à la sainte
Baulme en achevant ses veux et pellerinages ; et de
la sainte Baulme passa par Beauquere en sa maison, et
n'y arresta point, et incontinent s'en alla sans se-

_____

(1) *Caporse :* l'île de Corse. — (2) *Monegue :* Monaco.

journer, à Lyon sur le Rosne, où il trouva le Roy son souverain seigneur, toujours à pié, demandant sa vie pour l'amour de. Dieu, et en l'estat qu'il saillist hors de sa prison, tout ainsi commé son veu portoit.

Et tant alla par ses journées, qu'il arriva en la cité et ville de Lyon, et illecques trouva le Roy son souverain seigneur, qui promptement fut assanneté de sa venuë, lequel le feist mener en son logis, en la salle à parer, là où il soupoit, accompaigné de grande quantité de seigneurs et autres gentils hommes. Mais quand il veist ledit de Villeneufve ainsi defait de sa personne, et piteusement vestu, avec ung carcan de fer au col, cinq livres pesant, comme bon prince esmeu de pitié, plain de douleur, et comme bon et vray pere de famille doit faire à son bon serviteur, recueillit ledit de Villeneufve tres benignement, monstrant estre tres joyeux de sa delivrance; et qu'il soit ainsi le monstra par effet: car dés landemain lui envoya ledit seigneur tous ses habillemens qu'il avoit vestu, jusques à sa chemise. Et en oultre luy feist ledit seigneur plusieurs autres grans biens et dons inextimables à lui et aux siens, pour monstrer exemple aux autres ses bons serviteurs. Et dés lendemain le feist son maistre d'ostel de sa bouche, pour donner à connoistre audit de Villeneufve la grand amour et bonne confiance qu'il avoit en lui, et qui ne fut pas petit de chose d'estre si prés de la personne du Roy tres chrestien, et sans per, et si très vertueux, et victorieux de tous ses ennemys, craint et redoubté de tous ses subjets, bien servi, et leaument aimé, Charles VIII de ce nom, mon tres redoubté et souverain seigneur; à qui Dieu par sa grace veuille donner bonne vie et longue, et à la louange et exaltation de son tres hault nom, et finallement salut à son ame au reaume de Paradis, auprés du grand Roy des roys.

Cy finist le viatique de l'aller et conqueste du reaume de Naples par le roy tres chrestien, roy de France, de Secile et de Jerusalem, Charles VIII de ce nom, et plusieurs autres choses, qui s'en sont ensuivies aprés son département, comme avez peu veoir par ledit livre, fait et composé par Guilleaume de Villeneufve, chevalier, conseiller et maistre d'ostel ordinaire dudit seigneur, l'an de grace 1497, 8 du mois de novembre.

FIN DES MÉMOIRES DE GUILLAUME DE VILLENEUVE.

LE PANEGYRIC

DU CHEVALLIER SANS REPROCHE,

OU

MEMOIRES DE LA TREMOILLE,

Par JEAN BOUCHET, procureur de Poictiers.

NOTICE

SUR JEAN BOUCHET.

Jean Bouchet naquit à Poitiers en 1476. Quoique passionné pour les lettres, il prit dans sa ville natale l'état de procureur qu'avoit exercé son père. Il paroît qu'il s'attacha très-jeune à Louis de La Trémouille, dont la famille résidoit à Thouars, l'une de ses principales propriétés. Chargé des affaires de cette famille, il contribuoit aussi à ses plaisirs. Son talent pour la poésie, fort admiré dans le temps, son esprit aimable et enjoué, le firent goûter par Gabrielle de Bourbon, épouse de La Trémouille, femme aussi sage que belle, et qui cultivoit elle-même la littérature. Admis dans la société intime de ce château, il y rappeloit souvent le souvenir des anciens troubadours, en chantant des ballades, et en récitant des poèmes allégoriques, dont les allusions étoient toujours flatteuses pour les dames. Ses qualités solides l'avoient fait considérer non-seulement comme un convive agréable, mais comme un ami de la maison; titre que les grands n'accordoient alors que rarement à leurs inférieurs.

La confiance qu'il inspiroit au seigneur de La Trémouille et à son épouse, lui fit confier l'éducation du prince de Talmont, leur fils unique. Ce jeune homme partagea les sentimens de ses parens pour Bouchet, et, lorsqu'il eut passé l'âge des études, il devint son protecteur et l'admirateur ardent de ses ouvrages. Il l'auroit comblé de bienfaits, si, à peine âgé de trente ans, il n'eût pas trouvé la mort dans les combats.

Bouchet, désespéré de cette perte, essaya, mais en vain,

de consoler la malheureuse mère. Leur première entrevue fut des plus touchantes. « Ah ! Jean Bouchet, lui dit-elle, « que dites-vous de mon malheur et de l'irréparable perte « de notre famille? Ne m'aiderez-vous pas à soutenir le « faix de ma douleur, vous qui participez en la perte? « Oublierez-vous l'espoir que vous aviez en l'amour de mon « fils, et le loyer du service par vous à lui faict? Qui pré- « sentera vos petits œuvres devant les yeux des princes pour « en avoir guerdon? Qui recevra et mettra en valeur vos « petites compositions? » Bouchet célébra la mémoire de son jeune bienfaiteur dans un ouvrage intitulé : *Temple de la bonne renommée.*

Le seigneur de La Trémouille remplit généreusement les intentions de son fils, et bientôt Bouchet put se livrer en- tièrement à son goût pour les lettres. Il publia plusieurs ouvrages en vers et en prose, qui eurent beaucoup de succès. Ses productions historiques, où les mœurs sont peintes avec une grande fidélité, seront toujours intéres- santes; ses poésies, trop négligées et remplies de longues allégories, ne lui ont pas survécu. Dans ses ouvrages sé- rieux, il s'éleva contre les deux principales opérations po- litiques du règne de François I, le concordat et la vénalité des charges. Cette hardiesse lui procura beaucoup de lec- teurs, mais le priva des bienfaits du prince.

Il approchoit de cinquante ans lorsqu'il perdit le sei- gneur de La Trémouille. Il ne songea plus qu'à élever un monument à la gloire de son bienfaiteur; et nous devons à sa reconnoissance les Mémoires que nous publions. Le titre de panégyrique, qu'il leur donne, ne doit point faire pré- sumer que son ouvrage ne soit qu'une déclamation adula- trice. Bouchet, en faisant ressortir les grandes actions de son héros, ne les exagère pas; il les présente dans leur sim- plicité, et elles ne produisent que plus d'effet.

Il avoit à peindre un chevalier qui, rétabli dans ses biens par les remords tardifs de Louis XI, honoré de la confiance de Charles VIII, de Louis XII et de François I, ayant partagé les lauriers de ces trois monarques dans les champs de Fornoüe, d'Agnadel et de Marignan, trouva la mort à Pavie, au moment où le Roi, moins heureux, perdoit sa liberté, et qui, après avoir fourni une longue carrière, mérita le nom de *sans reproche*, parce que, dans des temps de troubles, il sut la remplir d'actions brillantes et d'éminens services, sans enfreindre jamais aucun de ses devoirs.

Bouchet, suppléant aux talens qui lui manquent par la connoissance parfaite qu'il a de son héros, ne se montre pas au-dessous d'un tel sujet. Il retrace avec rapidité les faits d'armes et les travaux politiques de La Trémouille, le fait souvent parler d'une manière convenable, et caractérise très-bien sa valeur et sa prudence, soit dans les combats, soit dans les négociations; mais c'est surtout lorsqu'il peint des scènes domestiques, qu'en excitant l'intérêt le plus vif, il parvient à satisfaire en même temps, et le savant qui étudie les mœurs, et l'homme du monde qui ne cherche que des anecdotes curieuses.

La Trémouille, à peine sorti de l'enfance, contracte une liaison intime avec un gentilhomme un peu plus âgé que lui, et qui vient d'épouser une demoiselle de dix-huit ans. Il s'établit dans leur château, partage tous leurs plaisirs, et vit avec eux comme un frère. La jeune dame, fort sensible, ne peut voir avec indifférence un hôte aussi aimable. Ses sentimens sont bientôt partagés par La Trémouille; et, comme tous les deux ont cet enthousiasme pour l'honneur et la vertu, heureux attribut de leur âge, comme ils chérissent celui que leur amour offense, ils frémissent de leur situation. L'époux, qu'ils ont rendu malgré eux témoin de leur trouble et de leurs remords, emploie, pour les ramener à la raison et au devoir, un moyen qui paroîtroit peut-être aujourd'hui fort singulier, mais qui, en même temps qu'il est conforme à l'esprit de l'ancienne chevalerie, prouve une grande connoissance du cœur humain. Après avoir obtenu, par la plus douce indulgence, la confidence entière de l'inclination de la jeune dame, il s'éloigne du château, et affranchit ainsi les deux amans de toute espèce de surveillance. Ce qu'il avoit prévu arrive. Tant de confiance et de générosité exalte des cœurs neufs et ouverts aux plus nobles impressions. Ils font le douloureux sacrifice de leur penchant; et, à son retour, il les trouve disposés à étouffer un sentiment, dont l'absence fait bientôt disparoître toutes les traces. Ce petit tableau de l'intérieur d'un château du quinzième siècle, réunit aux grâces naïves du langage la peinture la plus vraie des passions.

Si les détails sur le mariage de La Trémouille avec une princesse de la maison de Bourbon, offrent un intérêt moins attachant, ils contribuent également à donner une idée du ton et des mœurs de cette époque. On suit avec plaisir le jeune chevalier en Auvergne, où, à l'aide d'un déguisement, il parvient à se faire connoître de l'épouse qui lui est destinée. On prévoit que leur union sera heureuse par l'accord parfait qui règne entre leurs caractères, et, lorsque cet espoir est réalisé, on aime à examiner les occupations de la jeune dame dans le château de Thouars, pendant que son époux commande les armées. Ses momens sont partagés entre la religion et l'étude; elle appelle auprès d'elle des hommes instruits, compose sous leurs yeux de petits écrits de piété et de morale, et se consacre entièrement à l'éducation d'un fils unique, objet chéri des plus belles espérances. Ici l'auteur fait d'excellentes observations sur le goût des femmes pour les lettres, et prouve très-bien qu'une occupation qui seroit déplacée dans celles qui appartiennent aux classes inférieures, convient aux personnes du premier rang, quand, au lieu d'y chercher des jouissances de vanité, elles ne prétendent qu'à former leur jugement par les lumières qui ornent l'esprit.

Toutes les espèces de prospérités semblent assurer à la maison de La Trémouille les plus brillantes destinées, lorsqu'un événement terrible y répand le deuil. Le prince de

Talmont, ce fils unique qui devoit égaler la gloire de son père, reçoit soixante-deux blessures à la bataille de Marignan, et périt à la fleur de l'âge. Il faut voir, dans l'ouvrage de Bouchet, les ménagemens pleins de sensibilité et de délicatesse qu'emploie François I pour annoncer cette perte à La Trémouille, qui la supporte avec courage. Il faut y voir les précautions religieuses par lesquelles l'évêque de Poitiers prépare une mère à un coup qui doit lui donner la mort. La correspondance des deux infortunés époux, après cet événement aussi affreux qu'inattendu, respire la tendresse, la douleur, et peut passer pour un modèle de résignation chrétienne. La Trémouille trouve des distractions dans les voyages et dans les grandes affaires dont il est occupé; son épouse, retirée à Thouars, ayant sous les yeux le tombeau d'un fils adoré, cherche en vain des remèdes à son chagrin dans l'étude qui fit autrefois les charmes de sa vie, et dans la société des hommes qui lui ont inspiré ce goût. Consumée par une mélancolie profonde, sa santé s'altère; et, lorsqu'elle sent approcher ses derniers momens, elle appelle La Trémouille, qui vole aussitôt auprès d'elle. Leurs entretiens, leurs adieux, leur séparation, après une union de trente-cinq ans, qui n'a été troublée que par la perte dont ils ne peuvent se consoler; tous ces tableaux, peints par un témoin oculaire, retracent les anciennes mœurs dans ce qu'elles ont de plus pathétique et de plus touchant.

Si Bouchet se fût borné à joindre aux grands traits de l'histoire des détails aussi intéressans, certainement son ouvrage pourroit être comparé aux meilleures productions de ce genre; mais, cédant au goût de son siècle pour le merveilleux, il s'est figuré que son livre seroit plus amusant, s'il faisoit intervenir d'une manière allégorique, les divinités de la fable dans ses récits. A peine La Trémouille entre-t-il dans l'adolescence, que Mars l'exhorte à quitter le château de son père pour aller servir le Roi. Lorsqu'il aime la jeune femme de son ami, Minerve lui donne d'excellens conseils ; et quand Louis XII lui confie, dans des temps difficiles, le gouvernement de la Bourgogne, Junon compose pour lui un long traité de politique: amalgame monstrueux de la fable et de l'histoire, qui ôte à la vérité sa vraisemblance, et qui détruit en grande partie le charme d'un récit où l'on ne cherche que des faits authentiques.

Bouchet ne se borne point à ce moyen de donner l'essor à son imagination poétique ; il a soin de se ménager l'occasion de faire parler en vers tous ses principaux personnages. C'est ainsi que l'on trouve dans son ouvrage une multitude d'épîtres qui sont attribuées soit à La Trémouille, soit à celle qui fut l'objet de sa première inclination, soit à ses deux épouses, soit à la première femme de Louis XII, lorsque ce prince voulut faire rompre son mariage pour épouser Anne de Bretagne.

Les éditeurs de l'ancienne collection des Mémoires ont écarté de l'ouvrage de Bouchet toute la partie mythologique ; ils ont également supprimé les épîtres en vers. On pourroit donc leur savoir gré de leur travail, si, poussés par le désir de donner à cet ouvrage une couleur moderne, ils n'en avoient retranché un grand nombre de détails curieux et de morceaux intéressans. Non–seulement ils ont fait disparoître tous les discours que La Trémouille prononce dans les circonstances importantes, mais ils ont abrégé les conversations entre les principaux personnages, de manière à leur faire perdre toute leur originalité naïve. Non contens de mutiler ainsi une production dont presque tout le charme consiste dans la peinture fidèle des mœurs, ils n'ont pas craint quelquefois de substituer leurs idées à celles de l'auteur ; ce qui donne lieu à des disparates qui peuvent être aperçues par les lecteurs les moins exercés.

Nous nous sommes appliqués, en conservant scrupuleusement dans l'ouvrage tout ce qui appartient à l'histoire, à n'y rien ajouter qui puisse en altérer le coloris. Forcés,

par le plan que nous avons adopté, d'écarter des orne-
mens déplacés, à peine nous sommes-nous permis des
transitions nécessaires. Nous osons donc croire que les Mémoires de La Trémouille seront une lecture entièrement
nouvelle, pour ceux qui ne les connoissent que d'après
l'abrégé des premiers éditeurs.

Cette partie mythologique, qui est si maladroitement
attachée à l'histoire d'un guerrier du quinzième siècle,
contient cependant quelques détails curieux. Dans les instructions que donnent alternativement à La Trémouille
Mars, Minerve et Junon, on trouve de temps en temps
des observations fort justes sur les passions, sur la politique
et sur les mœurs.

Lorsque le chevalier entre dans le monde, Minerve
s'efforce de le prémunir contre les séductions de l'amour.
« Les jeunes gens, lui dit-elle, qui ne mesurent les choses
« par droict jugement; ains par libidineux plaisirs ou affec-
« tion charnelle, si le sens leur présente la fardée beauté
« d'une femme, son apparente doulceur ou son humble
« contenance, existiment faulsement que ce soit une chose
« divine, et par ce jugement insensé, aiment ceste femme,
« la desirent, l'extiment vertueuse, pensent que tous biens
« soient en elle, que tout plaisir y repose, que toute con-
« solation en procède, et que heureuse chose seroit en
« pouvoir lascivieusement jouyr; mais leur fin sera comme
« de ceulx qui, selon les poëtes, endormis à l'harmonie et
« doulx chant des syrenes, péricliterent et submergerent
« en mer. »

C'est par Junon, appelée dans l'ouvrage *puissance re-*
gnalïve, que sont données les hautes leçons de politique.
L'auteur place dans la bouche de cette déesse une cri-
tique sanglante de la vénalité des charges. « On ne veit
« onc, dit-elle, tant de praticiens, et moins de bonnes
« causes : on ne veit onc tant de officiers et si peu de jus-
« tice : brief on diroit que tout est habandonné à proye
« et à rapine. Si les offiçes de la justice estoient liberale-

« ment donnés, chascun s'appliqueroit à vertus et aux
« bonnes lettres pour en avoir; et si des gens vertueux et
« bons les avoient, ne feroient telles exactions : les roys,
« princes et seigneurs seroient mieulx obeys qu'ils ne
« sont. » La déesse s'élève ensuite indirectement contre le
concordat, en faisant un grand éloge de Charles VII. « Ce
« Roy, dit-elle, aima tant la liberté universelle de toute
« l'Eglise, qu'il commanda garder et observer dans son
« royaulme les saints décrets de Basle et de Constance, et
« d'iceulx feit faire un livre intitulé la *Pragmatique-Sanc-*
« *tion*, contenant reigle et forme de l'honnesteté ecclésias-
« tique, et de disposer des bénéfices, dont la bénédiction est
« redondée non-seulement en luy, mais en son petit-fils le
« roy Charles VIII, qui a surmonté et vaincu plus mi-
« raculeusement que aultrement ses ennemis et adver-
« saires. »

Ce morceau est suivi d'un portrait de Louis XI, dont
nous ne rapporterons qu'un seul trait fort remarquable.
« Il vouloit être crainct plus que roy qui fut onèques; et
« il n'y eut jamais roy en France qui vesquit en plus grant
« craincte et suspection; en sorte que la moindre imagi-
« nation qu'il eust prise en la plus pauvre créature de son
« royaulme, luy eust donné une telle craincte que, pour
« la chasser de son esprit, estoit contrainct faire mourir
« cette personne, ou la prendre à son service : et si mou-
« rut crainctif de tout le monde. »

Les peintures de mœurs sont pour nous la partie la plus
intéressante des instructions que reçoit La Trémouille. On
y trouve des regrets sur l'antique simplicité des rois et
des seigneurs, et des réflexions chagrines sur le luxe qui
commence à se répandre. « Anciennement, dit le person-
« nage allégorique, les capitaines et gens de guerre n'avoient
« accoustumé de faire traîner après eux tant de bagaige,
« comme font de présent les François, qui ont lict de camp,
« vaiselle et cuisine, et plus d'espiceries et choses attrac-
« tives à luxure qu'à combattre leurs ennemis; et n'y a

« si petit gentilhomme qui ne veuille avoir ung aussi bon
« cuisinier que le Roy, et estre servi de électuaires,
« divers potaiges, et aultres viandes délicates en diversité
« comme princes ; et si possible estoit, quand vont à la
« guerre, feroient charoyer aprés eulx toutes les ayses de
« leurs privées maisons. A présent ceulx qui, par for-
« tune, ont été du misérable gouffre de pauvreté, retirés
« et auctorisés par les roys et princes, font les maisons de
« plaisance à coulonnes de marbre, représentations d'i-
« mages et symulachres si bien faicts, qu'il semble à les
« veoir qu'on les ayt dérobés à nature. Le dedans est tout
» d'or et azur, les jardins semblent villes, tant sont les
« galeries bien couvertes, et pour la multitude de ton-
« nelles et cabinets, tout pleins de lascivie et volupté, que
« mieulx semblent habitations de gens venerées (débau-
« chées) que marciaulx, et de gens lascivieulx, que de gens
« de vertu. » On voit par ces observations, faites pendant
les premières années du règne de François I, que le luxe
dans les palais et dans les jardins, dont on attribue généralement l'introduction en France à Catherine de Médicis,
remonte plus haut, et qu'il faut, comme nous l'avons dit
dans le tableau du règne de Charles VIII, en marquer l'é-
poque au moment où ce jeune prince, de retour d'Italie,
voulut imiter les édifices élégans et majestueux qui avoient
fait l'objet de son admiration dans cette belle contrée.

Nous avons cité les traits les plus frappans de la partie
allégorique des Mémoires de La Trémouille. En la retran-
chant de la partie historique, la seule qui puisse intéresser nos lecteurs, nous espérons que cette dernière acquerra plus de liaison, plus de suite et plus d'ensemble.

La seule édition complète des mémoires de La Trémouille est celle de 1527, caractères gothiques, donnée à
Poitiers par Jacques Bouchet, parent de l'auteur. Elle est
devenue rare et ne se trouve que dans les bibliothèques
publiques. C'est sur cette édition que nous avons fait notre
travail. En 1684, Godefroy donna de cet ouvrage un extrait

fort sec et très-court , dans la Collection de pièces qui accompagne l'histoire de Charles VIII.

On doit encore à Bouchet une importante production historique. Ce sont *les Annales d'Aquitaine et Antiquités de Poitou*. L'auteur, très-attaché à son pays , sembloit avoir fait de cet ouvrage son travail de prédilection. L'époque de sa mort n'est pas bien déterminée ; on la place généralement en 1550.

EPISTRE

A NOBLE ET PUISSANT SEIGNEUR, MESSIRE FLORYMONT
ROBERTET, CHEVALIER, BARON DALVYE, CONSEILLER
DU ROY NOSTRE SIRE, TRESORIER DE FRANCE ET SECRE-
TAIRE DES FINANCES : JEAN BOUCHET DE POICTIERS
REND TRÈS-HUMBLE SALUT.

———————

LE considerer, tres merite chevalier, que le fruict de
lire les histoires (par le tesmoignage de *Flavius Albinus*)
est acquerir une desireuse emulacion d'honneur et ung
vouloir de suyvir et ressembler en meurs et gestes ceulx
desquelz on oyt bien dire, et que la congnoissance des
choses gerées excite les humains courages, à prudence,
magnanimité, droicture, modestie et aultres vertuz tendans à souveraine felicité et esloigner du contraire ; pour
laquelle consideracion les anciens regardans à l'utilité
du commun bien, pour n'estre d'ingratitude repris, mais
les bien faisans remunerer et donner occasion aux vivans
de ainsi faire, tenoient en leurs temples et lieux publicques,
leurs statues, portraictz et ymages richement entaillez et
enlevez ; et que necessaire seroit pour la reviviscence de
discipline militaire, par nonchalance semymorte, la florissant gendarmerie de France ressembler en vouloir,

*cueur, hardiesse,, diligence et fidelité, feu de bonne
memoire monsieur Loys de La Tremoille, chevalier de
l'ordre, conseiller et premier chambelan du Roy nostre
sire, comte de Guynes et Benon, vicomte de Thouars,
prince de Thalemond, admiral de Guyenne et Bretaigne,
et gouverneur de Bourgongne (lequel, pour ses louables
faictz. a le tiltre de Chevalier sans reproche acquis); fay-
-sans craindre les dangereuses et veneneuses morsures
des envieux et detracteurs (desquelz tous escripvans ne
furent onc exempts), en ung opusculle succintement re-
cully, ce qui est, à mon petit congnoistre, parvenu de ses
meurs, faictz et gestes, depuis son enfantine jeunesse, jusques à son trespas, tant par sa familiere bouche, comme feit
Caius Marius le vieil, que par ma veue et congnoissance;
mon extimacion est, mon treshonnouré Seigneur, ce
preux chevalier avoir, davant les gens droictz, tant d'honneur, bien-veillance, renom, louange et bon extime
pour ses graces acquis, que nulz (fors les insidiateurs de
bonne renommée et ennemys de vertuz) vouldront de flaterie et mendacieuse assercion mon petit euvre calumpnier,
comme aucuns ont mon* Labirinth de fortune, et Temple
de bonne renommée. Combien que si la promptitude des
espritz en vouloit droictement juger, prendroit labeur à
trouver la clere intelligence de mon intencion, qui a esté et
est à l'exemple de la Pedie de Cyrus, des Tyrocinies de
Alexandre le Grant, et du Songe de Scipion, en publiant
les vertuz de ceulx du passé, instituer pour curieuses invencions des espritz fatiguez recreatives, ceulx du present' à droictement vivre, et suivir le Chevalier sans reproche.*

Et combien que la memoire de ce chevalier sans reproche,
pour ses louables faictz, merite bien estre presente aux
yeulx du Roy, nostre souverain seigneur, qui est des bien-
faisans droicturier juge, et equitable renumerateur; neant-
moins, à la raison de ce que la rudite de mon stille, trop
esloigné d'eloquence de court, ne vault ne merite estre veu
par luy, duquel toutes les graces et vertuz (qu'on sauroit
en tous les autres princes crestiens desirer) sont accumullées
et comprinses, et, entre aultres, formosité corporelle, elo-
quence faconde, hardiesse, prudence, richesse, noblesse,
et droicture, j'ay, contre le conseil d'aucuns messieurs et
amys, recullé luy en faire present; mais à vous, son tres
loyal et bien merité serviteur, me suys adroissé, à ce que,
par le moien de vostre tesmoignage et de ceulx qui avec
vous verront ce que j'ay escript, jugement veritable soit
prononcé des faictz et gestes de ce tant regreté prince et
chevalier, à vous descouvers pour la familiarité de voz
personnes, duquel (comme doit sembler à tous les cler
voyans) avez tousjours esté vray imitateur en fidelité, peine
et labeur, au service de trois roys, où avez en vostre estat,
comme luy au sien, acquis tiltre de loyal serviteur sans
reproche.

En quelle extime de fidelité, prudence et diligence vous
eut le roy Charles VIII, duquel je vous vy principal secre-
taire, et vous fut le manyment de la plus part de ses affaires
baillé au voiage de la conqueste, et recouvrement du
royaulme de Cecille et pays de Naples, où vostre dili-
gence, par la conduicte de vostre cler sens, donna tresbon
commancement à vostre immaculé renom, de sorte que
fustes tousjours son tresbien amé serviteur, par le comman-

dement duquel, en faveur d'aucunes legieres fantasies
rithmées que mon ignorante jeunesse, peu de temps avant
son deces, luy presenta, fuz, à mon importunée instance et
priere, à vostre service destiné, ce que ne voulut, à mon
grant regret et perte, fortune. Le trespas de ce Roy ne diminua vostre auctorité, car le roy Loys XII, dernier decedé son successeur ayant, pour longue experience de voz
louables vertuz, congnoissance certaine, apres le deces de
feu monsieur le legat d'Amboise (¹), vous donna le manyment et direction d'aucuns affaires, voyre des principaulx
de ce royaume, qui furent manyez et conduictz en si bon
ordre et droicture, que ce Roy fut appellé le Pere du
Peuple.

Je passeray soubz silence le service que vous avez faict
et faictes au Roy qui à present est, et à madame la regente,
sa tres eureuse et auguste mere, parce que je l'extime
estre tel qu'on 'a matiere se contanter de vous. Et quant
on considere le grant nombre des fidelles et loyaux serviteurs qu'ilz ont eu et ont au tour de leurs personnes, de
robes courtes et longues, desquelz estes ung, et commant
tous ensemble les avez fidelement, prudemment et diligemment serviz, on ne sçait auquel donner la premiere louange,
mesment es grans affaires du royaulme, perilz et dangiers
où il a esté, par ung an et plus, apres la prinse du Roy,
dont, graces à Dieu, l'infortune a esté en si grant temperance et doulceur soustenue, et par si grant prudence
et diligence conduicte, que le royaulme n'a esté molesté,
invadé ne assailly des privez ne des extranges, ce qu'on

_____

(¹) George d'Amboise.

conjecturoit advenir, comme apres la prinse du roy Jehan, les calamitez duquel temps sont toutes congneues. Et, jaçoit ce que la gloyre en doyve estre seullement à Dieu donnée, et la louange principalle apres, à madame la regente, mere du Roy, la prudence de laquelle y a esté et est autant et mieulx congneue que de princesse et dame qui fut onc entre les Hebrieux, Grecz et Latins, et aussi à madame la duchesse sa fille (¹), pour les causes que j'ay ailleurs escriptes, et dont la renommée en doit, à l'honneur du sexe femenin, eternellement durer, neantmoins je ause bien dire que le bon vouloyr des princes de leur sang, la diligence, prudence et conduycte de leursdictz serviteurs de robe courte et longue, avec la fidelité des villes et des subjectz, y ont grandement aydé : car vous tous ensemblé, congnoissans la vertu de l'homme se monstrer es grans affaires perilz et dangiers, y avez entierement emploié et monstré voz espritz, loyaulté, prudence, diligence, moderacion et magnanimité ; de sorte que, sans perte de terres ne personnes, et sans charger les Etatz du royaume, on a recouvert ce que plus on desiroit, et qui plus estoit et est necessaire, utile et proffitable pour le royaume, c'est la personne du Roy : ce qui ne fut onc en si bonne sorte fait si les histoires sont veritables.

Or donc, jugeant que, à toutes ces choses faire, avez peu congnoistre le loyer des bien meritez, plus asseuré de vostre benignité (o prince de rhetoricque françoise) que

---

(¹) *Madame la duchesse sa fille* · Marguerite, duchesse d'Alençon, depuis reine de Navarre, sœur de François I, alla à Madrid, pour solliciter la délivrance de son frère.

d'aucune faveur, j'ay prins hardiesse vous diriger le brief recueil des faitz et gestes de celuy duquel, quant à fidellement servir la couronne de France, avez esté imitateur, et acquis tiltre de bon serviteur sans reproche, à ce qui vous plaise defendre l'escripture de la detraction des envieux et que soustenez la verité davant les princes, si l'opuscule merite estre par eulx veu et regardé, dont je ne suis digne, esperant que s'il est (non en la mienne faveur, mais du chevalier sans reproche) par vous soustenu, passera par-tout; vous priant tres humblement, o pere d'eloquence, y donner vostre auctorité, faveur et ayde, et, pour ce faire, laisser quelque foiz le labeur des publiques occupations, esquelles, comme l'un des geniaulx directeurs des affaires de France, estes ordinairement occupé, et, usant de vostre accoustumée benignité (de laquelle avez tant acquis que plaincte de rigueur ne fut onc contre vous faicte, ce qui peut facillement advenir en ceulx de vostre estat) donner, pour le repos de vostre esprit, iceluy accommodant, aux familieres et gracieuses muses, quelque temps à la veue de l'histoire et choses moralles y contenues.

LE PANEGYRIC

DU CHEVALLIER SANS REPROCHE.

CHAPITRE PREMIER.

La genealogie de la riche et illustre maison de La Tremoille.

Apres avoir tyré de mon desolé cueur, innumerables souspirs pour l'infortune advenue en la tres noble et illustre maison de La Trimoille, à present florissant en honneur, non seullement pour le deces de monsieur Charles, mais aussi de monsieur Loys son pere, qui sont au lict d'honneur, couvert de fidelité, chevaleureusement passez de ceste miserable demeure au temple de bonne renommée et lieu de immortel loz sans reproche, verité procedant de honneste amour et gratitude despiesça (¹), née de plusieurs bienffaitz, et grans benefices que j'ay de ceste tres noble maison receuz, plus remplissans mon honneste plaisir que particulier proffit, m'ont contraint prandre une des servantes de l'œil du monde et une aultre de la radiante Lucine, pour rediger par escript, non en vers et mectres, mais en prose, les memorables gestes du loyal pere apres ceulx de l'obeissant filz. Combien que necessité et aage me vouleussent de la main dextre ouster ma plume, et m'empescher de plus escripre tragedies, histoires,

---

(¹) *Despiesça* : depuis fort long-temps.

et choses moralles, où au gré d'aucuns j'ay trop de
jours emploiez, plaignans plus que moy l'occupacion
de telles œuvres, qu'ilz n'extiment estre tant acceptées
des prudens hommes que les negoces familieres qui
eslievent par richesses ceulx qui, nuyct et jour, y vac-
quent et travaillent, comme si, par inopiné conseil,
vouloient maintenir que richesse mondaine fust souveraine felicité, dont tous les raisonnables hommes con-
gnoissent par vraye experiance le contraire; or donc,
sans avoir regard au parler d'aucuns, à la difficulté de
mon entreprise, à la rudesse de mon esprit, ne à la
differance et variabilité du vulgaire languaige du temps
present, j'ay quis l'entrée de mon petit labeur par la
genealogie de ce preux Loys nommé, par ses glorieux
faictz, chevalier sans reproche; la premiere tige duquel
vegeta premierement ou fertile et fameux pays de
Bourgoigne, les vers et florissans rameaulx qui ont
produyt tant de nobles fruictz en toutes les parties des
Gaules que nous appellons à present France occi-
dentalle.

Et pour l'entendre, les antiques et modernes historiens portent tesmoignaige que, durant le regne de
Loys huyctiesme de ce nom, filz de Phelippes-Au-
guste, dix-septiesme roy de France, florissoyt et avoyt
bruyt et renom en Bourgoigne, ung preux et hardy chevalier, nommé messire Ymbault de La Trimoille, qui fut
marié avec une des filles de l'illustre maison de Castres,
duquel mariage vindrent plusieurs enfans masles, qui
vesquirent avec leur pere longuement; en sorte que le
pere et les enfans estoient, pour leurs nobles armes,
crains et redoubtez, car ilz estoient riches, vaillans,
hardis et prudens en guerre. Et fut messire Ymbault au

service dudit roy Loys VIII, à guerroier les Angloys, et apres son deces, au service du roy sainct Loys, qui commença regner l'an 1227 ; et l'an 1247 les princes de France se assemblerent en la ville de Lyon, avec le roy sainct Loys, où estoit le pape Innocent quart de ce nom, qui leur recita comment la cité de Jherusalem avoit esté prinse par les Infidelles, et les Crestiens chassés, et partie d'iceulx occis, ce qui esmeut à pitié le Roy, les princes et plusieurs chevaliers de France ; en sorte que pour aller donner secours aux Crestiens, le roy sainct Loys, les arcevesques de Reims et Bourges, l'evesque de Beauvaiz, les troys freres du Roy, le comte de Sainct Paul, Jehan comte de Richemont, filz du duc Jehan de Bretaigne, le comte de La Marche, le comte de Montfort, Archambault, seigneur de Bourbon, Hue de Chastillon, le seigneur de Coucy, messire Ymbault de La Trimoille, et troys de ses enfans, l'aisné desquelz estoit marié et avoit ung filz, aussi se croiserent plusieurs aultres princes, barons, chevaliers, prelatz et aultres gens.

L'an apres, allerent tous oultre mer, prindrent la ville Damyete, environnée du grant fleuve du Nyl, puis allerent assieger la ville de Malsaure (1) où ilz eurent grosse perte ; car une partie des Crestiens furent occis, et plusieurs desditz prelatz et gros seigneurs de France, et entre aultres Robert, comte d'Artoys, frere dudict roy sainct Loys, messire Ymbault de La Trimoille et ses enfans, de l'aisné desquelz enfans sont venuz d'aultres enfans, desquelz est descendu messire Guy de La Trimoille, dont nous parlerons par apres.

Ung peu davant ce, et durant le regne dudict roy

(1) *Malsaure :* Massoure.

Phelippes Auguste, vivoit messire **Aymery**, vicomte de Thouars, qui estoit ung grant et redoubtable prince en Aquitaine, et aussi monsieur Amorry de Craon, chevalier, qui fut fort aymé du pape Innocent troysiesme de ce nom, au moyen de ce que, à sa requeste, il estoit allé, contre les Infideles, en Asie, avec Boniface, marquis de Montferrant, Bauldouyn comte de Flandres, Henry comte de Sainct Paul, Loys duc de Savoye, et aultres princes de France, environ l'an 1200 ; dont parapres ledict pape Innocent donna quelques privilleges speciaulx audict seigneur de Craon, et par la bulle d'iceulx, dattée de l'an 1222, l'appelle *le fort des forts, chief des chevaliers, ayde et secours du sainct Siege apostolicque:* ce que je n'escriptz sans cause, car monsieur Loys de La Trimoille (duquel je veulx parler) est aussi descendu de ces deux maisons de Thouars et de Craon, comme nous verrons cy apres.

Du filz aisné dudict Ymbault de La Tremoille vinst ung aultre de La Trimoille qui fut pere de messire Guy de La Trimoille, lequel messire Guy de La Trimoille espousa dame Marie de Sully, qui avoit esté fiancée avec monsieur Jehan comte de Mompensier, filz de Jehan duc de Berry, qui estoit filz du roy Jehan, et frere du roy Charles V, au moyen de ce que durans lesdictes fiansailles ledict comte de Mompensier estoit decedé.

Ladicte Marie avoit quarente mille livres de rente, et estoit fille de messire Loys de Sully et d'une dame de la maison de Cran ; et ledict messire Loys estoit venu d'ung duc d'Athenes, à cause de sa mere qui estoit fille dudict duc et seur de Gaultier duc d'Athenes, qui espousa dame Jehanne de Melo, dont vinst dame Jehanne d'Eu, comtesse et duchesse d'Athenes, la-

quelle donna, en l'an 1388, la seigneurie de Saincte
Hermyne en Poictou ausdicts Guy de La Tremoille et
dame Marie de Sully sa femme. Ce Gaultier duc d'A-
thenes, comme recite maistre Jehan Bocassé en la fin
de son livre des nobles malheureux, apres la mort de
son pere qui avoit perdu ladicte duché que ses predecesseurs avoyent acquise à la glorieuse conqueste que
les Françoys firent contre les Infideles, lors que Geoffroy de Boulion, Geoffroy de Luzignen dict la grant
dent et aultres conquirent la Terre saincte, se retira
à Florence dont il fut chief et gouverneur, puis s'en
vinst en France, dont ses predecesseurs estoient yssuz,
et fut receu honnorablement par le roy Jehan, qui le
fist son connestable, et le maria avec la dicte Jehanne
de Melo, fille de messire Raoul de Melo, comte
d'Eu et de Guynes. Depuis ledict Gaultier fut occis
en la journée davant Poictiers où le roy Jehan fut
prins par les Angloys, en l'an 1356.

Messire Guy de La Trimoille estoit ung des beaulx et
vaillant chevalier qu'on eust peu veoyr; et à ceste cause,
en l'expedicion que le roy Charles VI fist contre les
Angloys et Flamans, le Roy fist bailler l'auriflame audict messire Guy, qui la retourna à son honneur,
la victoyre par les François obtenue. Certain long
temps apres, il fut en Hongrie, en la compaignée de
monsieur Jehan, comte de Nevers, filz de Phelippes,
duc de Bourgongne, et aultres princes de France que
ledict roy Charles VI envoya contre les Infideles, pour
secourir Sigimond, roy de Hongrie et Boheme, qui
depuis fut empereur, où les Françoys furent deffaitz
par la malice des Hongres. Lesquelz, envieux des memorables faictz des Françoys, les faisoyent marcher

davant, leur donnant entendre que incontinant apres
marcheroit leur armée, ce qu'elle ne fist ; par le moyen
de quoy les ennemys obtindrent victoyre ; et fut prins
ledict Jehan, comte de Nevers, avec aultres seigneurs
de France, ledict messire Guy de La Trimoille blecé
en plusieurs lieux, et son filz aisné, aussi nommé Guy,
qni estoit encores fort jeune, occis.

Ledict messire Guy, comme il vouloit retourner
en France, mourut des playes qu'il avoit eues, et fut
enterré en la ville de Rhodes : il laissa ladicte de Sully
sa veufve, et deux filz, Georges et Jehan, en la garde
de leurdicte mere, l'aisné desquelz n'avoit encores
cinq ans ; et tost apres ladicte dame se maria en secondes nopces avec messire Charles, seigneur d'Allebret, lors connestable de France.

Ainsi appert que lesdictz Jehan et Georges de La
Trimoille sont descenduz de la maison de Athenes et
de Sully d'une párt, et de l'autre part de l'ancienne
maison de Cran, ung puisné de laquelle espousa dame
Mahault, comtesse de Flandres et de Breban, enterrée
au cueur du couvent des Freres Prescheurs de Paris,
et ung messire Jehan de Craon, qui fut evesque d'Angiers, arcevesque de Reims, patriarche de Constantinople, et grand gouverneur du roy Charles V, pere
dudict Charles VI ; lequel messire Jehan de Cran
estoit oncle de messire Pierre de Craon, chevalier,
qui fut tant aymé du roy Charles VI, et monsieur
Loys duc d'Orleans, son frere, que ledict duc voulloit
qu'il fust tousjours vestu de ses couleurs : toutesfois
fut esloygné de court, pour une parolle qu'il dist à madame Valentine, espouse dudict duc d'Orleans, par le
moyen de messire Olivier de Clisson, chevallier, lors

connestable de France; lequel de Clisson ledict de
Cran s'efforça occire en la ville de Paris, avant que l'an
fust passé, dont vindrent de grosses follies, comme il
est contenu es Annalles d'Aquitaine et Croniques de
France.

Messire Jehan de La Tremoille, filz puisné dudict
messire Guy, fut comte de Jonvelles et premier chevallier de l'ordre de Jehan duc de Bourgongne auparavant comte de Nevers, duquel a esté parlé on (1)
precedent article; aussi le fut du duc Phelippes son
filz, et espousa la seur de messire Loys d'Ambayse (2),
vicomte de Thouars, et seigneur d'Ambayse Montrichard et Blere, lesquelz decederent sans hoirs; pourquoy luy succeda ledict messire Georges de La Tremoille, chevallier, son frere, quequessoit ses enfans.

Ledict messire Georges fut en son vivant ung des
plus beaulx hommes que on eust sceu veoyr, et si estoit
hardy chevallier et droict homme; il fist de grans services au roy Charles VII, filz dudict Charles VI, au
recouvrement de son royaulme contre les Angloys, et
espousa madame Catherine de Lisle, dame de Lisle
Bouchart, de Rochefort et de plusieurs aultres terres
et seigneuries : duquel mariage descendirent deux enfans, Loys et Georges. Ledict messire Loys fut marié
avec dame Margarite d'Ambayse, fille dudict feu
messire Loys d'Ambayse, vicomte de Thouars, et seigneur d'Ambayse, Montrichard et Blere. Et au regard
dudict messire Georges, ce fut ung hardy chevallier, qui
fist de grans services au roy Loys unziesme, filz dudict roy Charles VII, à la conqueste de la duché de
Bourgongne, duquel pays fut gouverneur. Il estoit

(1) *On* : au. — (2) *D'Ambayse* : d'Amboise.

seigneur de Cran, laquelle seigneurie luy estoit venue à cause de ceulx de Cran, dont j'ay parlé cy dessus. Aussi fut seigneur de Lisle Bouchart, et mourut sans hoyrs procreez de sa chair.

CHAPITRE II.

La nativité de messire Loys de La Tremoille ; de ses meurs puerilles, et comment il y fut nourry.

Quelque temps apres le mariage de monsieur Loys de La Trimoille et de madame Margarite d'Ambayse, son espouse, elle fut enceincte du premier de ses enfans masles ; et lorsque le souleil, qui est le cueur du ciel et l'œil du monde, repousoit en son trosne et siege de *Libra*, qui fut le vingtiesme jour de septembre de l'an 1460, ouquel an toute la monarche des Gaules estoit eureuse de paix, et habondoit en toutes bonnes fortunes, par les disposicions fatalles qui, soubz les bannieres du roy Charles septiesme de ce nom, surnommé *le Bien Fortuné*, avoyent chassé et mis hors son royaulme de France, les anciens ennemys de l'honneur françoys, usurpateurs de leurs seigneuries et envieux de leurs redoubtables ceptres et couronnes, celle illustre dame Margarite d'Ambayse enfanta d'ung beau filz ; ce fut nostre chevallier sans reproche, duquel j'entends principallement escripre ; et fut nommé Loys, sur les fons de baptesme. Son naistre engendra toutes manieres de joyes, lyesses et consolacions en la maison de mon-

sieur son pere et de tout son tresnoble parentaige,
parce que, par son excellente beaulté, doulceur et benignité enfantine, donnoit jà ung espoyr aux cler
voyans qu'il seroit chevallier d'excellente vertuz, et
que ce seroit la precieuse pierre Trimoillaise et Am-
basienne, en laquelle reluyroit le cler et immaculé
nom de ces deux anciennes maisons : d'une aultre part
les astronomes experimentez disoyent que, veu le jour
de sa nativité, il seroit appellé, par la disposition des
corps celestes, au service des roys, en leurs affaires civilz et pugniques, où il acquerroit honneur de inextima-
mable louange, et prandroit alliance par mariage avec
le sang royal.

Toutes ces choses donnerent, oultre l'instinct de nature, une merveilleuse affection de le faire songneusement alaicter et nourrir, jusques à ce qu'il eust passé
son enfance, combien que durant ce temps madame
Margarite d'Ambaise, sa mere, eut de monsieur de
La Trimoille, son espoux, troys aultres filz, savoir
est : Georges, Jaques et Jehan, tous approchans en
beaulté et honnesteté de leur frere aisné Loys. Et
des ce qu'il sentit ung commancement de force et
astuce puerille, qui suyt sans moyen l'imbecillité d'en-
fauce, nature luy administra agillité et force corres-
pondente à sa beaulté, avec ung arresté vouloyr de faire
toutes choses appartenantes à gens qui veullent suyvir
les armes et les cours des princes illustres, comme
courir, saulter, luycter, gecter la pierre, tyrer de l'arc,
et controuver quelques nouveaulx jeux et passetemps
consonans à l'estude militaire. Luy, ses freres, et aultres
nobles enfans de leurs aages que leur pere avoit
prins en sa maison, et les entretenoit pour leur tenir

compaignie, faisoyent assemblées et bandes en forme
de bataille, et par les champs assailloyent. petiz tigurions (1), comme s'ilz eussent baillé assault à une ville,
prenoyent bastons en forme de lances, et faisoyent
tous aultres passetemps approchans des armes, monstrans que plus y avoyent.leurs cueurs que aux-grans
lettres, fors le plus jeune nommé Jehan qui, dés son
jeune aage, se desdia à l'Eglise, dont bien luy prinst,
comme nous verrons cy apres.

Tous les semydieux et semydeesses du pays de Berry,
voysins du chasteau de Bommiers, où estoit la demourance de ces tresnobles enfans, laissoyent leurs maisons et chasteaulx pour venir veoyr leurs passetemps
tant honnestes, et entre aultres Loys l'aisné, lequel
ilz monstroyent l'ung à l'aultre par admiration, car il
estoit beau comme ung semidieu, son corps estoit de
moienne stature, ne trop grant ne trop petit, bien
organisé de tous ses membres, la teste levée, le front
hault et cler, les yeulx vers, le nez moyen et ung peu
aquillée, petite bouche, menton fourchu, son tainct
cler et brun, plus tirant sur vermeille blancheur que
sur le noir, et les cheveux crespellez,reluysans comme
fin or. Aussi avoit de si bonnes graces qu'il emportoit
le priz dessus ses freres et compaignons, tant pour
mieulx faire que par ruzes, cautelles et cler engin,
dont il ne prenoit aucune gloire; mais, en se humi-
liant, donnoit tousjours l'honneur (qu'il avoit jà acquis par l'oppinion et jugement de ceulx qui les
regardoient) à ses compaignons : laquelle humilité
empeschoit que envie ne s'engendrast de ses louables

(1) *Petits tigurions* : c'étoient de petites tours qui servoient à l'amu-
sement des jeunes gentilshommes.

jeunesses en l'estomac de ceulx lesquelz il precedoit en bonne extime.

Ce Loys avoit une industrie contre la majesté de nature et l'imprudence de l'aage puerille, par laquelle chascun non seullement se contentoit de luy, mais l'auctorisoit en tous les faictz de jeunesse, en sorte que ceulx de son aage en faisoyent leur chief et seigneur, et n'avoient bien ne joye hors sa compaignée. Chascun estimoit ses pere et mere, eureux de telle generation ; et ne apporterent moins d'espoir au pays de France les meurs de sa prudente jeunesse, que celle de plusieurs jeunes Rommains, tant en petites ruses, que noblesse de cueur, et entre aultres de Pretextatus qui, pour contanter sa mere l'infestant declairer le secret du senat qu'il avoit oüy en la compaignée de son pere, auquel le celler avoit esté enjoint, luy donna, contre verité entendre, que le senat avoit ordonné que les hommes auroyent doresnavant plusieurs femmes pour multiplier et augmenter la generacion rommaine ; dont il fut tant bien louhé du senat que le lendemain le senat, assailly par les femmes rommaines pour rompre ceste supposée loy, extimerent tresfort l'obedience du filz, tant envers sa mere que le senat ; autant en feit ce noble Loys envers madame sa mere qui vouloit tirer de luy ce qu'il avoit sceu de monsieur son pere en secret, et dont il avoit defense.

En ce temps y avoit de grans discors civilz entre le roy Loys unziesme de ce nom et les princes de son sang, qui tendoient à le priver de ceptre et couronne, et quant ce jeune Loys en oioyt parler, disoit, à l'exemple de Marc Caton Utisence contre Syla aux temps des prescriptions rommaines : *Si j'estois avec le Roy je me*

essaieroys de le secourir; et que autreffoiz bailla ung
soufflet à ung de ses compaignons qui soustenoit la
querelle des princes mutinez contre le Roy, ainsi que
feit Cayus Cassius à Fauste filz de Syla qui collaudoit
les cruelles prescriptions de son pere ; lesquelles chôses
estoient presage qu'il seroit de la couronne lylialle
defenseur, et des injures royalles propulseur.

Pour avoir passetemps avoit oyseaulx de prôye et
chiens pour chasser à bestes rousses et noyres, où souvent prenoit labeur intempere, et jusques à passer les
jours sans boyre et manger, depuis le plus matin jusques à la nuyt, combien qu'il n'eust lors que l'aage de
douze ans ou environ.

CHAPITRE III.

Le roy Loys XI veult avoir le jeune seigneur de La
Tremoille pour le servir. Comment ce jeune sei-
gneur pria et pressa son pere de l'envoyer au ser-
vice du Roy; et avec un jeune paige, prinst che-
min pour y aller.

Le roy de France Loys XI, qui estoit prudent et
prenoit gens à son scervice selon son imaginacion, fut
adverty des meurs de Loys de La Trimoille et de sa
prudente jeunesse, qui donnoyent une actende de bon
cappitaine en l'advenir ; et considerant que la premiere
origine de ceulx de La Tremoille estoit de Bourgongne,
et que Charles, lors duc de Bourgongne, estoit ennemy
de France, et pourroit retirer ce jeune seigneur Loys

de La Trimoille, manda à monsieur son pere, par quelque gentilhomme de sa maison, qu'il voulloit avoir son filz aisné pour le servir, et qu'il luy envoyast. Le pere fut fort troublé de telle nouvelle, et, congnoissant la complexion du Roy, ne sçavoit quelle responce faire, pour deux raisons : l'une qu'il ne vouloit que son filz se esloignast de luy, parce que c'estoit toute sa consolacion, l'autre, que le Roy, quelque temps auparavant, avoit mis en sa main la vicomté de Thouars, et aussi aultres seigneuries qui appartenoyent à messire Loys d'Ambayse, pere de son espouse, dont il avoit donné partie à la dame de Momsoreau (1) et à messire Jaques de Beaumont, chevalier, seigneur de Bressuyre, pour quelque imaginacion qu'il eut contre ledict d'Ambayse, à la raison de ce que on luy raporta qu'il avoit parlé seullement au duc de Bretaigne. Et pour ces causes fist responce au messagier que son filz estoit encores bien jeune pour porter les labeurs de la court, et que dedans ung an pour le plus loing, luy envoyeroit, en le merciant de l'honneur qu'il luy faisoit, dont le filz fut adverty, lequel y vouloit bien aller.

Ung jour advinst bien tost apres que luy, Georges et Jaques, ses freres, en la compaignée des veneurs de leur pere et d'aulcuns gentilz hommes, à l'heure que aurore avoit tendu ses blanches courtines pour recepvoir le cler jour, partirent du chasteau de Bommiers pour aller chasser aux bestes rousses. Si trouverent ung grant cerf qu'ilz entreprindrent prandre à course de chiens

(1) *A la dame de Momsoreau :* Nicole de Chambes, dame de Montsoreau, étoit aimée du duc de Guyenne, frère de Louis XI. Il paroît que ce dernier avoit voulu la gagner,

et chevaulx., se mirent apres par boys et fourestz, et se separerent pour mieulx le trouver. Le desir de prandre le cerf leur fist perdre le souvenir de boyre et manger, et l'appetit de toutes viandes, en sorte que le souleil approchant de l'Occident, doubloit et croissoit leurs umbres. Et tost apres l'ombre de la nuyt commença à chasser la reluysance du jour, en sorte qu'ilz se perdirent l'ung l'autre à la course ; et demoura Loys seul en une grande fourest, courant apres le cerf qu'il perdit pour l'obscurité de la nuyt. Ses deux freres prindrent le vray chemin avec les veneurs, lesquelz, conjecturans que Loys se fust retiré des premiers au chasteau, se retirerent, et y arriverent environ dix heures de nuyt, tous affamez et marriz d'avoir perdu leur proye ; mais plus furent courroussez de ce qu'ilz ne trouverent Loys, voyans, au nombre des gens de leur compaignée, que seul estoit demouré par les boys, en dangier de sa personne. Parquoy les veneurs et autres serviteurs du chasteau, s'en allerent en diverses pars, pour le trouver, ce qu'ilz ne feirent jusques à la poincte du jour. Comme on le serchoit, environ la mynuit que *Somnus* avec ses pesantes helles descend on cerveau de l'homme et ambrasse toutes les creatures en leur repos, leurdeffendant le parler, le jeune Loys, se voyant sans compaignée, fors des oyseaux nocturnes qui bruyoient par la forest, l'issue de laquelle ne povoit trouver, descendit de dessus son cheval qu'il atacha à ung arbrisseau pres ung fort buisson, où il trouva une grosse souche, de laquelle, apres se estre estendu sur la froide et humide terre, toutesfoys couverte de fueilles, fist ung chevet, où il s'endormit.

Le jeune seigneur de La Tremoille s'estant reveillé,

monta sur son cheval, et fist tant que, environ le poinct du
jour, arriva seul au chasteau de Bommiers. Les pere et
mere, qui encores repousoyent en leurs lictz, sceurent la
venue de leur filz et, non monstrans aucun semblant de
son labeur, dont ilz furent joyeulx, commanderent
le traicter comme appartenoit; ce qu'on fist à diligence.
Et apres avoir beu et mangé, avant le lever de son pere,
prinst ung jeune gentilhomme, nommé Odet de Chazerac, que fort il aymoit, et luy dist : « Chazerac, mon
« amy, tu es le secret de mon cueur, et la teneur des
« lettres clouses de ma secrete pensée : parquoy je te
« veulx dire un project que j'ay fait cette nuyt, te priant
« de ne le reveler. » Lors luy declaira au long ce qu'il
avoit deliberé, par opinion arrestée, de demander congié à son pere pour aller au service du Roy, et en son
reffus s'en aller, interrogeant Odet de Chazerac s'il
vouldroit aller avec luy : ce qu'il luy accorda.

CHAPITRE IV.

*Persuasion du jeune seigneur de La Trimoille à son
pere.*

TROYS ou quatre jours apres, sceu par le filz son
pere estre seul en sa chambre de retraicte, alla vers
luy armé de hardiesse, pour luy declairer l'affection
de son entreprinse; mais quant il fut en sa presence,
craincte paternelle et honte reverencialle le desar-
merent de hardiesse, et le laisserent en la nudité de
puerille vergongne et au fleuve de dubitacion, comme

la navire sur la mer agitée de tous vents, en sorte
qu'il ne povoyt trouver le moyen de descouvrir son
vacillant couraige. L'exorde de ses prieres et requestes
par honte luy languissoyent en la bouche, qui ne vouloit obeyr au commandement du cueur. Toutesfoys, à
l'exhortacion de son père qui le hardya de parler, commença rompre sa honte et à descouvrir son couraige,
en disant : « J'ay tousjours congneu, monsieur, le plus
« grant de voz desirs estre, que mes freres et moy, qui
« sommes voz enfans, dont je indigne suis l'aisné, nous
« appliquons à choses vertueuses, et soions nourriz en
« bonnes meurs, et que par maulvaiz exemples n'ayons
« l'occasion de prester l'oreille aux voluptez et choses
« pernicieuses, à ce que en nous soit conservé l'hon-
« neur que vous et voz progeniteurs portans le nom
« de La Tremoïlle avez par voz louables faictz acquis;
« à quoy est trop contraire la vie privée que me-
« nons avec vous en oysiveté, de tous vices nourisse,
« qui nous suyt et delicatement nourrist noz tendres
« jeunesses, facilles à corrumpre, en les decepvant
« par les doulceurs de long repos, viandes delicates, et
« passetemps plus voluptueux que excitatifz à vertuz;
« desquelles choses m'est venue une peine nouvelle
« en mon esprit, qui me donne hardiesse de me pre-
« senter à vostre paternelle majesté, et treshumble-
« ment vous prier que vostre plaisir soyt me envoyer
« en la court du Roy, où est l'escolle de toute hon-
« nesteté, et où se tiennent les gens de bien soubz les-
« quelz on aprend à civillement vivre, et la forme
« d'acquerir non seulement les mondaines richesses,
« mais les incorruptibles tresors de honneur. N'aiez
« peur de l'imbecillité de mon facil et petit engin, et

« moins de mes jeunes ans ; car l'insuperable couraige
« que j'ay de servir en l'advenir la triumphante cou-
« ronne de France, me fera surmonter tous labeurs,
« et oublier les mignardises de pusillanimité et les
« privées ayses de vostre opullente maison. »

Le pere ouyt constamment la priere de son cher filz,
et à peine se peut contenir de manifester sa pensée,
agitée de pitié, meslée en douleur par larmes apparen-
tes qui jà commançoient sortir de ses yeulx. Parquoy
voulant demeurer seul pour myeulx donner repos à
son cueur, par la consolation de madame son espouse,
dist à son filz : « Allez, mon amy, je penseray à ce
« que vous m'avez dit, et en parlerons plus au long
« une autresfois. » Le filz se retira en sa chambre,
acompaigné d'une trop petite esperance, disant à luy
mesme que, voulsist ou non son pere, feroit ce qu'il
avoit entrepris. Le pere demoura seul jusques à ce que
madame son espouse fust à son mandement venue, à
laquelle il declaira la harangue ou oraison de leur
cher filz Loys, non sans jecter larmes et se desoler,
mais encores plus la mere, quant elle eut le tout ouy ;
en sorte que son espoux ne la povoit consoler ne paciffier son cueur tout inundé de pleurs ; les causes de
leurs douleurs estoient trop grand amour sensuelle
qu'ilz avoient à Loys leur filz, non seulement pour
sa formosité, mais pour les bonnes graces qui jà estoient
en luy ; et eussent bien voulu que tousjours eust demouré avec eulx ; daventaige doubtoient que s'il alloit
au service du Roy, fust mal traicté de sa personne, et
que sa tendre jeunesse ne peust supporter ce faix ; oultre cognoissoient la severité du Roy, et qui pour peu de
chose prenoit mauvaise fantasie contre les princes et

seigneurs vieilz et jeûnes, et en pourroit prandre contre leur filz, tant parce qu'il avoit eu en hâyne son ayeul paternel, les seigneuries duquel il avoit, sans cause et raison, saisiés et misés en sa main, et aussi qu'ilz estoient extraictz de Bourgongne, lequel pays n'estoit aymé du Roy, pour les grans guerres et molestes que luy faisoit Charles, duc de Bourgongne. La mere parla depuis au filz, pour le desmouvoir, luy donnant entendre toutes ces choses, et qu'il actendist encores ung peu, jusques à ce que les guerres fussent moderées : mais le filz ne voulut croire ne pere ne mère, et apres avoir faict presser son pere d'avoir congié, voyant qu'il ne luy vouloit bailler, luy mesme le prinst, et, en la compaignée de Odet de Chazerac, jeûne enfant ung peu plus aagé que luy, prinst son chemin pour aller en Court se presenter au service du Roy ; mais il ne fut long, car incontinent son pere, adverty de l'entreprinse, envoya deux gentilz hommes apres eulx, et les ramenerent à Bommiers, fort tristes.

CHAPITRE V.

D'aulcunes miseres des gens de court ; et commant le jeûne seigneur de La Trimoille fut envoyé au service du roy de France.

Le filz fut presenté davant le pere, qui d'ung visaige furieux commença luy dire : « O rebelle et deso-« beissant enfant, plus desirant l'exécution de ta folle « volunté et l'effect de ton jeûne sens, que le plaisir « de ton engendreur et ton proffit temporel, penses tu

« que tes yeulx embouez de puerille ignorance soyent
« plus cler voyans que ceulx de experimentée vieil-
« lesse ? Sces tu point que l'œil spirituel n'a vigueur,
« ne véoit parfaictement, jusques au temps que l'œil du
« corps deflorist et pert sa beaulté? Presumes tu estre
« plus saige et plus loing regardant que moy, qui jà
« suis entré es experiences de vieillesse? Je t'ay faict
« dire et remonstrer que le temps n'estoit oportun pour
« prandre l'aventure de Court, au moyen des partia-
« litez, discordes civilles, et guerres intestines, qui sont
« entre le Roy et aulcuns princes de son sang, et que le
« dangier s'en ensuyvera scelon l'issue de fortune. Tu
« es jeune, et puis mieulx actendre l'evenement des
« choses fatalles, que ceulx qui ont vingt ou trente ans.
« Que feras tu en Court, laquelle est toute troublée
« et desolée de telz discords, en sorte que la pluspart
« des courtisians ne sçavent quel party tenir? ilz voyent
« le royaulme esbranlé et prest à tumber entre les
« mains de noz anciens adversaires, pour l'intelligence
« qu'ilz ont au duc de Bourgongne et de Bretaigne,
« lesquelz ont plus d'amys secretz qn'on ne pense ; et
« d'aultre part voyent le Roy si timide et suspeçon-
« neux de chascun qu'il ne ayme personne, fors pour
« le temps qu'il en a affaire. Sces tu point commant il
« a mis en sa main les biens du vicomte de Thouars,
« mon beau pere, et baillé partie d'iceulx à gens de
« petit extime ? Tu ne ignores qu'il est manié par ung
« barbier, par ung trompeur et ung desloyal evesque (1).

(1) *Par un barbier, par ung trompeur et ung desloyal evesque :* le
barbier étoit Olivier le Daim, qui devint comte de Meulan ; l'évêque
étoit le cardinal Baluë, évêque d'Evreux et d'Arras, que Louis XI fit
ensuite enfermer dans une cage de fer.

« Il tient en prison le duc d'Alençon; le seigneur de
« Nemoux (1) ne scet où il en est et le comte de Sainct
« Paul noue (2) entre deux eaües. La fin desquelz
« pourra estre plus piteuse à veoir, que leurs faictz
« et gestes, plaisans à rememorer. Je suys serviteur
« du Roy et du royaume et prest à me declerer tel
« contre tous et de y habandonner ma personne, mes
« enfans et mes biens, et quant tu aurois l'aage pour
« faire quelque bon service, je seroys eureux de te
« veoir en bataille renger pour estre à la distribution
« des premiers coups et en hazart de fortune; mais tu ne
« pourrois ne sçaurois encores luy donner aucun secours
« de ton corps, moins de tes biens, ne de ton conseil.

« Tu demandes la Court, mon filz, et tu la deusses
« deffier. Tu me diz quelque foiz que c'est l'escolle de
« toute honnesteté : il est vray qu'elle est plaine de
« gens ressemblans bons et honnestes, et que c'est ung
« lieu remply de gens experimentez à bien et mal. La
« Court aprend à se vestir honnestement, parler dis-
« tinctement, ryre sobrement, dormir legierement,
« vivre chastement, et escouter tous vens venter sans
« murmure; mais le tout est faict par vaine gloire,
« ambicion ou ypocrisie. Les honnestement vestuz
« sont on dedans plains de mocquerie et irrision, et
« detraictent de chescun; les peu parlans sont en-
« vieux, songeurs de mallices, inventeurs de trahisons;
« les peu rians sont gens austeres, arrogans, cruelz et
« plains de malice; ceulx qui dorment legierement,
« veillent jour et nuyt à supplanter leurs compaignons,
« faire quelques monopolles et destruire chescun; et
« les chastes aux yeulx des hommes, infament et ma-

(1) De *Nemoux* : de Nemours. — (2) *Noue* : nage.

« culent les honnestes maisons, par secretz adulteres
« et fornications occultes et desrobées.

« La Court est une humilité ambicieuse, une
« sobrieté crapuleuse, une chasteté lubricque, une
« moderation furieuse, une contenance supersticieuse,
« une diligence nuysible, une amour enuyeuse, une
« familierité contagieuse, une justice corrumpue, une
« prudence forcennée, une habondance affamée, une
« haültesse miserable, ung estat sans seureté, une
« doctrine de malice, ung contempnement de vertuz,
« une exaltacion de vices, une mourante vie et une
« mort vivante, ung ayse d'une heure, ung malayse
« continuel, et chemin de dempnacion. C'est ung lieu
« où l'on prend par force ou peine ce qui doit estre
« acquis par vertuz. La Court faict de vertuz vice et de
« vice vertuz ; les plus hault eslevez sont en plus grand
« dangier que les bas assis, car fortune ne se rit fors
« du trebuchement des grans, et plus souvent excerce
« ses mutacions sur ceulx qui sont soudain et sans
« grands merites, montez, que sur les petiz, dont elle
« ne tient compte. Puys donc que tant de dangiers y
« a en Court, laisse croistre tes ans, endurcir ton
« corps, meurer ton esprit, augmenter tes forces et
« vertuz, pour mieulx en soustenir le faix, et savoir à
« tous ces maulx resister. » Telles ou semblables remonstrances feit le pere au filz, qui respondit en
tclz motz :

« Ce que j'ay faict, monsieur, ne tend ad ce que je
« veuille obvier à voustre volunté, ne aller au contraire
« de ce qui vous plaist; car les enfans doibvent obeir à
« leurs peres; et comme ilz sont tenuz les ouyr aussi
« doyvent considerer leurs parolles. Je sçay, mon-

« sieur, que toutes les remonstrances qu'il vous a pleu
« me faire, vous les pensés tres utiles et profitables.
« Toutesfois, qui les peseroit à juste balance avec ce
« que je vous ay dit, je ne sçay qui gaigneroit le prix :
« je croy, pour vray, que la Court est à présent fort
« troublée, pour les causes par vous dictes, et que le
« dangier y est grand ; neantmoins je pense que plus
« craignez le dangier de mon esprit, que celluy du
« corps ne des biens ; et mieulx me vauldra le passer
« par la dangereuse flamme de Court, purgative des
« ignorances de hommes vivans de vie privée, que
« demourer entre oysiveté, nonchallance, gourman-
« die, plaisir charnel, et liberté de mal faire, tous in-
« sidiateurs des humains espritz ; et mieulx vault que
« je experimente les curiaulx labeurs en ma jeunesse,
« qui pourra plus aysement les supporter, que en mes
« viriles ans, qui apres long repos se ennuyroyent de
« si griefves peines. Et davantaige, si le Roy est suspe-
« çonneux (comme il vous a pleu me dire) le reffus ou
« delay de son service luy pourra engendrer contre
« vous et moy plus grant suspicion, tant au moyen
« du duc de Bretaigne, duquel sommes alliez à
« cause de ma mere, que du duc de Bourgongne, des
« ancestres duquel noz predecesseurs ont esté servi-
« teurs, et prins avec eulx le principal de leurs hon-
« neurs et richesses.

« Ne vous desesperez de mon aage, car de aussi
« jeunes que je suis ont aultresfoys (comme j'ay ouy
« dire) donné espoyr de estre gens de bien, par leurs
« juvenilles faictz et actes. Et entre aultres, comme j'ay
« veu par les histoyres, Alexandre le Grant, estant en-
« cores à l'escolle des lettres en l'aage de douze ans,

« fut desplaisant dont Phelippes, roy de Macedonne,
« son pere, avoit tant dilaté son royaulme par louables
« victoyres, disant que pour avoir gloyre luy convien-
« droit, en son plus parfaict aage, aller acquérir gloyre
« en Occident ; et en ce mesme temps chevaucha de luy
« mesmes ung cheval non dompté, davant son pere, que
« tous ceulx de son escuerye ne ausoyent chevaucher. »

Comme l'enfant parloit au pere, et avant que clore
son propos, survinst ung poste que le Roy envoyoit au
pere, avec une lettre, qui interrumpit l'enfant en sa
gracieuse et prudente responce ; mais ce fut à son adven-
taige, car le Roy rescripvoit au pere qu'il luy envoyast
son filz pour le servir, sur peine de desobeissance ; qui
donna solucion à tous arguméns, mais non sans douleur paternelle. Et fut Loys, à sa grant joye, richement
vestu, monsté, et accompaigné mesmement de Odet
de Chazerac, et dedans quinze jours envoyé au Roy, à
la fin de l'an treiziesme de son aage.

En ce temps, le roy Loys avoit de grans affaires, au
moyen de ce que les ducz de Bretaigne et de Bourgongne estoyent ses ennemys, et que le duc de Bourgongne, nommé Charles, filz du bon duc Phelippes, avoit
suscité Edouard, lors roy ou usurpateur du royaulme
d'Angleterre, à venir avec grosse armée en France.
Toutesfoys le Roy y pourveut saigement, car il appoincta avec Edouard (1), et le renvoya doulcement,
sans coup frapper, en Angleterre, au desceu du duc
de Bourgongne, qui en cuyda crever de despit.

Ce jeune Loys fut amyablement receu par le Roy,
et fut mis au nombre des enfans d'honneur, où bien

---

(1) *Il appoincta avec Edouard* : traité de Picquigny, du 29 avril
1475.

tost apres passa tous ses compaignons, en toutes les
choses qu'ilz sçavoyent faire, fust à saulter, crocquer,
luicter, gecter la barre, courir, chasser, chevaucher,
et tous aultres jeux honnestes et laborieux; et si les
surmontoit en hardiesse, finesses, cautelles et ruzes,
en sorte qu'on ne parloit en Court que du petit
Trimoille : dont le Roy fut fort joyeux. Et, luy voyant
par foiz faire ces bons tours, disoyt aux princes et seigneurs de sa compaignée : « Ce petit Trimoille sera
« quelque foiz le soustenement et la deffence de mon
« royaulme : je le veulx garder pour ung fort escu
« contre Bourgongne. » C'estoit le Roy (comme a
escript messire Phelippes de Commynes son chambellain) qui se congnoissoit mieulx en gens que homme
qui fust en son royaulme, et à les veoyr une foiz seullement, predisoit leur preudhommie ou lascheté, dont
peu apres on voioyt les experiences.

Quelque foiz ses compaignons reprocherent au
jeune Trimoille qu'il seroit aussi gras que le seigneur
de Cran, son oncle paternel, qui estoit l'ung des vaillans et hardiz chevaliers et cappitaines de France,
bien aymé et extimé du Roy, dont il ne fut contant et respondit : « Je m'en garderay si je puis; »
ce qu'il fist par les grans labeurs qu'il prenoit
jour et nuyt : car on ne le veit jamais asseoyr,
fors ung quart d'heure pour disner, et autant pour
soupper; et si ne prenoit viandes à son plaisir, mais à
sa necessité seullement, et le moins qu'il povoit, dont
la continuacion luy engendra une habituacion qui a
surmonté nature, car son pere et son oncle estoyent
gros et gras et il fut tousjours allegre et deliberé. Che-
rephon et Philetas luy furent exemple, l'abstinence

et longues vigilles desquelz les feirent allegres et legiers de corps. La demourance du jeune Trimoille ne passa quatre moys en Court, que son oncle, monsieur de Cran, chevallier de grant prudence et bonne experience, bien aymé et familier du roy Loys, luy donna forme de vivre honneste et gracieux admonnestemens.

CHAPITRE VI.

La bonne estimacion que le roy Loys XI eut du jeune seigneur de La Trimoille, dés ses jeunes ans.

Les conseils du seigneur de Cran, benignement receus par le jeune seigneur de La Trimoille, son nepveu, ne diminuerent l'effect de ses nobles affections, mais luy creurent ses louhées vertuz, dont vinst au roy Loys XI meilleure extimacion de luy que au paravant, laquelle il declaira depuis à maistre Guillaume Hugonet, chancelier de Bourgongne et au seigneur de Contay, venuz à Vervins vers ledict roy Loys, de par le duc de Bourgongne, pour avoir semblables treuves qui avoyent esté faictes entre ledict roy Loys et Edouard, roy d'Angleterre, a neuf ans; car comme lesdictes treuves eussent esté par ledict roy Loys accordées ausdicts ambassadeurs, en parlant et divisant des jeunes princes et seigneurs de France et Bourgongne, le roy Loys leur monstra, par grant singularité, le jeune seigneur de La Trimoille, leur disant : « La maison « de Bourgongne a nourry et entretenu par long temps « ceulx de La Trimoille, dont j'ay retiré ce gicton (¹),

(¹) *Gicton :* rejeton.

« esperant qu'il tiendra barbe aux Bourguignons. »
Ceste petite louange, rendit ce jeune seigneur si tres-
entenlif à faire ce que le Roy avoit de luy predit, que
tousjours estoient ses oreilles tendues aux propos que
son oncle et aultres bons chevalliers et chiefz de guerre
tenoyent des batailles, alarmes et rencontres; et le
plus grand de ses desirs estoit qu'on luy mist le harnoys sur le doz ; ce qu'on fist dés ce qu'il eut l'aage
de dix-huyt ans, au temps de la conqueste de Bourgongne que le roy Loys fist apres que Charles duc de
Bourgongne eut esté occis à la journée qu'il eut à
Nancy contre le duc de Lorraine, qui fut en l'an 1476.
Et, en l'aage de dix neuf ans, prinst accointance avec
ung jeune chevalier de l'aage de vingt et troys ans,
marié avec une fort belle dame estant en l'aage de
dix huyt ans, lesquelz je ne veulx nommer. Et fut
l'amour si grant entre ces deux jeunes seigneurs que
le chevalier vouloit tousjours estre en la compaignée
du seigneur de La Tremoille, et souvent le menoit
passer le temps en son chasteau.

CHAPITRE VII.

De la grant et honneste amour qui fut entre le jeune
seigneur de La Trimoille et une jeune dame.

Bientost la jeune dame eut jour et nuyst davant les
yeulx la formosité et bonnes graces du jeune seigneur
de La Trimoille, et luy son excellente beauté, son humble maintien, gracieuse parolle, et honneste entretien.

Or avoyent ilz encores la vergongne de honnesteté davant les yeulx; car la dame n'avoit onc mis son cueur en aultre que són espoux, et le seigneur de La Trimoille n'avoit onc employé son esprit, ne donné labeur à ses pensées, en faict de voluptueuses amours, mais seullement es guerres, chasses, jouxtes, tournoys et aultres passetemps honnestes; et luy fut ce premier desir venereux fort extrange; car sa pensée n'avoit seureté, et son couraige n'estoit en paix, mais assailly d'assaulx interieurs, tant de jour que de nuyt, en sorte que son noble cueur ne povoyt trouver pascience. Encores n'estoit le seigneur de La Trimoille en si continuelle guerre que la dame, car il avoit plusieurs passetemps qui luy povoyent donner quelque oubliance; mais la pauvre dame (je dy pauvre d'amoureux confort, et riche de toutes aultres choses) demouroit tout le long du jour en sa maison, sans rien faire ; au moyen dequoy les pensées croissoyent immodereement on jardin de son cueur, en sorte que, avant qui fussent troys jours passez, une palleur de tristesse vinst saisir son visaige, ses yeulx changerent leur doulx regard, ses jambes se debiliterent, son repos n'avoit pascience, souspirs et gemissemens sailloyent de son cueur, l'estomac qui plus ne les povoyt porter, les chassoit jusques à la bouche, qui en devinst toute alterée; en sorte qu'elle fut contraincte de demourer au lict, malade, non de fievre, mais d'une saine maladie et d'une santé languissante. Son espoux la voulut conforter, et y fist venir plusieurs medecins, et des plus expers ; mais ilz n'eussent peu congnoistre son mal au poux ne à l'urine, ains à ses vehemens souppirs.

Le jeune seigneur de La Trimoille, se doubtant de

la qualité de son mal, à la raison de ce que puis peŭ
de temps avoit congneu que ceste dame (les joyeuses
compaignées habandonnées) s'estoit rendue toute solitaire pour mieulx satisfaire à ses amoureux pensemens,
et que en parlant avec elle davant son mary, ne povoyt
tenir propos, et souvent changeoit couleur, attendit
l'heure que les medecins s'en estoyent allez et qu'elle
estoit seulle en sa chambre, couchée sur ung lict, où il
alloit quant il vouloit, sans le dangier de jalousie, pour
la grant amytié que le chevalier avoit à luy. Et, eulx
estans hors de dangiers des rapporteurs, en hardiesse de
parler, luy dist : « Madame, on m'a presentement faict
« sçavoir que estiez arrestée de maladie dés le jour
« de hyer, dont j'ay esté fort desplaisant, parceque
« plustost fusse venu vous visiter et donner quelque
« consolacion, si je le povoys bien faire ; car il n'y a
« femme en ce monde pour laquelle je me voulusse
« plus employer. » L'œil et la parolle de ce jeune
seigneur (comme les premiers medecins) commancerent à passer par toutes les arteres et sens de son
hostesse, et, pour la doulceur qu'elle y trouva, commença se resjouyr et prandre quelque refrigerement
en sa vehemente fureur d'amours. Toutesfoiz, surprinse d'une louable vergongne, precogitant qu'elle
ne povoit honnestement aymer aultre que son espoux,
pour en avoir le delict charnel, differa de respondre
ét de manifester à son amy la grosse apostume plaine
d'amoureux pensemens qu'elle avoit sur son cueur,
mais luy dist seullement qu'il n'y avoit au monde personnaige qui la peust guerir, fors luy (son mal bien
congneu), et, en disant ces parolles, gecta sur la face
de ce jeune seigneur, uñg regard si penetrant, qu'il fut

navré on cueur plus que davant, et congneut asseu-
reement qu'elle estoit amoureuse de luy : pourtant ne
luy fist aultre response, fors que le medecin seroit
trop eureux qui pourroit une si louable cure faire.

Comme il luy vouloyt declairer le surplus de ses
amoureux desirs, survindrent aulcunes de ses damoyselles qui les departirent; et se retira le seigneur
de La Trimoille seul en sa chambre où, embrasé du
feu d'amours, commença dire à tout par luy : « O
« quel perilleux et merveilleux assault, quel conta-
« gieux convy, quelle indefensable temptacion, quelle
« non inexorable priere, et quel dur et invincible
« assault m'a esté livré par la parolle et le regard
« d'une femme! que doy je faire? Amour me donne
« liberté d'accomplir mes plaisirs charnelz à mon
« souhayt, et honnesteté me le deffend, disant que ce
« seroit trahison faicte à son amy ; jeunesse me induyt
« à volupté, et mon esprit à choses plus haultes et
« vertueuses; pityé me dit que je doy secourir celle
« qui languist pour l'amour de moy, et severité me
« defend maculler la conjugalle saincteté, et me
« commande que je garde ma chasteté à celle qui sera
« toute à moy et non à aultre. » Sur ces fantasies, et
aultres trop longues à reciter, ledict seigneur s'endormit en sa chambre.

La dame, apres le depart du seigneur de La Tremoille, fut pressée par ses damoiselles de prandre
quelque reffection, ce quelle ne voulut lors faire ; mais,
apres avoir faict sortir ceulx et celles qui estoient pres
d'elle, commença à penser plusque jamais en ce jeune
seigneur, et dire en son esprit : « O Dieu immortel,
« de quel seigneur et personnaige m'avez vous donnée

14. 24

« l'acointance ? il me semble que l'avez seulement faict
« pour estre regardé et amé, et que avez commandé
« à nature le pourtraire pour le chief d'euvre de sa
« subtille science. Où est la femme qui, contemplant
« l'excellence de sa beaulté, ne fust de son amour sur-
« prinse ? Où est celle qui, congnoissant son gracieux
« maintyen, sa proesse, son honnesteté, sa perfection
« corporelle, et sacrée formosité, ne pensast estre bien
« eureuse si elle povoit sa bienveillance acquerir ? Où
« est la dame qui ne se dist bien fortunée d'estre en
« sa tant requise grace ? Et je voy, de l'autre part, la
« beaulté de mon espoux, son bon traictement, sa fide-
« lité, la grant amour que en reverance il me exibe,
« son honnesteté, la fiance qu'il a en moy, l'enormité
« scandaleuse de la transgression de la foy conjugalle,
« le deshonneur que je pourroys, pour aultre amer,
« acquerir, le dangier de tel crime, la fureur de
« mes parens, et l'injure que je ferois à tout mon noble
« lignage : toutes lesquelles choses sont par moy ou-
« blyées, en la veue de ce jeune seigneur, tant beau,
« tant bon, tant begnin, tant gracieux, tant amou-
« reux, et tant plain de bonnes graces, et lequel je ne
« puis fuyr, pour la grant amour qui est entré luy et
« mon espoux, et leur journelle frequentacion. O Dieu
« eternel, que doy je faire ? je suis en l'eaue, jusques au
« menton, toute alterée, et ne puis boyre ; je suis à la
« table remplie de viandes exquises, criant à la fain ;
« je suis au lict de repos, et le dormir m'est deffendu ;
« je suis es tresors jusques aux oreilles, et je mandie
« pour vivre ; j'ay le feu d'amours de tous coustez, et
« la glace de honte et crainte me gelle le cueur !
« O pauvre et desolée femme, que feras tu, fors atten-

« dre; pour le seul reconfort de mes douleurs, que la
« mort tire cruellement de mon las cueur l'amoureux
« traict de Cupido, et me frappe du sien mortelle-
« ment? »

Combien que ceste visitacion eust augmenté les passions amoureuses non seullement du jeune seigneur de
La Trimoille, mais aussi de la dame, toutesfoiz prindrent ilz reconfort en leurs cueurs, par le commancement de congnoissance de leurs voluntez, et s'estu-
dierent celler leurs desirs et dissimuler leurs entencions
à tous autres, pour mieulx parvenir au fruict d'a-
mours; mais ne fut possible, parce qu'ilz changerent de
contenance, de langaige et de propos; et ne vouloyent
parler longuement ensemble en compaignée comme
avoyent acoustumé, parce que souvent changeoyent
couleur; et se desroboyent à table et ailleurs plusieurs amoureux regars dont se apperceut le chevalier,
et y resva quelque peu : toutesfoiz la grant amytié
qu'il avoit au jeune seigneur de La Trimoille, luy fist
penser que le mourir seroit plustost par luy choisy
que le vivre au pourchasser de tel deshonneur faire
en sa maison, et en ousta sa fantasie. Ce nonobstant,
voyant meigrir le jeune seigneur de La Trimoille, et
devenir tout solitaire et pensif, luy demandoit souvent
qu'il avoit, et s'il estoit amoureux : ledict seigneur en
rougissant luy disoit que non, et prenoit excuse sur
quelque aultre chose; mais sa contenance, contrariant
à sa parolle, le rendoit coupable.

Au regard de la dame, elle languissoit, et avoit une
angoisse en son amoureux cueur, si grant qu'elle en
perdoit le boyre, le manger, et le dormir. Ses chan-
çons estoyent tournées en souspirs, ses joyeux propos,

en solitude de pensées, et ses rys, en amoureuses larmes. Ledict seigneur estoit si pressé en son esprit qu'il
eust bien voulu n'avoir ses amoureux pensemens, et
souvent deliberoit se retirer à la Court ou ailleurs;
mais soudain, par ung seul regard de la dame, en estoit
diverty; aussi le chevalier le retenoit tousjours, et
sans luy ne povoyt vivre. Et pource qu'il ne ousoyt si
souvent parler à la dame qu'il avoit acoustumé, et
que son amour luy avoit engendré suspeçon et crainte
de jalousie, luy escripvit une lectre (1)

Ceste lectre escripte de la main du seigneur de La
Tremoille, portée à la dame par ung de ses paiges,
duquel il avoit congneu le bon esprit, fut par elle,
en sa chambre, incontinant apres son lever, sans aucuns tesmoings, secretement receue; et, avant la lecture,
pour obvier à toute suspeçon qui jà l'avoit rendue fort
craintive, dist au paige : « Mon amy, le bon jour soit
« donné à monseigneur vostre maistre; vous me recom-
« manderez à sa bonne grace, et luy direz que sa lectre
« veue, en aura bien tost responce. » Elle, laissée par
le paige, alla ouyr la messe en la chappelle du chasteau, en laquelle son espoux et ledit seigneur l'acten-

(1) *Luy escrivit une lectre* : l'auteur donne les lettres des deux amans,
qui sont fort longues et écrites en vers. Dans celle de La Trémouille,
on remarque le passage suivant :

> Esbats et jeux , tous joyeux passetemps
> D'oiseaulx , chevaulx et chiens mis en contemps ,
> Je ne quiers fors ung lieu de solitude
> Pour en amour gecter la mienne estude.
> Je quiers ung lieu secret pour le repos
> De mes pensiers et amoureux propos.
> Honnesteté si le me vient deffendre
> En me disant : « Ce seroit trop mesprendre,
> « Vers mon amy qui se confie en moy
> « Et que j'aurois perdu l'honneur de foy. »

doient pour avoir leur part de la devocion ; mais ne la
veirent à l'entrée et yssue, à la raison de ce qu'elle
entrée en son oratoire par une faulse porte, par icelle
mesme sortit, et s'en alla renfermer en son cabinet,
où elle fut jusques au disner seule, non sans fantasier
apres ceste lectre, en notant chescun mot d'icelle ; et,
pour y faire responce conforme à sa volunté, prinst
encre, plume et papier, et escripvit au seigneur de La
Trimoille.

CHAPITRE VIII.

*Commant la lectre de la dame fut portée au seigneur
de La Tremoille, et son amour descouverte au chevalier son espoux ; et commant le chevalier par
doulceur les retira de leurs folles affections.*

La lectre de la dame fut tant eureuse quelle trouva
messagier secret qui la mist entre les mains du seigneur de La Tremoille ; ce fut son paige qui avoit porté
la sienne à la dame ; mais la lecture en fut piteuse ;
car il y eut en icelle lisant plus de larmes que de
bonne pronunciation. Ses sens s'esloignoient de la raison, la langue se troubloit, le corps trembloit, le cuéur
souspiroit, et les jambes luy failloient ; en sorte que luy,
contrainct se gecter sur son lict de camp, fut long
temps sans parler ; et le plus grant danger de son mal,
c'estoit qu'il n'avoit à qui descouvrir sa malladie. Le
soupper fut prest, mais il perdit le souvenir de boire
et manger ; ses paiges actendoient son yssue à la porte

de sa chambre, pour le conduire en salle avec torches; mais il ne povoit trouver le chemin, et jusques à donner quelque pensement au chevalier que mal luy allast, mais non à la dame qui bien se doubtoit de sa malladie procedant de sa lectre plaine de varieté et mutacion de vouloir : une partie luy donnoit espoir de joissance, et l'autre le mectoit en desespoir; en lisant aucuns motz, pensoit bien faire tout ce que son amoureux desir vouldroit, et en lisant aultres s'en trouvoit tresfort esloigné, et par raisons si vives que le replicquer luy eust esté honte, et le contredire deshonneste; parquoy demouroit en langueur, qui est une angoisse d'amoureux cueur, laquelle ne peult celler son ennuy, et ne scet à qui le dire pour y trouver allegence : et brief la mort luy eust esté plus propre à le guerir de ce mal, que le remede trouver pour le medeciner, ainsi que bien luy sembloit à veoir la lectre de la dame.

L'heure du soupper passée, et sceu par les paiges que la porte de là chambre de ce jeune seigneur estoit, par le derriere fermée, le chevalier alla luy mesme à la chambre, frappa à la porte, est entendu par le seigneur qui luy faict soudain ouverture, et le interroge de la cause de si longue demeure; en rougissant respondit qu'il s'estoit trouvé mal et ne vouloit soupper. Toutesfoiz, pressé par le chevalier, qui congnoissoit à la rougeur de ses yeulx qu'il avoit ploré, s'en allerent mectre à table, et la dame avec eulx ; laquelle, empeschée de plusieurs et diverses pensées, rompit son honneste coustumé de mectre en avant quelque bon propos, et passa le soupper sans mot dire. Le jeune seigneur, tourmenté de ses affec-

tions du dedans, parloit aulcunesfoiz , mais non
à propos; qui donna congnoissance au chevalier que
son mal procedoit d'amours, et que amoureux estoit
de sa femme, dont ne fist compte ; mais, interrum-
panttousjours ses secretes pensées de parolles joyeuses,
s'efforçoit le gecter hors de ceste amoureuse angoisse.
La table levée et graces dictes, deviserent ensemble
demye heure seulement, contre leur coustume qui
estoit actendre mynuit ; et fut conduict le jeune
seigneur, par le chevalier et sa femme, en sa chambre,
où elle fut laissée ; mais incontinent apres congié
prins de luy, par ung secret et gracieux baiser, pour
ouster toute suspection , se retira en la chambre de
son mary ; et le jeune seigneur, pour donner repos
à la douleur qui tant le pressoit, se coucha; mais
le dormir ne fut si long que la veillée.

Or voyons nous en quelle destresse estoyent ces deux
personnages pour trop aymer , dont le chevalier eut
par conjectures quelque congnoissance , car il estoit
assez mondain et de grant esprit. Toutesfoiz n'en fist
lors semblant; et apres s'estre couché pres de sa femme,
en lieu de dormir, se mist à diviser avec elle de ses
jeunesses et bons tours qu'il avoit faict en amours
avant son mariage, luy disant, « que c'estoit la plus
« grant peine du monde, et se doubtoyt que le seigneur
« de La Trimoille le fust, mais ne sçavoit de quel
« personnaige, et ne le povoit ymaginer, ne penser à
« la raison de ses perfections de nature, richesses et
« dons de grace, et que la dame seroit fort eureuse
« qui de luy seroit par honneur aymée. Et si je sça-
« voys, disoit le chevalier, en quelle dame il a mis
« son cueur, je laisseroys le chemin de mon repos, et

« prendroys celluy de son labeur, car il le vault. —
« Et si c'estoit de moy, dist la dame, que diriez-vous?
« — Je diroys que vous vallez bien de estre aymée,
« mais je pense qu'il a si loyal cueur qu'il ne voul-
« droit maculler nostre lict pour chose du monde,
« et qu'il aymeroit mieulx mourir que le faire, et
« aussi qu'il congnoist et considere la perfection de
« voz vertuz, et l'arrest d'amour qu'avez faict en moy.
« Et neantmoins si, par une passion de desir qui es-
« veille les clers entendemens des hommes et femmes,
« estoit tumbé en cest inconvenient dont ne peust
« sortir sans mort, fors par la jouyssance de vous,
« pourveu que Dieu n'y fust offencé, voustre honneur
« macullé, et ma noblesse souillée, je y donneroys
« plustost consentement que à sa mort. Je vous prie,
« m'amye, s'il est ainsi qu'il ne me soit cellé. — Je
« vous asseure, mon amy, dist la dame, que c'est de
« moy; mais saichez que c'est d'une amour tant hon-
« neste qu'il aymeroit mieulx mourir que de vous
« offencer, ne me donner reproche; et vous ayme
« tant, comme il m'a dict, que l'amour qu'il a à vous
« combat à celle dont il me ayme, qui est la princi-
« palle cause du mal qu'il seuffre, duquel mal, sans
« vous en mentir, je supporte partie sur mon cueur,
« par pitié qui ne luy puist ne doibt secourir.

« M'amye respond le chevallier, nous trouverons
« moyen de luy donner alegence, par ce que je vous
« diray. Demain, apres disner, iray, avec mes servi-
« teurs, en tel lieu, sans retourner jusques au lende-
« main. Ce pendant irez à sa chambre, et luy porterez
« une lettre que je feray, vous offrant par mon congié
« à sa mercy. Si je ne vous congnoissoys saige, pru-

« dente et chaste, ne vous bailleroys ceste liberté, la-
« quelle pourriez prandre ; mais il me semble que
« aultre moyen n'y a pour le guerir de son mal,
« duquel plusieurs jeunes seigneurs sont mors ou
« tumbez en quelque grant necessité. » En tenant ces
propos, apres aulcuns honnestes baisiers, le chevallier
s'endormit, mais non la dame, laquelle passa le reste
de la nuyt en larmes, qui laverent son cueur de l'in-
fection de ses amoureux pensemens, à la consideracion de la bonté et honnesteté de son espoux, à sa
doulceur et benignité, à l'amytié qu'il avoit au jeune
seigneur, et à la grant confiance qu'il avoyt à elle.
Le chevallier se leva matin, et d'ung gracieux baiser
par luy donné à son espouse, qui sur le matin s'estoit
endormie, la reveilla, et luy renouvella en briefves
parolles leur deliberacion de la nuyt; et luy, prest
de ses acoustremens, se retire en la chambre de son
secret, où il fist une briefve epistre. Ce pendant le
jeune seigneur de La Trimoille, tout desollé des songes
et fantasmes nocturnes, se leva, et, la messe ouye, avec
le chevallier et la dame disnerent assez matin. Le
disner faict, le chevallier dist au seigneur de La Trimoille qu'il voulloit aller à une sienne maison pour
quelque affaire, et que le lendemain seroit de retour, à
disner. Ledict seigneur offrit et pressa le chevallier de
luy tenir compaignée; mais par honneste excuse l'en
refusa.

Or fut bien tost prest le chevallier, et, sa lettre
baillée à son espouse, monta à cheval, accompaigné de
ses gens, pour aller où il avoit dict en presence dudict
seigneur et de la dame ; lesquelz hors du dangier des
serviteurs (qui souvent dient plus qu'ilz ne savent),

se retirerent seulz en la chambre de la dame, où elle,
toute honteuse, luy demanda : « Monsieur, commant
« vous est-il allé ceste nuyt? — Assez mal, dist-il,
« car je l'ay passée en souspirs, fantasies, et songes
« merveilleux. — Et je l'ay acompaignée, dist la
« dame, de larmes et pleurs; car mon mary, congnois-
« sant nostre amour, m'en a bien avant parlé, non
« comme jaloux de vous, mais comme le plus grant
« amy qu'il ayt et qu'on pourroit avoir en ce monde,
« car, son interest mis arriere et mon honneur ou-
« blyé, m'a prié vous mettre hors des laqs d'amour;
« desquelz vous et moy sommes si estroictement liez,
« et m'a chargé vous bailler ceste lettre. » Le dict
seigneur fut tant esbay de tel propos qu'il perdit la
parolle; car tant aymoit le chevallier qu'il eust bien
voulu mourir pour luy en juste querelle; et, sa bouche
ouverte par le commandement du cueur, apres s'estre
par les yeulx deschargé de ses souspirs, prinst et leut
la lettre (¹).

(¹) *Et leut la lettre* : cette lettre est encore une longue pièce de vers.
Le chevalier dit au jeune La Trémouille qu'il est indigne de lui d'adres-
ser ses vœux à la femme d'un autre ; que s'il obtenoit ce qu'il desire, il
seroit livré à d'éternels remords, et qu'il doit se distraire de cet amour
en faisant un mariage honorable. Il ajoute que, connoissant son noble
caractère, il s'est éloigné pour le laisser entièrement libre. Les éditeurs
de l'ancienne collection, ne voulant pas conserver ces vers fort mé-
diocres, en ont fait une lettre en prose, où ils se sont efforcés d'imiter
le vieux langage.

CHAPITRE IX.

L'honneste moyen par lequel le jeune seigneur de La Trimoille et la dame se departirent de leurs secretes amours.

Là lettre du chevallier ne fut leue par le jeune seigneur sans donner repos à sa langue pour descharger son triste cueur de angoisseuses larmes, et moins n'en faisoit la dame ; la pitié de laquelle augmentoit la passion du lecteur, en sorte que une heure fut passée avant le parfaict. Ceste lettre eut telle vertuz que (toute folle amour chassée) raison ouvrit leurs intellectuelz yeulx pour congnoistre l'honnesteté, bonté et prudence du chevalier, leur folle entreprinse, inconsideracion, et immoderées voluntez. Et commença dire le jeune seigneur. « Ha ! madame, voyez vous point « mon tort? vous est ma coulpe absconse, est pas ma « faulte descouverte, quant, par deceptifz propos, « regards impudiques, et amoureux baisiers, je vous « ay voulu divertir de la vraye et simple amour que « devez avoir à vouste seul espoux tant bon, tant « gracieux, et tant honneste : devoys je point sa bonté « considerer, son amytié gouster, et ses biensfaictz re- « duyre à memoyre ? Il m'a receu en sa maison, et « dans deffiance m'a tant de foiz laissé seul avec vous, « vous baysant et divisant par passetemps, et, à pre- « sent, congnoissant ma langueur et le dangier de « mon mal, a tant eslargy sa severité, que, vostre

« honneur oublié, nous a laissé licence, espace et
« temps pour executer les passions de noz amoureux
« desirs. » Autant en disoit la dame, et tindrent ces
bons et honnestes propos jusques environ quatre
heures devers le soir, que ledit seigneur monta sur
une hacquenée, et seul s'en alla au davant du chevalier,
lequel fust rencontré à une lieue pres : apres double
salut fait et rendu, feirent aller les serviteurs davant,
et demeurerent assez loing derriere. Le jeune seigneur
se excusa envers le chevalier, au mieulx qu'il luy fut
possible, et l'asseura par serment que sa lettre avoit
esté la seulle medecine de sa playe, et que, quelque
amour qu'il eust à son espouse, estoit tant honneste
qu'il eust mieulx aymé mourir que maculer la loy et
foy de leur mariage, qui estoit la cause de son grief
mal ; car sa passion sensuelle vouloit ce que raison luy
deffendoit.

Le chevalier aussi s'excusa envers luy de sa lettre,
disant qu'il ne presuma onc qu'il voulust mettre à
effect ses pensées. Et en ce propos arriverent au chasteau, où ilz trouverent le soupper prest, et la dame
avec autres gentilz hommes qui les attendoyent. Le
jeune seigneur fut contrainct par le chevalier se asseoyr
davant la dame, et congneut leurs contenances toutes
changées, et qu'ilz avoyent mis arriere une grant
partie de leurs amoureuses fantasies. Apres soupper
il y eut tabourins et instrumens, dancerent et diviserent assez tard, puis chascun se retira en sa chambre. Et comme ledict seigneur fut seul en son lict, fut
encores assailly par ung gracieux souvenir de la dame,
en reduysant à memoyre ses graces et façons tant honnestes, et luy estoit encores demouré quelque relique

de ses amoureuses passions, dont ne se povoit aisément
descharger; mais le bon tour que *luy avoit faict le
chevalier*, chassa ces pensées, et il s'endormist.

CHAPITRE X.

*Comment le jeune seigneur de La Trimoille laissa la
maison du chevallier, et s'en alla au trespas de
monsieur son pere.*

QUAND il fut jour, le jeune seigneur de La Trimoille se treuva bien deliberé de plus ne donner lieu
aux amoureuses pensées du temps passé; et comme il
se vouloit lever, luy vindrent nouvelles certaines que
monsieur son pere estoit griefvement malade et pres
de la mort. Parquoy soubdain envoya vers le chevallier sçavoir s'il pourroit lors parler à luy; lequel soubdain venu, et le bon jour donné par l'ung à l'autre,
s'enquist commant il avoit passé la nuyt; et ledict
seigneur luy declaira la nouvelle qu'il avoit eue de la
maladie de monsieur son pere. Si luy conseilla lors
aller vers luy en diligence dés ledict jour; ce qu'il
delibera, mais avant son soubdain partement, apres
la messe ouye, en actendant le disner, alla prandre
congié de la dame, qui n'estoit encores sortie de sa
chambre; et apres l'avoir gracieusement saluée luy
dist : « Madame, je suis l'homme le plus tenu à vous
« que à toutes les humaines creatures, tant pour le bon,
« traictement que m'avez faict en vostre maison, que
« pour les grans sies d'amour que m'avez monstrez,

« dont je me sens vostre perpetuel tenu et obligé; et
« si je puis me trouver en lieu pour en recongnoistre
« le tout ou partie, je vous asseure que je y emploie-
« ray corps et biens. Je suis contrainct de m'esloygner
« de vous, pour quelque maulvaise nouvelle que à ce
« matin m'a esté apportée de monsieur mon pere,
« fort malade et en dangier de mort; il est mon pere,
« je luy doy obeissance et amour naturelle; et si je
« n'alloys vers luy pour le visiter et consoler, et qu'il
« mourust sans le veoyr, ce me seroit ung perpetuel
« reproche et ennuy mortel qui tousjours presenteroit
« regret et tristesse à mon cueur. Et pour ce je vous dy
« adieu, madame, jusques à mon retour, du temps
« duquel je ne suis asseuré. » Jà commençoit le
cueur de ce jeune seigneur à se descharger de la furieuse amour qu'il avoit eue à ceste dame, à la consideracion des bons tours et offres que luy avoit faictz
le chevallier son espoux.

Au dire adieu le jeune seigneur presenta à la dame
ung gracieux baysier, qui courtoysement l'accepta.
Toutesfoiz ceste nouvelle, ainsi soubdain venue, la con-
trista par ung amoureux regret, et se trouva quelque
peu de temps hors de soy, sans povoyr dire mot pour
la responce; les larmes qui tost apres sortirent de ses
yeulx, luy ouvrirent le cueur; et commença à parler
en ceste sorte : « Je ne vouldroys, monsieur, à vostre
« dommaige retarder vostre depart, car je vous ame
« de sorte que le plaisir donne lieu à l'honneur et
« proffit de vostre personne. Toutesfoiz si tousjours
« povois estre en vostre compaignée, sans le maulvaiz parler des gens, je m'extimerois la plus eureuse
« femme de la terre qui ne se peut faire, parce que

« j'ai ma foy donnée à ung aultre, et je pense bien que
« brief serez tout à quelque dame de laquelle je voul-
« drois bien estre la simple damoyselle. Vous savez,
« monsieur, les secretes choses de noz affections qui,
« à Dieu graces, n'ont sorty effect, mais sont de-
« mourées entre les mains de honneste vouloir. Je
« vous prie que en ceste sorte il vous plaise n'oublier
« l'amour de celle qui vous tiendra tousjours escript
« en sa memoire par saincte et charitable amytié. »

Avec telz ou semblables propos ce jeune seigneur
laissa la dame en sa chambre, mais non sans gecter
quelques larmes de ses yeulx, car, jaçoit ce qu'il fust
hors de tout maulvaiz vouloir, toutesfoiz estoit encores
la racine de charnelle amour en son cueur, laquelle
fut desracinée au moyen de la corporelle separacion,
qui est l'ung des grans remedes d'amours qu'on pourroit
trouver. Et, apres avoir disné tous ensemble, et ung
aultre general congié prins de la dame, partyt
pour faire son voiage, non sans la compaignée du
chevalier, qui le conduyt jusques à la couchée; et en
chevauchant diviserent de plusieurs choses, dont le
chevalier fut tres joieux, et s'en retourna à sa maison
tres contant. Son espouse fut long temps toute honteuse dont tant elle avoit esdiré son esprit, et ne
passoit ung jour, que, en considerant le dangier où
s'estoit mise, ne gectast quelques larmes de desplaisir, qui la rendit si tressaige et bonne qu'elle
passoit toutes les aultres; et pour une vertu qu'elle
avoit eu auparavant, en recouvra deux, savoir est,
chasteté et humilité.

Le jeune seigneur de La Tremoille trouva son pere
en extremité de mort, car tost apres sa venue alla de

vie à trespas, delaissez ce jeune seigneur et ses troys
freres, Jacques, Georges et Jehan, et certaines filles tous
mineurs et en bas aage. Mais parce que ledict jeune seigneur estoit filz aisné et principal heritier, eut la charge
du tout, et, leur pere honnorablement ensepulturé et
obsequié, donna ordre à sa maison et estat de luy et
de messieurs ses freres. Et bien tost apres, par le conseil de ses amys, retourna à la court du roy de France,
où il avoit estat, pour recouvrer les terres de la vicomté de Thouars, principaulté de Thalmond, Amboyse, Montrichart, et aultres de grant revenu que le
roy Loys avoit mises en sa main à tort et contre raison,
par une execution de particuliere volunté et desir de
vangence, qui estoit la seulle apparente maculle qui
fort a obscursy les aultres bonnes condicions de ce
roy, ainsi qu'on peult veoyr par sa cronique.

CHAPITRE XI.

Commant le seigneur de La Trimoille fut restitué en
la vicomté de Thouars, et aultres grosses seigneu-
ries à luy appartenantes à cause de sa feue mere,
fors d'Amboyse et Montrichart.

Or s'en allerent ces troys jeunes seigneurs à Tours,
parce que le roy Loys estoit au Plesseis, qui est ung
sejour royal au cousté de ladicte ville, auquel lieu s'estoit retiré, pour trouver repos à son acoustumé labeur
et se separer des grosses compaignées à luy desplai-
santes, et de l'acces des princes de son sang et aultres

gros seigneurs qu'il avoit en grant suspection, laquelle
procedoit de ce qu'il avoit voulu estre crainct de tout
le monde, et, comme dict Tulle en ses Offices, il advient que ceulx qui veullent estre crains, craignent non
seullement les grans, mais les petiz. Le jeune seigneur
de La Trimoille fut hors le train d'amours, et la dame
oubliée, apres laquelle il avoit tant reveillé son subtil
et facil engin, prinst le chemin de proffit particulier et
de penser la maniere par laquelle pourroit recouvrer
ses terres, par le Roy injustement occupées. Il avoit
plusieurs amys en Court, princes et aultres, mais aulcun d'iceulx n'eut la hardiesse d'en parler au Roy,
doubtant sa furieuse ymaginacion. On le conseilla se
adroisser à l'arcevesque (1) de Tours, de l'ordre des
freres mineurs de grant saincteté, qui parloit hardiement au Roy de ce qui concernoit le faict de sa conscience, et, par craincte de mort ou exil, ne differa onc
de confondre ses desordonnées excuses.

A ceste consideracion, le jeune seigneur de La Trimoille se adroissa audit arcevesque, qui tres voluntiers
luy presta l'oreille, et, la qualité de son affaire congneue, dont aultresfoys on luy avoit tenu propos,
promist en parler au Roy, à la premiere disposicion
qu'il congnoistroit estre en luy pour se ranger à la raison, ce que fist ce bon arcevesque, qui joyeux estoit
de faire administrer justice à ceulx qui la demandoyent, mais non si tost, car la maladie du Roy estoit
si vehemente et pressante que, en la fureur d'icelle,
homme quel qu'il fust n'ousoit commancer ung propos

---

(1) *Se adroisser à l'arcevesque* : ce courageux prélat s'appeloit Elie
Bourdeille. Il fut nommé cardinal le 15 novembre 1483, deux mois et
demi après la mort de Louis XI.

hors ˌsa fantasie ou ymaginacion. Fortune disposa
l'heure du relasche de son mal avec la venue de l'arcevesque de Tours, lequel, voyant l'esprit du Roy bien
temperé pour y trouver ce qu'il demandoit, luy dist
à secret: « Syre, il a pleu à vostre royalle magesté me
« descouvrir plusieurs syndereses et scrupules de vos-
« tre conscience, et entre aultres du tort que vous tenez
« aux enfans de la fille du vicomte de Thouars, le filz
« aisné desquelz (qui est le seigneur de La Trimoille
« que fort bien aymez) m'a plusieurs foiz prié vous
« en parler, à ce que, en administrant justice, eussent
« de leurs terres et seigneuries restitucion. — Je ne les
« ay prinses, dist le Roy, pour les retenir; mais vous
« entendez, monsieur l'arcevesque, commant les prin-
« ces du sang m'ont traicté, soubz la confiance du duc de
« Bretaigne et du feu duc de Bourgongne , et que si
« je n'eusse par severité rompu leurs entreprinses, fusse
« demouré le derrier roy des nobles malheureux on (¹)
« livre de Bocace. Or, au moyen du parentaige et al-
« liance qui estoit entre le feu duc de Bretaigne et le
« feu vicomte de Thouars, Loys d'Amboyse, doubtant
« qu'il fust de sa faction, et que, au moyen des grosses
« seigneuries qu'il avoit en Poictou es frontieres de
« Bretaigne, le duc de Bretaigne peust entrer en mon
« royaulme, je mis en ma main ses terres et seigneu-
« ries, non pour les retenir, mais pour les garder à ce
« jeune seigneur de La Trimoille, lequel, à mon juge-
« ment, sera l'ung des principaulx protecteurs et def-
« fenseurs de la maison de France; et si bien entendez
« la fin de mon execucion, ce a esté pour le mieulx,
« et à ce que, pour l'offence que eust peu commectre

(¹) *On :* ce mot est souvent mis pour *aul*

« ledict d'Amboyse, par l'importunité des aultres
« princes de mon sang, ce jeune seigneur ne fust en
« dangier de perdre le tout, et aussi pour tenir en
« craincte cest enfant, lequel, par presumption de ri-
« chesse, pourroit prandre si grant hardiesse qu'elle
« tumberoit en irreverence et faction. La jalousie de
« ma renommée a tenu ma memoyre au passé pour
« eslire le meilleur du present et advenir, en sorte que
« par temperance et severité (mes ennemys surmon-
« tez) je suis en mon royaulme, paisible, herite d'ung
« filz qui est l'ymaige de ma temporelle felicité.

« Toutes ces choses, si en ceste consideracion les
« avez faictes, dist l'arcevesque, procedent de Dieu;
« et, puis que le dangier de l'advenir par vous preveu
« est passé, me semble que vostre naturel doit à pre-
« sent vaincre l'accident de vostre craincte ; et, actendu
« que vous estes de voz adversaires le surmonteur,
« devez ouster le moyen que doubtiez estre nuysible
« à vostre intencion; vous estes debteur à vostre
« vertu, et à ce vous oblige vostre royalle condicion ;
« vous mesmes reparez ce tort, et ne vous en confiez
« à ceulx qui n'auront apres vostre mort memoyre
« de vous. » Le Roy remist la conclusion de cest affaire à ung aultre jour; mais pourtant ne demoura
en arriere, car ledict arcevesque fut tant pressé du
jeune seigneur de La Trimoille, que par aultresfoiz
en parla au Roy, et finablement, par le commandement du Roy, mena en sa chambre, en laquelle aucun
des princes lors n'avoit entré; le jeune seigneur avec
ses aultres troys freres; et la reverence par eulx faicte
au Roy, comme appartenoit, par son commandement,
le jeune seigneur, meslant ses saiges parolles avec ung

peu de honte reverencialle, commencea à parler à
luy, disant :

« Si par nature ou coustume estoit une chose ar-
« restée entre les hommes, o tres illustre et trium-
« phant Roy, que ceulx auxquelz Dieu a donné l'auc-
« torité et puissance de exercer et administrer justice,
« ne regardoient fors aux loix privées de leurs pas-
« sions et affections, et que leurs voluntez fussent par
« dessus la raison, ne extimerois aucun lieu nous estre
« laissé pour vous faire priere; mais, congnoissans le
« parfaict de vostre prudence, qui ne vous permist onc
« faire chose par si legiere credulité, que n'aiez tous-
« jours tenu la sentence en suspens, et que ne voul-
« driez charger l'innocence par le conseil de vostre
« seul vouloir prins de chose suspeçonneuse, aussi
« que l'homme de vertu ne se despouilla onc tant de
« humanité qu'il aye perdu la memoire de clemence
« et pitié, la doulceur de laquelle a souvent penetré
« les insupportables rigueurs des gens barbares, mo-
« liffié les cruelz yeulx des ennemys, et humilié les
« insolens espritz de victoire, ce ne luy est chouse
« haulte ne difficille trouver asseuré chemyn entre les
« armes contraires, et les glaives evaginez : elle vainct
« toute ire, prosterne et abat hayne, et mesle l'ostille
« sang avec les hostilles larmes; par laquelle Hanni-
« bal de Cartage emporta plus de gloire que par la
« victoire qu'il obtinst contre Paulus Gracchus et Mar-
« cellus, rommains consulles, lors qu'il les feit; apres
« les avoir occis, honnorablement ensevelir : pour ces
« consideracions nous retirons à vostre benignité,
« doulceur et clemence.

« Certes, si jamais espoir de mansuetude fut en gens

« miserables et pour miserable cause, elle doyt estre
« en mes freres et moy, tres redoutable prince, tant
« pour nostre jeunesse et pupillarité, que pour l'in-
« nocence de nostre ayeul maternel, qui onc n'entre-
« prinst faire chose contre vostre royalle magesté, et
« dont il peust estre de desobeissance suspeçonné; et
« plus y avoit de raison à considerer les maulvaises
« meurs de ceulx qui vous ont à ceste ire provocqué,
« que croire à leurs calumpnieux et non veritables rap-
« ports. Et si nostre ayeul avoit failly, dont ne voulons
« contendre ne prandre querelle, mais du tout nous
« soubmectre à vostre royalle bonté, vous plaise con-
« siderer, o prince tres humain et clemens, que nostre
« ayeul, et sa fille et heritiere unicque, nostre mere,
« sont decedez et n'ont aultres heritiers que nous, voz
« tres humbles et tres obeissans subjectz et serviteurs,
« lesquelz, comme de vous cherement amez, avez de
« dessoubz l'helle de naturelle mignardise retirez, et
« mis au nombre de ceulx qui veulent estre gens de
« bien. A ceste consideracion, plus raisonnable chose
« seroit noz biens estre par equité remis entre noz
« mains, que laissez par tyrannie à ceulx lesquelz ont
« puis nagueres prins tiltre de renommée, plus par
« l'auctorité que soubz vous usurpent, que par leurs
« vertuz et merites.

« Vous plaise considerer les services et merites de
« noz parens, le vouloir qu'ilz ont eu à l'exaltacion de
« la gloire de France, et que bataille n'a esté faicte,
« puis six vingts ans, qu'ilz n'y aient esté retournans
« d'icelles à leur honneur. Onc ne furent repris de
« chose pour laquelle les roys voz predecesseurs ayent
« eu occasion de gecter sur eulx, ne sur nous, les

« yeulx de indignacion. Vous entendéz assez que en
« gardant les loyers se conservent les subjectz. Pour
« ces raisons, et aultres que bien entendez, Siré, vous
« plaise nous faire rendre et restituer noz terres ; et en
« faisant raison et justice, nous obligerez par redoublée
« gratitude, liberalité, et munificence, à tousjours estre
« perpetuelz serviteurs de vous et de vostre royaulme. »

Les sens et faconde du jeune seigneur de La Tremoille, meslez avec prudente hardiesse, consolerent tres
fort le Roy, lequel ne interrumpit son parler ne y
prinst aucun ennuy; mais, meu par ses prieres qui
penetrerent la severité de son esprit, et vindrent jusques à luy ouvrir le cueur, luy feit responce : « Mon
« amy Trimoille, retirez vous à vostre logis avec voz
« freres; j'ay bien entendu tout ce que m'avez dict; je
« pourvoieray à vostre affaire par le conseil de mon-
« sieur de Tours, en sorte que aurez matiere de me
« appeller roy et pere. » Le presser eust esté plus
nuysant que proffitable, les condicions du Roy bien
entendues, qui empescha le replicque de ces nobles
enfans, lesquelz se retirerent à leur logis. Et dix ou
douze jours apres, le Roy, sollicité par l'arcevesque de
Tours, manda venir vers luy le jeune seigneur de La
Trimoille, auquel dist : « Mon amy Trimoille, je
« t'ay prins des l'aage de treze ans, esperant que tu
« seroys en l'advenir l'ung des propugnacles de mon
« royaulme, le deffenseur de mon ceptre, et souste-
« nement de ma couronne, pour mon filz unicque
« Charles, lequel je te recommande. Long temps y
« a que maladie me persecute; et me semble que
« la mort est aux espies pour me prandre, ce que ne
« puis évader; je te prie que ne soye frustré de mon

« espoyr; l'une des bonnes condicions en toy congneues,
« c'est que tu as surmonté envie par louhée humilité,
« et par pacience, acquis le nom de fort : l'une te fera
« prosperer en ma maison, et l'autre triumpher en
« guerre; je te prie continuer. Au regard de tes terres
« de Thouars et aultres estans en Poictou, j'ay ordonné
« par mes lettres patentes qu'elles te soyent rendues,
« comme à toy de droict appartenans et dont je ne
« vouldrois la retencion; mais je te prie prandre re-
« companse d'Ambaise et de Montrichard, par autant
« que le sejour de Touraine m'est fort agreable, à la
« raison de ce que mon filz y est nourry, et pourra
« en l'advenir mieulx aymer ce territoyre que aultre.
« — Sire, dist le jeune seigneur de La Trimoille, je
« feray tout ce qui vous plaira, et vous mercy de voz
« remonstrances et de la restitucion que avez ordonné
« me estre faicté. »

Le jeune seigneur de La Trimoille fist ses diligences
de recouvrer ces lettres de restablissement, et à ce
faire eut merveilleux labeur, et neantmoins ne peult
encores jouyr desdites terres, à la raison de ce que le
Roy estoit griefvement malade, et que son mal luy
empiroit de jour en jour; aussi que demy an apres ou
environ, alla de vie à trespas, qui fut en l'an 1483;
auquel succeda monsieur le Daulphin son filz unique,
nommé Charles huytiesme de ce nom. Aussi laissa
deux filles ses heritieres, l'aisnée, nommée Anne, mariée avec le seigneur de Beaujeu, frere du duc de Bourbon; et l'autre, nommée Jehanne, espousée par force,
ainsi qu'on disoit, avec monsieur Loys, duc d'Orleans;
elle estoit belle de visaige et de clers meurs et vertuz, mais contrefaicte du corps, aumoyen desquelles

choses fut depuis repudiée, et leur mariage declairé nul, comme nous verrons si Dieu le donne.

CHAPITRE XII.

Comment le seigneur de La Trimoille fut appellé au service du roy Charles VIII, et comment on traicta le marier avec madame Gabrielle de Bourbon, de la maison de Monpensier, et alla la veoir en habit dissimullé.

CHARLES huytiesme de ce nom, filz unique du feu roy Loys XI, fut couronné roy de France en l'aage de quatorze ans, la jeunesse duquel donna occasion à ambicion de diviser d'avec luy les princes de son sang, lesquelz hannelloyent et aspiroyent pour les honneurs ou avarice avoir la regence et gouvernement de luy et de son royaulme, et entre aultres monsieur Loys, duc d'Orleans, qui lors estoit de l'aage de vingt et troys ans, et aussi le duc de Bourbon; lesquelz ne se declairerent si tost. Toutesfoiz madame Anne de France, seur du Roy et espouse du seigneur de Béaujeu, de la maison de Bourbon, laquelle avoit le gouvernement de la personne du Roy, se doubtant de ces entreprises, y pourveut; et, dés l'année du trespas dudict roy Loys, voulant gaigner princes et seigneurs, à ce qu'ilz ne se destournassent de leur fidelité, et voyant le jeune seigneur de La Trimoille prosperer en biens et en toutes vertuz appartenans à ung chief de guerre et conducteur d'une chose publique, et qu'il avoit mer-

veilleux vouloyr de servir le Roy et le royaulme, le
fist mettre aux estatz du Roy, et luy parla de le marier
avec madamoyselle Gabrielle de Bourbon, fille du
comte de Monpensier.

Le mariage estoit moult beau et honneste, car ladicte Gabrielle estoit descendue du roy sainct Loys;
et pour l'entendre est à presupposer que le roy sainct
Loys eut plusieurs enfans, et entre aultres Phelippes
le tiers de ce nom, qui fut roy apres luy, et monsieur
Robert qui fut comte de Clermont; ledict Robert eut
ung filz, nommé Loys, aussi comte de Clermont, et premier duc de Bourbon, dont vinst Pierre, second duc
de Bourbon; lequel eut ung filz, nommé Loys, qui fut
tiers duc de Bourbon, dont vinst Jehan, quatriesme
filz, qui eut deux filz, Charles, cinquiesme duc de
Bourbon, et Loys, premier comte de Monpensier, pere
de ladicte madame Gabrielle de Bourbon, et de monsieur Gilbert de Monpensier, qui fut lieutenant general du roy Charles VIII, et vy roy de Naples, où il deceda; à luy survivans deux filz, entre aultres ses enfans,
Charles, et ung aultre qui fut occis en la journée saincte
Brigide, comme nous verrons cy apres; et ledict
Charles fut connestable de France, et marié avec madame Suzanne, fille dudict seigneur de Beaujeu et de
madame Anne de France.

Ledict seigneur de La Trimoille, en continuant la
fortune de ses predecesseurs, lesquels tousjours se al-
lierent des maisons des princes, desira fort ce mariage;
et, combien que peu en parlast, toutesfoiz n'en pensoit moins, car maintes nuytz estoyent par luy passées,
sans dormir, aux pensées de ceste jeune dame, de laquelle luy fut apportée la portraicture apres le vif,

que j'ay par plusieurs foiz veue, et en fut tres fort amoureux, mais la longue distance du pays d'Auvergne où elle estoit, ne permettoit qu'il en eust la veue au naturel; dont il avoit peine par passion de desir. Or n'eust il ousé y aller, de peur de mal contanter madame de Beaujeu, et voluntiers se fust faict invisible pour furtivement la veoyr. Souvent luy estoit parlé dudict mariage, de par madame de Beaujeu, et elle mesme luy en parla ; tousjours respondit qu'il feroit ce qu'il plairoit au Roy et à elle, et qu'il n'auroit jamais femme espouse que par leurs mains. Il estoit fort courroussé qu'on ne luy disoit : « Allez la veoir jusques à « Monpensier »; mais il n'ousoit en faire la requeste; et ung jour dist à madame de Beaujeu, que pour neant on parloit de ce mariage, et qu'il failloit savoir la volunté de celle sans laquelle on ne pourroit rien faire.

Fut advisé que ung des gentilz hommes de la maison du Roy, fort grant amy du seigneur de La Tremoille, auroit ceste commission, et iroit; dont ledict seigneur fut tresjoyeux, car il entreprinst avec ce gentil homme qu'il iroit avec luy, en habit dissimulé, à ce qu'il ne fust congneu: et, pour le faire secretement, demanda et eut congié pour aller à sa maison, à ce qu'il retourneroit dedans quinze jours. Le gentilhomme partit ung jour avant luy, asseuré du lieu ouquel avoit promis l'actendre, où se trouverent deux jours apres; delà s'en allerent où estoit la jeune dame, et logerent ensemble; mais ledict seigneur laissa son train à six lieues de là, à ce qu'il ne fust congneu. Et prinses les lettres de creance de madame de Beaujeu, en feit le present, en habit dissimulé, à ladicte jeune dame que tant desiroit veoir. L'ung et l'aultre se saluerent gra-

cieusement, et, la lectre leue, la jeune dame, en grant
doulceur et toute honteuse, luy dist : « Monsieur, la
« lectre que j'ay receue de par madame ma tante,
« porte que je vous croye de ce que vous me direz de
« par elle. »

« C'est, dist le jeune seigneur de La Tremoille, qui
« jouoit le personnage du gentilhomme qui l'actendoit
« au logeis, que je suis chargé savoir vostre volunté
« du mariage duquel madame vostre tante vous a puis
« nagueres faict parler de vous avec le jeune seigneur
« de La Tremoille, parce qu'on le presse de le marier
« ailleurs. — Je ne le vy onc, dist la jeune dame,
« mais sa bonne renommée me faict extimer que je
« serois eureuse si me vouloit prandre, car on dit que
« de toutes les vertuz qu'on sauroit souheter es hommes,
« il en a si bonne part qu'il est amé et en bonne ex-
« time de chascun. — Je vous asseure, madame, s'il
« est en voustre grace, que vous estes autant ou mieulx
« en la sienne, et que depuis le temps qu'on luy a
« parlé de vous, ne s'est trouvé en lieu de familiarité
« qu'il n'ayt mis en avant quelques parolles de vos
« bonnes graces, et la chose qu'il desire plus pour le
« present, comme il m'a dict, est que vous soyez ma-
« riez ensemble, et eust bien voulu avoir la commis-
« sion de vous venir veoyr, non qu'il doubte du bon
« rapport qu'on luy a faict de vous, mais pour con-
« tanter l'affection de son amoureux desir. — Il me
« suffist, dist la jeune dame, de le veoyr pour le pre-
« sent, on bon rapport des hommes et femmes; je prie
« à Dieu qu'en honneur je le puisse veoyr par loyal
« mariage. »

Ilz eurent plusieurs aultres propos, par le temps de

deux ou troys heures qu'ilz furent ensemble, et ce
pendant on apresta le disner; mais ledict seigneur
s'excusa sur ung gentilhomme estant à son logis qui
l'actendoit pour aller ensemble en aultre part et à diligence, priant la jeune dame faire responce à la lettre
de madame sa tante; ce qu'elle promist faire, et luy
envoyer à son logis, luy recommandant l'affaire; et à
tant prindrent congié l'ung de l'autre; et retourna à
son logis ledict seigneur, où trouva le disner prest, et
le gentilhomme qui l'actendoit; mais il se contenta de
peu de viande et d'une foiz de vin, pour à diligence
laisser une petite lettre à la jeune dame qui avoit saisy
sa pensée.

CHAPITRE XIII.

*La responce que fist madame Gabrielle de Bourbon à
l'honnesté epistre ou lettre du jeune seigneur de
La Trimoille; et commant ilz furent espousez à
Escolles.*

PLUS longue lettre eust escript le jeune seigneur de
La Trimoille à la jeune dame, car la vehemence
d'honneste amour luy presentoit assez matiere, mais
il doubtoit qu'elle n'eust aussi bonne volunté de les
lire comme il avoit de luy faire tenir, et ne sçavoit si
elle prandroit plaisir en longues lettres. Si bailla son
espistre à ung jeune page d'esprit qu'il avoit avec luy,
et, instruict de ce qu'il devoit faire apres le desloger de
la compaignée, se transporta vers la jeune dame, et
luy dist : « Madame, monsieur mon maistre et sa

« compaignée sont partiz de leur logis, et suis de-
« mouré pour avoir vostre lettre à madame de Beau-
« jeu. — Mon amy, dist la dame, elle est toute preste; »
et la luy bailla en luy disant : « Qui est vostre maistre?
« il porte faconde mieulx de prince que d'ung simple
« gentilhomme. — Madame, dist il, il m'a baillé une
« lettre pour vous presenter; je ne sçay si par icelle il
« n'a point mis son nom, et suis chargé luy en porter
« responce, si vous plaist la faire. » La lettre baisée par
le page, fut par luy mise entre les mains de la dame,
qui en fist ouverture; mais, apres en avoir leu troys ou
quatres lignes, commença rougir, pallir, et trembler
comme une personne passionnée et hors de soy. Et la
lettre ployée dist au page : « Mon amy, avez vous charge
« de tost aller apres vostre maistre? — Quant il vous
« plaira, madame. — Or me attendez donc, dist elle,
« pour le jourd'huy, et vous expedie; sur le soir, pourrez
« vous en aller à son giste. »

La jeune dame, fort doubteuse de ce qu'elle devoit
faire, demanda le repos de son cabinet pour respondre
aux argumens de ses pensées; honte virginalle luy
conseilloit retenir la lettre sans responce, disant que
de son mariage ne devoit monstrer aulcune affection,
mais en laisser faire à ses parens; de l'autre part humilité la persuadoit prandre la plume pour satisfaire à la
requeste de la lettre d'ung si gros seigneur, laquelle
n'estoit en aulcune chose suspecte de deshonneur ne
scandalle, et qu'elle pourroit estre reprinse de presumption et arrogance si elle ne luy escripvoit; parquoy
y employa son cler esprit, avec sa doulce main escripvant une briefve epistre (1).

(1) *Une briefve epistre* : l'auteur l'a mise en vers, et l'a faite un peu

Apres le soupper, la jeune dame expedia le pagé du jeune seigneur de La Trimoille, lequel, nonobstant qu'il fust assez tard, partit pour aller vers son seigneur, auquel tardoit fort son venir, pour avoir responce de sa lettre; et icelle receue, au lendemain à son lever, en fist secrete lecture, et bailla l'autre lettré adroissant à madame de Beaujeu, au gentilhomme, qui rien ne sçavoit que le jeune seigneur eust escript à la jeune dame, ne qu'elle luy eust faict responce. Si chevaucherent ensemble jusques à Bommiers, où ledict seigneur demoura pour ung jour ou deux, et le gentilhomme s'en retourna à diligence vers madame de Beaujeu, à laquelle il bailla la lettre de madame sa niepce, et luy dist qu'elle ne vouloit aultre chose faire fors ce qui luy plairoit ordonner et commander, dont elle fut joyeuse. Et deux ou troys jours apres le jeune seigneur de La Trimoille, retourné de Bommiers à la Court, fut pressé d'entendre au mariage, par le Roy et les seigneurs et dame de Beaujeu; lequel fut bien tost accordé, car son affection et desir n'en vouloyent le delay ne le dissimuler. Et, affin que de trop long langaige je ne ennuye les lecteurs, les allées et venues, depuis à diligence faictes, pour escripre, accorder et passer le contract de ce mariage, les nopces de ces

longue : Gabrielle gronde son amant de s'être déguisé, lui dit qu'elle l'aime, et finit par lui demander le secret :

> En te priant tenir le mien secret
> Dedans ton cueur comme ung homme discret :
> Du reveller pourroit sortir un bruyre,
> Lequel pourroit à nos bons vouloirs nuyre :
> Qu'homme ne saiche et congnoisse l'amour
> D'entre nous deux jusques au joyeux jour
> Que nous pourrons sans dangier plaisirs prandre,
> Et sans vers Dieu, ne les hommes mesprandre.

deux illustres personnes furent faictes au lieu d'Escolles en Auvergne, non sans joye et grosse magnificence, et d'ilec s'en vindrent à Bommiers et aultres
places dudict seigneur, où furent faictz plusieurs festins.

La compaignée rompue, à ce que chascun allast à
ses affaires, le seigneur demoura avec madame son
espouse quelque temps, et l'engrossa d'ung filz qu'elle
eut au bout de l'an, lequel fut tenú sur les fons par
procureur que y envoya le roy Charles VIII, et à ceste
raison porta son nom. Ce pendant, d'une aultre part,
ledict seigneur poursuyvoit la delivrance reelle de sa
vicomté de Thouars et aultres terres qui luy appartenoyent à cause de sa feue mere, et dont il avoit eu
delivrance litteralle par les lettres patentes du roy
Loys XI, qui furent enterinées du consentement du
roy Charles VIII, par deux ou troys arrestz de la Court
de Parlement de Paris, et toutes lesdictes terres, non
sans grans mises et labeurs, à luy delivrées: puis bailla
à ses freres leur appennage, et demoura comte de Benon, vicomte de Thouars, prince de Thalemont, seigneur de Mareuil et Saincte Hermyne, baron de Cran,
qui luy vinst à cause de son feu oncle gouverneur de
Bourgongne, avec grosse richesse dé meubles; aussi
eut les seigneuries de Sully, l'Isle-Bouchart, des isles de
Ré et Marans, de Mareuil, Saincte Hermyne, Mauleon
et aultres terres.

CHAPITRE XIV.

Comment monsieur Loys, duc d'Orleans, par civille discorde, se retira au duc de Bretaigne pour faire guerre au roy de France.

Toutes ces choses furent faictes, quant audict mariage, depuis le trespas du roy Loys jusques vers la fin de l'an 1484, duquel an, et on moys de juillet [1] les trois Estatz du royaume furent appellez à Tours, pour donner provision au gouvernement du Roy et du royaulme; où chescun desdictz Estatz feit ses plainctes et apres y avoir pourveu, et aussi à la regence fut ordonné qu'il n'y auroit aucun regent en France, mais que madame Anne de France, seur aisnée du Roy, et espouse du seigneur de Beaujeu, qui estoit saige, prudente, et vertueuse, auroit le gouvernement de son corps, tant qu'il seroit jeune, en ensuyvant la volunté du roy Loys leur pere, dont ledict duc d'Orleans ne fut contant; et s'efforcea par tous moièns avoir la superintendence sur les affaires du royaume, enquoy ceulx de Paris le favorisoient [2]. Et de ce advertie, ladicte dame de Beaujeu, envoia gens à Paris pour prendre au corps ledict duc d'Orleans, qui evada et s'en alla à Alençon, où il fut quelque temps, pendant

---

(1) *On mois de juillet :* ce ne fut point au mois de juillet 1484, mais au mois de janvier de cette année, que se tinrent les Etats de Tours. Ils furent congédiés le 14 mars suivant. — (2) *Ceulx de Paris le favorisoient :* le duc d'Orléans n'avoit de partisans que dans le peuple. Le parlement et l'université s'opposèrent à ses desseins.

lequel le duc de Longueville (1), son proche parent, praticqua pour sa faction les comte d'Angoulesme, duc de Bourbon et seigneur d'Albert, (2) qui se declairerent ses amys ; pour laquelle cause furent tous desappoinctez de leurs estatz et pensions, qui leur donna occasion de tirer à eulx le duc de Lorraine, le comte de Foix et le prince d'Orenge. Toutesfoiz ceste entreprinse fut soudain rompue, et accord faict avec ladicte dame de Beaujeu qui conduisoit caultement et prudemment son affaire en l'an 1485. •

L'année ensuyvant, adverty ledict duc d'Orleans que la dame de Beaujeu, soubz l'auctorité du Roy, le vouloit tenir au destroict, et qu'elle avoit esté advertie de ses entreprises secretes, se retira subtillement et secretement vers monseigneur François, duc de Bretaigne, ancien ennemy du feu roy Loys, pere dudit roy Charles; lesquelz, avec aultres princes leurs adherens, demanderent ayde aux Angloys; et prindrent aliance avec eulx contre les Françoys. Le roy Charles et son conseil y pourveurent : car à diligence droisserent grosse armée qu'ilz envoyerent en Bretaigne, par troys divers lieux ; et, apres plusieurs villes dudict pays prinses, allerent assieger la ville de Nantes, en l'an 1487, en laquelle estoyent ledict duc Françoys et ses deux filles, Anne et Ysabeau, le prince d'Orenges, la dame de Laval, l'evesque de Nantes, homme de saincte vie, et le comte de Commynges.

Les François leverent le siege de Nantes, pour la vehemence du chault, et marcha l'armée françoise.

(1) *Le duc de Longueville* : on l'appelle dans l'histoire comte de Dunois. Il étoit fils du fameux Dunois, l'un des restaurateurs de la monarchie, sous Charles VIII. — (2) *D'Albert : lisez* d'Albret.

vers la ville de Dol, qu'ilz prindrent sans resistance,
la pillerent, et y prindrent prisonniers plusieurs Bretons. Le seigneur de Rieux qui tenoit Encenix pour
le Roy, le livra aux Bretons, et, en allant à Nantes vers
le duc de Bretaigne, prinst Chasteaubriand qui tenoit
pour le Roy, puis alla mectre le siege davant la ville
de Vannes, qui luy fut rendue et livrée par les François,
moiennant certaine composition faicte entre eulx.
D'une aultre part, l'armée du Roy reprinst le chasteau et
place d'Encenix, et en chasserent les Bretons, lesquelz y
avoient esté mis par le seigneur de Rieux; et, parce que
le lieu luy appartenoit, et qu'il avoit faulsé sa foy, le
Roy feit abatre la place jusques à fleur de terre; puis
s'en alla l'armée françoise assieger Chasteaubriand,
qu'elle prinst et mist à sac au commancement de l'an
1488.

CHAPITRE XV.

Commant le seigneur de La Tremoille, en l'aage de
vingt sept ans, fut lieutenant general du roy Char-
les VIII, en la guerre de Bretaigne.

En ce temps, le roy Charles, par la deliberacion de
son conseil, adverty du bon vouloir du seigneur de La
Tremoille qui n'avoit que vingt et sept ans, de sa hardiesse, prudence, diligence et bonne conduicte, et de
plusieurs beaulx faiz d'armes par luy faiz es rencontres
et saillies qu'on avoit fait au siege de Nantes, et aussi
es sieges et assaulx de plusieurs villes, chasteaux et

fortes places de Bretaigne, le feit son lieutenant gene_
ral de son armée, et luy bailla toute auctorité royalle
accoustumée estre baillée en telz cas ; ce que ledict
seigneur tres-voluntiers accepta ; et commença à pren_
dre plus de soucy qu'il n'avoit acoustumé, ne à pen_
ser en ce qu'il devoit faire pour le prouffit du Roy et
du royaume, et acquerir honneur en sa charge.

CHAPITRE XVI.

*De la journée et rencontre de Sainct Aulbin, en
Bretaigne, gaignée par les François, soubs la conduicte du seigneur de la Trimoille.*

Le seigneur de La Trimoille assembla le conseil
du Roy, pour traicter des praticques de la guerre de
Bretaigne, où fut advisé et conclud qu'ilz iroyent
assieger Fougieres, qui est place de frontiere forte et
de bonne resistence ; ce qu'ilz feirent. Ce pendant le
seigneur d'Allebret, qui se actendoit espouser madame
Anne, fille aisnée de Bretaigne, retournant d'Espaigne,
se retira vers le duc à Nantes, et ses gens de guerre
qu'il avoit amenez jusques au nombre de quatre mil,
prindrent leur chemin à Renes. Le Roy estoit lors à
Angiers, vers lequel le comte de Dunoys alla comme
ambassadeur, soubz saulconduict, pour savoir quel
droict le Roy pretendoit en la duché de Bretaigne.

Comme on faisoit toutes ces choses, le duc d'Orleans et autres seigneurs de son alliance et faction,
allerent assembler leurs gensd'armes à Renes, pour

26.

aller lever le siege du Roy, que le seigneur de La
Trimoille, son lieutenant general, tenoit davant Fougieres; leurs compaignées assemblées en une armée
(qui estoit de quatre cens lances, huyt mil hommes
de pié, huyt cens Alemans, et troys cens Angloys, avec
une bonne quantité de artillerie), le duc d'Orleans, le
seigneur d'Allebret, le mareschal de Rieux, le prince
d'Orenges, le seigneur de Commynges, le seigneur de
Chasteaubriant, le comte d'Escalles, Anglois, le seigneur
de Leon, filz aisné du seigneur de Rohan, et plusieurs
aultres seigneurs et barons de Bretaigne, avec ladicte
armée, allerent loger à ung village appellé Andoille, le
mercredy 23 juillet l'an 1488. Ce pendant le seigneur
de La Trimoille prist la ville de Fougieres par composicion, dont le samedy ensuivant vindrent nouvelles
aux ennemys, qui encores estoyent audict village d'Andoille, et que les Bretons, qui s'estoyent tenuz à Fougieres, s'estoyent retirez leurs bagues saulves; ce nonobstant, marcherent contre les Françoys pour aller
assieger la place de Sainct-Aulbin qui estoit en leur
main, et arriverent on village d'Orenge, qui est à deux
lieues dudict Sainct-Aulbin, ledict jour de samedy:
vers le soir, où furent advertiz qu'ilz rencontreroyent
les Françoys deliberez de les combattre. Le lendemain ilz mirent leur bataille en ordre; l'avantgarde
fut baillée au mareschal de Rieux, la bataille au
seigneur d'Allebret, et l'arriergarde au seigneur de
Chasteaubriant. Sur une de leurs helles fut ordonné
le charroy de leur artillerie et de leur bagage; et
jaçoit ce qu'il n'y eust que troys cens Angloys que
conduysoit le comte de Tallebot, pour faire entendre
qu'il en y avoit plus largement, luy furent baillez dix

sept cens Bretons vestuz de hoquetons à croix rouges ;
et parce que les gens de pié du duc de Bretaïgne
se doubtoyent de gens de cheval françoys estans en
l'armée des Bretons, et mesmement dudict duc d'Orleans, luy et le prince d'Orenge se mirent à pié avec
les Alemans.

Le seigneur de La Trimoille, lieutenant general de
l'armée françoyse (qui venoit de Fougieres au davant
de ses ennemys), envoya messire Gabriel de Montfaul-
coys et dix ou douze autres hardiz hommes françoys,
veoyr la contenance des adversaires, lesquelz feirent
rapport de leur bon ordre. A ceste cause, le seigneur de La Trimoille fist aussi ranger en bataille
toute son armée, lors estant en desordre. Messire Adrian
de L'Ospital menoit l'avant garde, et ledict seigneur de
La Trimoille, chief de l'armée, qui lors estoit en
l'aage de vingt-sept ou vingt-huit ans, menoit la bataille. Et, comme ces deux armées se approchoyent,
le seigneur de La Trimoille fist arrester les Françoys,
et leur dist ce :

« Je suis asseuré, messieurs et freres d'armes , que
« tant desirez vostre sang n'estre macullé de honte, et
« le cler nom françoys de infamye, que (par vous
« bien entendu quelles gens nous voulons combatre,
« pour quelle cause ceste armée est assemblée, et la
« fin de nostre entreprinse) les cueurs vous croistront,
« la force vous redoublera, et hardiesse vous conduyra
« jusques au loyer de victoyre. Vous ne ignorez ceste
« factionneuse guerre avoir esté oultre le vouloyr du
« Roy, nostre seigneur naturel, et, à son grant regret,
« droissée pour la liberté de son royaulme, deffence
« de son ceptre, et conservacion de sa couronne ; et

« que noz adversaires, par ung discord civil et guerre
« intestine, se sont assemblez pour monopoller le
« royaulme, pervertir justice, piller le peuple, et abas-
« tardir noblesse. Et, jaçoit ce qu'ilz soyent du sang
« de France, se sont neantmoins alliez et accompaignez
« de noz anciens ennemys, les Angloys persecuteurs
« de noz peres, envieux de noz ayses, et perturba-
« teurs de paix, et aussi des Bretons non moins en-
« vieux pour le present de la prosperité françoyse.
« Nos adversaires, ou la pluspart, sont subjectz et
« hommes de foy du Roy, tiennent de luy leurs du-
« chez, comtez, terres et seigneuries, et neantmoins se
« sont mis en armes contre luy, en l'offensant et toute
« la saincteté de justice, qui demonstre assez leur
« querelle injuste, leur rebellion desraisonnable, et
« leur resistence desnaturée, où nous doyvons prendre
« espoyr que Dieu, principal conducteur des batailles,
« donnant victoyre à qui luy plaist, veu qu'il est sou-
« verainement juste, ne permettra que soyons vaincuz
« si nous voulons mettre la main à l'euvre. Et si nous
« demourons vainqueurs, considerez, messieurs, le
« bien et l'utilité que nous aurons faict au Roy et à tout
« le royaulme, et l'honneur, gloyre, proffit et louange
« que nous tous en aurons ; et au contraire, si, par
« nostre lascheté, sommes surmontez, nous verrons la
« destruction de nostre pays, de noz maisons, femmes,
« enfans, et consummacion de noz biens, avec perpe-
« tuel reproche.
    « Est il chose, messieurs, apres le lien de foy ca-
« tholicque, à quoy Dieu et nature nous obligent plus
« que au commun salut de nostre pays et à la defense
« de celle seigneurie, soubz laquelle avons prins estre

« et nourriture, et en celle terre où chascun pretend
« se perpetuer au temps de sa vie? Trop mieulx nous
« vault mourir en juste bataille, guerre permise, et au
« service du Roy, qui est le lict d'honneur, que vivre
« en reproche, persecutez de toutes pars de ceulx qui
« ne quierent fors nostre dommage et destruction. Et si
« nous tous avons ceste consideracion avec le support
« de nostre juste querelle, je suis asseuré de nostre vic-
« toire, je suis certain du gaing de la bataille et de la
« confusion de noz ennemys, qui n'ont par nature
« cueurs ne courages telz que vous. Desploions donc
« noz mains, ouvrons noz cueurs, eslevons noz espritz,
« eschauffons nostre sang, recullons crainte, l'amour de
« nostre jeune Roy tant begnin, mansuet, gracieux, et
« tant liberal, nous conduise, et que aucun ne tourne
« en fuyte, sur peine de la hart. Mieulx vault mourir
« en se deffendant, que vivre en fuyant; car vie con-
« servée par fuyte est une vie environnée de mort. »

Ces remonstrances persuasives parachevées, qui fort
animerent les Françoys, l'armée commença à marcher en francisque fureur, sans desordre, contre les
ennemys, qu'ilz rencontrerent pres une tousche de
boys(1), hors ledict village d'Orenge. L'artillerie fut tirée d'une part et d'autre, qui fort endommagea les deux
armées; l'avantgarde des Françoys donna sur l'avant-
garde des Bretons, qui soustint assez bien le choc;
puis tirerent les François à la bataille des Bretons, où
leurs gens de cheval recullerent, comme aussi feit leur
arriere garde; et se prindrent à fuyr, et apres eulx
leur avantgarde. Quant veirent ce desordre, les Fran-

(1) *Tousche de boys:* petit bois de haute-futaie, proche la maison
d'un fief.

çoys, que conduisoit le seigneur de La Trémoille, avec lequel estoit messire Jacques Galliot, hardy et vaillant chevalier, chargerent sur les adversaires, et occirent tous les gens de pié qu'ilz trouverent davant eulx, et entre aultres ceulx qui avoient la croix rouge, pensans que tous fussent Angloys. Le duc d'Orleans et le prince d'Orenge, qui estoient entre les gens de pié alemans, furent prins et amenez prisonniers à Sainct Aulbin; le mareschal de Rieux se saulva comme il peult, tirant à Dynan; le seigneur de Leon, le seigneur du Pont l'Abbé, le seigneur de Monfort, et plusieurs aultres nobles de Bretaigne, y furent occis, et de toutes gens jusques au nombre de six mil hommes, et de la part des Françoys environ douze cens, et entre aultres ledict messire Jacques Galliot, qui fut groz dommaige, car c'estoit ung chevallier et capitaine aussi prudent en guerre et aussi plain de cueur et hardiesse qu'on eust peu trouver.

Peu de temps apres le duc d'Orleans fut mené prisonnier au chasteau de Luzignan, à cinq lieues de Poictiers, où il fut longuement prisonnier. Voylà le commancement des bonnes fortunes du seigneur de La Trimoille, qui l'ont tousjours accompaigné à son honneur et au proffit du royaulme de France, jusques à son deces. Et peu de temps apres le Roy luy donna l'estat de premier chambellain, le fist chevallier de son ordre, et luy bailla la garde de son cachet et petit seel.

Cinq sepmaines ou environ apres ceste victoyre de Sainct Aulbin, le duc de Bretaigne et sa fille puisnée allerent de vie à trespas, parquoy madame Anne sa fille aisnée fut duchesse de Bretaigne, et, moyennant le mariage du roy Charles avec elle (que traicta le

comte de Dunoys), la paix fut faicte entre le Roy et
les princes de France, et aussi certain temps apres
avec Maximilian roy des Rommains, pour le mariage qui avoit esté commancé entre sa fille Marguerite de Flandres et ledict roy Charles VIII; en sorte
que le royaulme de France fut en paix et trans-
quilité.

CHAPITRE XVII.

*L'entreprise de la conqueste du royaulme de Secille
et pays de Naples faicte par le roy Charles VIII.
Mort de ce prince.*

Le roy Charles, petit de corps et grant de cueur,
deux ans apres la guerre de Bretaigne finie, par
l'oppinion des princes de son sang et de la pluspart
de la noblesse de France, luy certiffié par ses cours
de parlement et aultres gens de bon conseil, le
royaulme de Secille et pays de Naples luy appartenir, voyant son royaulme de France paisible, sans
avoir doubte de ses voysins ne autres, entreprinst en
faire la conqueste et le recouvrer. Et pour ce faire,
en l'an 1493, fist assembler une fort belle et grosse
armée de troys mil six cens hommes d'armes, six
mil archiers de pié, six mil arbalestriers, huyt mil
hommes à pié portans picques, et huyt mil aultres
ayans hacquebutes (1) et espées à deux mains. L'artillerie estoit de mil quarante grosses pieces, cent

(1) *Hacquebutes : lisez* harquebuses, ou arquebuses.

quarante bombardes, mil deux cent vascardeurs. Et pour faire passer ceste armée le Roy s'en alla à Lyon ; il mena avec luy, en ceste expedicion, le duc d'Orleans, mis hors de prison, le duc de Vendosme, le comte de Mompensier, Loys de Ligny, seigneur de Luxembourg; ledict messire Loys de La Trimoille, le comte de Taillebourg, et plusieurs aultres groz seigneurs qui feirent le voyage sans soulde, gaiges, ne aultres biensfaictz, fors ceulx qu'ilz avoyent à cause de leurs estatz et offices.

Alphons, usurpateur du royaulme de Secille et pays de Naples, par le deces de son pere Ferdinand, qui peu de temps auparavant avoit decedé, fut adverty de ceste merveilleuse et grant entreprise; et pour la rompre et empescher que le Roy n'eust passaige par les Italles et par Rome, se retyra au pape Alexandre, auquel, en presence de plusieurs cardinaulx et nobles rommains, Anthoine Sabellic tesmoygne avoir faict ceste persuasion ou remonstrance :

« Je vouldroys , souverain Pontiffe , et vous mes
« peres et princes illustres, que, tout ainsi qu'en ceste
« petite assemblée, qui pour la magesté des assistans
« represente ung tres ample conseil, j'espere estre
« ouy, que je fusse en si tres hault et eminent lieu ,
« que toute Italie me peust veoyr, et entendre ce que
« je veulx dire, et que je pense de la tumultueuse en-
« treprinse des Gaules appellez Françoys : et si mes
« persuasions ne povoyent proffiter, à tout le moins
« je laisseroys tesmoygnage à tous, que je prevoy
« et cóngnoys les maulx qui en adviendront, et que
« je me exhibe, par conseil, richesse et force, y obvier
« et resister. Et, combien que je voye mon auctorité

« royalle estre diminuée pour la vulgaire renommée
« de ceste guerre galicque, et dissipée par l'industrie
« des Gaules, qui dient ne demander aulcune chose
« en Italié, mais seullement passaige pour recouvrer
« mon royaulme de Secille, qu'ilz dient appartenir
« à leur Roy, toutesfoiz, je diray hardyment et
« chose vraye, que moins soliciteusement je atten-
« droys l'evenement de ceste guerre, si je savoys que
« le mal en tumbast seullement sur moy et les myens;
« mais les engins des Gaules me sont peu congneuz,
« ou toute l'Italie aura la guerre ; et s'ilz m'avoyent
« (que Dieu ne vueille) de mon royaume exillé, lequel
« ilz dient par droict hereditaire leur appartenir,
« vouldroyent toutes les Italles supediter et rendre
« tributaires.

« Assez est congneue l'avarice des Gaules, leur grant
« ambicion d'ocuper et destruyre les extranges
« royaulmes et seigneuries, et la grant hayne qu'ilz
« ont tousjours eu et ont à l'italicque nom. Quelle plus
« grant cause eurent leurs primogeniteurs d'assaillir
« aultresfoiz toute Italie, lorsque la tres puissante
« nature, dame de toutes choses, ne les peult empes-
« cher que, par rage et fureur, ne rompissent et pas-
« sassent les asperes et dures Alpes, ne surmontassent
« par armes tout le pays, le despouillassent de leurs
« richesses et fortunes, et ne le feissent tributaire ? Que
« feirent les Gaules Senonnois, les Insubres, les
« Briens, c'est à dire Bretons et Manceaux ? En-
« trerent-ilz pas en la cité de Romme, chief de Italie,
« par force et violence ? et l'abandonnerent à toute
« violence, rapine et pillerie, feu et sang ; et l'eussent
« entierement destruicte ne fust le Capitolle.

« Pensez-vous, Pere Sainct, et vous mes peres et
« princes illustres, qu'ilz se voulussent contanter de
« Naples, la Pouille et Calabre, qui est le derrier
« anglet d'Italie ? ce seroit eulx renfermer de toutes
« pars en une petite nasse ou prison ; ilz y seroient en
« peu de temps affamez si le surplus des Italles leur
« estoit contraire. Vous me direz qu'ilz auront ceulx
« de Gennes et Milan pour eulx : ilz entendent assez
« que les Genevois n'ont foy ne acomplissement de
« promesse ; parquoy, si les Gaules ne sont foulz, n'en-
« treprendront de suppediter la Pouille, Calabre et
« Naples, s'ilz n'ont tout le surplus des Italles à eulx
« soubmis. Ilz dient vouloir aller faire la guerre aux
« Turcs ; mais c'est pour neant, sans le secours et in-
« telligence de toute Italie ; qui me fait dire que je
« ne puis vivement entendre en quel espoir, par quel
« support, ne en quelle confiance ilz ont commancé
« ceste guerre, fors par la veue de leur armée, laquelle
« commance à marcher si bien equippée et en si grant
« nombre de gens hardiz, qu'ilz pourront ruyner, et
« telle est leur entreprinse, toute l'Italie, si du consen-
« tement et intelligence de vous, Pere Sainct, et de
« toutes les communitez et seigneuries du pays, n'y est
« diligemment pourveu, et en grant maturité obvié.

« Les bellicqueux mouvemens des Gaules sont
« plus terribles que d'autres gens, parce qu'ilz sont
« soudains et precipitez ; et davantage sont si cruelz
« qu'ilz ne guerroient que pour tout tuer et occire. Ilz
« ne veulent induces ne treuves, permutacions de pri-
« sonniers, ne prester l'oreille à gens eloquens, à
« prieres, persuasions, ne exhortacions. Et, d'autant
« qu'ilz abhorrent et desprisent la gracieuse coustume

« de batailler qui est entre. les Italliens, nous doy-
« vons plus craindre leurs armes, et plus prendre de
« peine à les chasser d'avec nous, et pour ce faire,
« droisser armée; et vous, Pere Sainct, vous accorder
« avec tous les princes et communitez d'Italie, en
« sorte que, pour la commune defense, non seulement
« des biens, mais aussi des vies, puissons chasser et
« propulser ceste eminente peste. Et si aucuns avoient
« intelligence avec les Gaules, les induire à estre de
« nostre party, et user de l'ancienne coustume par la-
« quelle toute Italie se mectoit en union pour resister
« aux impetueux mouvemens et soudainés assemblées
« des Gaules; que pourrez facillement faire, Pere
« Sainct, si plaist à vostre beatitude, par exhortacions,
« monicions et commandemens, à ce les princes et
« communitez exciter. Et ce pendant, vous, messieurs
« de Florence, Ferdinand mon filz, et moy, assemble-
« rons noz gensd'armes et les envoierons au davant
« des Gaules, à ce qu'ilz ne passent le fluve du Pau;
« et s'ilz sont les plus fors, et que les aultres ne
« veulent nous donner secours, chescun pensera en
« son affaire particulierement. Et quant à moy j'ay
« deliberé, de toute ma force et puissance, les empes-
« cher, par violente et exiciale guerre, qu'ilz n'entrent
« en mes pays, à ce que, par une avanturée ba-
« taille, si la chose est pour moy prospere, je defende
« moy, les miens et toute Italie, sinon que, par loua-
« ble et honneste mort, je finie ma vie avec mon
« regne. »

Le roy Alphonse fut louhé de tous, et par eulx
entreprise faicte avec le pape Alexandre, d'envoier
orateurs et ambassadeurs vers tous les seigneurs et

communitez, pour. resister aux François. Tout ce non
obstant; le roy Charles et toute son armée, telle que
j'ay dessus escripte, entrerent en Italie, et passerent
les Alpes en la plus grant liberté, et on plus grant
honneur et triumphe qu'on sauroit dire; car toutes
les villes d'Italie envôierent au davant des François
presenter à leur Roy les clefz de leurs villes, le re-
çeurent non seulement comme roy, mais comme empereur ou monarque, avec groz triumphes et honneurs
inextimables. Quant il eut fait son entrée en la belle
ville de Florence, s'en alla à Viterbé, où, adverty que,
à la requeste de Ferdinand, filz du roy Alphonse,
estant à Romme, le pape Alexandre luy vouloit nyer
l'entrée de la cité de Romme, envoya le seigneur de
La Tremoille vers luy, savoir sa volunté; lequel y fut
avec orateurs, et feit ou peu faire au Pape telle et
semblable persuasion et oraison.

Persuasion du seigneur de La Tremoille au pape
   Alexandre, où sont recitez les dons, plaisirs et
   services faiz par les roys de France au sainct
   Siege apostolicque.

« Si le parler faillit, Pere Sainct, à Lucius Crassus,
« lorsque, voulant venger sa paternelle injure contre
« Cayus Carbon, s'estoit preparé dire sa cause par
« davant Quintus Maximus, et à Tirtanus, surnommé
« Theophrastus, en la petite persuasion qu'il estoit
« chargé faire aux Atheniens, et que le treseloquent
« Cicero, en la tant noble cause que, pour Titus
« Annius, homme de bon renom et son tres grant amy,
« plaida devant le senat, eut telle tremeur et crainte

« que plus ineptement n'avoit onc parlé, je doubte,
« davant si noble assistance et vostre incredible et di-
« vine sapience, ma rude et barbare bouche ouvrir
« pour dire ce dont je suis chargé : mais la facillité de
« vostre saincte personne, et vostre singuliere beni-
« gnité, avec l'auctorité de celuy qui vers vous m'en-
« voye, me donnent hardiesse vous dire ce qui m'est
« commandé. C'est, Pere Sainct, combien que le Roy,
« mon souverain seigneur, ait tousjours extimé vostre
« paternelle begnivollence n'estre variable, mais per-
« petuée en luy premier filz de l'Eglise; et que à
« ceste consideracion, deust prandre asseurance de
« faveur, à cause de sa spirituelle aisneesse es choses
« qui sont de justice et par equité favorables, comme
« est son entreprise du recouvrement de son ancien
« heritage le royaume de Secille et pays de Naples,
« Calabre et la Pouille, usurpez par tirans qui n'y
« ont ny droit ne tiltre ; ce non obstant avez, comme
« a esté adverty, retiré en ceste cité de Romme, Ferdi-
« nand, filz de l'usurpateur Alphonse, avec son armée,
« pour luy clorre le passage et son entreprinse, qui
« luy est dur à croire, à la raison de ce que tousjours
« a extimé la Vostre Saincteté tendre à anichiller [1]
« toutes tyrannies, et faire à chescun rendre ce qui luy
« doit justement appartenir.

    « Vous ne ignorez, Pere Sainct, le juste droit et
« tiltre du Roy on royaume de Secille et pays de
« Naples, Calabre et la Pouille, à cause du don que
« luy en feit René duc d'Anjou, et autresfoiz roy et
« seigneur desdictz pays, par faulte de hoir masle; et
« que ce roy René avoit eu ce royaume et pays à

(1) *Anichiller* : anéantir, détruire.

« cause de Loys son frere, approuvé par voz prede-
« cesseurs, Alexandre V, Jehan XXIII, et Martin ; le-
« quel Loys y avoit juste droit, tant à cause de ses
« predecesseurs, descenduz de Charles d'Anjou, frere
« du roy sainct Loys, que par resignacion qui en fut
« faicte à son proffit, par madame Jehanne, seur de
« Ladislaus, entre les mains dudict pape Alexan-
» dre V; et que, tout ce non obstant, Alphons, roy
» d'Arragon, soubz umbre de une adoption que feit de
« luy ladicte Jehanne, avoit usurpé lesdictz pays de
« Secille, Naples, Calabre et la Pouille, et apres luy
« Ferdinandus Seyus, son filz bastard, prince des-
« loyal, qui par son deces laissa plusieurs enfans,
« l'aisné desquelz est ledict Alphonse, à present occu-
« pateur sans tiltre et par force de tous ces pays.
« Et ne puit croire le Roy mon souverain seigneur,
« quelque chose qu'on luy aye dit et rapporté, vous
« avoir approuvé ne receu en roy ledict Alphons, ne
« que veuillez son injuste et damnée querelle soustenir,
« mais mieulx ayder aux Françoys, protecteurs de la
« Voustre Saincteté, et conservateurs de l'aposto-
« licque auctorité. Les approuvées histoyres testiffient
« que depuis l'empereur Constantin le Grant, vingt
« cinq papes ont esté mis hors le siege apostolicque
« et persecutez, tant par aulcuns empereurs que par le
« peuple rommain, qui sont : Julius I, Symachus,
« Sylverius I, Vigilius I, Martin I, Leo III, Euge-
« nius II, Jehan VIII, Léon V ou VI, Jehan X,
« Benedict VIII, Jehan XIV, Jehan XVI, Gre-
« goire V, Benedict IX, Gregoire VII, Victor III,
« Pascalis II, Alexandre III, et Boniface VI. Et on
« ne trouvera que depuis la plantacion de l'Eglise

« militante, aulcun roy de France né des Gaules ayt
« esté scismatique, ne donné aulcun ennuy, ne mo-
« leste aux saincts perés de Romme; mais a esté le
« pays des Gaules ou de France, ainsi qu'il vous plaira
« le nommer, leur immunité, franchise, liberté, seu-
« reté, tuicion, municion et contre arrest de leurs
« adversaires. Reduysez à memoyre, Pere Sainct,
« quelle amytié et confederacion il y eut entre le
« pape Zacharie et le roy de France nommé Pepin.
« Ce roy fist la guerre, par six ou sept ans, à ses
« despens, contre les Lombars, pour faire rendre tout
« le patrimoyne de l'Eglise. Et pour desservir le
« nom de tres crestien, donna oultre à l'Eglise
« rommaine la cité de Romme, avec toute sa juris-
« diction, ensemble toutes les terres, ports et ha-
« vres de la plaige rommaine, Civita Veche, Vi-
« terbe, Perouse, la duché de Spolete; et du cousté
« de la mer Adriaticque, la principaulté imperialle de
« Ravenne toute entiere qu'on appelle l'Exarcat, con-
« tenant en soy la cité de Ravenne, Forlif, Fayence,
« Imolle, Boulongne, Ferrare, Comacle Servie, Pe-
« serere, Arimyne, France, Senogalle, Anconne,
« Urbin, et toute la contrée qu'on nomme aujourd'huy
« la Remaignolle; et d'aultre part, en la campaigne
« neapolitaine, ledict pays de Naples, qui main-
« tenant est royaulme, Capue, Bounyvent, Salerne,
« et Calabre, haulte et basse, ensemble les isles de Se-
« cille, Corseigne et Sardaigne; et, jaçoit que, à ceste
« immuneuse liberalité et don tresgrant, le prothos-
« pateur, c'est à dire le vicaire ou connestable de l'Em-
« pire, se y opposast et en appellast, neantmoins le
« Pape et l'Eglise rommaine en feirent acceptacion,

« et depuis les papes les ont faict confirmer par Char-
« lemaigne, filz dudit Pepin, et Loys le Piteux, filz
« dudit Charlemaigne, roys de France et empereurs,
« dont depuis, pour la possession, l'Eglise rommaine a
« esté fort troublée par aucuns empereurs, et tousjours
« secourue par les roys de France.

« Apres le pape Zacharie, Estienne second de ce
« nom, auquel les Rommains creverent les yeulx et
« le chasserent de Romme, fut remis en son siege par
« ledict roy Pepin ; si fut Leon III, par ledit roy Char-
« lemaigne. Quelle amitié eut ledit Loys le Piteux,
« filz dudit Charlemaigne, avec le pape Paschal pre-
« mier de ce nom, quant en sa faveur se desista du
« droit de elire et nommer les papes, evesques et pre-
« latz, qui avoit esté donné à l'empereur Charlemaigne,
« par le pape Adrian ? Fut pas aussi remis on siege
« apostolicque le pape Eugenius III, par Loys sur-
« nommé le Jeune, et le pape Innocent II, par Loys
« le Gros, son pere, tous deux roys de France.
« En quelle humanité et doulceur fut receu en France,
« Alexandre III, par le roy Phelippes Auguste, qui luy
« donna asseuré chemin pour retourner à Romme, où
« il fut depuis humainement receu par la crainte que
« les Romains avoient dudict Phelippes Auguste ? Je
« serois trop long, Pere Sainct, de vous reciter ce que
« les histoires en ont escript, et d'aultres plusieurs
« services impartiz par les Françoys à l'Eglise rom-
« maine ; lesquelz premierement prindrent la hardiesse
« de extaindre les grosses erreurs et heresies, par
« glaive et fer, contre les Arriens qu'on ne povoit par
« raisons et foy surmonter, dont Clovis, premier roy
« crestien des Françoys, fut premier aucteur, lors-

« qu'il guerroia et subjuga les Visigotz en Acquitaine.
« Regardons qui premierement remist en la crestienne
« main la Terre Saincte par les Turcs ocupée : ce furent
« Geoffroy de Boullion, Baudoyn, comte de Flandres,
« Geoffroy de Luzignen, et aultres princes de France.

« Toutes ces choses, Pere Sainct, doyvent Vostre
« Saincteté mouvoir, par souveraine gratitude, à sup-
« porter et favorer non seulement mon souverain sei-
« gneur Charles, roy de France par existance, reluysant
« en religion, doulceur, clemence, justice et droicture,
« mais aussi tous les François : et vous advise, Pere
« Sainct, que cupidité de multitude de royaumes ne
« affection de extranges seigneuries ne luy ont fait ce
« groz labeur prendre, ne passer à si grosse peine les ri-
« goreuses Alpes, mais la devotion et grant vouloir
« qu'il a, moiennant vostre secours, de recouvrir l'em-
« pire de Grece et ville de Constantinople, par les Infi-
« delles et maleureux Turcs occupez, qui est la chose,
« comme il est à conjecturer, que plus en ce monde
« desirez ; ce que pourra mieulx faire et choisir le
« temps et lieu convenables lors qu'il sera paisible de
« ses pays de Cecille, Callabre et Naples. Et voz prie
« le Roy, mon souverain seigneur, que ne luy donnez
« occasion d'estre, à son grant regret, le premier de son
« lignage qui ait eu guerre et discord à l'Eglise rom-
« maine, de laquelle luy et les roys de France chres-
« tiens, ses predecesseurs, ont esté protecteurs et aug-
« mentateurs. »

Le pape Alexandre, grant dissimulateur, luy feit
briefve response disant : « Je ne ignore, seigneur de La
« Tremoille, le bon vouloir et sainct desir eu par les
« roys de France au sainct Siege apostolicque, et que

« à ce moien ont le droit de primogeniture spirituelle
« en l'Eglise acquis et estre tres crestiens nommez,
« parquoy me seroit chose dure et à toute la cres-
« tienté extrange, que le roy Charles, mon premier
« filz spirituel, voulsist à moy et à l'Eglise rommaine
« faire aucun desplaisir; et vous declaire que si luy
« plaist entrer en ma cité sans armes en humilité, sera
« le tresbien venu. Son predecesseur Charlemaigne
« ainsi le feit, apres avoir delivré les Italles de toute
« servitude, car, ses gens de guerre laissez à Pavye,
« vinst sans armes demander la benediction de sainct
« Pierre; mais fort me ennuyeroit que l'armée de ton
« Roy y entrast, parce que soubz umbre d'icelle, qu'on
« dit estre fort grant et tumultueuse, les factions et
« bandes de Romme se pourroient eslever et faire
« bruyt et scandalle, duquel pourroient aux citoiens
« grans inconveniens advenir. »

Le replicque du seigneur de La Tremoille seroit
plus ennuyeux à lire que laborieux à escrire de ma
rude plume, parquoy, remys au conjectural sens des
lecteurs, diray la conclusion de l'embassade, qui fut
de envoier les orateurs du Pape avec le seigneur de
La Tremoille vers le Roy, lequel ilz trouverent à
Bressangne, où fut arresté et conclud le passage du
Roy par Romme, non sans plusieurs aultres allées et
venues, ne par la liberalité du Pape, mais à son regret
et par crainte : car luy et les groz seigneurs de ce
pays, esloignez des evangelicques erudicions, et adhe-
rans aux predictions des astronomes et divinateurs,
pensoient que ledit roy Charles devoit estre monarque
de Europe, et disoient en avoir propheties et prenos-
ticques; et pour le presage de ce, prenoient la ruyne

de partie du chasteau Sainct-Ange qui de soy mesme
estoit tumbé par terre en ce mesme temps. A laquelle
fantasie, et aussi parce que le seigneur de Ligny, capitaine d'une bande des Alemans (1), avoit ja prins de
assault le port de Hostie sur le Tibre, et la ville, Ferdinand, duc de Calabre, filz de Alphonse usurpateur
de Naples, se voiant de toutes pars par maleur assailly,
et de secours et support desesperé, laissa Romme et
prinst son chemin vers Naples. Le Roy entra dans
Romme, ce que ne feit onc roy de France depuis Charlemaigne, le dernier jour de decembre l'an 1493 (2), par
la porte Flamine, et alla loger au palais Saint Marc.
L'entrée dura depuis trois heures apres midy jusques à
neuf heures au soir, non sans grant habundances de torches et flambeaux ardens; et y demoura jusques au vingt
huytiesme jour de janvier en suyvant, excerceant justice
en Romme, telle qu'elle tournoit à l'esbaïssement de
chescun. Tant qu'il y fut les pragueries et factions
cesserent, parce que les aucteurs d'icelles, trouvez en
habitz dissoluz, feit pendre et estrangler, par l'advis
des senateurs, non obstant qu'ilz fussent prebstres ou
diacres; qui donna si grant crainte au reste des delinquens que la presence du Roy prohiba toutes violances
en la cité de Romme, et le feit amer de tout le commun
peuple; au grant regret duquel, et icelluy criant, *vive
France!* partit de Romme pour le parfaict de son
voyage, et avec son armée en bon ordre alla conquerir le royaume de Cecille, pays de Naples, et duché
de Calabre, non obstant la resistence de Alphonse et
son filz Ferdinand, lesquelz, non puissans de resister,

---

(1) *D'une bande des Alemans:* l'auteur désigne ici les Suisses. —
(2) *L'an* 1493 : *lisez* 1494.

donnerent lieu à.la puissance de France et au bon
droit du roy Charles.

- Je laisse ce que le roy Charles feit on pays de
Naples et royaume de Cecille dont fut paisible possesseur, parce que les histoires de France en sont plaines ;
mais pour continuer mon propos au plus brief, je diray
comme le Pape, les Veniciens, Loys Sforce usurpateur
de Milan, le comte Petillane et aultres seigneurs de
Italie, amis de face et ennemys de cueur des Françoys,
envieux de leurs increables victoires et fortunées choses,
assemblerent une armée de soixante dix mil hommes,
aussi bien armez et equippez qu'on pouìroit diviser,
pour surprendre le roy de France et sa compaignée, à
son retour de Naples, dont il partit, pour retourner en
France, le vingtiesme jour de may l'an 1514 (1) acompaigné seullement de dix ou douze mille hommes
avec partie de son artillerie, car le reste laissa au
comte de Mompensier, beau frere dudict seigneur de
La Tremoille, qu'il feit et laissa son vifroy (2) à Naples.

- Le roy de France, venu jusques à Sarsagne le vingt
septiesme jour (3) de juing ensuyvant, fut de l'entreprise
de ses ennemis adverty, dont ne se esbayst, combien
que le dangier fust à doubter ; mais, gectant son espoir
en Dieu, et à la hardiesse, vaillance, et bonne experience des gens qu'il avoit avec luy, deux jours apres
alla pacquer (4) au pié des Alpes (5), où se tinst par
quelque temps pour y faire passer son artillerie, qui fut
la plus grosse entreprinse, quant à ce, que jamais prince
feit ; car char ne charrete n'y estoyent jamays passez.

---

(1) *L'an* 1514 : *lisez* 1495. — (2) *Vifroy* : vice-roi. — (3) *Vingt sep-*
tiesme jour : lisez *le* 20. — 4) *Pacquer* : camper. — (5) *Pié des Alpes* :
l'auteur donne ce nom à une chaîne de l'Apennin.

Et sachant que ledict seigneur de La Tremoille, pour sa hardiesse et grant vouloir, ne trouvoit rien impossible, luy donna ceste laborieuse charge, que voluntiers accepta; et si tresbien y employa son corps, son espoir, sa parolle, et ses biens, qu'il y acquist honneur et acroissement de la grace de son seigneur et maistre. Et, affin que les gens de pié, alemans et aultres, se y emploiàssent sans craindre le chault, qui estoit vehement et furieux, les persuada par telles ou semblables parolles :

Persuasion du seigneur de La Tremoille aux gens d'armes, pour passer l'artillerie du Roy par les Alpes.

« L'expérience que le Roy, nostre souverain seigneur,
« a eue, mes freres en armes, de vostre fidelité, cueur,
« force et hardiesse, à trancher et passer les Alpes et
« conquerir son royaume de Naples, luy donne asseu-
« rance de rapporter la palme de ceste glorieuse vic-
« toire, par vostre ayde, en France, contre le vouloir
« et non obstant l'entreprinse du Pape, des Veniciens,
« duc de Milan, et aultres ses ennemys, qui, comme
« amys, nous ont au venir porté visage et sighe d'o-
« beissance, et au retour, comme desloyaulx contre
« la loy de honnesteté, preparé ruyne de l'honneur
« françois, par une secrete armée de soixante dix mil
« hommes (¹) mis aux champs, fort bien armez et
« equippez, ainsi qu'on dit, lesquelz sont davant nous,
« en embuschez, pour au passaige nous arrester. Vous
« savez, mes freres, que le nombre de nostre armée

(¹) *De soixante-dix mil hommes :* Ludovic étoit près de Novare, avec à peu près trente mille hommes.

« est seulement de dix ou douze mil hommes, et voiez
« ceste haulte et penible montaigne davant nous, les
« citez et villes de noz ennemys au derriere, et que le
« demourer au pié engendreroit famyne; parquoy
« convient par necessité gaigner la plaine, et ouvrir le
« chemin par feu et par nostre artillerie. Les histoires
« nous asseurent, et souvent l'avons veu, que commu-
« nement à la necessité le plus petit nombre de gens-
« d'armes bien conduictz, a vaincu la multitude effrenée
« et oultrecuidée. La propre nature d'entre nous des
« Gaules est force, hardiesse et ferocité. Nous avons
« au venir triumphé; mieulx nous seroit mourir que
« par lascheté perdre au retour la doulceur de ceste
« louange, et que noz victoires, par faulte de cueur,
« demourassent en langueur où les avons prinses.

    « Ce considerant, le Roy, nostre souverain seigneur,
« vous prie et persuade par ma bouche que, memora-
« tifz de toutes ces choses, faictes marcher vostre hon-
« neur au davant de la crainte de voz vies, et que, voz
« hardiz cueurs non convertiz en moulz fayes, luy
« monstrez par effect la reste de vostre noble vou-
« loir à passer son artillerie par ces rigoreuses Alpes.
« La chose à gens sans cueur semble impossible, mais
« aux jaleux d'honneur n'est que passetemps. Ne
« craignons l'essay, car nature n'a constitué chose si
« haulte ne difficille que la vertu n'y puisse actaindre
« ne parvenir; et, nostre artillerie hors de ce dangier
« mise, passerons, par force de glayve et feu, davant
« noz ennemys. Necessité engendre courage et aug-
« mente la force, et le desir de garder l'honneur ac-
« quis croist le cueur, reveille l'esprit et chasse toute
« crainte; et si est hardiesse tousjours par fortune se-

« courue et aydée; Tous sommes en la fleur de nostre
« aage, en la vigueur de noz ans, et en la force de
« nostre jeunesse; chescun mecte la main à l'euvre, à
« tirer les charrois, porter bouletz, et le premier qui
« gáignera le plus hault de la montaigne avant moy
« aura dix escutz. »

La fin de ceste remonstrance fut que le seigneur de
La Tremoille, ses vestemens laissez fors chausses et
pourpoint, se mist à pousser aux charroys et à porter
groz bouletz de fer, en si grant labeur et diligence que
à son exemple la pluspart de ceulx de l'armée, mesment les Alemans, de son grant et bon vouloir esbaiz,
se rengerent à ceste euvre; et par ce moien fut toute
l'artillerie passée par les montaignes et vallées, avec les
municions, par la prudente conduicte dudict seigneur
de La Tremoille, qui tousjours croissoit les courages
des Alemans et aultres, par belles parolles, choses ex-
citatives à euvres difficiles, reveillans l'esprit, comme
par trompetes, clarons, fleutes, tabours, bons vins,
promesses de recompenses, et aultres semblables que
bien entendent experimentez capitaines. Et, l'euvre mis
à louable fin, le seigneur de La Tremoille, noir comme
ung more, pour l'extuante chaleur qu'il avoit suppor-
tée, en feit rapport au Roy, qui luy dist : « Par le jour-
« d'huy, mon cousin, vous avez fait plus que peurent
« onc faire Hannibal de Cartage ne Jules Cesar, au
« dangier de vostre personne que ne voulustes onc
« espargner à me servir et les miens. Je promectz à
« Dieu que si je puis vous revoir en France, les recom-
« penses que j'espere vous faire seront si grandes que
« les autres y acquerront une nouvelle estude bien me
« servir. » Le seigneur de La Trimoille luy respon-

dit : « Il me desplayst, Sire, que mon corps et mon
« esprit ne se peuvent mieulx acquiter au deu de mon
« office, et ne veulx aultre recompense que voustre grace
« et bienveillance. »

La journée de Furnoue.

Les Alpes passées, le Roy alla disner au lieu de
Furnoue, et à une lieue delà, pres de ses ennemys, son
camp fut assis. Le lendemain, apres la messe ouye, l'armée du Roy marcha en bon ordre. L'avantgarde estoit
conduicte par le mareschal de Gyé et le seigneur Jehan
Jacques (¹), Italien : et assez pres d'eulx marchoient les
Souysses en bon ordre, conduictz par monseigneur En-
gilbert Declavés, comte de Nevers, le Bailly de Dijon,
et le grant escuier de la Royne. Les helles de l'armée
estoient aux deux coustez. Guyot de Lovyers et Jehan de La Grange, maistres de l'artillerie, la conduisoient bien acoustrée pour tirer ; consequemment
marchoit la bataille de laquelle le Roy estoit chief.
Les seigneurs de Ligny, de Pyennes, le bastard Mathieu, et aultres seigneurs et capitaines vaillans et
hardiz estoient autour de sa personne. Apres la bataille
marchoit l'ariere garde que conduisoit ledit seigneur
de La Tremoille, où estoit le seigneur de Guyse avec
les guetz bien ordonnez.

L'armée des ennemys, qui estoit en frontiere, commença tirer une grosse piece d'artillerie contre l'avant-
garde françoise, qui ne s'esmeut et passa oultre ; puis

(¹) *Le seigneur Jehan Jacques* : Jean-Jacques Trivulce, seigneur milanais, ennemi personnel de Ludovic. Il devint par la suite maréchal
de France.

l'artillerie des François commença tirer en si bonne
sorte qu'elle brisa la piece qui avoit tiré contre eulx,
et occist le principal de leurs canonniers et aultres
gens des ennemys, ce qui les feit ung peu reculler. Et,
voulans user d'une cautelle de guerre pour mectre en
desordre l'armée des Françoys et frapper sur la bataille où estoit le Roy, aprés avoir sceu par une es-
pie(1) l'acoustrement du Roy, feirent deux choses : l'une
qu'ilz envoyerent grant quantité d'Albanoys et Extradiotz courir sur le bagage du Roy, qui s'en alloit à
cousté gauche sur la greve soubz conduycte du capitaine Audet, lequel, combien qu'il fust chevallier de
bonne conduycte, prudent et hardy capitaine, ne povoyt à son desir faire marcher les gens dudit bagage
qui estoyent en nombre grant. Et, par leur deffault, furent deffaictz et la pluspart du bagage pillé par lesdictz Extradiotz et Albanoys, dont l'armée de France
ne fist compte.

  L'autre chose que feirent les ennemys fut que eulx,
voyans la constance des Françoys qu'ilz ne pensoyent
estre telle, mais les jugeoyent ne batailler qu'en fureur et sans ordre, assemblerent ung bon nombre des
plus gens de bien et mieulx experimentez de leur armée, pour donner sur la bataille des Françoys où estoit
le Roy, lequel ilz se actendoyent prendre ; mais il y
obvia : car, prins des avantgarde, bataille et arriere
garde de son armée certain nombre des plus hardiz
hommes, sans changer les chiefz, actendit ses ennemys
en bonne ordre et grosse hardiesse. Si vindrent les ennemys contre eulx, et le Roy et la bataille contre ses
ennemys ; et, la greve passée, se rencontrerent ; et vin-

(1) *Espie* : espion.

drent les avantcoureurs choquer assez hardyment sur la
bataille où estoit le Roy, et, d'une part et d'autre, feirent
des·grans faictz d'armes. Puis, pour le renfort, la grant
bande des ennemys qui s'estoit tenue au couvert es
boys là pres, dont le marquis de Manthoue estoit conducteur, sortit impetueusement au descouvert pour
donner sur le Roy ; mais ladicte bande, qui estoit de
huyct cens lances, fut rompue par ledict seigneur de La
Trimoille et troys cens lances qu'il avoit soubz sa
charge. Neantmoins la meslée fut grande, et y eut de
grans coups donnez d'une part et d'aultre ; mais, ainsi
que Dieu voulut, les ennemys furent deffaictz et tous
occis, fors ceulx qui peurent fouyr ; car il y en eut
grant nombre qui plus feirent de leurs esperons et
chevaulx que de leurs mains et bastons. Et demoura le
Roy de France victorieux, par le secours et bon service dudict seigneur de La Trimoille et aultres vaillans
princes, cappitaines, et gens de bien de France.

Ce dangier passé par ceste triumphante victoyre, le
Roy, l'espée au poing et triumphateur des Italles, retourna en son royaulme de France, lors riche de paix
et de tous biens ; et, certain temps apres, vaccant l'estat
de admiral de Guyenne, par le trespas dudict bastard
Mathieu de la maison de Bourbon, ledict seigneur de
La Trimoille en fut pourveu ; et fist faire une fort
belle nef, appellée la *Gabrielle*, du nom de son espouse,
qu'il mist en pleine mer, bien equippée, pour le service
du Roy et du royaulme. Et lors que ledict roy Charles
travailloit à faire exercer justice en son royaulme,
voulant ouyr deux foiz la sepmaine les plainctes de
ses subgectz, avant que povoyr recompenser ledict
seigneur de La Trimoille, selon sa promesse, des ser-

vices qu'il luy avoit faictz et au bien publicque, alla de vie à trespas au chasteau d'Ambaise, le septiesme jour d'apvril l'an 1497, avant Pasques, selon la computacion de Paris où l'on commance l'année à Pasques, et selon la computacion rommaine et de Aquitaine, l'an 1498, parce que les Rommains commencent l'année à Noël, et les Aquitaniens, à la Nostre Dame de mars. Ce bon Roy ne laissa aulcuns enfans de sa chair, et fut son corps mis, avec les aultres roys de France, en l'eglise de l'abbaye Sainct Denys en France.

CHAPITRE XVIII.

Commant, apres le trespas du roy Charles VIII, le seigneur de La Trimoille fut appellé au service du roy Loys douziesme de ce nom.

Le seigneur de La Trimoille fist grant dueil du trespas du roy Charles, son seigneur et maistre, non contre la raison, car avec le corps perdit l'espoyr de la recompense de ses labeurs, parce qu'il estoit sans enfans decedé, et que madame Anne de Bretaigne sa vefve avoit tousjours quelque suspeçonneux regard sur luy, à l'occasion de la guerre de Bretaigne, aussi que monsieur Loys duc d'Orleans, qu'il avoit à la-dicte guerre prins prisonnier, succedoit à la couronne de France; comme le plus proche en ligne masculine collaterale par faulte de la directe. Mais tout vinst au contraire de son ymaginacion, car ledict duc d'Orleans, nommé Loys XII, incontinant apres le decés

dudict roy Charles et avant son couronnement, manda
ledict seigneur de La Trimoille, et, de son propre
mouvement, sans aulcune requeste, le confirma en tous
ses estatz, offices, pensions et biensfaictz, le priant luy
estre aussi loyal que à son predecesseur Charles, avec
promesse de meilleure recompense. Ledict seigneur
de La Trimoille le remercia, et mist si bonne peine
de luy estre obeissant que son bon service fist depuis
sortir une envie es cueurs d'aulcuns gentilz hommes qui
plus servoyent le Roy de faulx rappors que de bon
conseil, combien que la prudence du Roy fut si grant
durant son regne, et fut si jaloux de sa renommée,
qu'il experimentoit les gens avant que les croyre, et
avoit gens pour son passetemps, sans lesquelz toutes
les pesans affaires du royaulme estoyent conduictz et
faictz : et combien qu'il n'eust les aureilles serrées aux
parolles, toutesfoiz ne leur donnoit lieu à l'honnourable siege de sa memoyre.

L'affaire qui plus fist d'ennuy à l'esperit du Roy, au
commancement de son regne, fut que dés ses jeunes
ans avoit espousé madame Jehanne de France, fille
du feu roy Loys XI, duquel a esté cy dessus escript,
par la crainte d'iceluy Roy, qui severe estoit à ceulx
de son sang plus que la raison ne vouloit; toutesfoiz
ne l'avoit, ainsi qu'on dit, jamais congneue charnel-
lement, actendant la mutacion du temps et des personnes, à ce qu'il peust aultre espouse avoir, car in-
disposée estoit à generacion pour l'imperfection de
son corps, combien qu'elle eust fort beau visage. Or
vinst le temps qu'il le peut faire sans contradition
aucune; mais, luy qui vouloit droictement vivre et ne
faire chose à sa royalle dignité repugnante, craignoit

executer ceste ancienne et continuée volunté, dont,
apres son sacre et couronnement, se declaira audit
seigneur de La Tremoille, pour en avoir son conseil et
aussi en porter la parolle à ladicte dame. Ledict seigneur
feit response au Roy que s'il estoit ainsi que jamais
n'eust donné consentement à ce simullé et contrainct
mariage, que facillement, selon son jugement, pourroit
estre solu, actendu qu'il n'avoit icelluy consummé ne eu
d'icelle dame, charnelle congnoissance : toutesfoiz que
le mieulx seroit sur ce assembler gens lectrez, ayans le
savoir et l'experience de telles matieres, et que ce pendant sentiroit le vouloir de ladicte dame, ce qu'il feit ;
car, par le commandement du Roy, ung jour alla vers
elle et luy dist :

« MADAME, le Roy se recommande tresfort à vous,
« et m'a chargé vous dire que la dame de ce monde
« qu'il aime plus est vous, sa proche parente, pour
« les graces et vertuz qui en vous resplendent ; et est
« fort desplaisant et courroussé que voz n'estes dis-
« pousée à avoir lignée, car il se sentiroit eureux
« de finer ses jours en si saincte compaignée que la
« vostre. Mais vous sçavez que le royal sang de France
« se commance à perdre et diminuer, et que feu vostre
« frere le roy Charles est decedé sans enfans ; et si
« ainsi advient du Roy qui à present est, le royaume
« changera de lignée, et par succession pourra tumber
« en main extrange. Pour laquelle consideracion luy a
« esté conseillé prendre aultre espouse, si vous plaist
« y donner consentement, jaçoit ce que de droict
« n'y ayt vray mariage entre vous deux, parce qu'il
« dict n'y avoir donné aucun consentement ; mais
« l'avoir faict par force et pour la crainte qu'il avoit

« que feu monseigneur vostre pere, par furieux cour-
« roux, actemptast en sa personne : toutesfoiz il a tant
« d'amour à vous que mieulx ameroit mourir sans
« lignée de son sang que vous desplaire. — Monsei-
« gneur de La Tremoille, dist ladite dame, quant je
« penserois que mariage legitime ne seroit entre le Roy
« et moy, je le prierois de toute mon affection me laisser
« vivre en perpetuelle chasteté, car la chose que plus
« je desire est, les mondains honneurs contemnez et
« delices charnelles oubliées, vivre spirituellement
« avec l'eternel Roy et redoutable Empereur, duquel
« en ce faisant et suyvant la vie contemplative, je
« pourrois estre espouse et avoir sa grace. Et d'aultre
« part je serois joyeuse, pour l'amour que j'ay au Roy
« et à la couronne de France, dont je suis yssue, qu'il
« eust espouse à luy semblable, pour luy rendre le
« vray fruict de loyal et honneste mariage, la fin du-
« quel est avoir lignée, le priant s'en conseiller avec
« les sages, et ne se marier par amour impudicque et
« moins par ambicion et avarice. »

Le seigneur de La Tremoille recita le dire de madame Jehanne de France, au Roy, qui, en gectant ung
groz souspir, pour son cueur descharger de douleur,
dist : « Je suis en grant peine et perplecité, mon cou-
« sin, de cestuy affaire, et non sans cause. Je congnois
« la bonté, doulceur et begnivolence de cesté dame,
« sa royalle generacion, ses vertus incomparables et sa
« droicture; et d'autre part je sçay que d'elle ne pour-
« rois lignée avoir, et par ce deffault le royaume de
« France tumber en querelle et finablement en ruyne.
« Et, combien que je n'aye vray mariage avec elle con-
« tracté, ne eu d'elle charnelle compaignée, neantmoins

« à la raison de ce que long temps a esté tenue et re-
« putée mon espouse par la commune renommée, et
« que en ces jours mes infortunes ont esté doulcement
« par elle recuillies jusques à la rencontre de ma pre-
« sente felicité, me ennuye me separer d'elle, doub-
« tant offenser Dieu, et que les extranges nations igno-
« rans la verité du faict en detractent. »

Pour toutes ces consideracions et aultres, le Roy
differa, pour quelque temps, à faire declairer nul ce
mariage, mais, pressé par les princes de France, obtinst
ung brief du pape Alexandre VI, et juges deleguez
pour congnoistre s'il y avoit vray mariage ou non.
Lesquelz, apres avoir ouy luy et ladicte dame, et fait
enqueste de la verité du faict en forme de droit, par
sentence donnée en l'an 1499 [1] par le cardinal de
Luxembourg, evesque du Mans, monsieur Loys d'Ambaise, evesque d'Alby, et monsieur Ferrand, evesque
de Cepte, juges deleguez en ceste partie par le Pape,
ledict supposé mariage fut declairé nul, et licence
donnée en tant que besoing estoit, par auctorité apostolicque, audict roy Loys, de povoir prendre par mariage telle femme que bon luy sembleroit [2]. Apres
laquelle sentence donnée, il espousa madame Anne
duchesse de Bretaigne, lors vefve dudict feu Roy Charles VIII, et bailla pour appenage à madame Jehanne
de France, la duché de Berry, avec beau et honneste
train, qu'il luy entretinst jusques à son deces, qui fut
en l'an 1505, en la ville de Bourges, où elle feit tousjours depuis sa principalle residence, et vesquit en si

[1] *L'an 1499* : cet acte est de 1498. — [2] *Que bon luy sembleroit :*
voyez les détails de cette affaire dans le Tableau du règne de Louis XII,
placé en tête des Mémoires de Bayard. (Tom. 15 de cette collection.)

14. 28

grant saincteté que apres son deces Dieu a fait plusieurs miracles es personnes d'aucuns malades qui l'ont priée et reclamée.

~~~~~~

CHAPITRE XIX.

Commant, par la sage conduicte du seigneur de La Tremoille, Loys Sforce, usurpateur de Milan, fut prins prisonnier, et la duché de Milan mise entre les mains du roy Loys XII.

APRES toutes ces choses faictes en la seconde année du regne du roy Loys XII, non obstant qu'il eust trouvé son royaume pauvre de deniers et riche d'honneur, neantmoins meist si bon ordre en toutes ses affaires que, sans augmenter ne croistre les tailles et aydes, mais les diminuant, droissa grosse armée pour la recouvrance de sa duché de Milan, lors occupée par la tyrannie de Loys Sforce, qu'on nommoit le More, et laquelle avoit, par François Sforce son pere, esté usurpée sur le pere dudict roy Loys, auquel elle appartenoit à cause de Valentine sa mere, fille de Phelipes Marie, vray duc de Milan, et espouse de monseigneur Loys duc d'Orleans qui fut occis à Paris par la faction de Jehan duc de Bourgongne, son cousin germain ; laquelle armée ledit Roy Loys envoia delà les mons soubz la conduicte du seigneur d'Aubigny et du seigneur Jehan-Jaques, italien, qui feirent telle peur audit Loys Sforce, que, la ville de Milan par luy et Maximilian son filz habandonnée et laissée, se retirerent

au roy des Rommains. Maximilian. Parquoy fut ladite ville par les François prinse sans resistence, en
ladite année 1489 (1); et peu de temps apres ledict roy
Loys y feit son entrée, et luy fut rendu le chasteau, qui
estoit d'une merveilleuse defense et presque imprenable, comme aussi furent plusieurs aultres chasteaux
et villes dudict duché, et entre aultres la ville et com-
munité de Genes, de laquelle le Roy feit gouverneur
messire Phelippes de Ravastain, son proche parent à
cause de madame Marie de Cleves sa mere, puis s'en
retourna en France.

Incontinant apres, ledict Loys Sforce, accompaigné
de grant quantité de Alemans et Souysses, par la faction des habitans de ladite ville de Milan qui avoient avec
luy intelligence, reprinst icelle ville, et en mist hors les
François et ledit seigneur Jehan-Jaques qui en estoit
gouverneur, dont le Roy fut fort desplaisant, et soudain
y renvoia son armée bien equippée, soubz lesdictz seigneurs d'Aubigny et Jehan-Jaques, ses lieutenans generaulx en ceste guerre, qui estoient gens de cueur,
hardiz, et de grant entreprinse et conduicte; mais le
bien faire leur fut difficille, à la raison de ce qu'ilz ne
s'accordoient en deliberacions, contre l'ordre de discipline militaire; et de ce adverty, le Roy non ignorant
ledict seigneur de La Tremoille estre eureux en ses
entreprises, l'envoia son lieutenant general delà les
mons avec lesdictz seigneurs d'Aubigny et Jehan-Jaques, ausquelz manda le croire et faire ce qu'il diroit;
ce qu'ilz feirent, et furent de si bon accord que avec
l'armée françoise approcherent de la ville de Milan,
de laquelle Loys Sforce vuyda, et avec cent chevaulx

(1) 1489 : lisez 1499.

seulement se retira en la ville de Novarre où estoit son
armée, en laquelle avoit quatre mil Souysses, huit
mil lancequenetz, huit cens hommes à cheval de la
Franche-Comté de Bourgongne, et sept mil aultres
gens de guerre de Italie ; l'armée du Roy, eu laquelle
y avoit dix mil Souysses, le suyvit ; et quant ilz furent
davant Novarre, ledit seigneur de La Tremoille trouva
moien de parler aux ennemys du Roy, quoyques soit,
à partie d'iceulx et à leurs capitaines, ausquelz il feit
telles ou semblables remonstrances :

« Aulcun de vous, messieurs, ne ignore que, à bon
droict et juste tiltre, au roy de France, mon souverain
seigneur, appartient la duché de Milan, à cause de madame Valentine Marie (1) son ayeule, unicque fille
et heritiere de feu de bonne memoyre Phelippes Marie,
vray duc de Milan, et que Francisque Sforce, filz de
Attendule Sforce, premierement avanturier de guerre
de humble et petite maison, par tyrannie usurpa cesté
riche duché, et encores, par force et contre raison, la
tient Loys Sforce son filz. A ceste consideracion je
m'esbays dont vous, messieurs les Souysses, qui vous
nommez amateurs d'equité, justice et droicture, voulez porter la faulse querelle contre le bon droict, le
tyrant contre le vray seigneur, le simple chevallier
contre ung si puissant Roy, ung estrangier contre vostre
congneu, et ung pauvre contre ung riche.

« Quelle fureur occupe voz hardiz courages et
droictes voluntez de laisser la tant secourable et amou-

<hr/>

(1) *Valentine Marie* : il y a plusieurs erreurs dans cette phrase. Valentine étoit sœur et non pas fille de Philippe Marie Visconti. Elle devoit le jour, comme nous l'avons dit plus haut, à Jean Galeas Visconti.
Elle avoit été mariée au duc d'Orléans, aieul de Louis XII, en 1389.

reuse alliance des Françoys, voz freres et voysins, pour à extrange et barbare nation adherer? Quel espoir prenez-vous en homme sans foy, non observateur de promesse, qui ne vous ame fors à sa necessité, et ne sauroit vous tenir ce qu'il vous a promis? Avez-vous oublié les honneurs et biens à vous faictz en si grant liberalité par les roys de France? Ne vous peult cer- tiffier de perpetuelle amour et confederacion la bien congneue confiance du Roy en la nation de vous, messieurs les Souysses, dont il a prins certain nombre de voz freres ou enfans pour la continuelle garde de son corps? et vous, messieurs les Alemans, en ce qu'il est, à cause de sa mere, de vostre sang?

« Quel reproche seroit-ce à vous et aux vostres, si vous soustenez tyrannie contre vraye seigneurie, in- justice contre equité, rapine contre le juste tiltre, cru- delité contre clemence, rebellion contre deue obeis- sance, et inhumanité contre clemence! Je vous prie, messieurs, que vos yeulx gectez sur la raison, usans de droicture, remonstrez à Loys Sforce son tort; et le contraignez à rendre au Roy ce que par force il occupe, et par tyrannie retient; et s'il est dur au croyre, avec egal œuil regardez la raison et soyez pour l'inno- cence, ensorte que vostre cler renom n'en soit obs- cursy. »

Ces remonstrances et aultres de trop long recit donnerent occasion aux Souysses, lancequenetz et Bourguignons, d'eulx assembler, pour adviser à ce qui leur avoit esté dict par ledict seigneur de La Tre- moille. Les aulcuns soustenoyent la maulvaise que- relle de Loys Sforce, les aultres, et la plus grant part, le bon droict et juste tiltre du roy de France, et, le

tout mis à la juste balance d'equité, remonstrerent à
Loys Sforce son tort, le persuadant faire composicion avec les Françoys; à quoy ne voulut entendre
ne les Souysses payer de leur soulte, pour lesquelles
causes luy declairerent qu'ilz ne frapperoyent coup
pour luy, et qu'il saulvast sa personne s'il povoit;
dont fut fort esbay, les priant, puisque ainsi le voulloyent habandonner, qu'il s'en allast avec eulx, en
habit dissimullé, ce qu'il s'efforça faire soubz l'habit
d'ung cordelier, parce que plusieurs cordeliers estoyent
en son armée servans de chappelains et confesseurs;
et avec les Souysses sortit de Novarre, cuydant par ce
moyen se saulver, mais il ne peult; car, comme les
Souysses eussent faict composicion avec ledict seigneur
de La Tremoille et aultres capitaines, et eussent declairé ledict Loys Sforce avoir evadé, ledict seigneur
de La Tremoille, pour le trouver en l'armée, fist tous
les Souysses et aultres gens de pié passer soubz la
picque, où il fut congneu et prins par ledict seigneur.

Les nouvelles de ceste prinse furent incontinant
portées par la poste au roy de France estant lors à
Lyon, ung jour assez matin, dont fut joyeux, et pour
donner partie de sa joye à la Royne, se transporta en
sa chambre et luy dist : « Madame, croyez vous bien
« que monsieur de La Tremoille ait prins Loys
« Sforce? » Sa responce fut que non, car encores
n'estoit son cueur paciffié de la victoyre que ledict
seigneur avoit eu contre le duc de Bretaigne son pere.
Et le Roy luy replicqua : « Si a pour certain et vous
« asseure que jamais roy de France n'eut ung plus
« loyal et meilleur serviteur ne plus eureux en ses
« entreprises; et si je ne meurs bien tost je le recom-

« penseray ensorte que les aultres capitaines auront
« vouloir de me bien servir. » La Royne, voyant l'affectionné vouloir du Roy sur ledict seigneur de La
Tremoille, ne dist chose aulcune au contraire, mais
commença à fort exalter icelluy seigneur.

Dés ce que le cardinal Ascaigne, frere de Loys
Sforce qui estoit en la ville de Milan, sceut la prinse
de son frere et la roupture de son armée, incontinant
envoya ses enfans à Maximilian, roy des Rommains,
et se mist aux champs le plus tost qu'il peult pour
se saulver, et comme il vouloit se retirer à Boulongne,
accompaigné de six céns hommes à cheval, Soucyn,
capitaine venicien et frere du marquis de Mantue, le
suyvit jusques au chasteau de Ryvolle, où il le prinst
avec cent mille ducatz et plusieurs riches bagues. Les
citoyens de Milan, fort esbaiz de ceste prise, soudain
envoyerent vers le seigneur de La Tremoille et autres
capitaines, les clefz de ladicte ville, par leurs ambassadeurs chargez de composer et moyenner pour leur
forfaicture; pour lesquelz ouyr le conseil fut assemblé,
où presidoit le cardinal d'Amboise que le Roy y avoit
envoyé, et, apres leur peroration et requeste, iceulx
esloignez du conclave, chascun en dist son opinion.
Aulcuns disoyent qu'on devoit mettre à sac la ville
de Milan et l'abandonner au pillage, sans donner la
vie à homme qui eust plus de quinze ans, et que ainsi
l'avoit faict aux Saxons le roy Clotaire II et le roy
Charlemaigne.

Là raison de leur dire estoit que les Milanoys
sçavoyent tresbien le Roy estre leur naturel seigneur
et la duché de Milan luy appartenir à vray tiltre
hereditaire, pour tel l'avoient recongneu et faict le

serment de fidelité; que à ce moyen le Roy leur avoit diminué partie de leurs tributz, iceulx remis en leur liberté, ordonné et estably ung parlement pour leur administrer justice, mis hors la captivité de Loys Sforce, lequel usoit de leurs personnes, femmes et biens à son plaisir, marioit leurs filles à sa volunté, et les tenoit en telle servitude que aucun des habitans n'eust ousé dire cela est mien; avoit oultre perpetué leurs offices temporelz, et donné plusieurs grans privilleges. Ce nonobstant, comme gens sans foy, ingratz, parjures, avoient conspiré contre le Roy, receu et remis en leur ville ledict Ludovic, choisissant le tirant et persecuteur pour le vray seigneur et protecteur, et la pluspart des Françoys crioyent que les Milannoys fussent deffaictz et ruynez. Le seigneur de La Tremoille considerant, comme dict Tulle (1) en ses Offices, que à la conqueste des villes on se doit garder d'y faire chose temeraire ne cruelle, pour moderer ces opinions procedans plus de ire que de raison, commença parler ainsi :

« Quant ire et trop grant celerité se rencontrent en la chose qu'on veult executer, vous entendez, messieurs, que voluntiers la rendent mal faicte et au deshonneur de l'aucteur, à la raison de ce que trop grant celerité, temerairement et sans consideracion precipite les choses, et ire y ouvre sans prevoyr la fin. Pour ces consideracions le feu de nostre juste

---

(1) Comme dict Tulle : *De evertendis autem diripiendisque urbibus, valde illud considerandum est, ne quid temere, ne quid crudeliter fiat : idque est viri magnanimi, rebus agitatis, punire sontes, multitudinem conservare, in omni fortuna recta atque honesta retinere.* De Officiis, lib. 1, c. 24.

indignacion extraict et le conseil des plus saiges prins,
regardons quel bien pourra de la ruyne de ceste tant
riche et noble ville advenir. C'est la premiere conqueste que noz peres, les Gaules, firent en Italie, il y a
plus de deux mille ans ; c'est leur ediffice et demourance qu'ilz nommerent la Gaule transalpine ; c'est
le vray heritage du Roy et son paternel domaine. Je
sçay bien que, par les loix et statutz de plusieurs citez,
la mort est la juste peine de moindres crimes que
celuy de la rebellion et desloyaulté de ceulx dé
Milan ; toutesvoiz doyvons considerer, messieurs, la
fragilité de nostre nature, et que souvent les hommes ;
par esperance solicitez, entrent es dangiers des guerres,
et onc homme à peril ne se exhiba que l'actende de
bonne yssue ne luy donnast quelque asseurance ; et
onc cité ne se revolta contre son naturel seigneur
qu'elle ne se extimast à luy pareille en force et ne
tendist à plus grant liberté.

« C'est une chose en tous humains née que peché,
soit au secret ou en public, et n'y a severité ne rigueur de loy qui les en puisse tousjours empescher.
Les hommes sont facilles à delinquer par fureur in-
sanable et par faulte de non assez puissante bride
de raison, et encores plus par foul espoir et cupidité. Le foul espoir, non voyant son peril, les conduit,
et cupidité de prosperité ostentatoire les accom-
paigne, dont procede que les incertains loyers et non
asseurées recompenses excedent en puissance les dangiers incongneuz et peines non pourpensées ; puis la
fortune du futur gaing incite les courages à desirer
liberté, empire, et principaulté. Et davantage est une
chose impossible, voire folle à croire, lors que l'hu-

maine pensée est d'aucun immoderé affect surprinse
et excitée, que par la crainte de la rigueur et severité
de la loy en puisse estre retraincte et prohibée.

« Pour ces consideracions, messieurs, mon oppinion
est, sauf vostre meilleur advis, que non obstant la
faulte des Milanoys, qui contre le Roy se sont revoltez
et rebellez, ne doyvons aucune chose griefve contre
eulx statuer ne ordonner, mais qu'on leur doit remectre l'honneur et la vie, et commuer la peine de
leurs corps en raisonnables amendes pecuniaires, pour
le deffroy de nostre armée, moiennant ce qu'ilz feront
nouveaux sermens de fidelité, et promectront avec
juremens, pour l'advenir, obeissance et fidelité au Roy,
comme leur naturel et vray seigneur. Par ceste clemence, les aultres qui ont comme eulx failly, non desesperez de pardon, se pourront plus legierement
repentir et eulx soubmectre à la raison : et si par cupidité de vengence nous les importunons et opprimons
de mort, ou de trop longue poison, ou excessive ren-
çon, les rendrons impuissans de deniers à paier leurs
tribuz et subvenir à noz belicqueux usages, sans lequel ayde impossible est que le corps publicque
puisse subsister.

« Nous ne doyvons comme juges si estroictement
pugnir les delinquens, mais considerer le grant bien
qui peut venir et proceder de cité par moderacion
corrigée ; et que mieulx est gardée la foy des citoiens
par doulceur et innocence que par la severité des loix
escriptes ; mieulx est tollue l'occasion de rebellion
par honneste entretiennement que provocquer par crudelité les gens à obstinacion de mal ; les choses perdues se doyvent, qui peut, par benignité recouvrer,

et les recouvertes, par justice et doulceur conserver. Et
pour brief conclurre, en mon advis, je arbitre chose
plus utille au Roy, nostre souverain seigneur, à nous,
et à tout le pays, paciffier nostre ire, oublier nostre
injure, et moderer la vengence par clemence, que totallement ruyner et destruyre ceulx qui se reppentent
et demandent pardon. La condicion des Françoys est
prompte fureur et avoir pitié des vaincuz ; que ire
immoderée ne perisse ce glorieux renom. » .

Tous ceulx du conseil furent de l'oppinion du
seigneur de La Tremoille, et le jour du vendredy
sainct de l'an 1500, qui fut le dix-septiesme jour
d'avril, sept jours apres la prinse de Ludovic Sforce,
les Milannois feirent amende honnourable au roy de
France, en presence dudit cardinal d'Amboise ayant
charge expresse du Roy pour la recepvoir en ladicte
ville de Millan, en la maison du Roy. Publicque-
ment et en grant solennité, leurs vices leur furent pardonnées et leurs biens saulvez, moyennant la somme
de troys cens mil livres, dont ilz baillerent cinquante
mille contans, les aultres cinquante mil promirent bailler le douziesme jour de may ensuyvant, et les deux
cens mil, à la volunté du Roy; et feirent les nouveaulx
sermens de fidelité. Tout cela faict, ledict seigneur de
La Tremoille, adverty de la prinse dudit cardinal
d'Ascaigne, envoya vers les Veniciens, à ce qu'ilz le
rendissent au Roy avec ses ducatz et bagues qu'ilz
avoyent prins en sa duché , et aussi l'espée royale du
grant escuyer de France, laquelle avoit esté prinse es
coffres du roy Charles VIII, à Furnoue, par les Albanoys, comme il a esté dict dessus; et où les Veniciens differeroyent, les y contraindre à main armée;

en quoy ilz pensérent, et voyans fortune donner faveur audit seigneur de La Trimoille, luy envoyerent
ladicte espée avec ledit cardinal d'Ascaigne, et partie
de ses bagues et ducatz. Quelque temps ápres fist
mener ledit cardinal à Lyon, où jà avoit esté mené
Loys Sforce son frere, lequel Loys Sforce fut depuis envoyé par le Roy au chasteau de Loches pour
sa prison.

Deux ans apres, le Roy retira et conquist le
royaulme de Naples, mais ung an ou deux apres
ledit recouvrement, le perdit par la roupte d'une bataille que les Françoys eurent contre domp Ferrand,
roy d'Espaigne, l'armée duquel estoit conduicte par
Gonssalle Ferrande (1), et l'armée de France par le
comte de Guyse (2) de la maison d'Armignac, et par
messire Jacques de Chabannes, l'ung des hardiz chevalliers et capitaines qui fut onc en France. Et fut
occis en cesté bataille (3) ledit comte de Guyse, et lés
Françoys deffaictz par la coulpe des tresoriers, qui,
pour eulx enrichir des deniers ordonnez pour le deffray de l'armée, la laisserent sans vivres, ne payerent
à temps et heure les gensd'armes, par le moyen dequoy ne se povoyent nourrir, ne leurs chevaulx, et
dont le Roy fut fort desplaisant et courroussé, tant
contre les gensd'armes qui retournoyent, lesquelz ne
voulut veoyr ne ouyr, que contre les tresoriers, dont en
fist pugnir aulcuns par justice.

Pour le recouvrement de Naples, quelque temps

---

(1) *Gonssalle Ferrande* : le fameux Gonsalve de Cordoue. — (2) *Le
comte de Guyse* : il est connu dans l'histoire sous le nom de duc de
Nemours. — (3) *En ceste bataille* : cette bataille est celle de Cerignole :
elle fut gagnée par Gonsalve de Cordoue, le 28 avril 1503.

apres, le Roy fist.son lieutenant general ledit seigneur dé,
La Tremoille, qui partit de France et passa les monts
avec une fort belle armée ; mais en allant, une ma-,
ladie le surprinst, nonobstant laquelle il passa oultre,
sans se arrester pour icelle, jusques à tant qu'il,
fut par necessité contrainct demourer par impuis-,
sance ; car il fut si pressé de son mal que, desesperé de,
vie, les medecins manderent au Roy que impossible
estoit à nature le relever, et que sans le divin secours,
ne pourroit guerir ; par, laquelle cause le Roy manda
audit seigneur que peu à peu retournast en France,
ce qu'il fist, à son grant regret, avec l'armée françoyse ;
et fut pres d'ung an apres tousjours continuellement
malade et hors d'espoir de santé, dont le Roy estoit fort
desplaisant, car c'estoit le seigneur de Court, du nombre de ceulx qui povoyent service faire au Roy et à
la chose publicquè, le moins importun, et qui moins
demandoit de choses au Roy, pour luy et ses servi-,
teurs, doubtant luy desplaire, et aux princes et aultres
capitaines esquelz on doibt esgallement distribuer les
estatz, selon leurs qualitez et merites, et que le Roy
soit.bien servy, et que en sa necessité il trouve à
son secours plus d'ung, de deux, de troys et de
quatre capitaines experimentez à conduyre ses guerres.

   Il se contentoit de peu sans trop entreprandre, et,
n'eust voulu par ambicion donner occasion aux princes,
de la Court ne aux gentilz hommes meritans ayan-,
taige, d'avoir contre luy envie, considerant que les,
groz morceaulx, prins en hastiveté et par excés, estran-
glent ceulx qui ainsi les devorent; et rememoroit souvent les excés faiz à aucuns connestables de France et,
autres gouverneurs trop entreprenans par les princes

du sang, mesmement durans les regnes des roys Loys
Hutin, Jehan, Charles VI et Charles VII. Il ne vendit onc office, et n'en demanda jamais pour les vendre
et en faire son profit particulier ; aucuns de la maison
du Roy s'en esbaïssoient, vu son bon crédit, et mesmement ses serviteurs : pour ces consideracions et
les merites dudit seigneur, vacant l'estat de gouverneur de Bourgongne et des pays adjacens, par le
deces de monseigneur Gilbert de Cleves, comte de
Nevers, le roy Loys en pourveut iceluy seigneur ;
et l'a tenu jusques à son deces, à son honneur, qui
est ung bel estat et fort desiré par les gens de bien.

CHAPITRE XX.

Des meurs, vertuz, gouvernement et forme de vivre
de madame Gabrielle de Bourbon, premiere espouse
du seigneur de La Trimoille, et monsieur Charles
leur filz ; où est incidemment parlé d'aucunes
dames qui ont esté excellentes en bonnes lettres.

Nous avons veu comme, incontinant apres la premiere année que le seigneur de La Trimoille eut
espousé madame Gabrielle de Bourbon, fille du feu
comte de Mompensier, elle eut ung filz, nommé Charles,
et à la raison de ce que la forme de vivre de celle
noble dame vault bien estre reduicte à memoyre,
pour la doctrine des dames qui pourront lire cy dedans, je escripray en briefves parolles ce que je y ay
peu veoyr et congnoistre : c'est que ceste dame estoit

devote, et pleine de grant religion, sobre, chaste, grave sans fierté, peu parlant, magnanime sans orgueil, et non ignorant les lettres vulgaires. Tous les jours ordinairement assistoit aux heures canonialles, oyoit la messe et disoit ses heures devotement sans ypocrisie; elle se delectoit sur toutes choses à ouyr parler de la saincte Escripture, sans trop avant s'enquerir des secretz de theologie; plus amoit le moral et les choses contemplatives, que les argumens et subtilitez escorchées de la lettre, par lesquelles le vray sens est souvent perverty; elle se contentoit de peu de viandes aux heures acoustumées; en public monstroit bien elle estre du royal sang, descendue par ung port assez grant et reverencial, mais au privé, entre ses gentilzhommes, damoyselles, serviteurs, et gens qu'elle avoit acoustumé veoyr, estoit la plus benigne, gracieuse, et familiere qu'on eust peu trouver; consolative, confortative, et tousjours habondante en bonnes parolles, sans vouloyr ouyr mal parler d'aultruy, ne de chose lascivieuse, voluptueuse ne scandaleuse; et hayoit les gens notez de telz vices.

Elle estoit si magnanime que bien se contantoit estre la pluspart du temps privée des plaisirs et doulceurs de mariage, et dormir seule en ennuy et regret, à ce que son espoux, en servant le Roy et s'emploiant aux affaires du royaume et du bien public, acquist honneur et louange. Elle amoit trop mieulx le rapport luy avoir fait louables armes, que tout l'or du monde; elle estoit liberalle et magnificque en conviz, tapisseries, vaisselle d'or et d'argent, comme à sa maison appartenoit, sans superfluité : jamais n'estoit oyseuse, mais s'emploioit une partie de la journée en broderie et aultres menuz ouvrages appartenans à telles dames, et y occupoit ses damoiselles, dont avoit bonne quantité, et de grosses, riches et illustres maisons. Et quant, aucunesfoiz estoit ennuyée de telz ouvrages, se retiroit en son cabinet, fort bien garny de livres, lisoit quelque histoire ou chose moralle ou doctrinalle ; et si estoit son esprit ennobly et enrichy de tant bonnes sciences, qu'elle emploioit une partie des jours à composer petiz traictez à l'honneur de Dieu, de la vierge Marie, et à l'instruction de ses damoiselles ; elle composa en son vivant une contemplation sur la nativité et passion de Nostre Seigneur Jhesucrist, ung aultre traicté intitullé *le Chasteau de Sainct Esprit*, ung aultre traicté intitullé l'*Instruction des jeunes filles*, et ung aultre traicté intitullé *le Viateur*, qui sont toutes choses si bien composées qu'on les extimeroit estre plus ouvrage de gens de grans lectrés que composicion de femme ; voire et si n'estoit aucunement presumptueuse, car elle faisoit tousjours veoir et visiter ses compositions à gens de hault et bon savoir, comme je sçay, par ce que de sa grace me bailloit la charge de les faire amander.

Toutes ces bonnes meurs et condicions ayderent fort aux perfections que monseigneur Charles son filz acquist en jeunesse, voire autant que jeune prince qu'on eust sceu lors veoir. Aucuns trouvoyent extrange que ceste dame emploiast son esprit à composer livres, disant que ce n'estoit l'estat d'une femme, mais ce legier jugement procede d'ignorance ; car en parlant de telles matieres on doit distinguer des femmes, et sçavoir de quelles maisons sont venües, si elles sont riches ou pauvres. Je suis bien d'opinion que les femmes de bas estat, et qui sont chargées et contrainctes vacquer aux choses familieres et

domesticques, pour l'entretiennement de leur famille,
ne doyvent vacquer aux lectres, parce que c'est chose
repugnant à rusticité ; mais les roynes, princesses et
aultres dames qui ne se doyvent, pour la reverence de
leurs estatz, applicquer à mesnager comme les meca-
niques, et qui ont serviteurs et servantes pour le faire,
doyvent trop mieulx applicquer leurs espritz et em-
ploier le temps à vacquer aux bonnes et honnestes
lectres concernans choses moralles ou historialles, qui
induisent à vertuz et bonnes meurs, que à oysiveté mere
de tous vices, ou à dances, conviz, banquetz, et aultres
passe-temps scandaleux et lascivieux ; mais se doivent
garder d'applicquer leurs espritz aux curieuses ques-
tions de theologie, concernans les choses secretes de la
Divinité, dont le savoir appartient seulement aux prelatz, recteurs et docteurs.

Et si à ceste consideracion est convenable aux femmes
estre lettrées en lettres vulgaires, est encores plus requis
pour un aultre bien, qui en peult proceder : c'est que
les enfans nourriz avec telles meres sont voluntiers
plus eloquens, mieulx parlans, plus saïges et mieulx
disans que les nourriz avec les rusticques, parce qu'ilz
retiennent tousjours des condicions de leurs meres ou
nourrices. Cornelie, mere de Grachus, ayda fort, par
son continuel usaige de bien parler, à l'eloquence de
ses enfans : Cicero a script qu'il avoit leu ses epistres, et
les extime fort pour ouvrage feminin. La fille de Lelius,
qui avoit retenu la paternelle eloquence, rendit ses
enfans et nepveux disers. La fille de Hortense feit une
treseloquente oraison en la presence des Trivires de
Romme. Les anciens habundoyent en femmes tres-
doctes en toutes disciplines, mesmement les Grecz,

14. 29

entre lesquelz, comme nous lisons, y eut plusieurs
femmes tresbien instruictes en philosophie. Platon eut
entre ses aultres disciples, deux femmes, l'une nommée
Lasthema Manthinea et l'autre Apiothea Phliasia, lesquelles, comme a escript Dicearchus, usoyent de vestement virille pour plus commodement apprendre.
Arétha, fille d'Aristipus qui avoit esté disciple de
Socrates, sceut tant de philosophie qu'elle en monstra
et enseigna à son filz Aristipus le jeune. Pitagoras
n'a eu honte d'avoir escript qu'il avoit moult aprins de
philosophie, de sa seur Theoclea ; aussi endoctrina en
philosophie sa fille, à laquelle laissa par son testament
ses Commentaires. L'amour qu'elle avoit aux lettres fut
cause dont elle garda perpetuelle virginité, et soubz
elle eut plusieurs pucelles ausquelles premierement
aprinst la philosophie de pudicité et chasteté.

Alexandre le Grant ne voulut espouser la fille du
roy Daire, jaçoit ce qu'elle fust tresbelle et tresriche,
et ayma mieulx prandre à femme, sans dot, Barsyne fille
de roy, toutesfoiz pauvre, parce qu'elle savoit les lettres grecques. Licurgus fut bien de ceste opinion, quant,
par ses loix, ordonna qu'on prendroit les femmes sans
dot, c'est à dire sans qu'elles eussent aulcune chose en
mariage, à ce que les hommes quissent les vertueuses
femmes et non leurs richesses, et que pour ceste raison
les filles se appliquassent à science et vertu. Nicos-
trata, mere de Evander, fut surnommée Carmente,
parce que richement composoit carmes et mettres par
lesquelz predisoit les choses futures. Nous lisons que
Mirtis Lirica et Coryna sa disciple furent tresbien instruictes en l'art poeticque, semblablement Anagora
Milesia, et Cornificia, seur du poete Cornificius, laquelle

composa plusieurs excellens epigrames dont depuis à
eu grant louange. Et si nous voulons parler des dames
crestiennes, pensons au savoir de Paule et Probe, dames rommaines ausquelles sainct Hierosme a escript
tant de belles epistres latines, et à la science argumen-
tative de saincte Catherine, qui, par argumentacions,
surmonta cinquante docteurs; et ne oublions le livre
composé en latin par saincte Brigide, ne les prophecies
de toutes les sibilles.

Or estoit donc madame Gabrielle de Bourbon pleine
de bon sçavoir et elegante en composicion prosaïque,
qui selon le jugement de Chrisipus, en son livre *de
l'Institucion des enfans,* donna ung naturel instruict à
monsieur Charles son filz, prince de Thalemont, de
aymer les livres et les bonnes lettres; et sçay que, oultre
les condicions de vraye noblesse et de discipline militaire où monsieur son pere l'avoit songneusement fait
instruyre, estoit grant historien, et composoit treselе-
gamment en epistres et rondeaux. Il excedoit en grandeur corporelle, pere et mere, et si estoit groz à l'advenant; et parce que aulcuns de ceulx du nom de La
Tremoille avoyent esté graz, monsieur son pere, pour
y obvier, le mist entre mains de gens fort esveillez, lesquelz l'excitoyent à tous jeux penibles et honnestes,
comme à saulter, gecter la barre, jouer à la paulme,
et à jouxter. Et, combien qu'il aymast le passetemps
des dames quant il estoit en Court, je sçay qu'il a esté
ung des chastes princes qui fut onc et qui plus avoit
en horreur femmes meschantes. A son port et conté-
nance, sembloit estre gravé et fier, mais c'estoit une
honneste gravité sans orgueil, plaine de magnanimité
et vuyde de adulation et flaterie; et n'y avoit prince

don la familiarité de chambre entre ses domesticques
fust plus actractive à l'amer et reverer. Il parloit peu, et
ne vouloit dire parolle perdue et qui ne portast fruict.
Il fut marié jeune avec madame Loyse, fille de monseigneur Charles de Coictivy, comte de Taillebourg,
et de madame Jehanne d'Orleans son espouse, fille
du bon duc Jehan d'Angoulesme, à present reclamé
comme sainct, et seur de monseigneur Charles, pere
du Roy françoys qui à present est; qui fut une grant
et grosse aliance.

CHAPITRE XXI.

Commant le seigneur de La Tremoille fist son entrée en
son gouvernement de Bourgongne. Des services que
luy et son filz firent au Roy, es guerres contre les
Genevois et Veniciens; de la journée de Ravanne,
et commant les Françoys laisserent la duché de
Milan pour retourner en France.

Le seigneur de La Tremoille se prepara pour faire
son entrée en la ville de Dijon, capitale de la duché
de Bourgongne, pour apres aller veoyr et visiter les
aultres villes et places de frontiere; et bien acompaigné
y alla, certain brief temps apres, où il fut honnourable-
ment et à joye, lyesse, et triumphe, receu; et luy fut
faicte, par le chief des citoyens de ladicte ville, l'oraison
ou persuasion telle que verrez, quequessoit de mesme
substance:

Oraison du chief de la ville de Dijon, au seigneur
de La Tremoille.

« Si en vous n'y avoit que la faveur de fortune qui a tousjours vostre glorieux renom acompaigné, tres redoubtable prince et seigneur, ne se trouveroit nation qui ne se extimast tres eureuse d'estre soubz vostre moderacion gouvernée ; mais voz exaltées vertuz, voz memorables gestes et faicz, vostre magnificence, prudence et doctrine à ce adjouxtées, font que vous estes desiré, loué, et par admiracion regardé de toutes les crestiennes provinces. A ceste consideracion, voyans les choses fatalles si bien quant à nous disposées que le Roy, nostre souverain seigneur, asseuré de vostre loyauté, vous a voulu de ce pays faire gouverneur, empereur et moderateur, qui estes de nostre sang, de nostre terre et de nostre generacion, nous resjouyssons et exaltons, et oultre rendons graces à la souveraine deité et royalle Majesté, de ce benefice, que nous extimons opulent, riche, precieux et favorable, esperans que, par vostre prudente conduicte et hardiesse, nous, noz eglises, parens et biens, serons protegez, deffenduz et gardez de toutes irreligions, sacrileges, injustices, pilleries, forces, violences, concucions, depopulacions, homicides, excés et autres tribulacions qui adviennent souvent par faulte de bon ordre en pays de frontiere comme cestuy ; et que la renommée de voz fortunées victoyres nous servira de murailles, rempars et artillerie pour reprimer les soudains mouvemens des industrieux Flamens, pertinax Hennuyers, cruelz Sequanoys, haulsaires Suysses, excessifz Alemans, et

aultres envieux de la frugalité, richesse, et bonté de
ceste fertille et habundante terre.

« Aussi que voz progeniteurs portans le nom de La
Tremoille, yssuz, nez et nourriz en ce territoire, tousjours ont acquis les merites d'honneur, par le bon traictement qu'ils nous ont pourchassé et quis ; soubz ceste
confiance et la vostre mansuetude, tresredoubtable et
trespuissant prince et seigneur, mectons entre voz
mains nous, noz voluntez, noz choses sacrées, enfans,
femmes, familles, facultez, possessions, chevances et
toutes noz fortunées choses, à ce qu'il vous plaise nous
proteger, deffendre et descharger de toutes injustices,
pour lesquelles les royaumes et seigneuries tumbent
en ruyne et sont de gent en gent transferées. Et de
nostre part, l'Eglise vous soustiendra, la noblesse vous
donnera secours, le peuple commun vous obeyra, et
tous ensemble par ung accord, nous y employerons
corps et biens. »

Response faicte par le seigneur de La Tremoille à ceulx de Dijon.

« Si par multiplicacion de graces je me povoys ac-
quicter envers vous, messieurs de Dijon, de vostre
honnourable recueil, exhibicion d'honneur et bienveillance, je m'efforceroys le faire ; mais vous plaira le
brief langaige accepter, avec le grant desir que j'ay de
vivre avec vous en paix, au proffit du Roy et au vostre,
à mon honneur et à l'utilité publicque. Mon vouloyr
est droict, mon intencion bonne, et mon espoyr assez
grant, reste que je crains ne povoyr obeyr, d'autant
que les complexions des gens sont diverses à tous,

vous priant benignement excuser les faultes si vous y en
trouvez, et me estre aydans à l'execucion de ma charge.
Vous entendez assez, messieurs, que la force d'ung
roy et d'ung royaulme principallement consiste en
l'union des subjectz, en l'obeissance qu'ilz doyvent à
leur prince, en leur richesse, en exercice d'armes,
et en la municion et fortificacion des villes, citez,
chasteaulx et places fortes. Vous avez renom d'estre
riches, vous estes louez de l'union que vous avez en
l'obeissancé royalle, et par les histoyres assez appert
de la hardiesse et bon exercice aux armes que les nobles de ce pays ont eu, comme encores ont; reste savoir si voz villes et places sont bien fortiffiées, car c'est
la force du royaulme et le mur inaccessible des ennemys que une place munie et garnie d'artillerie, vivres
et aultres choses necessaires pour soustenir ung siege,
nourrir une garnison et actendre ung secours; qui
est la principalle chose où le Roy, nostre souverain seigneur, gecte ses yeulx, preste son esprit et applicque
ses biens, dont j'espere plus au long vous parler. »

Il fist son propos court, doubtant ennuyer, et s'en
alla, fort bien acompaigné, tant de ses gens que de
ceulx du dedans, en ladite ville de Dijon, où il fut tresbien traicté et festié par les seigneurs et dames, entre
lesquelz il se savoit au gré de tous entretenir. Quelque temps apres, alla faire son entrée on parlement de
Dijon, et en la maison commune des citoyens, où il
fist plusieurs belles remonstrances pour le proffit publicque; et se porta si tresbien en ce gouvernement
qu'onques il n'y eut reproche; et diray une chose de
ce seigneur peu veue en aultres seigneurs de sa qualité, qu'il a tousjours eu le cueur munde et nect du

vice d'avarice, et les mains immacullées de dons cor-
ruptibles et de presens d'or et d'argent ; car onc n'en
prinst pour quelque plaisir qu'il fist, publicque ou
privé.

Environ ce temps fut pourveu par le Roy de l'ad-
mirauté de Bretaigne, vacant par le deces du prince
d'Oranges, qu'il adjouxta à l'admiraulté de Guyenne
qu'il avoit eu par long temps paravant par le trespas
de monseigneur Mathieu, bastard de Bourbon ; et,
comme admiral susdit, bientost apres feit faire une fort
belle navire nommée *Gabrielle,* du nom de son espouse ; depuis en feit encores faire une aultre, qui bien
a servy au royaume de France pour la guerre de mer.
L'un des gentilz hommes de sa maison, nommé messire
Regnaud de Moussy, chevallier hardy, de bon esprit et
de grant entreprise, a esté son visadmiral.

En l'an 1507 il alla delà les mons avec le Roy, pour
le recouvrement de la ville de Gennes, laquelle s'estoit
contre le Roy revoltée, par la faction et conduicte d'un
taincturier nommé Paule de Novis, homme de plusgrant cueur que de prudence, qui avoit incité les Genevois à rebellion, et à chasser les François hors de
Gennes, dont mal luy prinst ; car Gennes recouverte
par les glorieuses armes des François, le Roy present,
acompaigné du seigneur de La Tremoille et aultres
princes, il feit descapiter ledit Paule de Novis, comme
bien avoit merité. Et de Gennes le Roy s'en alla à Milan, non sans le seigneur de La Tremoille qui jamais
ne le perdoit de veue. Et ladite année, monseigneur
Jehan de La Tremoille, frere dudit seigneur, ainsi
qu'il alloit à Rome remercier le Pape qui luy avoit
envoié le tiltre et chappeau de cardinal, fut d'une

fievre continue surprins, en la ville de Milan, où il decéda, au grant regret de son frere, et de son nepveu le prince de Thalemont ; il tenoit en l'Eglise cinquante mille livres de revenu ; car il estoit evesque de Poictiers et arcevesque d'Aulx ; et si avoit plusieurs autres groz benefices ; et, combien que sa chasteté, bonté et science, meritassent telles dignitez, honneurs et biens, toutesfois ne les avoit euz sans la faveur de son frere aisné, ledit seigneur de La Tremoille. Son cueur fut laissé en l'eglise des freres Mineurs de Milan, et son corps apporté en l'eglise Nostre-Dame de Thouars, où il gist soubz ung sepulchre de mabre.

Aprés toutes ces choses, fut traicté l'accord de Cambray, par la conduicte de monseigneur Georges d'Ambaise, arcevesque de Rouhan, cardinal et legat en France, et madame Margarite de Flandres, entre le pape Julius, Maximilian, roy des Romains, soy disant empereur, le roy de France, et Ferdinand, roy d'Espaigne, qui fut fort pernicieux pour les François ; car, soubz umbre d'icelluy, on feit depuis plusieurs grans tors au Roy de France. Par le moien de ce simullé accord ou paix fourrée, tous ces princes entreprindrent depuis contraindre les Veniciens à leur rendre les places et seigneuries par eulx usurpées, dont ilz furent sommez par le roy de France, chief de ceste entreprinse, comme y ayant le plus grant interest, à la raison de ce que les Veniciens usurpoyent Bresse, Bergomme, Cremonne, et aultres villes et seigneuries de sa duché de Milan. Et parce que les Veniciens n'y voulurent entendre, le Roy droissa grosse armée contre eulx, qu'il fist passer delà les monts, et y fut en personne, non sans le seigneur de La Tremoille, qui tousjours estoit le premier prest à faire service au Roy, son seigneur et maistre, et au royaulme.

Les Veniciens de l'autre part deliberoyent de actendre le Roy avec belle et grosse armée ; et le dix huictiesme jour de may (¹) l'an 1509, se rencontrerent les deux armées à Agnadel, où y eut grosse et cruelle bataille qui dura quatre heures, et finablement les Veniciens y furent deffaictz, et leurs gens de pié presque tous occis sur le champ. Berthelomy Dalviane, chief et lieutenant general de l'armée venicienne y fut prins prisonnier par le seigneur de Vaudenesse, frere du mareschal de Chabanes. Ledit seigneur de La Tremoille et le prince de Thalemond son filz se y porterent tresbien et y acquirent groz honneur. Par le moyen de ceste victoyre, le roy de France retira sesdictes villes de Bresse, Cremonne, Bergomme, et aultres estans des appartenances de la duché de Milan, et fist rendre à l'Eglise rommaine les villes de Serne, Rommaigne, Imole, Favonce, Forlyne, et autres terres que le pape Julius querelloit ; et au roy des Rommains, Veronne, Patavie (²), Trevise et aultres lieux ; et audit roy d'Espaigne, Beronduse et Tarante.

Certain peu de temps apres, ledit cardinal d'Ambaise, legat en France, qui manyoit le Roy et son royaume en si bonne sorte que le peuple françoys ne fut onc mieulx traicté, alla de vie à trespas ; qui fut groz dommage et perte, car il a semblé à plusieurs personnes de bon esprit que à l'occasion de son deces, le traicté de Cambray fut enfrainct par le pape Julius, par le roy des Rommains et le roy d'Espaigne, parce

---

(¹) *Le dix huictiesme jour de may :* lizez *le* 14 *mai.* — (²) *Patavie :* Padoue.

que incontinant apres ledit pape Julius fist alliance
avec les Veniciens, et s'efforcea faire perdre au roy de
France sa duché de Milan, par l'intelligence qu'il
avoit avec le roy des Rommains et le roy d'Espaigne,
qui tous faulserent leur foy et serment baillez et faictz
oudit traicté de Cambray, lequel traicté fut pourchassé
au dommaige des Françoys et à ce qu'ilz, assemblez,
fussent deffaiz par les Veniciens, ce que esperoyent lesdictz pape Julius, roys d'Espaigne et des Rommains,
qui advinst au contraire.

Le Roy fut fort troublé de ces entreprinses, et plus
couroussé de l'ingratitude du pape Julius, auquel il
avoit faict tant de services et plaisirs à l'augmentacion
du siege apostolique, et mesmement en la restitucion
de la ville de Boulongne, laquelle il avoit recouverte
contre ceulx de Benetyvolle, et mis entre les mains
dudit pape Julius, et eust voluntiers trouvé les moyens
pour luy monstrer qu'il ne devoit ainsi le traicter : surquoy assembla en la ville de Tours, les evesques,
prelatz, docteurs, et autres gens de bonnes lettres de
son royaulme, pour savoir commant et en quelle sorte,
sans offenser Dieu, il y devroit proceder ; et fut advisé qu'on feroit ung concille (qui fut commancé à
Pise, et depuis transferé à Lyon), mais il n'y eut
aulcune conclusion. Ce pendant les Veniciens, les
Souysses, qui avoyent esté gaignez par ledit pape
Julius, et les Hispaniens faisoyent la guerre au roy
de France, en sa duché de Milan, et, pour remonstrer
ausditz Souysses qu'ilz avoyent mal faict d'avoir laissé
le Roy, qui tant leur avoit faict de biens, et les gaigner,
le Roy envoya vers eulx, jusques en Souysse, ledit
seigneur de La Tremoille, lequel y fut longuement

en dangier de sa personne; et n'eust esté son humilité, cautelle et prudence, l'eussent retenu pour l'argent qu'ilz demandoyent au Roy pour la prinse
dudit Loys Sforce; et neantmoins fist tant qu'il gaigna
au Roy certains quentons desditz Souyssés, et s'en
retourna en leur grace et amour.

Comme on faisoit toutes ces choses, monsieur Gaston de Fouex (1), duc de Nemoux, qui querelloit le
royaulme de Navarre contre ceulx qui sont descenduz
de la maison d'Alebret, se desroba du Roy, et avec
luy le prince de Thalemont, filz dudit seigneur de
La Tremoille, pour aller à Milan, où le seigneur de
Chaulmont, de la maison d'Ambaise, estoit lieutenant general; le Roy et ledict seigneur de La Tremoille faignirent estre courroussez de ce que ces deux
jeunes princes s'en estoyent allez sans leur congié, mais
envoyerent apres eulx or, argent, et tout ce qui leur
estoit necessaire; et quant ilz curent esté quelque
temps à Milan, ledit prince de Thalemont retourna
en France, et laissa à Milan ledit duc de Nemoux,
qui y fut lieutenant general pour le Roy, apres le
trespas dudict seigneur de Chaulmont.

A son entrée dudit Estat, il prinst la ville de Boulongne, et la mist hors des mains du pape Julius, par
l'advis et oppinion dudit concille : et tost apres les
Souysses vindrent assieger Milan, mais n'y feirent
rien; semblablement les villes de Bresse et Bergomme
se revolterent pour les Veniciens, et tost apres furent
recouvertes par les Françoys, et la ville de Bresse
pillée, où les Françoys se enrichirent pour les richesses qu'ilz trouverent dedans.

(1) *Gaston de Fouex* : Gaston de Foix, duc de Nemours.

En ce temps, le pays de Italie estoit fort opprimé de
guerres et pillé de gensd'armes, tant des Françoys,
Souysses, Espaignolz, que Veniciens; et on quaresme
de l'an 1512 (1), les armées du Pape, des Souysses et
Hispaniens, se joygnirent, querans les moyens de surprendre les Françoys et les chasser de ce pays, mais
ledit duc de Nemoux, par l'oppinion et saige conducte
des anciens capitaines de France qui estoyent avec
luy, y resistoit tousjours, à la gloire et honneur des
Françoys.

Apres plusieurs saillies et rencontres, le jour de
Pasques ensuyvant, toutes ces armées se rencontrerent
davant Ravanne, où la bataille fut grant, et aussi longue et cruelle qu'on en veit onc, car d'une part et
d'aultre la vertu de hardiesse fut si grant, et y eut
de si grans proesses faictes, qu'on ne scet à qui bailler
l'honneur de la victoyre. Toutesfoiz le camp demoura
aux Françoys, non sans grant perte de plusieurs gens
de bien, par ung malheur, car, comme ilz fussent
demourez les maistres et eussent mis en fuitte les adversaires (qui leur devoit suffire), ledict duc de
Nemoux, suyvant sa martialle fureur et se confiant
en la riant face de fortune, tout yvre de la doulceur de gloyre par luy en ceste bataille acquise,
contre l'oppinion des anciens capitaines et la doctrine de Vegece, qui deffend suyvir une armée des-
confite, s'en alla gecter entre ung grant nombre de
Souysses qui se retiroyent, où fut suyvy, pour la deffense de sa personne, par plusieurs gens de bien, à
leur grant regret non sans cause, car en ceste suyte
ledict duc de Nemoux fut occis, et avec luy le sei-

(1) 1512 : lisez 1511.

gneur d'Alegres, le lieutenant du seigneur de Ymbercourt; le capitaine Molart, le capitaine Jacob, et ung
capitaine alemant nommé Phelippes : toutesfoiz ne
demoura pas ung desdictz Souysses, car, incontinant
apres, le reste des Françoys allerent en ordre sur eulx,
et les deffirent en mesme lieu.

Les jeunes capitaines et chiefz de guerre, jaçoit ce
qu'ilz ayent aulcunesfoiz plus de hardiesse que les
anciens, toutesfoiz ne doyvent aulcune chose entreprandre ne executer sans eulx; et combien que la
vertu de hardiesse soit bien requise en ung chief de
guerre, autant y est requise la science de l'art, et
seroit bon que ung lieutenant general eust ces deux
qualitez. Cicero prefere la science de l'art à la vertu;
neantmoins semble que la vertu soit plus requise;
parce que avec icelle, par bon conseil, l'on peult plus
faire que par la science sans la vertu, comme nous
tesmoygnent les nobles faictz de Alexandre le Grant,
Hanibal et Scipion, qui tous troys furent chiefz de
guerre en leur jeune aage : car jaçoit ce que au moyen
de leur jeunesse ne peussent avoir science et experience suffisans de l'art militaire, et aussi des cautelles
et ruzes de guerre; neantmoins, par leur vertu et
hardiesse conduictes par le conseil des experimentez,
feirent des choses plus grans que plusieurs aultres
anciens qui ont eu seulement la science de l'art.
Et autant en pourrois-je dire dudit seigneur de La
Tremoille, qui tousjours a conduit sa hardiesse par
louable conseil et non par son seul sens.

Apres la bataille gaignée par les François, prindrent la ville de Ravanne, et la pillerent, mais tant perdirent de gens de bien à ceste bataille, et en si groz

nombre, qu'ilz se treuverent feubles pour resister
aux continuelz assaulx que leur faisoient les Souysses,
Italiens, et aultrés soustenans le party de Maximilian,
filz de feu Loys Sforce qui estoit mort prisonnier;
en sorte qu'ilz furent contrainctz laisser la ville de
Milan, et retourner en France, à la grant mutacion des choses fortunées du roy Loys XII, lequel, dés
l'entrée de son regne, avoit tousjours prosperé en ses
entreprinses, et autant eu de nobles victoires en Italie
que aucun de ses predecesseurs, car l'espace de douze
ans n'entreprinst chose ne aultre pour luy dont il
n'eust l'honneur et la gloire; mais soudain fortune
changea sa bien veillance, et par la disposition divine
les aultres roys ses voisins furent contre luy, à l'exhortacion du pape Julius qui dispensa, contre raison, le
roy des Rommains et le roy d'Espaigne des juremens
et seremens qu'ilz avoient faiz à Cambray, dont il
envoia ung brief audit roy d'Espaigne, ainsi que recite l'aucteur de la Cronique de Flandres.

CHAPITRE XXII.

*Commant, par faulte d'avoir obey au seigneur de La
Tremoille, lieutenant general du roy Louis XII,
l'armée des Françoys fut rompue davant Novarre.*

Tout ce non obstant, le roy Loys, fort affectionné
au recouvrement de sa duché de Milan, delibera y
envoier grosse armée, pour laquelle droisser feit
assembler son conseil, qui fut d'oppinion qu'on diffe-

rast ce voiage jusques à ung autre temps, à la raison
de ce que le pape Julius droissoit contre luy grosses
menées avec Flamens, Hennuyers, Brebançons, Angloys, Hispaniens, et Souysses, et que jà le roy d'Espaigne avoit mis sus une armée pour aller on royaulme
de Navarre, par le moyen dequoy le Roy avoit assez
affaire pour la deffense de luy et son royaulme, sans
aller guerroyer au loing : mais le Roy qui se sentoit
fort injurié des laschetez de ses confederez par ledict
traicté de Cambray, ne peult estre destourné qu'il
n'envoyast une armée à Milan, de laquelle il fist
chief ledit seigneur de La Tremoille, qui n'ousa le reffuser, combien qu'il congneust la charge estre dangereuse pour les causes susdites. Et fut son armée de
cinq cens hommes d'armes et six mil hommes de pié
prestz à marcher, apres lesquelz le Roy promist envoyer aultres cinq cens hommes d'armes, quatre mil
lancequenetz, et aultres gens de pié de France; soubz
laquelle confiance ledict seigneur de La Tremoille,
lieutenant general du Roy, acompaigné du duc d'Albanye, du seigneur Jehan Jaques, Italien, du seigneur de Bussi, du marquis de Saluces, monsieur
René d'Anjou, seigneur de Mezieres, son nepveu,
et aultres gros personnages, passerent les monts, prindrent Alexandrie, Vissures et Pavye, et commançoit
Milan à parlementer pour se rendre.

Ledict seigneur de La Tremoille fut adverty du
grant nombre des Souysses et aultres gens qui estoyent
venuz au secours dudict Maximilian, lequel estoit dedans Navarre : au moyen dequoy rescripvit au Roy
qu'il envoyast le nombre des gens de cheval et de
pié qu'il avoit promis ; ce que le Roy ne peult

faire, à la raison de ce que son royaulme estoit assailly en la Picardie, par les Angloys, Hennuyers et Flamans, et en Acquitaine, par les Hispaniens, qui avoyent jà prins Pampelune, principalle ville du royaulme de Navarre; et manda audict seigneur de La Trémoille que avec le petit nombre de gens qu'il avoit, avanturast et mist en azard son entreprinse : ce qu'il differa faire, par le conseil de ceulx qui avec luy estoyent, jusques à triple commandement et injunction par lettres du Roy escriptes de sa main, dont furent fort troublez.

Finablement, pour obeyr au commandement du Roy, ledict seigneur de La Tremoille et aultres capitaines estans avec luy feirent marcher l'armée vers Novarre, prindrent le boulevert, et furent prestz à donner l'assault; mais, advertiz que ledict Maximilian, filz de Ludovic Sforce, estoit on chasteau de Novarre, acompaigné de dix mil Souysses estans dedans la ville, et que aultres dix mil Souysses venoyent à leur secours, deliberez passer par le chemin de Tracas, tindrent tous ensemble conseil, vers le soyr, et adviserent que le mieux seroit aller au-davant des dix mil Souysses qu'on actendoit, et camper audit lieu de Tracas pour les combatre, parce que c'estoit une plaine propice pour les Françoys, dont la pluspart estoyent gens de cheval, et fort aysée pour le combat à cheval. En ensuyvant ceste oppinion, le mareschal des logeis du camp alla davant pour marquer les logeis, mais, à l'appetit du seigneur Jehan Jaques, marquis de Vigent (1), qui est prés dudict lieu de Tracas, lequel voulut espargner ses hommes et subjectz, le mareschal

---

(1) *Jehan Jaques, marquis de Vigent* ou *Vigeslano* : il s'agit de Trivulce, qui avoit des propriétés considérables prés de Novarre.

logea l'armée ; et droissa le camp à moictié chemin, en
ung lieu fort estroict et mal aysé pour gens de cheval,
et tres avantageux pour les Souysses qui estoyent à pié,
au desceu dudit seigneur de La Tremoille, qui estoit
crime capital si discipline militaire eust esté bien gardée.

Ledict seigneur de La Tremoille demoura davant
Novarre toute la nuyt, avec troys cens hommes d'armes,
troys mil hommes de pié, et six pieces d'artillerie, pour
repousser les dix mil Souysses qui estoyent dedans la
ville, s'ilz sortoyent. Le lendemain prinst son chemin,
avec ses gens et artillerie, pour aller à Tracas; mais, à
moyctié chemin, qui estoit de deux lieues ou environ,
trouva son camp droissé, dont il fut fort esbay et tresmal contant, parce que le lieu estoit estroict et propre
pour les Souysses estans à pié, et contraire à gens de
cheval, qui veullent le large : et, pour desloger et s'en
aller à Tracas, assembla les capitaines et leur dist ce :
« La conclusion du conseil hier par nous tenu,
« messieurs, davant Novarre, fut que, pour rencon-
« trer les dix mille Souysses venans au secours de
« ceulx de Novarre, et les empescher de se joindre
« avec eulx, irions loger à Tracas (1); et neantmoins
« le mareschal des logeis, de son auctorité sans mon
« congé, a logé le camp à son plaisir, à nostre grant
« desavantaige, et au desir de noz adversaires, si veul-
« lent venir sur nous, ou pour passer sans estre par
« nous veuz, et se rendre à Novarre avec leurs com-
« paignons, puis tous ensemble venir donner sur nous
« et nostre petite compaignée ; parquoy me semble,
« sauf vostre meilleur advis, que devons marcher jus-

(1) *Tracas :* Trecca, ou Trecato, bourgade située à cinq milles de
Novarre.

« ques à Tracas, et desloger de ce lieu contraire à
« nostre vertu, et que celluy qui a faict le logeis
« soit pugny comme transgresseur de l'edict du chief
« de l'armée, et violateur de la loy militaire ; car
« aultrement le faire seroit donner permission à
« chascun de faire à son plaisir et appetit, par le
« moyen dequoy tumberions subit en desarroy et de-
« sordre, à nostre deshonneur.

« Vous entendez tresbien, messieurs, qu'il y a des
« heures que le meilleur est de reculler le combatre,
« et des aultres, que l'assaillir est urgent et necessaire.
« Jules Cesar nous en laissa l'experience, lors que luy,
« adverty de la grant assemblée de gens que faisoyent
« ceulx des Gaules, n'actendant la perfection de leur
« armée, ne aussi qu'ilz eussent ordre mis en leurs
« affaires ; mais se avanceant, vinst sur eulx et rompit
« leur entreprinse. Luy mesme, saichant que les
« Souysses vouloyent entrer en nostre pays de Gaule,
« par force et contre son vouloyr, et, prenans leurs
« chemins par Savoye en la haulte Bourgongne, es-
« toyent jà sur la riviere de Saonne, actendit qu'ilz
« eussent faict pont sur ladicte riviere, et que une par-
« tie d'eulx eut passé ; et, lors qu'il veit leur armée di-
« visée par la riviere qui estoit entre deux, fist mar-
« cher son armée estant à Bresse, avec grant diligence
« par nuyt, et vinst donner sur le reste desdictz
« Souysses qui estoyent au delà de ladicte riviere,
« dont il fist si grant tuerie ; que nul ou peu en de-
« moura en vie ; et vous asseure, messieurs, que, si
« nous laissons assembler les deux bandes des Souysses,
« que à peine les pourrons deffaire, veu que le lieu où
« sommes est à nostre desavantaige. »

30.

Aucuns desdictz seigneurs et capitaines furent de
l'advis dudit seigneur de La Tremoille, lieutenant general ; mais ledict seigneur Jehan Jaques y contredist,
disant qu'il n'estoit à conjecturer que les Souysses les
vinssent assaillir, et ne sauroyent passer sans estre
veuz de ce lieu ; aussi que, s'ilz alloyent camper à Tracas, destruyroient tout le pays, parce que c'estoit une
plaine couverte de bledz et riche de pretz, qui donneroit occasion aux villains dudit pays de se revolter
contre eulx, et ne leur vouldroyent bailler aulcuns
vivres ; et davantage que les chevaulx de l'artillerie et
du bagage estoyent allez en fourage. Pour lesquelles
causes ledict seigneur de La Tremoille ne peut estre le
maistre pour ceste foiz, à la grant perte des Françoys,
comme nous verrons.

Or donc, congneu par le seigneur de La Tremoille
que force estoit demourer en ce lieu, et que la nuyt
approchant empeschoit le desloger, mist ordre en
son camp, et fut l'armée droissée, de laquelle il
menoit l'avantgarde, le seigneur Jehan Jaques la
bataille, et le seigneur de Bussy l'arrieregarde. Les dix
mil Souysses furent diligens, et ne faillirent à passer
par Tracas, et eulx rendre à Novarre, où ilz entrerent
à dix heures de nuyt, et y demourerent pour boire, et
eulx refraichir, jusques environ minuyt, que eulx et
les aultres dix mil Souysses partirent bien acoustrez,
et se mirent en trois hotz ou bandes ; l'une bande estoit
de dix mil, et chescune des aultres deux, de cinq mil,
qui estoit en tout vingt mil. Ilz arriverent au camp
des François au poinct du jour, où la bande des dix
mil Souysses vinst donner sur l'avant garde que conduisoit ledict seigneur de La Tremoille ; l'effort fut

grant et avantageux pour les François; car l'avantgarde
deffit six ou sept mil Souysses de ladicte bande, en
sorte que les François cuidoient avoir gaigné la bataille;
mais les aultres deux bandes desdictz Souysses (chescune desquelles estoit de cinq mil) se gecterent sur
l'artillerie, et la gaignerent; parquoy la bataille qui
estoit presque toute de Italiens, et aussi l'arrieregarde,
eulx retirerent sans coup frapper; et si tous se fussent
aussi bien acquictez que ledict seigneur de La Tremoille et ceulx de l'avantgarde qu'il conduisoit, l'honneur en fust aux François demouré, combien qu'ilz
ne perdirent que cinquante hommes d'armes, dont en
y avoit trente de la compaignée dudict seigneur de
La Tremoille, et douze cens advanturiers, tant Alemans
que François : et desdictz Souysses furent occis huyt
mil et plus; neantmoins ceulx qui demourerent furent
les maistres; onc homme ne fut plus courroussé que
ledict seigneur de La Tremoille, parce qu'il estoit chief
de ceste armée deffaicte; et s'en retourna en France
blecé en aulcuns lieux, non sans grosse perte, car la
pluspart du bagage fut perdu pour les François; le
Roy, sçachant la verité du fait, fut fort desplaisant;
mais n'en donna le blame audict seigneur de La Tremoille, sachant l'inconvenient estre advenu pour ne
l'avoir voulu croire.

~~~~~~

CHAPITRE XXIII.

Commant le roy Loys XII envoia le seigneur de La Tremoille, son lieutenant general, en Normandie, pour la fortification du pays contre les Anglois, et de l'oraison qu'il feist aux gens du pays.

INCONTINANT apres ceste perte, le roy Loys fut assailly en son royaulme par ses ennemys; et, doub-tant que les Anglois descendissent par la Normandie, y envoya ledict seigneur de La Tremoille, son lieu-tenant general, pour fortiffier les villes et persuader le peuple à la defense de leur pays; laquelle charge ledict seigneur executa tresbien, et premierement se transporta en la ville de Rouhen, où les principaulx de ladicte ville, et aussi de tout le pays, furent assem-blez; et leur feit iceluy seigneur telle ou semblable oraison ou persuasion :

« Assez vous est congneu, messieurs de Normandie,
« le bon vouloir du Roy, nostre souverain seigneur,
« tant envers vous que les aultres provinces de son
« royaume, et combien prudemment ses grans affaires
« ont esté jusques cy conduictz au soulagement de tout
« le peuple, sans exaction, pillerie, ne molestes de
« nouveaux subsides, gensd'armes ne aultres fatigues,
« qui souvent adviennent soubz umbre des guerres,
« au grant regret de chescun, et non sans murmure
« tollerées; et que, de puis le roy Charles VII, les tailles
» n'ont esté plus basses qu'elles ont esté durant ce

« regne, aumoien que le Roy ait tousjours eu guerre
« hors le royaume, non sans contraincte, mais pour
« recouvrer la duché de Milan, qui est son dommaine
« ancien, à luy par juste tiltre appartenent à cause
« de son ayeulle madame Valentine. Et apres que,
« par le divin secours et la prohesse de nobles hommes,
« et aultres gens bellicqueux et marciaulx de son
« royaume, il a eu recouvert ce qui de droit luy ap-
« partenoit, et oultre par ses haulx faictz d'armes
« contrainct les Veniciens rendre à l'Eglise rommaine,
« à Maximilian, soy disant empereur, et au roy d'Es-
« paigne, les villes que sur eux ilz usurpoient, voire
« et davantage mis entre les mains du pape Julius la
« cité de Boulongne, autresfois donnée au sainct Siege
« apostolicque par le roy Pepin, pere de Charle-
« maigne, empereur, roy de France, ce Julius, ou-
« blieux de toutes ces gratitudes, a laissé la mansuetude
« et humilité de l'aigneau, et prins l'orgueuil, arro-
« gance et ambicion du lion, pour devorer, si possible
« luy estoit, celuy qui l'a preservé du devorement
« des ravissans loups; et, pour ce faire, a excité pres-
« que tous les princes crestiens aux armes, et mis au
« chemin de tyrannie, combien que, comme vicaire
« du chief de l'Eglise, les en devroit revocquer.

    « Le roy d'Espaigne, soubz umbre d'ung faulx tiltre
« qu'il pretend on royaume de Navarre, veult usurper
« Acquitaine, les Suysses la Bourgongne, le pape
« Julius, Italie, et les Anglois le pays de Normandie,
« Picardie et Paris. Les Acquitaniens dient qu'ilz se
« defendront, les Bourgongnons en ont bon vou-
« loir, les Picars ne demandent que les armes; ne
« reste plus que à faire vostre vouloir, qui excedez,

« comme tesmoignent les histoires, toutes les aultres
« nations, en haúlt vouloir, bon cueur et execution.
« Vous savez, messieurs, combien d'ennuys, pertes et
« dommages les Anglois ont, le temps passé, faiz à ce
« pays, destruict eglises, ruyné villes, bruslé maisons,
« viollé filles et femmes, et mis à sac bourgs et villages;
« vous congnoissez par le rapport de voz peres les meurs
« de ce peuple, leur orgueil, leur cruaulté, leurs des-
« loyautez, leur petite foy. Leur entrée est cruelle;
« le frequenter avec eulx plain de suspecton, et leur
« yssue accompaignée de desolacion : et à ceste raison
« n'en devez la compaignie desirer, aussi le Roy pense
« que vous n'en voulez en façon quelconque; mais,
« parce que par mer pourroyent vous prendre au des-
« pourveu et endommager voz pays, le Roy m'envoye
« vous advertir de leur entreprise, et à ce que mectez
« ce pays en ordre de deffense, enquoy il veult vous
« donner secours. Autresfoiz vostre duc Guillaume,
« surnommé *le Bastard*, yssu de vostre sang, con-
« quist le royaume d'Angleterre ; parquoy semble
« bien au Roy que vous seulz deffenderez non seulle-
« ment vostre país, mais les aultres limitrophes, du
« dangier des Angloys. Et, pour ce faire, il convient
« en premier lieu mectre voz villes de frontiere en
« estat de deffense, tant par rempars, artillerie, que
« aultres fortiffications, les avitailler et garnir de gens
« expers au feu et aux armes, puis ordonner gens de
« guerre, tant sur mer que sur terre, pour rompre
« leur entrée.

« Messieurs, je vous prie que des yeulx de l'esprit
« regardez le bon vouloyr du Roy, le bon traictement
« qu'il vous a faict, sa deliberacion juste et saincte,

« et la maulvaise querelle et desloyauté de ses enne-
« mys, et vous mesmes jugerez que Dieu sera pour luy
« et pour ceulx qui le serviront. Considerez d'une
« aultre part que ce n'est rien ou peu de chose de la
« puissance des Angloys, et qu'ilz ne vindrent onc
« faire guerre en France, fors au temps qu'ilz y ont
« veu discord civil et question intestine, ou que le
« royaulme ait esté d'autres guerres molesté. Le roy
« Phelippes Auguste les en chassa; et, parce que de-
« puis les roys et princes de France furent en con-
« corde, n'y ouserent retourner pour faire güerre,
« jusques au temps du regne de Phelippes de Va-
« loys, que les Angloys entrerent en France par le
« moyen des Flamans et par la conduycte d'ung
« banny de France, nommé Robert d'Artoys; du
« temps du roy Jehan y entrerent par le moyen du
« roy de Navarre; et, depuis, son filz Charles V les
« en mist hors; mais ils y retournerent, sur la fin
« du regne du roy Charles VI, par le moyen de
« Phelippes, duc de Bourgongne, et en furent chassez
« par son moyen, mesme durant le regne de Char-
« les VII; et à la requeste de Charles, aussi duc de
« Bourgongne, filz dudict Phelippes, entrerent de
« rechief en France, durant le regne du roy Loys XI;
« mais retournerent sans coup frapper, lors qu'ilz con-
« gnéurent fortune avoir tourné le doz audit Charles,
« duc de Bourgongne.

« Autant en voulurent faire au commancement du
« regne de Charles VIII; contre le vouloyr de leur
« roy Henry, qui se sentoit tresobligé et tenu au
« roy Charles, parce qu'il avoit esté le moyen dont
« il estoit à la couronne d'Angleterre parvenu.

« Les Angloys sont si rebelles et mal obeissans,
« que depuis le regne de vostre duc Guillaume le
« Bastard, jusques à celluy de Henry VIII, à présent
« regnant en Angleterre, ont occis ou exillé pres-
« que la moyctié de leurs roys, qui sont dix neuf en
« nombre, voyre tousjours de deux ung. Or pensez
« donc commant ilz pourroyent estre fidelles aux na-
« tions extranges, quant de leurs propres roys et
« princes eulx mesmes sont destructeurs et parri-
« cides.

« Vous ou voz peres avez peu veoir Henry VI de
« ce nom, de la lignée de Lanclastre, posseder par lon-
« gues années le royaume de France, et se intituller
« roy de France et d'Angleterre, et le malheureux
« homme mourut es prisons de ses subjectz, sans ceptre
« et couronne, par la cruaulté de Edouard IV, usur-
« pateur du royaume d'Angleterre, qui estoit chief
« de la maison de Dyort. Le pere dudict Henry,
« aussi nommé Henry V, avoit semblablement usurpé
« le royaulme d'Angleterre, sur Richart, qu'il fist
« semblablement mourir en ses prisons. Vous avez
« peu veoir le comte de Varvic, principal gouverneur
« dudict Edouard IV, qui a fait mourir les ducz de Som-
« bresset, et persecuté son roy et maistre Edouard IV;
« et contre luy voulut mectre sus le reste de ladicte
« lignée de Lanclastre, où il fut occis et ses freres
« et parens avec luy. Ignorez vous commant le frere
« de Edouard IV, voulant usurper le royaulme d'An-
« gleterre sur ses nepveux, les feist mourir, et se
« feist couronner roy, dont Henry VII, pere du roy
« qui à present est, le priva? Je vous dirois bien
« aultres exemples d'autres roys leurs predecesseurs,

« mais la memoyre en est plus execrable que prof-
« fitable, et par ce m'en taiz. Et vous prie et admo-
« neste, messieurs, de par le Roy nostre souverain
« seigneur, que perseverez en voustre acoustuméé
« loyaulté et obeissance, que esperance conduise voz
« euvres, deffendez vostre liberté, gardez vostre pays,
« entretenez en seureté voz eglises, voz maisons, voz
« biens et facultez, et empeschez que vous et voz
« femmes et enfans ne soyez opprimez, viollez et per-
« duz ; à quoy la gloire et emulacion ne vous doyvent
« seulement induire, mais aussi la necessité, peril et
« danger où vous et tout le royaume povez tumber. »

Le seigneur de La Tremoille usa de ces remonstrances ou aultres semblables envers les seigneurs et
peuple de Normandie, dont ilz furent trescontans,
remercierent le Roy et ledit seigneur du bon vouloir
qu'il avoit à eulx et leur pays, et declairerent qu'ilz
estoient prestz de promptement obeir au Roy et audit seigneur, et de faire ce qu'il leur plairoit commander, sans y espargner corps ne biens pour la tui-
tion et deffense, non seulement d'eulx et le pays de
Normandie, mais du Roy et de tout le reste de son
royaume, et depputerent aucuns dudit pays pour
aller avec ledit seigneur fortiffier les places, ports de
mer et aultres lieux dangereux, où ledit seigneur se
porta si bien pour le proffit de la chose publicque, en
supportant le commun populaire, que, après avoir le
tout mis en bon ordre, les villes du pays luy feirent
presenter plusieurs beaux et riches dons, qu'il ne voulut
prendre ne accepter, disant que la plusgrant richesse
qu'il desiroit en ce monde estoit la grace de Dieu et
du Roy son maistre et seigneur, et la bienveuillance du

peuple, et que d'aultres biens avoit assez : car, à
la verité, il avoit, à cause de ses predecesseurs, trente
mil·livres de rente, comme je sçay pour en avoir veu
les comptes.

CHAPITRE XXIV.

*Commant, sans aulcune perte de gens, le seigneur de
La Tremoille delivra le pays de Bourgongne et
toute 'la France de la fureur des Souysses et En-
nuyers, et aultres ennemys du royaulme. Mort de
Louis XII.*

Après le bon ordre mis on pays de Normandie par
le seigneur de La Tremoille, et qu'il eut esté par devers le Roy luy en faire le rapport, et du bon et grant
vouloyr des gens dudict pays, dont le Roy fut tresjoyeux, alla en diligence en son gouvernement de
Bourgongne, parce que nouvelles estoyent que les
Souysses y vouloyent descendre, saichans le Roy et
ses gensd'armes estre fort occupez à garder Guyenne,
où vouloyent venir les Hispaniens, Bretaigne où cous-
toioyent aulcunes navires d'Angleterre, et le pays de
Picardie dont approchoyent les Angloys, au davant
desquelz le Roy alla en sa personne avec grosse armée.
Et comme le Roy estoit en la Picardie, les Souysses et
Bourgongnons de la Franche Comté descendirent en
bon ordre en la duché de Bourgongne, que Maximilian roy des Rommains querelloit, et allerent assieger
la ville de Dijon.

Ledict seigneur de La Tremoillé et ceulx du dedans avoyent faict faire rampars et autres fortifficacions, mais non assez fortes pour longuement soustenir ledict siege, et resister à si grosse puissance; à ceste cause, ceulx de la ville furent fort esbahiz et en merveilleuse crainte, congnoissans que ceulx qui les tenoyent assiegez estoyent gens affamez, non voulans conquerir terres, mais seullement piller leur ville et tout le pays, et pour ceste consideracion portoyent les visaiges timides et tristes, demonstrans la deffaillance de leur vertu; qui donnoit esbaissance audict seigneur de La Tremoille et aultres gens de guerre estans avec luy, avec trois autres consideracions, l'une qu'il congnoissoit la prosperité du Roy estre tournée en maleur et infortune, l'autre que le roy de France estoit en son royaume assailly de toutes pars, et l'autre que la hardiesse des François estoit tant abastardie, et leurs cueurs tant amolliz de crainte et pusillanimité, par divin jugement (comme il conjecturoit); que tout estoit mis en desespoir, et toutes les villes capitalles de France ne actendoient que leur perdicion et ruyne.

Or luy, estant en ceste perplexité, par l'opinion du conseil qu'il assembla, fist troys choses: la premiere, qu'il envoya vers le Roy pour l'advertyr dudict affaire, et à ce qu'il luy pleust envoyer secours; l'autre, qu'il envoya vers les ennemys pour, soubz umbre d'accord, savoir l'estat de leur camp et siege, et leur deliberacion, et aussi pour les amuser en actendant nouvelles du Roy; et l'autre, qu'il fist assembler les citoyens pour les encourager à leur deffense et de leur ville; en sorte que les ennemys ne peussent congnoistre la feublesse

de leurs cueurs et le rabaissement de leur vertu; et
pour à ce les induyre leur dist ainsi :

Persuasions du seigneur de La Tremoïlle à ceulx de Dijon.

« La plusgrant fortiffication d'une ville et cité,
« messieurs, c'est la vertu des citoyens et de ceulx
« qui sont en icelle, par laquelle vertu conduysent leur
« hardisse par prudence, et leur prudence par har-
« diesse, soubz louable constance, en resistant aux
« assaulx, et consumant par dissimulacions et ruzes
« les assaillans. Vostre ville est petite, bien fermée,
« persée et artillée, et avons vivres assez pour long-
« temps; reste que nous ayons les courages plus grans
« que noz adversaires. Il me semble, messieurs, que aul-
« cuns s'esbayssent, et, par craincte, perdent la vigueur
« et force de leur vertu, comme si tout le royaulme
« de France estoit en azart de finalle ruyne; mais c'est
« par pusilanimité et faulte d'entendre les choses telles
« quelles sont. Considerons en premier lieu l'injusté
« querelle de noz ennemys, le bon droict du Roy
« nostre maistre, le gracieulx traictement de tout son
« peuple, sa force, sa puissance, sa vertu et sa ri-
« chesse; gectons apres nostre esprit à l'entreprinse
« des Souysses, leurs complexions, leur forme de ba-
« tailler et leurs inumanité, cruaulté et oultrecui-
« dance. La premiere consideracion engendre ung es-
« poir de divin secours, et une volunté de servir son
« prince qui ne nous laissera sans secours; la seconde,
« ung courage de ne tumber entre les mains des

« Soüysses, noz ennemys mortelz, par contraincte ou de-
« dicion, la condicion desquelz est si odieuse et per-
« nicieuse qu'on ne sçait si plus sont avares que cruelz,
« ne plus libidineux que insatiables de sang humain.
« Les lasches se rendent à leur perpetuel reproche, et
« les gens de cueur et de vertu acquierent repos et
« honneur enmourant par glayve; et de ma part je ne
« vouldroys vivre par le benefice de mes ennemys,
« mais plustost vouldroys mourir en leur faisant dom-
« maige. Qui est celluy d'entre vous qui pour vivre si
« peu de années en ce monde, ne aymast mieulx hon-
« nestement mourir que obnoxieusement et au re-
« proche de chascun vivre? Si nous mourons en nous
« deffendant, nous vivrons par glorieuse renommée
« eternellement, et ne perdrons fors ce que nous ne
« povons emporter avec nous, qui sont les biens; et si
« vous presumez vivre en vous rendant laschement
« à leur mercy, leur cruaulté ne pourra souffrir
« vostre vivre; et aprés que aurez veu prophaner voz
« eglises et monasteres, brusler voz maisons, prendre
« voz biens, forcer voz femmes et filles, et ruyner
« vostre ville, ilz vous occiront comme bestes, au grant
« deshonneur de toute vostre posterité. Prenez donc
« courage, messieurs, contredemandez la mort par
« vertu, pour perpetuellement vivre et ne mourir sans
« vangeance. J'ay envoyé vers le Roy, et bientost au-
« rons de ses nouvelles. »

Aulcuns des citoyens à ces remonstrances changerent leur craincte en hardisse, et delibererent mourir
pour la deffense de leur ville; mais la pluspart des
aultres demourerent en leurs moulz vouloyrs, desquelz ledict seigneur de la Tremoille ne peult avoir

bonne response, qui luy donna maulvays espoir de
bonne execution.

Le jour que ledict seigneur avoit assemblé ceulx de
Dijon pour leur faire les remonstrances que avons cy
dessus veues, ou aultres semblables, il envoya on camp
des Souysses l'ung des gentilz hommes de sa maison,
nommé Regnaud de Moussy, chevallier, son visadmiral,
pour, soubz umbre de traicter paix avec eulx, sçavoir
l'ordre de leur siege, le nombre de leurs gensd'armes,
leurs municions, et s'ilz avoyent assez vivres et aultres
choses necessaires à ung camp et siege.

Ledict de Moussy le sceut tres bien faire, et, de par
ledict seigneur de La Tremoille, parlementa avec dix
ou douze des principaulx de l'armée des Souysses;
lesquelz il trouva fort arrogans et superbes, et non
craignans la force de ceulx de Dijon. Pour leur donner
craincte, monstrerent audit de Moussy leurs vivres,
municions et artillerie, et sceut avec aulcuns (qui
avoyent contracté secrete amytié avec ledict seigneur
de La Tremoille, on voyage par luy faict en leur pays
de Souysse) la deliberacion desdictz Souysses et de
leurs alliez, qui estoyent Hennuyers et Bourgongnons
de la Franche Comté; et pour toute response dyrent audict de Moussy que si ledict seigneur de La Tremoille
vouloyt aller vers eulx pour traicter paix, que voluntiers
luy donneroyent audience, et, luy ouy, penseroyent
en leur affaire; ce que ledict de Moussy rapporta audict seigneur de La Tremoille, et luy asseura que l'armée des ennemys estoit de soixante mille combatans,
tant à pié que à cheval, et avoyent plus de cent pieces
d'artillerie, et quatre ou cinq charroys de pouldres,
et vivres assez, mesmement de chairs sallées et seiches

qu'ilz mectoyent en pouldres, dont faisoyent pulmens et potaïges fort nourrissans; et si avoyent les rezins par les vignes, qu'ilz mangeoyent; et davantaige avoit sceu, par aulcuns de ses amys, que leur deliberacion estoit (apres Dijon prins) envoyer seize mille de leurs gens courir davant Paris, pour y entrer et piller la ville, et que s'ilz trouvoyent resistence, pilleroyent tout le pays d'environ, et se renderoyent à une aultre bande de douze mille hommes qu'ilz voulloyent envoyer en Borbonnensy.

Ledict seigneur de La Tremoille envoya de rechief en poste par devers le Roy, pour l'advertyr de tout cecy, et à ce qu'il envoyast secours : à quoy le Roy ne fist aultre response audict seigneur de La Tremoille, fors qu'il ne povoyt luy envoyer secours, et qu'il fist ce qu'il pourroit pour le prouffit et utilité de luy et du royaulme. Les Souysses baptoyent jour et nuyt ladicte ville de Dijon, et desjà l'avoyent fort endommagée et gastée; et voyant ledict seigneur ne la povoyr longuement tenir, et que, si elle estoit prinse, tout le royaulme de France seroit en grant dangier de ruyne, assembla le conseil et leur declaira tout ce que avons veu cy dessus, et aussi qu'il ne pouvoyt pour lors avoir secours du Roy, pour les grans affaires qu'il avoit en la Picardie. La conclusion du conseil fut que ledict seigneur de La Tremoille s'en yroit vers les ennemys, à ce que, moyennant quelque somme de deniers pour le deffray de leur armée, on les peust renvoyer en leur pays, sans aultre desplaisir ne dommaige faire; laquelle chose on leur fist sçavoir; et, leur saufconduyt receu, ledict seigneur de La Tremoille, sans armes et petitement acompaigné, selon la forme dudict saufconduyt, alla vers

eulx, auquel, par ung de leur compaignée parlant bon
françoys, feirent ainsi parler pour tous :

*Oraison et persuasion des Souysses au seigneur de La
Tremoille, gouverneur de Bourgongne:, -*

« Si **Dieu** tout puissant et insuperable eust voulu,
« fidele et prudent gouverneur de Bourgongne, la
« puissance de ton Roy estre à l'immense cupidité de
« son vouloyr semblable, l'Orient et l'Occident ne luy
« suffiroyent, et ne pourroit trouver en ce monde lieu
« pour l'arrest et repos de sa trop desirée gloyre ; et
« sembloit, à veoyr ses entreprinses passées, que si tout
« humain lignaige luy eust obey, eust neantmoins
« entreprins guerre contre les fourestz, fleuves, bestes
« et le reste des creatures. Ignore il que les grans et
« haultz arbres, qui par si long temps ont prins leur
« croissance, ne puissent en une heure, par ung in-
« convenient de vent et tempeste, ou pour l'affaire des
« hommes, estre couppez à la riz et mis au bas, et que
« le lyon est souvent mangé par les petiz oyseaulx, et
« le fer consumé par la rouille ? Ton Roy ne s'est con-
« tanté d'avoir retiré Milan, ne soubmis à luy Gennes,
« mais a guerroyé les Veniciens, injurié le Pape, prins
« querelle au roy d'Espaigne, et retient contre raison
« ceste duché et le pays de Borbonneuse, aux enfans
« de l'empereur Maximilian appartenans : et qui plus
« est, apres avoir eu fait toutes ces choses, plus par nostre
« secours que par la force des Françoys, sans en avoir
« esté recompensez, par ingratitude en lieu de satis-
« faire, nous appelle villains. Sçait il point qu'on doit
« mieulx regarder à la vertu de l'homme que à sa no-

« blesse, et que, la premiere origine des hommes re-
« gardée, nature est commune mere de tous? Les sages
« plus estiment la noblesse acquise par vertu que par
« lignaige, parce que c'est la sourse et origine de no-
« blesse; mais au contraire desprisent ceulx qui, par
« lascheté, paresse et aultres vices, en perdent les me-
« rites et louanges. Sont pas meilleurs à la chose
« publique ceulx qui, pour y servir, endurent volun-
« tiers froit, chault, fain, soif, et se exposent à peril
« de mort, que ceulx qui, soubz umbre de noblesse,
« sont tousjours enveloppez de leurs privées ayses? Si
« les Françoys eussent leurs delices oubliées, et prins
« exemple à noz labeurs, n'eussent aux extrangiers
« donné la gloyre de leurs victoyres.

« Tout cecy te disons, chevalier illustre, à ce que
« ton Roy ne toy ne pensez que soyons icy sans cause
« et sans querelle. Nous demandons au Roy la soulte
« de ceulx qui furent es batailles de la prinse de Lu-
« dovic Sforce, de Gennes et des Veniciens, et oultre
« qu'il aye à rendre aux enfans dudict Ludovic Sforce,
« ladicte duché de Milan, et aux enfans de l'Empereur,
« ceste duché de Bourgongne et le pays de Borbon-
« nesy, qui leur appartiennent. Et si le Roy dict le con-
« traire, qu'il mecte ses querelles entre noz mains,
« pour en decider, et en garder le droict à celluy au-
« quel congnoistrons justement appartenir. »

Voilà le superbe et arrogant cueur des Souysses, qui
lors se nommoyent correcteurs des princes. Ledict seigneur de La Tremoille ne se esbayst, mais parla à eulx
en ceste maniere :

3i.

Oraison et persuasion dudict seigneur de La Tre-
moille aux Souysses, faisant mencion du droict que
le roy de France a en la duché de Bourgongne.

« Si, par le conseil de l'ire, innocence demouroit de
« coulpe chargée, je me adroisseroys à vous, messieurs
« des lygues, pour trouver le chemin de paix ; mais,
« congnoyssant, pour avoir avec vous frequenté, que
« voulez tousjours estre obeissans à vertu, et que
« mieulx aymez vostre ire perir que la vostre re-
« nommée, et, comme jaloux de vostre bon bruyt,
« vous garder de erreur, à ce que par legiere crudelité
« ne mectez les mains es choses dont sans reproche
« ne pourroyent estre retirées, aussi que tenez en sus-
« pens l'execution des choses qui vous sont doubteuses,
« si voulez me ouyr, contenteray, par benigne response,
« voz espritz par ire troublez, en sorte que jugerez le
« Roy mon maistre innocent, et ses adversaires non
« immaculez de desloyaulté. Aultresfoiz et à la prinse
« de Loys Sforce, vous feiz assez entendre, messieurs, le
« bon droict qu'il avoit et a en la duché de Milan, et
« que Loys Sforce et ses antecesseurs dont il portoit le
« nom, l'avoyent par tyrannie usurpée et possedée : à
« ceste consideracion, n'en voulans maulvaise querelle
« soustenir, son party laissé, prinstes celluy du Roy.
« Quant à Gennes, vous entendez assez qu'elle est des
« appartenances de Milan, et aussi en sont les villes re-
« couvertes par armes des Veniciens ; et au regard du
« Pape, vous sçavez que le Roy luy a faict rendre, et
« semblablement au roy des Rommains et au roy d'Es-
« paigne, les villes et places que lesdictz Veniciens usur-

« poyent, et oultre la ville de Boulongne à l'Eglise
« rommaine; parquoy d'arguer le Roy mon maistre
« d'ambicion et convoytise, c'est à tort, car il ne de-
« mande fors ce qui luy appartient, et a despendu
« ung milion d'or, et mis sa personne et son royaulme
« en dangier, pour conserver l'accord de Cambray, et
« faire plaisir au Pape, au roy des Rommains et roy
« d'Espaigne, le tort, maulvaise foy et ingratitude des-
« quelz vous sont congneuz.

« Et ne povez, messieurs, honnestement dire que
« le roy de France n'a droict en ceste duché de Bour-
« gongne, car voz peres, du bon tiltre des roys de
« France bien informez, ont employé leur corps à la
« recouvrir, du temps du roy Loys XI. Chascun sçait
« que la duché de Bourgongne est du pays et monar-
« chie des Gaules, dont les roys Clovis, Clotaire son
« filz, Clotaire II, Dagobert, Clovis II, Pepin, Char-
« lemaigne et Loys Debonnaire, ont esté monarques,
« et que tout le pays de Bourgongne fut baillé par
« apennage à ung des enfans dudict Loys Debonnaire,
« et depuis possedé par divers ducz, jusques à ce qu'il
« retourna, par donnacion, au roy Robert, filz de
« Hugues Capet, qui eut deux enfans, Henry et Ro-
« bert. Henry fut roy de France, et Robert duc de
« Bourgongne. En ce temps les Bourgongnons se divi-
« serent, car ceulx qui sont soubs l'evesché de Besançon,
« qu'on appelle de present la comté de Bourgongne,
« se donnerent à l'empereur Conrat, et les aultres qui
« touchent à la comté de Champeigne, qu'on appelle
« la duché, demourerent soubz l'obeissance de leur-
« dict duc Robert et des Françoys, et y sont tousjours
« depuis demourez. Toutesfoiz la lignée dudict duc

« Robert faillit en Phelippes le second de ce nom,
« environ l'an 1350, et par ce moyen vinst la duché
« de Bourgongne au roy Jehan, qui estoit filz de Phe-
« lippes de Valoys, et de madame Jehanne, fille dudict
« Phelippes le second, duc de Bourgongne, lequel
« Phelippes le second mourut sans hoyr masle : par-
« quoy ladicte duché vinst à ladicte Jehanne et audict
« roy Jehan, son filz aisné et principal heritier, lequel,
« en l'an 1361, vinst ladicte duché de Bourgongne, in-
« separablement et perpetuellement pour luy et les
« siens, à la couronne de France ; et en fut duc Char-
« les V de ce nom, son filz, qui la bailla par apennage
« à Phelippes son frere, et aussi à ses enfans masles,
« o ce que les filles n'y succederoyent ne herite-
« royent.

« Dudict Phelippes vinst Jehan duc de Bourgon-
« gne, qui fut occis à Monstereul-Fault-Yonne, et du-
« dict Jehan vinst le bon duc Phelippes, et d'icelluy
« Phelippes, Charles, qui laissa Marie sa fille seulle-
« ment ; au moyen dequoy le roy Loys XI s'empara de
« ladicte duché, comme unie à la Couronne, et parce
« non tumbant en succession feminine ; et en ont
« tousjours depuis jouy les roys de France jusques à
« present, voyans et saichans Maximilian roy des
« Rommains, qui espousa ladicte Marie de Bourgon-
« gne, Phelippes, leur filz, qui fut roy d'Espaigne, et
« leur filz Charles qui à present est esleu empereur.

« Rememorez, messieurs, et mectez davant voz
« yeulx de vostre entendement en quelle subjection
« et peine voulut vous mettre ledict Charles duc de
« Bourgongne, environ l'an 1475, et comment il ne
« vous peult nuyre, au moyen de l'aliance prinse par

« vous audict roy Loys XI, et combien de dons et
« biensfaictz vous fist lors ledict roy Loys, duquel vous
« eustes, à diversesfoiz, plus de cent mille ducas
« pour vous deffendre dudict Charles, contre lequel
« gaignastes deux batailles, à sa grant perte, dont l'une
« fut à Grançon. Et, depuis ledict an jusques au tres-
« pas dudict roy Loys, vous eustes de luy, par chacun
« an, quarante mille fleurins de pension, et tant de
« riches dons qu'il faisoit à voz ambassadeurs, que à
« peine on les pourroit extimer, dont ne fustes ingratz,
« car tousjours vous déclairastes ses amys et serviteurs
« contre toutes personnes.

« Avez vous mis en oubly commant son filz, le roy
« Charles, continua ceste confederacion et alliance, et
« combien il vous feit de biens au voiage du royaume
« de Naples, où il ne voulut aller sans vous? et plus
« vous en eust fait, si son regne eust longuement duré.
« Mais, à la mutacion d'iceluy, il vous alla de bien en
« mieulx; car le Roy, qui à present est son successeur,
« ne se contenta de l'aliance ancienne, mais la renou-
« vella; et si prinst pour la garde de son corps certain
« nombre de voz enfans et parens, entre les mains des-
« quelz il a mis sa vie, sa mort et son salut, en declai-
« rant par tel faict la grant confiance qu'il avoit en
« vous. Et si n'a voulu faire guerre ne conqueste sans
« vous y avoir appellez à grans fraitz, et mises oultre
« voz pensions ordinaires; et neantmoins (à la per-
« suasion de ses adversaires, qué congnoissez de maul-
« vaise foy, voire, perjures) oublieux de vostre bon
« renom et de voz anciennes meurs, avez, sans propos,
« rompu et brisé son aliance, et prins le party de tirans
« et gens sans conscience.

: «Que diront tous les princes chrestiens de vous,
«voire les Infidelles, quant sçauront que, par si legiere
« mutacion de vouloir, serez venuz contre vostre pro-
« pre fait, et impugné et contredict ce que vous avez
« par armes soustenu? De quelz infames umbres sont
« voz intellectuelz yeulx obfusquez? quelle fureur
«. vous meut, quelle intencion vous conduict, à quelle
« fin tendez vous? voulez vous piller la terre qui vous
« nourrist, et de laquelle vous et les vostres avez tant
« de benefices et graces receuz? Et si la royalle ma-
« jesté, la reverence des princes et des nobles, qui tant
« vous ont de amytié exibée, ne vous divertissent, que
« la ruyne qui pourra de vostre hostilité proceder sur
« les sacrez lieux, eglises, monasteres et religions, et
« le synderese des forces, violences, blasphemes, stu-
« pracions, sacrileges et aultres crimes provocans la
« divine magesté à ire, retiennent voz furieuses mains,
« arrestent voz immoderez couraiges, et adoulcissent
« voz cruelles entreprinses. Pensez que fortune a helles
« et mains, et non point de piedz; et si de present vous
« donnoit faveur, que par son legier vol vous pourra
« soudain laisser on miserable gouffre de maleur, par
« l'union des chrestiens princes, lesquelz, assemblez et
« uniz, se pourroient venger de vous, pour le tiltre que
« avez usurpé sur leur magesté, et seront vous nom-
« mans leurs correcteurs.

« Ne presumez, messieurs, que le Pape, le roy de
« France ne les aultres roys ses adversaires se veulent
« tant humillier envers vous, qu'ilz vous facent juges de
« leurs differens. Vous entendez assez que aultre que
« Dieu, sans mortel glayve, ne les peut discuter, et que
« les grans princes n'ont juges que l'espée executeresse

« de leurs oppinions et conseil. Je m'esbays, messieurs,
« commant, contre la sentence des sages, avez confiance
« en nouvelle amitié et en amis reconciliez ; savez vous
« point que le venyn se repouse soubz le miel de beau
« semblant, et que, apres avoir eu faict de vous, se de-
« claireront voz adversaires, et vous hayent tant qu'ilz
« ne quierent fors que par l'inimitance des Françoys
« soyez precipitez, vaincuz et adnichillez, sachans que
« seulz ne le pourroient faire. Qui est celuy de tous
« les roys desquelz portez la maulvaise querelle, qui
« vous puisse tant faire de biens que le roy de France?
« Les Hispaniens vous mesprisent; les Italiens vous
« ont en horreur, le Pape en mespris, et les enfans de
« Maximilian sont descenduz de Charles duc de Bour-
« gongne, vostre ancien ennemy et persecuteur.

« Pensez à tout cecy, messieurs, et combien y a de
« provinces on royaume de France qui vous combate-
« ront l'une apres l'autre ! De la ville et cité de Paris
« sortiront cent mil combatans, soixante mille de la
« duché de Bretaigne, de la duché d'Anjou et comté
« du Mayne autant; en la duché d'Aquitaine, le Roy
« trouvera cent seigneurs, ses subjectz, qui à coup
« prest armeront et mettront en guerre chascun mil
« hommes, qui sont cent mil; sans y comprendre les
« duchez de Berry, comté de Prouvence, pays de
« Lyonnoys, le Daulphiné, la comté de Tholoze, sa
« duché d'Orleans, le pays de Soulogne, sa comté de
« Poictou, la duché de Bourbon, la duché d'Auver-
« gne, la comté de la Marche, la grant et forte duché
« de Normandie, le pays de Picardie et la comté de
« Champaigne. Quant vous auriés vaincu une province,
« à vostre grant perte, l'autre vous affolleroit, qui sont

« toutes choses, messieurs, lesquelles doyvent par vous
« estre considerées avant que mettre à effect voz sou-
« daines voluntez. Soyez vainqueurs de vous mesmes,
« refrenez vostre ire, despouillez vostre hostille cou-
« rage, modérez voz desordonnées affections, refroi-
« dissez voz martialles fureurs, donnez ordre à voz
« passions, pensez à l'advenir, rememorez le passé, et
« mitiguez le present : vostre legiere inimitié pour humi-
« liacion donne lieu à vostre ancienne alliance ; et si
« le Roy vous doibt quelques restes de choses promises
« pour voz merites et labeurs, j'en demeure le seul
« en vers obligé vous, et vous en respons. »

La fin de l'oraison du seigneur de La Tremoille
fist incontinant assembler les principaulx des Souysses,
pour sçavoir, pour ceulx qui n'avoyent l'intelligence
de la langue françoyse, la substance du long parler
dudict seigneur, par leurs interpretes (car peu d'i-
ceulx entendoyent nostre langaige); et une heure aprés
la response remise à une aultre heure du jour, et depuis, de ce jour au lendemain, furent si bien menez, par
doulces exhortacions dudict seigneur de La Tremoille,
que, moyennant quelque grosse somme de deniers
qu'il leur promist, leverent leur siege et retournerent
en leur pays, sans aultrement endommager la duché
de Bourgongne : mais ce ne fut sans prendre asseurance
de la promesse dudict seigneur, qui pour le gaige ou
hostaige bailla son nepveu messire René d'Anjou, chevallier, seigneur de Mezieres, l'ung des hardiz et pru-
dèns chevalliers et seigneurs du royaulme de France.
Et sans ceste honneste deffaicte, le royaulme de France
estoit lors affollé ; car, assailly en toutes ses extremitez
par les voysins adversaires, n'eust, sans grant hazart

de finale ruyne, peu soustenir le faix, et se deffendre par tant de batailles.

Ce neantmoins, envie ennemye de vertu souillant la bouche d'aulcuns gentilz-hommes, non princes, estans prés la personne du Roy et de la Royne, engendra quelque murmure et maulvaise extimacion en l'esprit de la Royne, et par le moyen d'elle en celluy du Roy, qui voluntiers prestoit l'oreille à ses paroles, parce que bonne et prudente estoit : et, comme le seigneur de La Tremoille eust envoyé ledict messire Regnaud de Moussy advertyr le Roy du grant service qu'il luy avoit faict et à tout le royaume, trouva, par les envieux, le bon extime du seigneur de La Tremoille envers le Roy tout alteré et changé, en sorte qu'il ne peult estre soudain ouy ; ledit de Moussy, adverty de la cause, sans emprunter l'ayde d'aulcuns (car hardy homme estoit-il pour ses vertuz), entra en la chambre du Roy, et, prosterné d'ung genou, luy déclaira par ordre le service à luy faict par son maistre, et que sans iceluy le royaulme de France estoit en dangier de ruyne, dont il luy declaira les causes ; mais ce fut davant ceulx lesquelz avoyent mis le Roy en ceste mauvaise ymaginacion, qui ne sceurent que dire ne respondre au Roy, qui leur dist : « Vous m'avez « raporté qu'ilz n'estoient que vingt-cinq mil hommes « de Souysses et Bourgongnons davant Dijon, et « n'avoyent artillerie ne vivres pour entretenir ung « camp ; et vous voyez le contraire, non par le ra- « port de Regnaud, mais des seigneurs du pays qui « m'en escripvent ; *par la foy de mon corps* je pense « et congnoys par experience que mon cousin le sei- « gneur de La Tremoille est le plus fidelle et loyal

« serviteur que j'ay en mon royaulme, et auquel je
« suis plus tenu selon la qualité de sa personne.
« Allez, Regnaud, et luy dictes que je feray tout ce
« qu'il a promis, et s'il a bien fait, qu'il face mieulx. »
La Royne sceut ceste bonne responce faicte par le Roy;
qui n'en fut contante; mais depuis (la verité congneue) jugea le contraire de ce qu'elle avoit par faulx
rapport ymaginé et pensé; et depuis, non si tost les
Souysses satisfaictz, ledit seigneur de Mezieres fut delivré et mis hors de leurs mains, aux despens du Roy,
qui bien congnoissoit que la gracieuse roupture de
l'armée des Souysses le mist hors du dangier de tous
ses ennemys, et restaura les timides cueurs du commun peuple de France, qui, tout effrayé, avoit perdu
vouloyr, force et hardiesse de se deffendre; et cest en-
voy remist leurs cueurs en leur sang chault, restaura
leurs forces, et redoubla leurs courages; en sorte que
le roy d'Angleterre vinst à paix par le mariage de madame Marie sa seur avec ledit roy Loys, quelque peu
de temps aprés le trespas de sa tresbonne espouse,
madame Anne duchesse de Bretaigne; à laquelle madame Marie le Roy tinst compaignée, quatre moys
seullement, et jusques au dernier jour de decembre (1)
l'an 1514, qu'il deceda en la ville de Paris; et fut
son corps mis avec les autres roys, à Sainct Denis en
France.

(1) Il mourut le premier janvier 1515.

CHAPITRE XXV.

*Commant monsieur Françoys, duc d'Angoulesme, fut
roy de France, le premier de ce nom; et de la victoyre qu'il obtinst contre les Souysses, à Saincte
Brigide* (1).

LE roy Loys laissa deux filles seullement de madame Anne, duchesse de Bretaigne, Claude et Anne;
et par deffault de hoyr masle en droicte ligne, la
couronne et ceptre de France vindrent à monsieur
Françoys duc d'Angoulesme, le plus proche en ligne
collateralle, lequel avoit au paravant espousé ladicte
madame Claude fille aisnée de France. A l'entrée de
son regne confirma ledict seigneur de La Tremoille
en tous ses estatz et offices; l'année prochaine apres il
entreprinst le recouvrement de sa duché de Milan,
occupée par Maximilian, filz de Ludovic Sforce, par le
support des Souysses; et, pour ce faire, droissa grosse
armée, qui ne fut sans ledict seigneur de La Tremoille
et monsieur Charle, prince de Thalemont, son filz, qui
acompaignerent avec aultre le Roy en ceste expedicion:
ilz prindrent leur chemin à Grenoble, à Nostre-Dame
d'Ambrun Agnellestre, et à Sainct Paul, puis passa le
Roy, avec son armée et artillerie, par ung chemin qu'on
disoit estre inacessible pour chevaulx et chariotz, dont
les ennemys ne se douptoient. Par le moien dequoy,
Prospere Columpne (2), avec quinze cens hommes de

(1) *A Saincte Brigide* : il s'agit ici de la bataille de Marignan. —
(2) *Prospere Columpne* : Prosper Colonne.

cheval de l'armée dudict Maximilian, furent surprins par les seigneurs de Ymbercourt (1) et de La Palice, à Villefranche, qui est une petite ville du pays de Pymont, et ledict Prospere Columpne emmené prisonnier au Roy, qui l'envoya en France soubz bonne et seure garde.

Les Souysses estoient à Suze, à Villanne et Immole, pour garder les passages, qui, courroussez et esbahys de la prinse de Prospere Columpne, commencerent à marcher vers Millan, et, à grant diligence, passerent la riviere du Pau, avec leur artillerie, par ponths de cordes, et entrerent en Noyarre, où le Roy les suyvoit ; et luy estant à Versel, furent portées parolles de paix, pour laquelle faire furent commis et deputez le bastard de Savoye, le seigneur de Lautrect et aultres gens de sorte ; et neantmoins l'armée du Roy marchoit tousjours, qui assiegea Novarre, laquelle, vuyde des Souysses, se rendit ; de Novarre allerent à Bufferolle, et ce pendant le Roy eut nouvelle que la paix estoit accordée entre luy et les Souysses, moyennant certaine somme de deniers qu'il leur donnoit, pour le deffray de leur armée; et, comme on leur portoit l'argent, se mirent à chemin, pour aller au davant du Roy et le surprendre, en venant, contre leur accord, à l'exhortacion du cardinal de Syon (1).

O grant malice et lascheté de gens, inventée et soustenue par personne en dignité ecclesiastique constituée, et dont le maleur tumba sur les lasches ! car le Roy, de ceste trahyson adverty, non estonné de si prestement combattre, comme hardy et plain de

---

(1) On verra ce fait mieux detaillé dans les Mémoires de Bayard. —
(2) *Du cardinal de Syon* : Matthieu Scheiner, cardinal de Sion.

cueur, delibera les actendre, et se mettre premier
au labeur et dangier; et ce mesme jour, qui fut le
quatorziesme jour de septembre l'an 1515, environ
trois ou quatre heures aprés midy, les Souysses, acompaignez des Italiens, vindrent frapper sur l'armée
des Françoys, dont les Alemans du Roy de la bande
noyre, esbaiz, reculerent, doubtans que le Roy eust
intelligence avec les Souysses pour les deffaire, au
moyen dudit traicté de paix qui avoit esté tenu pour
faict le jour precedent : mais deux mille avanturiers
françoys soustindrent la premiere poincte des Souysses,
et se monstrerent gens de bien : car ilz deffirent d'entrée
quatre mille Souysses; les autres bandes des Souysses
(cuidans mettre en desordre les Françoys, comme ilz
avoyent faict la bataille à Novarre, en laquelle estoyent
les Italiens deux ans davant) donnerent sur la bataille françoyse : mais ilz furent reboutez par l'artillerie, qui besongna si bien avec les hommes d'armes,
que les Souysses ne furent les plus fors. Le Roy,
qui estoit en la bataille, acompaigné dudict seigneur de La Tremoille et d'autres vaillans capitaines,
ne perdit de veue l'artillerie, et si alloit de lieu en
autre, croissant tousjours par doulx langaige les hardiz
cueurs de ses gensd'armes.

La meslée fut cruelle et longue, car elle dura
jusques apres jour couché, à la raison de ce que la
lune luysoit; et si estoyent les Françoys et Souysses
si acharnez à se occire l'ung l'autre, qu'il n'y eut
chose qui les peust separer, que l'obscurité de la nuyt,
en laquelle le Roy n'eut autre lict, fors le timon d'une
charette, et pour fins linceux le harnoys sur le dos:
car, d'une part et d'autre, les gensd'armes furent tous-

jours en doubte. A peine on trouva de l'eaue clerc
pour le Roy, parce que les ruisseaux courans autour
du lieu de la bataillé, estoient plains du sang des occis ;
les autres princes et seigneurs n'eurent moindre peine,
comme la raison le vouloit; et entre aultres le seigneur de La Tremoille fut toute la nuyt armé, sans
clore les yeulx, prés du Roy : son filz, le prince de
Thalemont, estoit en la compaignée du duc de Bourbon, qui conduysoit l'avant-garde. Le landemain matin le Roy fut adverty que les Italiens et Souysses retournoient en groz nombre et bon ordre pour leur
donner bataille, et, considerant la peine prise par ses
gens d'armes le jour precedent, affin qu'ilz ne recu-
lassent, les principaulx d'iceulx assemblez, leur dist
ces parolles ou semblables en substance :

Oraison et persuasion militaire du roy de France à
ses gens d'armes contre les Souysses.

« Toute persuasion, mes fideles amys, n'est à mon
« jugement superflue en haultes entreprinses, l'entrée
« desquelles est dangereuse, et l'yssue à doubter,
« comme celle laquelle, soubz l'asseurance de voz
« nobles vouloyrs, force et hardiesse, j'ay faicte. Vous
« congnoissez auquel dangier de noz vies, honneur et
« biens avons, à la desloyalle lascheté de noz ennemys,
« resisté, dont la premiere gloire à celluy duquel les
« victoires procedent rendue, vous en donne le loz et
« bienveillance ; et puis que, par secours divin et voz
« labeurs, avons le dangier de l'entrée passé et sur-
« monté, mectons peine que à nostre honneur et avan-
« taige en soit l'issue. Et pour aisement le faire vostre

« nature qui est hardie et belliqueuse, soit considerée ;
« vostre coustume qui est de n'estre vaincuz, observée ;
« les meurs de noz ennemis, congneues, qui plus sont
« convoiteux de pecune que avaricieux d'honneur ;
« la forme de leur combatre, considerée, qui a plus de
« mine que d'effect, plus d'aparence que existence ;
« et que au premier rompre sont vaincuz, et n'ont,
« seulz, forte resistance ; et leur oultrecuidance mise
« davant voz yeulx, par laquelle se dient correcteurs
« des princes, au rabaissement de toute noblesse : nostre
« juste querelle nous doit donner force ; leur injus-
« tice, seureté ; leurs mauvaises meurs, mespris de leurs
« armes ; et nostre necessité, acroissement de cueur et
« de courage. Considerez nostre honneur et gloire si
« l'orgueil de ces rusticz est humilié, et nostre re-
« proche s'ilz sont noz vainqueurs. Plus devons sou-
« haiter la fin de noz petites vies en honneur, que la
« longueur en misere et reproche : et plus devons
« desirer mourir en persecutant noz adversaires et
« querant le merite de justice, que laisser vivre, en vi-
« vant, les violateurs d'equité. Je vous prie, messieurs,
« que mourez avec moy, et moy avec vous, pour
« acquerir honneur à noz parens, salut à nostre pays,
« et faire ce à quoy nous sommes tenuz ; et je vous
« asseure que si la victoyre nous demoure, que par
« effect recongnoistray sans ingratitude les biens-
« faisans. »

La necessité de combatre mist fin à ces parolles,
pour entendre à l'euvre ; car les Italiens et Souysses,
qui estoyent jusques au nombre de trente mil combatans, assaillirent les Françoys en leur camp ; messire
Jaques Galiot, chevalier hardy, de grant sens et bonne

conduycte (qui estoit maistre de l'artillerie), les receut à leur grosse perte et dommaige, car à grans
coups de canons en deffist une partie; neantmoins les
aultres qui tousjours tindrent leur ordre, entrerent sur
les Françoys et Alemans qui les recullerent hardyment. La meslée fut grande et cruelle; mais les Françoys furent les plus fors, et deffirent les Souysses, fors
ceulx qui tournerent le doz, et ausquelz les jambes
feirent plus de service que les braz et mains; et, n'eust
esté la poussiere, peu se fussent saulvez : il en demoura sur le camp quinze où seize mille; le reste
prinst son chemin vers Milan.

CHAPITRE XXVI.

*Commant le prince de Thalemont, filz du seigneur de
La Tremoille, fut navré de soixante-deux playes,
dont il mourut. Reduction de Milan.*

CESTE victoyre ne fut sans perdre plusieurs gens de
bien de France, et mesmement la plusgrant partie
d'une bande de jeunes princes et seigneurs de France
estans en l'avant-garde; lesquelz, pour rompre les
Souysses, se mirent entre eulx, et furent en partie
cause de leur desarroy et desconfiture, où ledict monsieur Charles de La Tremoille, prince de Thalemont,
filz dudict seigneur de La Tremoille, fut abatu et blecé
en soixante deux parties de son corps, dont il y avoit
cinq playes mortelles. Messire Regnault de Moussy,
chevalier, qui l'avoit gouverné en ses jeunes ans, le re-

tira de.la presse, et le fist porter ainsi blecé jusques en
sa tante, où les cirurgiens le penserent à grant diligence. Aussi y furent abbatuz et occis Françoys monsieur, frere puisné du duc de Bourbon ; le filz du comte
Petillanne, qui conduysoit les Véniciens pour le Roy ;
le seigneur de Himbercourt, le comte de Sanxerre, le
seigneur de Bussy, le capitaine Mouy, et autres gens
hardiz et bien renommez.

Le seigneur de La Tremoille sceut commant monsieur Charles, son filz unique, avoit esté blécé en
soixante deux parties de son corps ; parquoy, apres la
victoyre, alla le visiter et consoler : les medecins et
cirurgiens luy donnerent espoyr de guerison, par le
moyen dequoy se monstroit joyeux de ce que son
filz s'estoit trouvé en si forte presse, et dont il avoit les
enseignes de hardiesse, force et noblesse de cueur ;
puis s'en alla tout consollé vers le Roy, qui luy fist fort
bon et joyeulx recueil, luy celant la prochaine mort de
son filz, qu'il avoit par les cirurgiens sceu ; mais luy
voulant donner confort à ce que par soudaine douleur
ne fust sa personne blécée, luy recita les histoyres
d'aulcuns Rommains qui s'estoyent resjouy d'avoir
veu mourir leurs enfans en bataille.

Ledict prince de Thalemont, se voyant ainsi navré
en tant de lieux, quelque espoyr qu'on luy donnast,
dist audit de Moussy et aultres de sa compaignée:
« Or ça, messieurs, il faut que je vous laisse et les
« miseres du monde ; je meurs en la fleur de mes ans,
« mais ce n'est à mon trop grant regret, puis qu'il plaist
« à Dieu qu'il soit ainsi, et qu'il m'a donné la grace
« de mourir au service du Roy et de la chose publique.
« Toutesfoiz, pour une autre consideracion, je voul-

« droys bien vivre, s'il plaisoit à Dieu, qui est à ce
« que je peusse faire penitence de mes pechez, et de
« mieulx servir et obeyr à Dieu que je n'ay faict
« le temps passé : le vouloyr de Dieu qui ne peult
« faillir soit acomply. Je vous prie que je aye le
« prestre pour me confesser. » Ledict seigneur se confessa fort devotement, et receut le sainct sacrement
de l'aultier (¹); puis, à la fin de trente six heures après
sa bleceure, rendit l'ame à Dieu.

Le Roy, premier adverty de son trespas, alla subit
en la tante dudit seigneur de La Tremoille, qui rien
ne sçavoit de ce groz inconvenient, et luy dist: « Mon-
« sieur de La Tremoille, je vous ay tousjours congneu
« magnanime ; et m'a l'on dict vostre fortitude telle
« que pour toutes les infortunes et adversitez qui vous
« sont advenues, ne changeastes onc vostre bon propos,
« et n'en furent voz affaires, ne ceulx de la chose pu-
« blicque, onc retardez ne mal conduitz; j'en ay
« veu l'experience derriere, on mal de mon cousin
« vostre filz, que vous avez trespaciemment supporté ;
« mais ce n'est assez, car il fault que vous usez de vostre
« force et prudence plus que jamais, en la mort de
« mondict cousin vostre filz, qui est decedé puis une
« heure: ce que vous suis venu declairer; extimant
« n'y avoir en ma compaignée personnage duquel ac-
« cepterez mieulx la parolle sans immoderé courroux.
« Je sçay qu'il seroit impossible à nature de le passer
« sans griefve douleur, car le personnage le valoit, et
« vous asseure que, hors la paternelle affection, vostre
« regret ne sera plus grant que le mien. Je vous prie,
« chier cousin, que pour l'honneur de Dieu et l'amour

(¹) *L'aultier :* autel.

« que avez à moy, prenez ceste irreparable perte en
« pascience, et vous consollez en son filz qu'il vous a
« laissé, portant jà l'espoir de la preudhommie du
« pere. »

Le seigneur de La Tremoille couvrit son piteux
visage d'une louable constance contre la magesté de
nature; toutesfoiz les yeulx, qui, selon naturelle providence, plus obeissent au cueur que membre qui soit
en la personne, ne peurent tant celler sa douleur, que
pour luy donner allegence ne distilassent petites larmes, contre la volunté de l'esprit; et respondit au Roy :
« Sire, je vous rends humbles graces de la consolacion
« qu'il vous plaist me donner en l'infortune qui m'est
« advenue pour la mort de mon filz, dont je aurois
« plus de angoisse tristesse, si l'on m'eust asseuré mon
« filz estre immortel, ou devoir vivre par necessité
« quatre vingts ou cent ans; mais je savois mon filz
« povoir mourir jeune en guerre ou ailleurs, et n'ay
« mis sa vie en mon esperance pour tousjours durer;
« mais, le voiant aller au danger où les gens de bon
« cueur se mectent pour le bien public, le tenois
« comme si estoit jà mort.

« A ceste consideracion, et qu'il est au lict d'hon-
« neur decedé en vostre compaignée, à vostre service et
« en juste querelle, mon deul n'en est si grant, com-
« bien que accident ayt perverty l'ordre de nature,
« car mieulx seroit, comme il me semble, qu'il fust
« demouré sans pere que moy sans filz, qui ay faict et
« passé la pluspart de mon temps, et il commanceoit
« acquerir honneur et vostre grace; et, puis que le
« cas est advenu, je louhe Dieu et le remercie de ce
« qu'il luy a donné grace que, apres avoir eu soixante

« deux playes, pour le soustenement du bien public
« et en juste guerre, a voulu avoir et a eu confes-
« sion et le sainct sacrement de l'aultier. Je regrete
« apres son cousin monsieur Françoys de Bourbon,
« le comte de Sanxerre et aultres jeunes princes et
« seigneurs qui ont esté occis en bataille. Reste faire
« emmener leurs corps en France, prier Dieu pour
« leurs ames, et parfaire vostre voyage et entreprinse,
« où, tout ce nonobstant, je emploieray le reste de
« ma facheuse vie. »

Le Roy fut trescontant de ceste response; aussi
estoit honneste et prudente; et depuis le seigneur de ·
La Tremoille se porta si prudemment en la charge
qu'il avoit du Roy, que à ses gestes et parolles on
n'eust congneu son dueil.

Le dueil de la mort des princes suspendu, et remis
à leurs serviteurs et pensionnaires, et aussi à leurs
meres et femmes, enfans et subjectz estans en France,
le Roy, suyvant sa fortune, s'approcha de Milan; et,
considerans les Milannoys France avoir la plus grant
part du baston, et que le Roy s'aprochoit d'eulx, suyvans leurs iniques et mauvaises meurs, se revolterent
contre Maximilian, et envoyerent au Roy les clefz de
leur ville, par aucuns des principaulx de leur corps
politic, l'ung desquelz fist au Roy telle ou semblable
oraison ou persuasion que ceste cy.

*Oraison des citoyens de Milan au roy de France, à
ce qu'il les prinst à mercy.*

« L'immortelle renommée de tes excellentes et di-
« vines vertuz, tresillustre et triumphant Roy, nous

« faict de ta clemence et doulceur esperer, et que les
« faultes contre ta royalle Magesté commises, non par
« nostre malice et desloyauté, mais pour le trop
« legier croyre et facile craincte de Maximilian, con-
« duicte par le cardinal de Sÿon et ce tant muable
« peuple helvecien, nous seront, par benignité et pitié,
« remises et pardonnées ; et à ce te doit induyre et
« exciter le bon vouloyr d'auċuns et la pluspart de
« ceulx de ta cité de Milan, lesquelz (le tort congneu
« de tes adversaires) avoyent chemin prins avant ta
« glorieuse victoyre, pour mectre entre tes mains et à
« ta mercy, nous, tes subjectz, ta cité et tous noz biens,
« qui fut par le cault et sedicieux cardinal de Syon,
« rompu et empesché ; lequel, apres avoir mis nostre
« ruyne davant noz yeulx, et nostre mort à noz por-
« tes, s'est, au subtil et secret, absenté, doubtant la
« vengence de ton couroux estre en luy comme bien
« le meritant executée.

« Considérez, ô treshumain et begnin prince, noz
« voluntez, plus à toy que aux Sforces, de la tienne
« seigneurie usurpateurs, enclines, et la facilité de
« nostre offense, plus procedant de hümaine fragilité
« que de malice. Adoulciz la severité de ta justice,
« refrains ta juste ire, que couroux ne soit maistre
« de ton cueur, et ne nous laisse en la deffiance de
« nostré malheur. Nostre offense confessée, voulons
« satisfaire non à la rigueur, mais au dire de ta mi-
« sericorde. Que noz biens facent pour nous l'a-
« mende, et retirent le glayve pugnisseur de la nostre
« passée desobeissance. Ne destruiz, par finalle ruyne,
« ta cité de tant de choses sacrées ornée ; saulve la
« sumptueuse structure d'icelle, et que noz richesses

« facent encores vivre ceulx qui en vivant desirent te
« servir et obeyr. »

Briefve oraison et responce du Roy aux Milannoys.

. . Le Roy, qui est ung treseloquent prince et le plus
de sa court, fist la responce de sa bouche, leur disant
ce : « Avec esgal œuil vostre coulpe et le merite de
« clemence se doyvent regarder, à ce que le soudain
« remectre du delict, par trop facille pitié, ne engen-
« dre inconvenient plus grant que le precedent. Vous
« savez, Milannoys, combien de foiz avez failly à mon
« predecesseur roy de France, vostre naturel seigneur,
« obeissans plus voluntiers à celuy qui par tyrannie
« vous a tenuz soubz injuste seigneurie, et que le sou-
« dain pardonner vous a soudain et trop hardyment
« donné occasion de retourner à vostre premiere re-
« bellion ; parquoy le renouvellement de grace cau-
« seroit nouvelles offenses à ma perte. La mort de
« tant de princes, chevaliers et aultres vaillans hommes,
« par voz laschetez occis, clost mon œuil de pitié; et me
« faict par indignacion vous regarder en appetit de
« vengence. Neantmoins, considerant que c'est vostre
« premiere requeste, de laquelle ma benignité ne vous
« peult reffuser, je vous donne voz vies, vous restitue
« en voz honneurs, et, au desir de vostre humble
« priere, accepte voz biens pour partie de la deue sa-
« tisfacion, moyennant la fidelité que vous pro-
« mectez inviolablement garder, laquelle par vostre
« coulpe brisée, se rendra indigne du retour à mercy. »
  La response du Roy fut briefve, mais agreable à
ceulx de Milan, lesquelz, apres le serment de fidelité

faict, composerent à certaine somme de deniers qu'ilz payerent pour partie du deffroy de l'armée de France. Et entra le Roy triumphamment en la ville de Milan : puis fist assieger le chasteau où estoit Maximilian Sforce, lequel se rendit à la mercy du Roy. Au regard du cardinal de Syon, de toute ceste guerre aucteur, s'en estoit allé sans dire adieu, et deceut les Souysses. Quelque temps apres ceste glorieuse victoyre (ordre mis en toutes les villes) le Roy retourna en France, et ledit seigneur de La Tremoille avec luy.

CHAPITRE XXVII.

Comment le corps du prince de Thalemont, filz dudit seigneur de La Tremoille, fut apporté en France; et des grans regretz que sa mere fist de son trespas.

Le deces du prince de Thalemont advenu, son corps demoura entre les mains de messire Regnaud de Moussy, chevalier directeur de son adolescence, qui ne demoura seul, car il fut assez acompaigné de douleurs et angoisses; aussi fut il de plusieurs gentilzhommes et autres serviteurs dudit prince, lesquelz, vestuz en dueil, acompaignerent le corps embasmé jusques en France, et en la ville de Thouars, pour le mettre es honnorables et riches sepultures dudit seigneur de La Tremoille. Le voyage fut long, à la raison de ce que par toutes les villes, bourgs et paroisses où passoit ce corps, y avoit service pour l'ame de ce bon prince. Et, comme on faisoit toutes ces choses, ledit seigneur de La Tremoille envoya la poste diligemment vers madame Gabrielle de Bour-

bon; son espouse, lors estànt au chasteau de Dissay
avec monsieur Claude de Tonnerre, evesque de Poictiers, nepveu dudict seigneur, où s'estoit retiré, pour
le dangier de peste qui lors estoit en ladicte ville
de Thouars; et luy escripvit une lettre de sa main, et
une autre à sondict nepveu, faisans mencion de la
perte de son filz, à ce qu'il eust à consoler sa tante:
car bien pensoit qu'elle en auroit ung excessif dueil.

La poste arriva au chasteau de Dissay huyt jours
apres le deces dudict prince de Thalemont, combien
qu'on avoit sceu troys jours apres la bataille, qu'il
avoit esté blecé; mais on disoit qu'il en gueriroit, et
se y actendoit la bonne dame.

L'evesque receut le pacquet, et leut sa lettre, qui fort
estoit briefve, mais piteuse à lire; en sorte que, passionné
en son esprit, fut long temps sans parler, actendant
que son cueur choysist de quelz pleurs pourroit faire
à ses yeulx present. Son dueil (que seul alla faire en
sa retraicte, sans en dire aucune chose à personne par
prudence) paciffié, adverty que madame sa tante avoit
prins sa reffection du disner, fist appeller son maistre
d'hostel et aulcuns gentilz hommes de sa maison, en
la compaignée desquelz (apres leur avoir fait declara-
tion de ceste piteuse mort) allerent tous ensemble vers
elle en sa chambre, et luy dist l'evesque ce: « Madame,
« j'ay receu des lettres de Italie. — Et puis, dist-elle,
« commant se porte mon filz? — Madame, dist l'eves-
« que, je pense qu'il se porte mieulx que jamais, et qu'il
« est au cercle de heroïque louange et au lieu de
« gloire infinie. — Il est donc mort? dist-elle. — Ma-
« dame, ce n'est chose qu'on vous puisse plus celler,
« voire de la plus honneste mort que mourut onc

« prince ou seigneur ; c'est au lict d'honneur, en ba-
« taille permise pour juste querelle, non en fuyant,
« mais en bataillant, et navré de soixante deux playes,
« en la compaignée et au service du Roy, bien extimé
« de toute la gendarmerie, et en la grace de Dieu, car
« luy bien confessé est decedé vray crestien. Vostre
« cousin, monsieur Françoys de Bourbon, le comte
« de Sanxerre, et aultres qui sont mors en la bataille,
« n'ont eu ceste grace et don de Dieu. Toutesfoiz je
« extime leur mort bonne, parce qu'ilz ont droicte-
« ment vescu. »

Ceste dure et aspere nouvelle feit soudain reculler
et absenter le sentement et congnoissance de l'esprit
de ceste dame, et à ceste raison devinst froide comme
marbre, et perdit le parler. Soudain fut, par aroma-
tiques liqueurs, secourue, et tost apres les larmes qui
sortirent de ses yeulx, desserrerent son cueur, et commancerent les heraulx de douleur, qui sont souspirs,
sortir de son estomac et passer à grant peine par sa
tremulente et palle bouche, puis dist : « Ha ! mon
« nepveu, pensez vous que je puisse ceste triste for-
« tune, irrecuperable perte, cruel accident, et im-
« pourpens inconvenient, passer, sans briefvement
« mourir ? Si je pensois ne desplaire à Dieu, luy re-
« querrois mon infortunée vie estre on repos de mort,
« qui est la fin de toutes miseres ; car je sçay que la
« joye du monde me engendrera tristesse ; la conso-
« lacion des hommes, desconfort ; le passement des
« livres, renouvellement de douleurs ; labeur de mes
« amys redoubleront mes angoisses, et la vie solitaire
« me produira invencions de nouveaux tormens pour
« persecuter mon esprit. Je ne feray plus que reiterer

« l'esperance de ma mort, le desepoir de ma vie, et
« l'abominacion de toutes lyesses. Que nourrira plus
« mon ymaginacion, fors monstres hydeux, lamyes noc-
« turnes, magiciennes furies, songes tristes, et lachri-
« mables fantasies? car j'ay perdu mon filz, ma geni-
« ture, mon ymage et ma consolacion. C'estoit l'espoir
« de nostre maison, le coffre de nostre honneur, le
« tresor de nostre richesse, la stabilité de nostre gloire,
« la perpetuacion de nostre renommée, l'advent-mur
« de nostre force et le braz dextre de nostre povoir.
« Il est mort en l'aage de vivre, amateur de vertuz,
« ennemy de vice, amé de chescun, et en la louhée
« extime des bons et nobles cueurs. »

Oraison consolatoire de l'evesque de Poictiers à la dame de La Tremoille.

« Assez vous est congneu, madame, que toutes les
« humaines creatures qui par leur nativité entrent en
« ce monde, combien que pour aucuns temps ils y
« reluysent et triumphent, sont toutesfoiz contrainctes
« aller à la mort, les aucuns lentement par maladies;
« les aultres soudainement par accidens divers, selon
« le cours de la duracion qu'ilz ont à la divine Provi-
« dence. La puissance de la mort est insuperable;
« elle surmonte non seulement ung, mais tous, les
« fors et debilles, les joyeux et tristes, les pauvres et
« riches, les congneux et extrangiers, les jeunes et
« vieulx, les bons et maulvaiz, les hommes et femmes.
« La mort est le tribut, la prison et la craincte certaine
« de tous humains; et, comme la mer est le recep-
« tacle de tous les fluves, aussi est la mort la finalle

« reposition de tous les vivans. Les fors par puissance
« ne la peuvent surmonter, les doctes par science ne
« la peuvent vaincre, les riches par pecunes ne la
« peuvent corrumpre, les dignes par eminences ne la
« peuvent destourner, et les jeunes par corporelle
« vertu ne la peuvent esloigner. Elle ne pardonne à
« pauvreté, elle ne tient compte de richesse, elle ne
« revere noblesse, et ne luy chault de vertuz ; tous-
« jours est à la porte de vieillesse, et nuyt et jour
« insidie jeunesse ; la mort ne excute ses cruelles ope-
« racions tousjours par la contrarieté des elemens (qui
« est chose naturelle), mais souvent par divers et
« merveilleux accidens, comme par eaue, par feu,
« par glayve, par precipitation, par venyn, on lict,
« hors lict, en terre, en mer, en l'aer, en guerre et
« en paix. Et, selon les accidens de mort, on extime,
« par la faulce reputacion des hommes, les humains
« eureux ou maleureux.

« Considerez, madame, que feu mon cousin vostre
« filz n'est mort par aucun de tous ces maulvaiz acçi-
« dens, mais en homme de vertuz, avec les gens de
« bien ; non entre les bestes, mais avec les hommes ;
« non entre les brigans et pirates, mais en juste guerre ;
« non de morsure de bestes silvestres, mais par mar-
« cial glayve ; non par canon, mais de coups de lance ;
« non laschement, mais hardiment ; non seul, mais
« en la compaignée de son pere ; non au service de
« tirans, mais à celuy de son Roy ; non en reproche,
« mais honnestement, comblé d'honneur, envelopé
« de bon renom et en l'amour et gracé de Dieu. Puis
« que par necessité devoit mourir, devez vous point
« prendre alegence de vostre deul, et regret en sa

« tant honnourable fin ? Mieux luy vault. et à son
« noble parentage estre ainsi mort en la fleur de son
« aage, hereditant lessiens de perpetuelle gloire; que
« avoir vescu trente ans davantage, et puis mourir en
« son lict ou ailleurs de malladie grosse. Si je vou-
« lois reciter la miserable fin de tant d'empereurs, roys,
« princes et seigneurs du temps passé, extimeriez celle
« de vostre filz, mon cousin, estre eureuse.

   « Or voyez vous, madame, quelle grace Dieu vous
« a faict d'avoir donné fin tant eureuse et honnou-
« rable à mondict cousin, et sur ce vous consoller et
« donner repos à voz souppirs et larmes. Considerez
« les variacions de noz vies pleines de labeurs, en-
« nuytz, tristesses, dangiers, douleurs et aultres mi-
« seres, et que de tout ce mon cousin est mis au de-
« livré; et l'espoyr que avez eu en luy gectez le sur
« les bonnes meurs de son filz Françoys, suyvant jà
« celles de son pere. Vous voyez ses puerilles ans,
« tant bien dispousez à vertuz, que j'espere que la
« perte du pere sera recouverte par le filz; et, quant
« vous aurez bien le tout consideré, vous arresterez
« à ce qu'il fault adherer à la volunté de Dieu, qui ne
« faict rien sans cause; et jaçoit ce que ses jugemens
« soyent aux humains merveilleux; neantmoins sont
« ilz justiffiez en eulx mesmes, ainsi qu'il les faict; et
« y contredire est murmure et blaspheme.

   « Voz raisons sont tresbonnes, mon nepveu, dist
« la dame de La Tremoille en plorant, mais Dieu
« povoyt faire vivre mon filz autant ou plus que son
« pere, et augmenter et croistre ses vertuz, force,
« prudence et hardiesse. O combien est la mort aveu-
« gle et desraisonnable qui les vielz laisse, et prend

« les jeunes! Dix ans y a que, par maladie, menassa
« mes longs ans, et elle a la jeunesse de mon filz des-
« robée; mieulx eust observé les loix de nature, gar-
« dant les trente deux ans de mon filz, que pardonner
« aux cinquante de la vieille mere.

 « Si mon filz en eust seullement vescu soixante, et
« continué le commancement de sa louable vie, je
« extime, mon nepveu, qu'il eust faict des choses
« inouyes. Il eust surmonté l'honneur de ses ancestres,
« et les renommées escriptes aux maisons dont il est
« descendu. Il eust acompaigné le reste de ma vie
« de joye, et eust regeneré mes longs ans par l'odeur
« de son bruyt et fame; mais j'ay perdu tout cest
« espoyr, et suis asseurée, mon nepveu, que le vivre
« me sera doloreux, et que mon dueil mettra bien
« tost fin à ma desolée vie. »

 Ilz eurent plusieurs aultres parolles trop longues à
reciter : suffise aux lecteurs que la bonne dame con-
somma ce luctueux et lamentable jour, et plusieurs
aultres subsequens, en l'opperacion de ses angoisses,
amertumes et pleurs. Elle ne voulut lire la lettre que
luy avoit son espoux escripte de la mort de leur filz,
en presence dudict evesque son nepveu, mais se retira en son cabinet, où, apres avoir longuement ploré,
en fist lecture, et estoit telle.

Lettre du seigneur de La Tremoille à madame son
espouse, de la mort de leur filz.

 « Si la mort de nostre trescher filz Charles eust peu
par la myenne estre vaincue, ne fussions, ma tant
amée dame, en peine de regreter, plorer et lamenter la

perte du tant noble fruict de nostre mariage, l'espoyr
de nostre maison et l'apuy de nostre vieillesse. Et si
ceste mort m'est angoisseuse, autant m'est la desolacion qu'en aurez, pesante. Toutesfoiz, vostre prudence
considerée, je extime que l'usaige des chosés mortelles
vous donnera quelque consolacion. Nous ne sommes
les premiers de telle infortune assailliz ; souvent
advient que, par le desordre de nature, le deces du
filz precede celluy du pere. Peu avons de gens anciens congneuz qui n'ayent à leur grant regret et
dommaige perdu de leurs enfans. La pascience en est
trop plus à louher que le trop grant desconfort, parce
que le supporter sans murmure et en doulceur est
ung sacrifice à Dieu, qui faict tout pour le mieulx, et
le desraisonnable desconfort luy desplaist. La personne
doit estre dicte sage qui se conforme à la divine volunté,
et qui ne prend conseil de trop grant douleur en ses
adverses visitacions, qui sont la vraye garde de l'esprit.
Troys choses nous donnent moyen de confort : l'une
que nostre filz est mort en acte de vertu pour le bien
public et en juste querelle, et nous à laissé ung filz
bien disposé pour vivre ; l'autre, combien qu'il ait eu
soixante deux plaies, dont en y avoit quatre ou cinq
mortelles, et neantmoins, par la grace de Dieu, a vescu
trente six heures apres, et les sacremens de saincte
Eglise par luy receuz, a tousjours eu congnoissance
de Dieu, et bonne parolle, jusques au depart de l'ame
et du corps ; et l'autre qu'il est hors des mondaines
miseres, et que son ame est, comme je pense, en
eternel repos. Je vous envoye le corps, vous priant,
madame, que, par impascience ou trop excessive douleur, je ne perde la mere avec le filz, et que, en perdant

les deux je ne me perde : ce que Dieu ne vueille, mais vous donner à vous et moy le necessaire pour nostre salut.

« Escript au camp de Saincte Brigide, le 18 septembre. »

Ceste lectre estoit escripte dudit seigneur de La Tremoille, et non par son secretaire; laquelle ne fut leue sans variacion de propos, et sans gecter grans souspirs et larmes par ladicte dame, qui, après avoir son dolent cueur, des immundicitez de angoisse par piteuses larmes, lavé, prinst sa plume; et, voulant aussi de sa part, en cellant ses angoisses, son cher espoux reconforter, luy escripvit ceste lettre.

Response de ladicte dame audict seigneur de La Tremoille.

« Si la transgression de la justice originelle, qui fut à noz premiers parens donnée, n'eust entré l'esprit et la chair mortelle guerre engendrée, le trespas de nostre unique filz nous devroit plus consoller que contrister, parce que l'esprit, par la clere verrine de raison, veoyt et congnoist qu'il est de peine transmigré en repos, de misere en gloire, de crainte en seureté, d'espoyr en divine vision, de malladie en incorruptible incolumité, et de mort en eternelle vie; mais la chair qui, pour les tenebres du corps, ne veoyt aulcune chose en esprit, regrette, lamente et deplore la perte ou absence de ce qui luy plaist, et de ce qu'elle ayme corporellement, parce qu'elle ne peult veoyr le fruict des choses spirituelles, qui est la cause de vostre desconfort et de ma tant desollée tristesse. Toutesfoiz

14.   33

monsieur, quant à l'entendement, si trop ne summes
de raison esloignez, doyvons louher Dieu et luy
rendre graces pour les consideracions que de vostre
grace m'avez escriptes. Croyez, monsieur, que, en re-
memorant la benignité de nostre filz, son humilité,
obedience et honnesté, ma pauvre chair languist, et
mon ame n'est que demye vifve; mais au considerer
les douaires des ames saulvées, et que j'espere que tous
le serons, je me consolle quant à l'esprit, non que ma
chair en soit contante. Toutesfoiz chose contraincte
est, si ne voulons offenser Dieu, le louher de nostre
infortune. Je vous prie, monsieur, que de vostre part
regectez les causes de douleur, et que joygnez la vostre
pensée à l'amour spirituelle. Au regard du corps, que je
ne pourrois veoyr sans de dueil mourir, sera honnou-
rablement ensepulturé au plus pres de vostre vouloyr,
sans aulcune chose y espargner, et encores moins pour
le salut de l'ame, qui doibt estre la premiere servie,
comme celle qui doit sans fin vivre au palays de eternel repos, ouquel, apres bonne et longue vie, Dieu
vous vueille donner lieu.

« Escript à Dissay, le 24 septembre. »

La lettre de ladicte dame, portée audict seigneur de
La Tremoille, fut troys jours par luy gardée, sans la
vouloyr lyre, pour le doubte de renouveller sa tristesse. Toutesfoiz ung soyr bien tard en fist lecture de
partie, car le tout ne peut lyre, à la raison de ce que
l'escripture estoit effacée des larmes de la dame, qui
estoyent en l'escripvant sur icelle tumbées.

Je ne me oublieray en cest endroict, parce que, nonobstant ma petite qualité, et que à moy n'appartinst
voir le congnoistre du regret de ceste tres noble

dame, toutesfoiz, comme je fusse par devers'elle allé
pour luy parler d'aulcunes affaires civilz dont j'avoye,
de par monsieur et elle la charge, ne me presta l'o-
reille pour me entendre, mais convertit le sens de
l'ouye en piteux regards, acompaignez de vehemens
souspirs, qui empeschèrent long temps son parler, que
je n'ousoye anticiper, mais l'actendoye en contrainctes
larmes soubz emble semblant, par compassion de son
infortune. Et comme le temps luy eust donné grace de
parler, elle m'ouvrit le coffre de ses piteables douleurs,
en me disant : « Ha! Jehan Bouchet, qué dictes vous
« de mon malheur et de l'irreparable perte de nostre
« maison? Me doy je arrester de sacriffier par larmes
« ma douloureuse cause davant tout le monde? pen-
« sez vous que le possible de vivre empesche l'effort de
« mort? Me ayderez vous poinct à soustenir le faix de
« mon malheur, qui participez en la perte? Oublierez
« vous l'espoyr par vous actendu en l'exhibicion de
« l'amour de mon filz, et le loyer du service par vous
« à luy faict? Qui presentera plus voz petiz euvres
« davant les yeulx des princes pour en avoir guerdon?
« qui recepvra et mettra en valeur voz petites compo-
« sicions ? N'espargnez vostre plume à escripre le
« congneu de vostre seigneur et maistre, à ce que
« oubliance ne laisse perdre ses merites. »

Toutes ces piteuses parolles donnerent roupture à
mon principal affaire, et tant greverent mon cueur que
intrinseque douleur deffendit à ma bouche le parler,
et sorty de la chambre, acompaigné seullement d'angoisse, laissant la desolée plorant et se desconfortant,
sans avoir puissance de luy donner lors ung seul
confort.

Ceste dame savoit tres bien que porter paciemment
sa perte estoit merite; et, quant à l'esprit, n'y failloyt en
rien : car c'estoit une dame qui fort bien l'entendoit,
et s'estudioit de tousjours conformer son vouloir à la
divine volunté. Mais, touchant la sensualité qui repugne
tousjours à la raison, elle souffroit tant que le plus l'eust
fait soudainement mourir. Et fuz plus d'ung moys que
n'ousois à elle me presenter, à la raison de ce, quant
elle voioit quelqu'un de ceulx que son filz avoit
speciallement amez, ses doleurs renouvelloient, son
esprit en avoit nouvelle guerre, toutes ses consolacions
estoient troublées, et tous joieux souvenirs gectez derriere le doz. Et deslors, vaincu du debonaire commandement de ladicte dame, gectay ma fantasie sur
nouvelles formes et invencions, pour deplorer par escript ceste tant noble et louable mort, querant quel
langaige je approprieroye à la nature du cas; et final-
blement, parce qu'il avoit amé la metrificature, prins
commencement à descripre ses meurs et cundicions,
dont je sçavoie la verité, nonobstant que depuis aucuns, par envie de sa louange meritée, ont murmuré
contre l'opusculle que je feiz, intitulé *le Temple de
bonne renommée.*

CHAPITRE XXVIII.

*Des regretz de madame la princesse pour le deces
de monseigneur le prince son espoux; et du trespas de madame Gabrielle de Bourbon, sa mere, qui
mourut de-deul.*

Combien que. toutes, ces douloureuses plainctes
deussent suffire pour faire le deul du bon prince de
Talemont, neantmoins fut renouvellé par les dolean-
ces de ma dame Loyse., comtesse de Taillebourg, son
espouse, laquelle, asseurée de son piteux trespas, feit
telz ou semblables regretz : « Ha! mort horrible,
« cruelle, sanguineuse et violente, eternel dormir,
« dissolucion des corps, la crainte et tremeur des ri-
« ches, le desir des pauvres, evenement inevitable,
« incertaine peregrinacion, larronnesse des hommes,
« fuyte de vie, depart des vivans et resolucion de
« toutes choses, que pourray je dire à mon ordre
« contre toy, qui par violent sang me as substraict
« mon amy, meurdy mon espoux, separé de moy toute
« joye, et faict approche de toute angoisse et eternel
« desconfort? Tu es la seule cause dont dorenavent
« je auray pour unanime compaignée triste solitude;
« pour consolatif mariage, desolée viduité; pour con-
« nubiaux ambrassemens, visions nocturnes et lamyes;
« pour amoureulx baisiers, lamentables souspirs; pour
« gracieux regards, fluctuemens de larmes; pour
« honnestes propos, inconsolables regretz; et pour
« solacieuses pensées, inquietes cogitacions. Qu'on ne

« parle de la perfection des bons maryz, desquelz il est
« le paragont et la fine perle, pour en avoir perpetuelle
« louange. »

Toutes ces lamentacions et aultres semblables faisoit
ceste bonne et saige dame, dont je laisse le long escripre
pour le doubte d'ennuy ; et pense que de son secret
deuil eust esté oultragée, ne fust le secours du seigneur
de La Tremoille, son beaupere, lequel, ung moys ou
deux apres les tristes funerailles de son filz, neantmoins riches et pompeuses, vinst veoyr les deux de-
sollées espouses à Thouars. Je laisse la pompe des
obseques qui furent faictz sans rien y preterir, ainsi qu'il
appartenoit, à grans fraiz et mises, et parleray seullement d'ung brief epitaphe pour la perpetuelle memoyre
de ce jeune prince, qui est cestuy :

> Force de corps, hardiesse de cueur,
> Le hault vouloyr d'estre nommé vainqueur,
> Le grant desir d'estre au Roy secourable,
> Et le vouloyr d'impugner la rigueur
> Des rebellans non craignant la vigueur,
> M'ont mis au ranc d'honneur inextimable,
> Par fin honneste aux nobles desirable,
> En surmontant Souysses ahontez :
> Apres soixante et deux coups, mort plorable
> A Marignan me fut inexorable,
> Quant mil cinq cens quinze ans furent comptez,

Le Roy laissa gouverneur à Milan messire Charles
de Bourbon, lors connestable de France, qui si bien
exercea sa charge, que les Milannoys monstrerent leur
obeissance promise contre leurs voluntez jusques en
l'an 1521, comme nous verrons cy apres.

Ledict seigneur de La Tremoille, aprés avoir accompaigné le Roy jusques à Lyon (son congié prins),

alla veoyr, comme j'ay dict, les deux dames desolées
que plus il amoit, pour les conforter, lesquelles actendoyent son desiré retour à Thouars. Leur rencontre
fut à la porte de dueil, parée de pleurs, et d'une part
et d'autre furent acompaignez de gemissemens et regretz, pour le contrepoix des joyeux festins du passé.
Et, combien que la dame de La Tremoille dissimulast
et couvrist sa douleur de face joyeuse, neantmoins
tout le faix des tristes pensemens que tous ensemble
avoyent, demoura sur son cueur, et fut tousjours
acompaigné de ses secretes angoisses, voyre fut la contenance de sa tristesse si longuement en son povoyr,
qu'on ne la povoyt amollir, dont en son cueur se engendra une mortelle apostume non curable par veue
d'amys, lecture de histoyres, passetemps de gens
joyeux, concionnations, ne aultres humains ne spiri-
tuelz remedes. Et, l'esprit fatigué des ennuytz qu'il
enduroit pour la guerre que raison avoit jour et nuyt
contre charnelle amour en la region de son entendement, laissa le corps attenué et au lict, malade, certain
peu de temps apres le despart du seigneur de La Tremoille, qui contrainct, par redoublement de postes, se
retirer en son gouvernement de Bourgongne.

Une lente fievre, acompaignée de mortelle langueur,
empira le mal de la dame de La Tremoille, et par legieres assaillies la conduyrent en decepvant les medecins, jusques au pas de la mort, dont ledit seigneur
de La Tremoille son espoux fut asseuré par sa lectre,
non escripte de sa main comme elle avoit acoustumé,
mais du secretaire; et aussi en fut adverty par les medecins. A ceste cause son partir fut soudain, et sa compaignée laissée, fors de troys gentilz hommes, vinst en

poste à Thouars; où trouva la certitude de la nouvelle
qui si tost l'avoit faict venir; et, sans changer de vestemens ne faire aultre acte, voulut aller veoyr celle que
tant amoit; mais, avant que entrer (la compaignée
de larmes, qui dés son partement de Bourgongne l'avoit
tousjours conduict, laissée à la porte de sa chambre),
para de facialle joye la tristesse de son cueur, et à son
espouse au lict couchée donna le gracieux bon soir,
qui fut par elle humblement accepté, et par ung vehement souspir rendu, luy disant : « Ah! Monsieur, l'heure
« de vostre venue par moy tant desirée m'a esté fort
« longue, doubtant, pour la presse de mon mal, jamais
« ne vous veoyr, et ne vous povoyr dire le dernier à Dieu
« avant que mourir. — Vous n'en estes pas là, dist
« ledict seigneur, j'espere, on cas que vouldrez mettre
« peine à chasser de vostre esprit les mortelles tris-
« tesses que trop y avez gardées, que aisement retour-
« nerez à vostre premiere santé. — La chose n'est pos-
« sible, dist elle, quant à nature; et si resjouyssement
« povoyt estre le medecin de mon mal, vostre seul
« regarder le gueriroit comme la chose du monde qui
« plus me plaist; mais je suis au periode de ma mor-
« telle vie, et au terme constitué que je ne puis preterir
« ne passer sans mort. Noz corps seront pour ung
« temps esloignez; je vous prie que noustre chaste
« amour soit perpetuelle en vostre souvenir, et que
« ayez eternelle memoyre de celle qui vous a tousjours
« esté fidelle amye et compaigne. — Madame, dist le-
« dict seigneur, si lascheté n'occupoit le mien cueur par
« troublement de sens, je ne vous sçauroys oublier,
« car loyaulté, benignité, amour, honnesteté et bonté,
« m'en solliciteront assez, et sçay que j'en auray per-

« petuellement les umbres davant les yeulx de mon
« espryt, qui ne me laisseront sans triste regret, si je
« vous pers ; ce que je n'espere, mais que guerirez, si
« voulez ouster de vostre esprit toutes ces tristes pen-
« sées, et que, pour amender le mien failli, vivrons
« encores trente ans ensemble. »

Toutes ces consolacions et aultres semblables luy
donnoit ledict seigneur, et chascun jour la visitoit
cinq ou six foiz, jusques à la piteuse journée de son
trespas, que, apres son testament faict par l'auctorité
dudict seigneur, congnoissant que l'heure de son deffi-
nement approchoit, luy dist : « Monsieur, il y a trente
« troys ans, peu plus ou peu moins, que la loy de
« mariage nous lya, et honneste amour assembla noz
« cueurs, et en fist une volunté ; je vous rendy du
« fruict de ceste alliance ung seul filz, ouquel Dieu
« et nature mirent tant de bien, que le deces d'icel-
« luy m'a mise en l'estat où me voyez, non du tout
« par ma coulpe, car, pour resister à ma douleur, je
« me suis de raison aydée autant que mon petit sens
« l'a peu faire ; mais la sensualité, contre mon vou-
« loyr, s'en est tant contristée que mon pauvre enten-
« dement, las de ces fascheries, en a laissé tout le faix
« en mon debille corps, qui plus ne le peult porter,
« dont je rends graces à Dieu, le priant me pardonner
« le deffault de raisonnable pascience. La journée pour
« davant Dieu comparoyr et luy rendre compte, est
« venue, qui me faict trembler et fremir, pensant que,
« par le tesmoygnage de la saincte Escripture, à peine
« pourra le juste estre saulvé. Toutesfoiz, armée de
« foy, considerant que Dieu est tout puissant ; j'espere
« que son infallible sapience aura, par son incompre-

« hensible bonté et charité, pitié de moy, sa pauvre
« creature, de laquelle il congnoist l'ignorance et
« fragilité, non par mes operacions, mais par le me-
« rite de la mort et passion de son eternel filz Jhesus,
« nostre saulveur et redempteur, et par les merites et
« prieres de madame Marie sa mere.

   « Et parce que à noz espousailles, prins de vous
« l'anneau de la connexité de noz cueurs, par sa rondeur
« signiffiée, laquelle doit estre entiere sans aulcune
« corruption, comme demonstre la purité de l'or, je
« le vous rends non viollé, macullé, ne corrumpu des
« vices à conjugalle chasteté contraires. Je n'ay me-
« moyre d'avoir faict chose qui vous deust desplaire,
« ne que mon vouloyr ayt esté contraire à vostre bonne
« volunté, mais, par deue obeissance, me suis tousjours
« efforcée de vous complaire. Toutesfoiz en si longues
« années seroit difficile n'y avoir en quelque chose failly ;
« à ceste consideracion, monsieur, vous supplie me
« pardonner ces faultes. Je vous laisse le vif image de
« nostre filz, c'est nostre jeune enfant Françoys, pour
« le reste de tout ce qui vous pourra consoller. Il est
« de cler engin et facilles meurs, et ne tiendra que à
« bonne conduicte s'il n'a toutes les graces de son pere.
« je m'extimeroys eureuse si plus grant fruict de nostre
« sang je vous laissoys ; mais, apres mon deces, si
« voyez que la necessité le requiere, pourrez avoir
« aultre espouse, qui sera plus jeune que moy, pour
« vous donner plus grant lignée, à ce que vostre re-
« doubtable et bien extimé nom soit perpetué; et pour
« le dernier à Dieu je vous recommande mon ame. »

   Ce piteux congié prins, la bonne dame tourna les
yeulx vers le ciel, en disant assez hault le commance-

ment de ce pseaulme *In te Domine speravi*, puis demanda l'extreme unction, qu'elle receut, et incontinant apres rendit l'ame à Dieu, le derrier jour de novembre l'an 1516; et ledict seigneur de La Tremoïlle, qui ne peult veoyr la fin de toutes ces tristes choses, se retyra en une aultre chambre, où en se desconfortant disoit :

« O infortuné accident, inconvenient non precogité, « malheur non pourpensé, procedans de la subtilité « du penetrant engin d'une des meilleures dames du « monde ! que à ma volunté son esprit n'eust esté de « si agu sentement, et n'eust si subtillement appre- « hendé la perte receue en la mort de nostre filz ! O « famelicque et aveuglée mort ! pourquoy n'as tu « esté contante du filz sans la mere? A l'ung et l'autre « nature avoit ordonné plus long vivre que à moy, et, « me laissant proche de vieillesse, a prins ceulx aus- « quelz tard mourir m'eust donné le long vivre. J'ay « l'ung perdu par glayve, l'autre par douleur, et je « me perdray par angoisse, puis que j'ay la compai- « gnée perdue de deux amateurs de vertuz, ennemys « de vices, serviteurs de Dieu, mespriseurs du foul « monde, louhez des bons, crains des maulvaiz, re- « verez des grans, aymez des pauvres, et par admira- « cion extimez dignes de tout honneur. »

Aultres grans regretz fist ledict seigneur, que je n'escriptz pour obvier à la despense du temps; et, retournant à ladicte dame, je n'oublieray sa tres louable mort, portant tesmoygnage de sa saincte vie, car onc dame ne mourut en plus grant foy, en plus fervente charité et humilité, ne en meilleure esperance, sur la mort et passion de nostre Seigneur Jhesucrist fondée. Aussi avoit elle tousjours esté de ces troys vertuz a-

compaignée, et des vertuz moralles bien enseignée.
Onc ne voulut faire chose concernant la civillité sans
asseuré conseil. Sa prudence mesuroit tous les temps,
en sorte que le passé donnoit ordre au present et advenir, et le present regardoit le futur, lequel moderoit
le present. Sa force ne l'avoit onc laissée, fors à la
mort de son filz : car au reste n'eust onc une seulle
suspeçon de pusillanimité. Sa temperance estoit si
grant, que, par jeunesse ne aultrement, ne fist onc chose
suspeçonneuse de lascivité; mais fut tousjours si pu-
dicque, que les lascivieux craignoyent le regard de ses
chastes yeulx. Ses funereuses pompes furent faictes en
son eglise Nostre-Dame de Thouars.

CHAPITRE XXIX.

Le seigneur de La Tremoille est amoureux pour hon-
neur de la duchesse de Valentinoys ; et l'espouse:

Le seigneur de La Tremoille s'acquicta tresbien,
et diligemment, en l'acompliment des ordonnances tes-
tamentaires de son espouse, et fut son deul si grant,
qu'il ne prenoit repos asseuré, ne consolacion pour
laquelle il peust l'exces de ses soupirs moderer. Toutes
les damoiselles de la dame trespassée estoient de larmes tainctes, jusques à mescongnoistre de primeface
visaiges et personnes, et la maison pleine de regretz,
qui avoit habondé en passetemps honnestes; on n'y
parloit que de piteuses et tristes choses. La mort,
cause de tout ce desordre, avec dueil, regret, ennuy,
tristesse, chagrin, et angoisse, vouloient (pour para-

chéver le maleur de ceste maison) abbatré et aterrer ledit seigneur de La Tremoille, chief d'icelle, lequel n'y povoyt si virillement resister qu'il eust faict en sa florissant jeunesse, car jà passoit l'aage de cinquante trois ans. Or, luy estant ainsi mal traicté et en dangier de mort, le Roy (comme Dieu voulut) le manda pour aller à sa Court à Bloys, où, au grant regret de laisser son dangier, se transporta, et de Bloys à Paris, avec le Roy, la Royne, madame la Regente, mere du Roy, et autres grans princes, pour recepvoir l'ambassade du roy des Rommains et du roy d'Espaigne.

Trois ans apres, tant remonstrerent au seigneur de La Tremoille ses amys, qu'il estoit encores en sa corporelle force, combien qu'il eust cinquante six ans, et que n'avoir qu'un seul heritier, c'estoit n'en point avoir, qu'il consentist à demander la jeune duchesse de Valentinoys. Il luy escrivist. La duchesse ne reculla la main de l'epistre, mais en benigne simplicité la prinst et leut tout au long, et respondit : « Madame la Regente, « mere du Roy, qui de sa grace tient le lieu de mes « feuz pere et mere, a mon vouloyr entre ses mains, et « de son simple commandement viendra prompte « obeissance. »

Restoit encore le bon plaisir de madame la Regente, sans laquelle on n'eust peu le periode de ceste alliance trouver : et pour l'entendre est à considerer que ceste jeune duchesse, nommée Loyse, estoit seulle fille et heritiere du duc de Valentinoys, et d'une fille de la tresnoble et illustre maison d'Allebret ; lequel duc estoit extraict de la noble et ancienne lignée des Borgias d'Espaigne, comme recite Anthonius Sabelicus,

et vinst en France au commancement du regne du roy
Loys XII, pour les factions qui furent en Italie entre
luy et les Ursins; et certain temps apres ledit roy Loys
le maria avec ladicte fille d'Allebret, de laquelle il eut
ladite dame Loyse : puis decederent, savoir est ledit
duc le premier, et laisserent icelle Loyse, leur seulle
fille et heritiere, de laquelle madicte dame la Regente
prinst le gouvernement.

On se pourroit esbayr commant ledict seigneur de
La Tremoille, qui estoit homme prudent et riche, ne
gectoit sa fantasie sur aultre dame, non si jeune que ladicte duchesse; car assez en y avoit en France, belles,
riches et de bon renom, tant veufves que aultres, qui
n'avoient onc experimenté les doulceurs de mariage.
J'ay sceu par sa bouche que deux choses le mouvoyent :
l'une qu'il ne vouloit espouser femme veufve, l'autre
qu'il n'en congnoissoit en Court qui fust à luy plus
agreable, ne qui mieulx approchast au jugement de sa
fantasie, et sçavoit que en la race d'Allebret toutes
les femmes et filles ont eu et gardé sans maculle l'honneur et tiltre de chasteté et pudicité; et, par la longue
et honneste frequentacion qu'il avoit eue avec ceste
jeune duchesse, congnoissoit quelle estoit humble sans
rusticité, grave sans orgueil, benigne sans sotie, affable sans trop grant familiarité, devote sans ypocrisie,
joyeuse sans follye, bien parlant sans fard de langaige,
liberalle sans prodigalité, et prudente sans presump-
ption, et finablement qu'elle estoit en l'aage pour
avoir lignée, qui estoit l'ung des plus grans desirs dudict seigneur, parce qu'il n'avoit que ung seul heritier.
Et combien que ledict seigneur eust plus de cinquante
ans, toutesfoiz estoit tant en la grace de nature, qu'il

sembloit bien n'en avoir quarante cinq. Aussi les ans
ne font les gens vielz totallement, mais l'imperfection
de leurs complexions. Or fist tant de demarches envers
madame la Regente, le seigneur de La Tremoille, que
la consummacion du tant desiré mariage d'icelluy seigneur avec ladicte duchesse fut faict à Paris.

CHAPITRE XXX.

*Commant monsieur Françoys de La Tremoille, prin-
ce de Thalemont, espousa madame Anne de Laval;
et des guerres que le roy de France eut en Picardie, où il envoya son lieutenant general, le seigneur
de La Tremoille.*

COMBIEN que, par le jugement des hommes, ceste
jeune duchesse fust bien disposée et organisée de tous
ses membres, et ledict seigneur de La Tremoille en
disposicion convenable pour luy faire des enfans,
neantmoins dame nature ne peut estre la maistresse
sur la divine providence, qui avoit reservé l'entiere
succession dudict seigneur à monsieur Françoys, filz
unicque du seul filz d'icelluy seigneur de La Tremoille, occis à Saincte Brigide, comme dict est. A ceste
consideracion, et qu'en luy fust si noble generacion
perpetuée, ledit seigneur de La Tremoille, son ayeul,
se fist enquerir, partout le royaume, de quelque dame
propre et pareille audict jeune seigneur, qu'on appelle le
prince de Thalemont, et de laquelle il peust avoir lignée
bien tost : car, considerant la variacion des choses hu-

maines en la petite et incertaine actende des jeunes
hommes, dont la mort ravist en plus grant nombre
que de vielz, doubtoit fort le mourir et la perte de
ce jeune prince. Or fist tant qu'il apporta la volunté
d'une jeune dame, pareille audit prince en aage, en
lignage, en meurs, et à generacion bien disposée:
c'estoit madame Anne de Laval (1), fillé et heritiere
du seigneur de Laval, l'une des anciennes et illustres maisons de Bretaigne et qui plus a duré sans mutacion, et de la princesse de Tharente; laquelle madame Anne fut conjoincte par mariage avec ce jeune
prince, troys ou quatre ans apres les secondes nopces
dudict seigneur de La Trémoille.

L'union de ces deux illustres personnes fut acomplie de toutes les choses qu'on pourroit desirer, tant
en biens, en meurs, que en toutes aultres choses de
perfection d'esprit; et, s'il estoit permis de dire au long
les louanges des vivans, je diroys et escriroys sans
mentir que, aux parolles et faictz de ce jeune prince,
et à l'exercice de son grant et facil engin, on le peult
extimer estre en l'advenir une perle en la maison de
France, et une reserve de bon et asseuré conseil, sans
lequel on ne devra faire ne excecuter aulcune bonne
entreprinse. Et au regard de madite dame son espouse,
elle est acomplie de toutes les bonnes graces qu'on
pourroit en une parfaicte dame choysir: il n'est rien

---

(1) *Anne de Laval*: Anne de Laval étoit fille de Charlotte, princesse
de Tarente, fille unique de Frédéric d'Arragon, roi de Naples. Elle
épousa en 1521 le jeune prince de Talmont: cette alliance est le fon-
dement des droits que la maison de La Trémouille a depuis fait valoir
sur le royaume de Naples, droits qui ont été reconnus dans plusieurs
traités.

plus-beau, plus humble; plus noble, plus mansuet, plus affable, plus gracieux, plus begnin, plus saige né plus religieux : laquelle, au desir dudit seigneur de La Tremoille, eut, à la fin du premier an de ses espousailles, ung beau-filz, qui est le plus grant bien que l'ayeul et le pere eussent peu en ce monde avoir.

Environ ce temps, Charles, roy d'Espaigne, esleu empereur, et Henry, roy d'Angleterre, son beau frere, commancerent à manifester et monstrer les enviés par eulx long temps auparavant conspirées contre la prospe-rité du royaulme de France et des Françoys : et, nonobs-tant l'aliance qui avoit esté faicte on triumphant festin d'Ardre, entre lesdicts roys de France et d'Angleterre, où ilz s'estoient veuz, entreprindrent faire la guerre aux Françoys; sçavoir est, ledict roy d'Espaigne, à Mo-zon et Mezieres, par le secours d'aulcuns Allemans, Namuroys et Hennuyers, tousjours rebelles à la cou-ronne de France, où peu gaignerent; car le roy de France en eut la victoire, par le secours des princes et bons capitaines de France, et, entre aultres, messire Pierre Terrail, qu'on appelloit le capitaine Bayart, homme hardy et prudent en guerre, qui sceut bien gar-der Mezieres; Monmoreau, lequel y mourut par incon-venient de maladie, en la fleur de son aage, et d'aultres plusieurs. Ceste guerre, faicte sans propos, et en hayne de messire Robert de La Marche, tenant le party du roy de France, fut sans fruict d'une part et d'aultre, et avec grant dommage; car les Alemans mirent à feu et sang plusieurs bourgs et villages de la Picardie; et autant ou plus en firent les Françoys en Henault. Et peu de temps apres le roy de France, sans faire bruyt, feit assaillir et prendre sur le roy d'Espaigne la ville de

14.   34

Fonterabie, par messire Guillaume Gouffier, admiral
de France; et, adverty que les Anglois vouloient descendre en la Piccardie, y envoia ledit seigneur de La
Tremoille, pour donner secours au duc de Vendosme,
gouverneur dudit pays; et eulx deux ensemble pourveurent tresbien aux affaires dudit pays, et avec les
garnisons avitaillerent, par trois ou quatre foiz, Therouenne; ce qui depuis n'a esté fait sans grosse assemblée de gens, ne sans plus grans fraiz et mises. Comme
on fasoit toutes ces choses en Picardie, furent apportées nouvelles au roy de France, lors estant à Paris,
que les Alemans fasoient grosse assemblée pour venir
en Bourgongne de par le roy d'Espaigne; parquoy le
Roy manda ledict seigneur de La Tremoille aller vers
luy, lequel il trouva à Paris; et delà le Roy l'envoia en
Bourgongne, à diligence, pour donner ordre audit
pays. Les Alemans, certains de sa venue, et de l'ordre
qu'il avoit jà mis pour les recevoir, laisserent leur entreprise sans effect, et donnerent roupture à leur voiage :
mais les Anglois, sachans que ledit seigneur de La
Tremoille n'estoit plus en Picardie, acompaignez des
Flamens et Hennuyers, y entrerent en 1522, et as-
siegerent la ville de Hedin. Pour ceste cause le Roy
manda ledit seigneur à diligence, et luy donna charge
de aller secourir ledict duc de Vendosme ondict pays
de Picardie : aussi y envoia messeigneurs les mareschaux
de Foix et Montmorancy, le seigneur de Mezieres et
le seigneur Federic de Bauge, avec leurs bandes ; mais,
sceu par les Anglois, Hennuyers et Flamens, leur venue, eulx retirerent bien tost, sans auser les actendre.
  Ondit temps, le Roy droissoit une aultre armée fort
belle et grosse, pour aller en Italie recouvrir la ville

de Milan, laquelle le seigneur de Lauctrect, qui en
estoit gouverneur pour le Roy, avoit esté contrainct
laisser par faulte de secours; mais, avant que le faire,
voulut bien donner ordre à son royaume; et, luy estant
à Sainct Germayn en Laye, prés Paris, manda audict
seigneur de La Tremoille, estant en Bourgongne, se
trouver vers luy, ce qu'il fist, et luy dist : « Monseigneur
« de La Tremoille, vous voiez les affaires de mon
« royaume, et le tour qu'on m'a fait à Milan où je suis
« deliberé aller : mais je ne sçay que, moy party de ce
« pays, les Angloys, Hennuyers et Flammans s'effor-
« ceront me faire ennuy et dommage on pays de Pi-
« cardie ; et, adverty qu'ilz vous craignent, vous y
« veulx envoier mon lieutenant general. — Sire, dist
« ledit seigneur de La Tremoille, je suis tousjours
« prest vous obeir; toutesfoiz je me deporterois vo-
« luntiers de ceste charge, si vous plaisoit m'en
« bailler une aultre, parce qu'elle pourroit desplaire
« à monsieur de Vendosme, gouverneur dudit pays,
« lequel est ung prince hardy, prudent et loyal; et,
« tant à cause de son auctorité que par son sens, saura
« tresbien resister à voz ennemys; et voluntiers soubz
« sa charge vous y feray le service auquel je suis tenu.
« — Et si mon cousin le duc de Vendosme vous en
« prie, dist le Roy, le ferez-vous ? — Sire, dist ledict sei-
« gneur, vous sçavez que mon vouloyr a tousjours esté,
« est et sera entre voz mains et en vostre puissance. »
. Lesdicts duc de Vendosme et seigneur de La Tremoille parlerent ensemble de ceste matiere, et, à sa
requeste, ledict seigneur accepta ladicte charge de
lieutenant general oudit pays de Picardie ; et luy
bailla le Roy cinq cens hommes d'armes, dont les

bandes n'estoyent completes, et dix mil hommes de pié des gens du pays, qui n'avoyent jamais veu de la guerre et ne faisoyent que saillir de la charrue.

Le Roy prinst le chemin de Lyon pour aller en Italie, et passa par Moulins en Bourbonnoys, où lors estoit malade messire Charles de Bourbon, connés-table de France. Et, apres avoir parlé ensemble dudit voyage, le Roy, suyvant son chemin, arriva bientost à Lyon; et ledict messire Charles de Bourbon s'en allã au chasteau de Chantelles, qui est l'une des fortes places d'Aquitaine. Dix ou douze jours aprés on fist rapport au Roy que, s'il alloit delà les monts, ledict de Bourbon (soubz umbre qu'il estoit connestable de France) et aultres de sa faction et entreprinse, avoyent deliberé et conclud eulx emparer du royaulme de France, de monsieur le Daulphin, et des autres enfans du Roy, pour faire d'eulx et du royaulme à leur plaisir; dont il fut fort esbay et courroussé; et incontinant envoya gens à Chantelles pour prendre et luy amener ledit de Bourbon, lequel, de ce adverty par aucuns de ses amys estans en la court du Roy, laissa Chantelles, et, avec ung de ses gentilz hommes, nommé Pomperant, et troys ou quatre aultres, se retira, à grant diligence par la comté de Bourgongne, en Austriche, vers ledict roy d'Espaigne, ennemy du roy de France.

Le seigneur de Sainct Vallier, l'evesque d'Authun, l'evesque du Puys et aultres, qu'on disoit estre de la-dicte faction, furent prins prisonniers et envoyez au chasteau de Loches. Toutes lesquelles choses don-nerent (non sans cause) roupture au voyage que le Roy avoit deliberé faire en Italie; et y envoya messire Guillaume Gouffier, admiral de France, son lieutenant general, avec son armée, qui estoit fort belle et en bon ordre. Pour ces cas le Roy eut matiere d'avoir en suspection grande les parens et alliez dudict duc de Bourbon, et entre aultres ledict seigneur de La Tremoille, parce qu'il avoit esté marié en premieres nopces avec feue madame Gabrielle de Bourbon, seur du pere dudict messire Charles de Bourbon. Neantmoins n'eut jamais aulcune deffiance d'icelluy de La Tremoille; mais, l'advertissant dudict cas, luy recommanda sa charge de lieutenant general en Picardie, en laquelle il s'aquicta tresbien; car, dés ce que ledict seigneur eut eu son expedicion du Roy pour ladicte charge, s'en alla à Sainct Quentin en Vermandoys, où sejourna quelque temps, actendant à venir sa gendarmerie, et aussi qu'il estoit fort blecé de la cheute d'ung cheval tumbé soubz luy.

· De Sainct Quentin, ledit seigneur de La Tremoille, demy guery dudict mal, s'en alla, tout le long de la frontiere, jusques à Boulongne sur la mer, puis s'en alla à Monstereul, où il se tinst longuement, à la raison de ce que c'estoit l'une des feubles villes du pays, et aussi craignoit, s'il en fust party, que ceulx qui estoyent ordonnez pour la garder en feissent difficulté, au moyen de la grant mortalité de peste qui y estoit. Et, luy estant là; le duc de Suffort, avec grosse armée d'Angloys, descendit ondit pays, et se vinst joindre au seigneur d'Istam, lors lieutenant general du roy d'Espaigne. Eulx assemblez avec leurs armées se trouverent jusques au nombre de trente six mil hommes de pié, et six mil chevaulx, et une des plus belles bandes d'artillerie qu'on aye guieres veu en armée. Si prindrent leur chemin droict à Boulongne; mais, sceu par eulx

le bon ordre que ledict seigneur de La Tremoille y
avoit mis, ne l'auzerent assaillir, et prindrent ung
petit chasteau qu'on n'avoit pourveu, parce qu'il n'estoit tenable. De là allerent passer davant Therouenne,
et furent troys ou quatre jours autour de la ville pour
l'assieger; ce que à la fin ne trouverent bon, car dedans estoit le capitaine Pierre Ponth, lieutenant du
duc de Lothraint, homme de grant hardiesse et saige
conduicte, qui fist plusieurs saillies sur eulx, à leur
dommage et perte.

De Therouenne les ennemys allerent à Dorlans, où
ilz furent douze ou treze jours sans approcher leur
artillerie, parce que en le cuydant faire on y avoit
occis tout plain de leurs gens, à coups de canon
d'ung chasteau de terre que avoit faict faire le seigneur
de Ponthderemy; et, au moyen de ce qu'il n'y avoit
assez gens dedans la ville de Dorlans pour la deffendre, ledict seigneur de La Tremoille y envoya deux
bandes et enseignes de gens de pié, lesquelz y entrerent de plain jour, à enseignes desployées, à la veue de
l'armée des ennemys; et, quant les ennemys partoyent
d'une place pour aller à l'autre, ledict seigneur de La
Tremoille estoit contrainct faire partir et aller toute
nuyt ceulx de la place que les ennemys avoyent habandonnée, pour eulx mettre en celle où ilz alloyent,
à la raison de ce qu'il n'avoit assez gens pour garder
si grant frontiere. Et alloit tousjours ledit seigneur, les
coustoyant pour donner ordre à tout. Il avoit si peu
de gens, qu'il n'eust sceu mettre aux champs à une
foiz plus de soixante hommes d'armes et mil hommes
de pié.

Au partir de Dorlans, les ennemys prindrent leur

chemin tout le long de la riviere de Somme, sans entrer au pays du Roy, jusques à tant qu'ilz allerent
davant la ville de Bray, laquelle ilz prindrent, parce
qu'elle n'estoit tenable : et, la riviere par eulx passée,
allerent à Roys et à Mondidier, qui sont deux petites
villes, lesquelles ilz prindrent, à la raison de ce qu'on
n'avoit gens ne monicions pour les pourveoyr. Or
fault entendre que, dés ce que les ennemys eurent
passé la riviere de Somme, ledict seigneur de La Tremoille envoya le comte de Dampmartin à Noyon,
qui assembla ce qu'il peult des gens du pays, et rempara
la ville à son possible, de sorte que les ennemys n'y
allerent. Aussi manda ledict seigneur de La Tremoillé
à messieurs de la court de parlement, et citoyens de
Paris, qu'ilz envoyassent gens et artillerie le long de
la riviere de Marne; ce qu'ilz feirent. Et d'une aultre
part mist dedans la ville de Peronne les seigneurs de
Montmor, et de Humieres; et dedans Corbie, ledict
seigneur de Pontderemy, les vicomtes de Turenne et
Lavedent, et le seigneur de Rochebaron, avec leurs
bandes. Brief, ledict seigneur mist si bon ordre par
tout, que les ennemys, par faulte de vivres, furent
contraincts eulx retirer. Et, à leur retraicte, prindrent Beaurevoir et Bohamg; mais Beaurevoir fut incontinant reprins par ledict seigneur de Pontderemy,
et Bohamg par ledict seigneur de La Tremoille, les
ennemys n'estans encores à six lieues loing des Françoys; parquoy ne leur demoura une seulle place dedans les terres du Roy; et si perdirent en eulx retirant
grant nombre de leurs gens; qui fut ung gros service
faict au Roy et au royaulme.

CHAPITRE XXXI.

Commant, apres ce que l'admiral de France fut re-
tourné de Milan, messire Charles de Bourbon
assiegea Marseille, dont fut chassé, et le siege levé
par le roy de France, qui suyvit ledict de Bourbon
jusques en Italie, où il assiegea la ville de Pavye.

Sɪ les affaires de Italie se fussent aussi bien portez
que ceulx de la Picardie, le Roy et le royaulme de
France n'eussent eu les grans affaires depuis surve-
nuz ; mais fortune fut contraire à l'admiral de France :
car il trouva Milan occupé et detenu par messire
Charles de Bourbon, comme lieutenant general du
roy d'Espaigne eleu empereur. Les armées furent
long temps l'une pres de l'autre, faisans tousjours
quelques saillies et courses, où plusieurs furent occis,
et encores plus de prisonniers prins, qu'on rendoit l'ung
pour l'aultre, selon la qualité des personnes, contre la
nature des François et Gaules, lesquelz, s'ilz ne donnent en collere et fureur, perdent leur force et hardiesse au dissimuler ; et les Hispaniens et Italiens sont
au contraire, où les François devroient avoir l'œuil, et
ne alterer ne changer leurs anciennes meurs ; car on
ne le peult faire ne se acoustumer à d'aultres, si l'on
ne change entierement de toutes condicions. Le dissi-
muller est bon à gens qui n'ont esté nourriz en leurs
aises, et qui sont coustumiers de longuement supporter le froit, le chault, la fain, la soif, le labeur du

harnoys, la pluye., le. vent et aultres ennuytz de guerre ; mais ceulx qui ont leurs aises suyvyes, comme les François, ne les peuvent par long temps supporter sans malladie ou diminucion de force et hardiesse. Le seigneur de La Tremoille a esté par aucuns blasmé de trop grant promptitude, mais non par gens congnoissans la nature des Gaules et François. Et si tous les chiefz de guerre françois eussent fait comme luy, peut estre que l'yssue de leurs charges eust esté meilleure et plus avantageuse qu'elle n'a.

Or les Françoys, ennuyez d'estre si longuement aux champs, sans donner fin à leur entreprinse, aprés la prinse de Rebet, prindrent conseil d'eulx retirer en France, et se mirent au chemin en assez bon ordre. Les adversaires les suyvoient, soubz la conduicté de messire Charles de Bourbon, et se rencontrerent, où il y eut quelques gens occis d'une part et d'autre, et mesment messire Pierre Terrail, natif du Daulphiné, qu'on appelloit le capitaine Bayard, d'un coup de hacquebute à crochet ; qui fut groz dommage, car, en parlant de l'excellence des bons capitaines, il ne doit estre mis hors du ranc, mais en lieu evident, pour ses memorables faiz et gestes, et pour les bons services par luy faiz aux roys de France, tant au Garillan, recouvrement de Gennes, prinse de Bresse, que à la garde de Mezieres. Aussi fut à ceste suyte frappé d'un coup de hacquebute le seigneur de Vaudenesse, frere du mareschal de Chabannes, dont il mourut certain temps aprés : et en cest estat les François retournerent en France.

Ceste retraicte, faicte à bonne cause, augmenta fort le credit de messire Charles de Bourbon envers le roy d'Espaigne empereur, par l'ayde duquel bien tost apres descendit, avec grosse armée, en la comté de Provence, où il disoit avoir droit, ne sçay à quel titre ; et alla mectre le siege davant la ville de Marseille, en laquelle estoient messire Phelippes Chabot, seigneur de Brion, le seigneur Rances et aultres bons capitaines, qui l'avoient tresbien fortiffiée et pourveue. Le Roy prinst deliberation de aller lever ce siege, et manda ledict seigneur de La Tremoille, lors estant en Bourgongne, se trouver à Lyon, ce qu'il feit ; et alla avec le Roy jusques à Tournon, par la riviere du Rosne, où le Roy fut adverty le legat d'Avignon n'avoir voulu mectre la ville d'Avignon entre les mains de messire Jacques de Chabannes, seigneur de La Palice, mareschal de France, et lors lieutenant general pour le Roy en ceste expedition ; parquoy envoia ledict seigneur de La Tremoille vers ledict legat, et avec luy les seigneurs d'Aubigny, de Florenges et Mezieres, pour l'acompaigner. Eulx, arrivez en ladicte ville d'Avignon, y trouverent ledict mareschal de Chabanes et le duc de Longueville, qui n'avoient les clefz d'une seule porté. Mais, dés ce que ledict seigneur de La Tremoille eut parlé audit legat, toutes les clefz de ladicte ville furent mises entre ses mains, et fut baillée la garde d'icelle ville audict seigneur d'Aubigny, sans laquelle l'armée du Roy estoit en dangier, à la raison de ce que par ladicte ville on povoit avoir vivres et secours.

Le mareschal de Chabannes, lieutenant general pour le Roy, s'en alla loger au camp, et demoura ledict seigneur de La Tremoille en ladicte ville, jusques à la venue du Roy ; incontinant aprés que le Roy fut en ladicte ville, le camp des François, où se retira ledict seigneur de La Tremoille, marcha jusques à Cavallon. Ledict mareschal de Chabannes mennoit l'avantgarde, et ledict seigneur de La Tremoille la bataille, acten dans le Roy à venir d'Avignon. Messire Charles de Bourbon, adverty de la presence du Roy et du bon ordre qui estoit en son armée, voiant qu'il ne pourroit acquerir honneur ne proffit en son entreprinse, ne faire dommage à la ville de Marseille, par luy assiegée, leva son siege et se retira diligemment en Italie, non sans perte de son artillerie et de quelque nombre de ses gens. Le Roy, suyvant son armée, se trouva en icelle le jour qu'elle avoit passé la riviere de la Durance, à gué, par miracle, ce qu'on n'avoit oncques veu; et, à la raison de ce que ses ennemys s'estoient jà trop esloignez, alla à Aix en Provence : où fut mis en deliberacion s'il devoit suyvir la promesse de sa fortune, et passer les mons avec son armée, dont il avoit bon vouloir pour plusieurs consideracions; l'une qu'il avoit grosse armée, mesmement de Italiens et avanturiers de France, qui avoient fort endommagé son royaume, et que, si plus les retenoit, en paracheveroient la ruyne; parquoy necessaire estoit les envoier ailleurs, ce qu'il pourroit honnestement faire, faisant guerre en Italie; l'aultre, que son armée estoit en bonne ordre et preste à marcher; et l'aultre, que ses gensd'armes avoyent bon vouloyr d'y aller pourveu qu'il y allast, aussi que sa presence croystroit le cueur et courage de la gendarmerie. Pour toutes lesquelles causes et aultres, le Roy, par la deliberacion de son conseil, entreprinst le voyage et fist marcher son armée soubz la conduycte dudict mareschal de Chabannes, par ung chemin; et, quant à luy et sa compaignée, allèrent par une aultre voye, de laquelle compaignée estoit ledit seigneur de La Tremoille.

Les mons passez et la riviere du Thizin, le Roy alla loger à Biagras, où il eut nouvelles certaines que ledict de Bourbon et l'armée du roy d'Espaigne estoyent dedans Milan; sur quoy y eut plusieurs deliberacions, si l'on devoit assieger la ville de Milan, ou non; et, suyvant la meilleure, le Roy y envoya le marquis de Saluces pour faire ung essay, et ledict seigneur de La Tremoille aprés luy, lequel eut nouvelles certaines au chemin, comme ledict marquis avoit prins ladicte ville, et que les ennemys s'estoyent retyrez ailleurs; ce qu'il ne voulut si facillement croyre; et y alla, pour en sçavoir la verité, puis retourna soudain vers le Roy, pour luy en dire ce qui en estoit. Il trouva le Roy on chemin, lequel le renvoya, son lieutenant general en ladicte ville de Milan, le penultieme jour d'octobre l'an 1524. Et apres, luy envoya le comte de Sainct Paul, le seigneur de Vaudemont, le mareschal de Foix et le seigneur Theolde de Trevolth.

Ledict seigneur de La Tremoille fortiffia la ville de Milan, au mieulx qu'il peult, de tranchées et rempars, entre le chasteau et la ville; à ce que les ennemys, qui encores tenoyent le chasteau, ne feissent quelques surprises ou saillies sur ceulx de la ville; et y demoura ledict seigneur jusques au quart jour de fevrier prochain ensuyvant.

De l'aultre part, le Roy assiegea la ville de Pavye, et y fist droisser son camp, aussi bien equippé qu'on en veit onc. Ledit camp fut assis davant le chasteau et ville de Pavye, et partie on parc, où y avoit une

maison appellée Myrabel, que les Françoys gaignerent, par le moyen de laquelle, et d'une breche qu'ilz
feirent en la muraille dudict parc, avoyent vivres sans
dangier.

Ceulx du dedans de Pavye, dont messire Anthoyne
de Leyve, chevalier vaillant et hardy, estoit chief
et capitaine, s'estoient tresbien fortiffiez, et la ville
bien garnie de vivres et municions, pour la tenir long
temps contre le Roy. Souvent faisoient des saillies sur
noz gens, non sans perte d'une part et d'autre; et y furent les Souysses quelque foiz endommagez; ilz fasoient
bon guet, et avoient tousjours l'œuil sur ceulx qui alloient visiter les rempars et tranchées du camp du Roy;
où monsieur Claude d'Orleans, duc de Longueville,
prince jeune et hardy, fut occis en l'aage de seize ans,
d'un coup de hacquebute, par ung de ceulx du chasteau, dont le Roy fût fort desplaisant. Tous les jours
le camp du Roy endommageoit les adversaires, et
baptoit la ville et le chasteau de toutes pars; et trouva
moien le Roy de faire divertir le cours de la riviere
du Thizin, à ce qu'elle ne passast plus par ladicte
ville, qui ne fut sans grans peine, fraiz et mises. Et
parce que l'armée françoise estoit fort grant, et que le
Roy trouva, par conseil, qu'il povoit sans dangier en
envoier partie ailleurs, pour amuser le grant nombre
de Hispaniens estans à Naples, et empescher qu'ilz
ne vinssent au secours de Pavye, le Roy y envoia
le duc d'Albanye, avec quatre cens lances et six mille
hommes de pié, lesquelz passerent jusques à Romme.
Le Roy se tinst tousjours au camp et siege; où il feit tout
ce que ung bon chief de guerre pourroit et devroit faire
tant aux vivres, paiement de ses gensd'armes, que

bonne police : et si par foiz l'argent ou les vivres estoient retardez, consolloit ses gensd'armes, leur remonstrant qu'il enduroit comme eulx ; et quant aucun estoit malade, le visitoit, et faisoit mediciner et penser, monstrant par effect qu'il amoit sa gendarmerie, sans toutesfoiz aucune chose diminuer de sa magesté et auctorité envers les desobeissans, contre lesquelz usoit de la severité de justice, ainsi que la chose le requeroit, sans aucune crudelité. Et avec ce, entretenoit, par grant faveur, les capitaines et chiefz des bendes desquelles il pensoit avoir plus de service, monstrant avoir singuliere fiance en icelles ; voire de sorte que ceulx des aultres bendes estoient conviez et excitéz à surmonter la bande favorisée, plus par bon service, en espoir de recompense, que de celle faveur, parce que la faveur estoit en bonne raison fondée, à l'exemple de Julius Cesar, qui monstroit par signes de faveur avoir plus de asseurance en la diziesme legion de ses gensd'armes que aux aultres.

Comme on fasoit toutes ces choses, ledict seigneur de La Tremoille, estant lieutenant general pour le Roy à Milan, se porta si tres bien en sa charge, que les ennemys n'en approcherent, et ne luy feirent dommage ; où feit si grosse despense de ses propres deniers que plusieurs foiz fut contrainct envoier querir grans sommes d'or et d'argent à sa maison ; et, la derniere foiz, qui fut au moys de janvier dudit an 1524, madame son espouse, pour luy donner quelque consolation en ses labeurs, par ceulx qui luy porterent grosse somme d'escutz au souleil, à Milan, luy envoia une amoureuse epistre, et luy une à elle.

CHAPITRE XXXII.

Commant le seigneur de La Tremoille fut occis à la journée de Pavye.

La lettre du seigneur de La Tremoille rapporta grant joye à madame son espouse ; mais, avant cinq septmaines passées, ceste consolacion tourna en merveilleuse tristesse, pour les choses qui depuis advindrent en Italie : car, comme le Roy tenoit Pavye assiegée, messire Charles de Bourbon, lieutenant general de l'armée de l'Empereur, roy d'Espaigne, assembla grosse armée de Alemans, Bourgongnons, Austrasiens, Artisiens, Hennuyers, Brebançons, Hispaniens, Italiens, et quelques aultres gens de France, en nombre excedant l'armée du Roy, qui estoit fort affeublie ; à la raison de ce que plusieurs gentilz hommes non stipendiez estoyent retournez malades en France, aultres estoyent mors, et aultres avoyent laissé le siege, par l'ennuy des pluyes et froidures qu'ilz avoyent supportées par quatre moys ou environ, on temps d'automne et d'yver, aussi que le Roy avoit envoyé à Naples quatre cens lances et six mil hommes de pié, comme nous avons veu cy dessus. Et au commancement du moys de fevrier dudit an 1524, ledit messire Charles de Bourbon, le viroy de Naples, et le marquis de Pesquere, assemblerent leurs gens en la ville de Lode, et y droisserent leur armée, puis sortirent aux champs, deliberez de trouver les moyens d'entrer en Pavye, dont ilz furent repoussez par les Françoys ; et, suyvans leur chemin, assaillirent le chasteau Sainct Ange, qui fut par eulx prins, et vingt deux Italiens estans au service du Roy, dont les six, estoyent de la maison de Gouzaga, puis allerent loger à la veue du camp de France, et au derriere du fort d'icelluy.

Le Roy manda le seigneur de La Tremoille et aultres seigneurs estans en la ville de Milan, qui vindrent au camp de France, fors le seigneur Theolde de Trevol; qui demoura pour la garde de ladicte ville : et arriverent audict camp, le 4 fevrier, avec leurs bandes, qu'il faisoit bon veoyr. En ce temps cuiderent avoir la bataille, et ainsi le conseilloit ledit seigneur de La Tremoille, parce que lors les gensd'armes de France estoyent fort deliberez et en meilleur ordre que les ennemys, qui eust esté le meilleur pour les Françoys, parce que voluntiers sont plus fors en la premiere poincte. Mais aultres capitaines ne furent de cest advis, disans que les ennemys ne les ouseroyent assaillir à leur fort, et que longuement ne pourroyent entretenir leur camp, et seroyent contraincts rompre leur armée, à la raison de ce qu'ilz estoyent mal pourveuz de vivres et argent, et que, par ces moyens, viendroit le Roy à chief de son entreprinse; pour lesquelles raisons, qui avoyent bonne apparance, ne sortirent pour lors : et furent ainsi l'ung camp pres de l'autre, environ quinze jours ou troys sepmaines, faisans escarmouches et saillies, et aussi ceulx de Pavye, qui ne fut sans perte de gens d'une part et d'aultre.

Tous les jours la compaignée de l'armée imperialle croissoit, et ne passoit guieres nuyt qu'il n'y eust alarme. Les bons capitaines et gens de bien, durant ce temps, eurent tousjours le harnoys sur le doz, et entre aultres ledit seigneur de La Tremoille, qui ne le laissa onc, fors pour changer de chemise : souvent predisoit une partie du desordre qui depuis advinst : mais, sans avoir regard au passé, aulcuns jeunes gens. d'armes prenoyent le present pour resverie, et l'adve- nir en presumption. Le Roy se acquitoit autant bien que fist onc Cesar en ses conquestes, et voyant la guerre subjecte à fortune, pour empescher que les cueurs d'aucuns de son armée ne affeublissent, et que hardiesse ne tournast en doubteuse suspeçon, aul- cunesfoiz les persuadoit et excitoit au bien faire, par telles ou semblables parolles.

Persuasion du Roy à ses gensd'armes, davant Pavye.

« Si la force de noz ennemys n'avoit esté par vous et voz peres experimentée, mes loyaux chevalliers et gensd'armes, je m'efforceroys vous exhorter à har- diesse ; mais la noblesse de voz cueurs et voz expe- riences congneues contantent mon esprit, et asseurent mon espoyr de future victoyre. Vous ne ignorez noz adversaires estre Hyspaniens, Saxons, Brebançons, Hennuyers, Artisiens, Sequanoys et Lombars ; et que les Visgotz (desquelz les Hyspaniens se gloriffient estre yssuz) ont esté, long temps a, vaincuz par les Françoys, et Clovis, leur premier roy crestien, voyre chassez d'Aquitaine en Espaigne ; où depuis, par plusieurs batailles, ont esté guerroyez et vaincuz par les roys Clotaire, premier de ce nom, Sigibert, Chilperic et aultres roys mes predecesseurs ; comme aussi furent apres eulx les Sarrazins, occupateurs de leurs terres et agresseurs d'Acquitaine, desquelz furent occis, avec

14.   35

leur roy Abidran (¹), jusques au nombre de troys
cens quatre vingts mil, prés Tours, par les Françoys
et Charles Martel, lors grant maistre de la maison de
France, leur chief et principal conducteur; et encores
depuis par Charlemaigne, par le roy Charles V, et par
vous et voz peres de fresche memoyre, à Ravanne.

« Aussi peu devez craindre les Saxons de ancienneté rebelles à la couronne de France, et plusieurs-
foiz subjuguez par les Françoys, durans les regnes desdictz Clovis et Clotaire, et par Clotaire second, qui,
leur pays subjugué, fist mettre à mort tous les hommes
et enfans adultes passans en grandeur la longueur de
son espée. Charlemaigne douze foiz les subjuga, et par
douze batailles qui furent entre eulx par la faction et
desobeissance de messire Regnaud de Montauban et
ses trois frères, enfans du duc Hemon, qu'on appelle
vulgairement les quatre filz Hemon; et finablement,
pour avoir perpetuelle paix, Charlemaigne fut contrainct faire venir une partie de ce rebelle peuple en
France, cuidant leur faire laisser leurs maulvaises
meurs, et leur bailla pour demourance la fourest Cher-
bonniere, en la Gaule Belgicque, dont Landric fut le
premier fourestier; et depuis a esté ce pays erigé en
comté, appelée la comté de Flandres, tenue de moy
en perrie, et tousjours rebelle, par la malice des habitans tant de foiz deffaiz en leur injustice, mesment
par le roy Phelipes le Bel.

« Si bien rememorez les nobles gestes et faiz de
noz peres, ne craindrez les Sequanois, c'est à dire,
Bourgongnons de la Franche-Comté, et aussi peu les
Hennuyers, Artisiens, Austrasiens et Brebançons, tant

(¹) *Abidran* : Abderame.

de foiz vaincuz par les roys de France, et premierement
par le roy Clovis et ses enfans, qui les soubmirent à la
couronne et ceptre de France, et de recente memoire
par le roy Loys XI de ce nom. Et pour le reste, qui
sont les Italiens ou Lombars, nul de vous ignore comme
leur royaume de Lombardie fut autresfoiz supprimé
par Charlemaigne, lequel le reunist à la monarchie
des Gaules, dont il estoit yssu, parce que les Gaules
fuient de ce pays edificateurs : à cause de ce, fut
appellée la Gaule Cisalpine, depuis Lombardie, et de
present Italie. Et de recente memoire le roy Loÿs XII,
mon beau pere et predecesseur, les a surmontez et
vaincuz par trois ou quatre batailles, dont tousjours il
a eu la gloire et triumphe, et moy avec vous à la
journée Saincte Brigide.

« Puis donc que par tant de batailles, desquelles les
François et Gaules ont eu la gloire, toutes ces belliqueu-
ses nations ont esté par les nostres surmontées, vous qui
ne voulez degenerer, ne deshereder voz successeurs de
l'immortel nom de prouesse avec tant de labeurs par
voz peres acquis, je vous supply que voz cueurs ne se
amolissent, voz courages ne se rabaissent, et voz corps
et mains ne se excusent à humilier ceulx qui, par orgueil et injuste querelle, nous veullent adnichiller.
Considerez les agressions de noz adversaires, qui n'est
ung spectacle, mais ymage de nostre presente fortune. Le lieutenant de leur armée, que congnoissez,
est hors d'espoyr, et avanture sont sort à sa totalle
ruyne ou à nostre deshonneur, reproche et perte. Il
seroit joyeux nous mettre en fuyte, bien adverty que
ceste lascheté tourneroit à nostre generalle intericion,
et que le fuyr occiroit plus de gens par mort et deshon-

35.

neur que l'obstinacion du combatre ; car, d'ung cousté, nous avons la grosse riviere du Thizin et les Alpes qui nous renferment, et de l'autre cousté, l'Ytalie, qui tousjours sera contre les vaincuz.

« A ceste consideracion, nous convient vaincre ou mourir. Toutesfoiz fortune, qui nous impose ceste necessité de combatre, nous promect des loyers telz que plus grans on ne sçauroit à Dieu demander : c'est la paisible seigneurie et possession de tout ce riche pays, qui à juste tiltre me appartient, et le recouvrement du royaulme de Secille et pays de Naples, pour vous remonter de voz pertes et anciens labeurs ; voycy la premiacion de voz merites, et la fin de voz travaulx. Et si le nom d'empereur est grant, et le nombre des gens de son armée excedant le nostre, pourtant ne extimez la victoyre en estre difficille. Souvent une petite compaignée de gens de vertuz mesprisée deffait et ruyne en ung legier mouvement ung grant et presumptueux exercice. Vous sçavez le presage de bonne fortune que nous eusmes au passer la grosse et profunde riviere de la Durance, qui fut par nous passée à gué, contre nostre espoir. Je ne voy chose de louange en noz ennemys, qui ne soit mieulx et par plus grant excellence en vous ; et si ont ung chief extrange, non congnoissant leurs meurs et condicions, et mal congneu par eulx : et je, qui suis voustre roy, juge et premiateur de voz merites, congnoissant voz condicions, et vous les miennes, me semble impossible que soyons vaincuz. Je veulx mourir avec vous, pour le proffit de vous, voz enfans, et vostre pays. Je vous prie que ne fuyez la mort, pour l'amour que avez à moy, et encores plus à vostre honneur et de voz heritiers.

« Considerez combien seroit grant et long le reproche de ceulx qui vouldroyent tourner le doz, et combien leur ennuyroit et à leurs enfans le reproche de lascheté ; et au contraire, en quel degré de louange seront les victorieux et combatans jusques à la mort, et tous ceulx de leur sang et lignage. D'icy à cent ans, les gens en feront leurs comptes, à bien ou à mal, et les livres en porteront perpetuel tesmoygnage. Changeons la convoytise de vivre en l'avarice d'honneur, prenons le desir de noz vies en mourant, et reffusons la vie des corps tant petite, pour acquerir celle de immortel renom. Je ne vous dy ces raisons pour vous instruyre, croistre voz forces, ne encourager voz nobles et hardiz cueurs, mais pour contanter le mien esprit, qui ne vous peult celler son desir de victoyre, pour aux guerres de Italie, trente ans a commancées, mettre fin. Chascun se tienne en son ordre, et obeïssé à son capitaine, et j'espere que, par l'aydę de celluy qui donne les victoyres, quant et à qui luy plaist, viendrons au parfaict de nostre entreprinse. »

Ces remonstrances et persuasions entrerent es cueurs des nobles et hardiz hommes, de sorte que tous estoyent deliberez de vaincre ou mourir. Et, voyans les capitaines de l'Empereur que fortune commançoit leur rire et estre pour eulx, desprisans les dangiers de guerre, delibererent tous ensemble, ainsi qu'on m'a rapporté, entrer on parc de Pavye, et gaigner la place de Myrambel, où estoit logée partie de l'armée de France, pour empescher que les Françoys n'eussent vivres à leur ayse, comme ilz avoyent tousjours eu, et, en ce faisant, essayer s'ilz pourroyent les surprendré et mettre en desordre; et que, pour à ce parvenir en mesme temps, messire Anthoyne de Leyve, chief et capitaine

de Pavye, donneroit de l'autre cousté sur les François
ce qu'ilz ne povoyent mettre à effect sans faire breiche
à la muraille du parc de Pavye, parce qu'ilz s'estoyent
parquez derriere les François, et que entre eulx et
les François estoyent les fors de leurs camps. A ceste
cause, suyvans leur deliberacion et entreprinse, le
vingt-quatriesme (1) jour du moys de febvrier, deux
heures davant jour, une partie de l'armée de l'Empereur,
soubz la conduycte du marquis de Pesquere, commença rompre et faire breiche en ladicte muraille du
parc de Pavye, avec gros solyveaulx embourrez, à ce
qu'on n'en peust ouyr le bruyt; et ladite nuyt y eut
en l'armée des François quatre ou cinq alarmes.
Ceste breiche, pour passer cent hommes de front, fut
faicte à si grant labeur et difficulté, que le jour vinst
avant le parfaire; en sorte que l'ordre par ledict marquis et autres capitaines de l'Empereur, entrepriz
pour donner de nuyt et gaigner la place de Myrambel,
estant presque on millieu dudict parc de Pavye, ne
peult avoir effect.

Ce neantmoins l'armée de l'Empereur entra par
ladicte breiche, fort large et ample, oudict parc, où fut
le combat des deux armées plus conduyct par fortune
que par art. J'ay prins peine de sçavoir l'ordre et la
forme de ceste bataille, avec plusieurs qui en sont à leur
honneur retournez; mais de quinze ou seize avec lesquelz j'en ay conferé, deux ne se sont accordez de la
forme du faire en entrée, meillieu et yssue, et n'en ay
voulu prendre le jugement par la description que les
Hispaniens en ont faicte en leur vulgaire, obstant qu'il
y a plus de parolle affectée, que de verité historialle.
A ceste consideracion, prie les lecteurs me pardonner.

(1) L'assaut de Pavie est du 28 février.

si, voulant eviter l'occasion de mentir, j'ay retyré ma
plume d'en escripre plus avant : mais il est certain que
les Françoys eurent du pire, plus par maleur que par la
proesse et bonne conduicte de noz ennemys; car, par ce
que eulx mesmes en ont escript, le confessent, et que
en leur armée y eut du desordre premier que en
la nostre ; aussi, leurs hacquebuttes à crochet ; que
portoyent gens de cheval (dont les Françoys ne se
doubtoyent), endommagerent plus les Françoys, que
leur proesse et vaillance : et si tous ceulx de l'armée
françoyse se fussent aussi bien acquitez que le Roy
et que les princes, capitaines et gentilz hommes,
estans au tour de sa personne, eussent eu la victoyre ;
car, à la premiere charge où estoyent le Roy et ledict
seigneur de La Tremoille, lequel fut blecé par le visaige, prés et dessoubz l'oeuil, feirent tant de beaulx et
grans faictz d'armes, que, à force de coups et par proesse,
sans artillerie, occirent deux ou troys cens hommes
d'armes des ennemys; de sorte que le viroy de Naples
entra en esbayssement, ainsi qu'on m'a rapporté. Incontinant aprés, ledict seigneur de La Tremoille fut
rencontré par messire Loys Bonnyn, chevallier, seigneur du Cluzeau, Jaques de La Brosse, escuyer,
gentilz hommes de sa maison, et Jehan du Bour-
get, homme d'armes, qui l'avoit autresfoiz servy. Et
voyant ledict Bonnyn le cheval dudict seigneur de La
Tremoille estre blecé à mort, le pria de descendre ;
ce qu'il fist ; et lors ledict de La Brosse, qui avoit esté
nourry page en la maison dudit seigneur, se mist à
pié, luy bailla son cheval ; et s'en alla mettre avec les
Souyssés. Ledit seigneur de La Tremoille ; monsté sur
le cheval dudict La Brosse, s'en alla, et ledict Bonnyn
avec luy, au lieu où estoit le Roy : et là, environné

des ennemys, fut abatu mort d'ung coup de hacque-
bouze. Plusieurs de ses gens furent aussi occis en ce
conflict : savoir est de sa compaignée, messire Jehan
de Jancourt,' chevalier seigneur de Vilarnou, son
porte-enseigne; messire Jaques de Salezart, Jehan
Jousserant, seigneur de Layre, Marçon, Le Breton,
Arras et aultres; et des gentilz hommes de sa maison
qu'il avoit nourriz jeunes, Jehan de Poix, filz aisné du
seigneur de Villemor, le filz aisné de messire Odet de
Chazerat, chevalier, le filz unicque de messire Jehan de
Poix, chevalier, et Adam du Ravenel, frere puisné du
seigneur de La Riviere. Et y fut blecé Claude de
Cravant, escuyer, frere puisné du seigneur de Banche;
et prins prisonniers ledict Bonnyn, et messire Georges
de Charge, chevalier, lesquelz, et le frere puisné du
seigneur de Roncée, qui aussi fut prisonnier, amenerent depuis le corps dudict feu seigneur leur maistre,
en France.

Le Roy fist vaillamment en ce combat; et, apres avoir
chocqué domp Ferrand de Castrionte, auquel donna
ung grant coup par le visaige, et que son cheval eut
esté occis entre ses jambes, fut prins, non deffendu
des siens; comme aussi furent le roy de Navarre,
le comte de Sainct Paul, François monseigneur de
Saluces, le comte de. Nevers, le prince de Thâle-
mont, filz dudict seigneur de La Tremoille, le bastard de Savoye, grant - maistre de France, et son
filz le seigneur de Lescun, mareschal de Foex; le
mareschal de Montmorancy, le vidasme de Chartres,
le seigneur de Boysi, le seigneur Galliace Vicomte, le
gouverneur de Limousin, Bonneval, messire Phelippes
Chabot, seigneur de Brion; le prince de La Roche-sur-
Yon, et aultres plusieurs. Les gens de nom du party de

France qui furent occis en la bataille , oultre ledict
seigneur de La Tremoillé, sont le duc de Suffort, de la
maison d'Yort, qui querelloit le royaulme d'Angleterre contre le roy Henry VIII de ce nom, de la maison de Lenclastre; Françoys monsieur, frere du duc
de Lorraine ; messire Jaques de Chabannes, chevalier
de l'ordre, seigneur de La Palice, et mareschal de
France, l'ung des hardiz et vaillans capitaines qui fust
en France ; messire Guillaume Gouffier, seigneur de
Bonnyvet, admiral de France; le seigneur de Bussy
d'Ambayse, le seigneur de Morete, le capitaine Federic Cataigne, le comte de Tonnerre, nepveu dudict
seigneur de La Tremoille; le seigneur de Turnon,
le grant escuyer de France , l'escuyer Maraffin, et
autres, dont les ennemys ne doivent prendre gloire,
car la pluspart d'iceulx furent occis par les hacque-
bouziers, qui estoient gens montez sur cropes de
chevaulx legiers, chargez de hacquebutes à crochet,
dont les Crestiens ne devroient user, fors contre les Infideles. Les corps desdictz princes et seigneurs occis furent, par leurs serviteurs, quis entre les mors; et, pour
y estre congneu, ledict seigneur de La Tremoille (qui
disoit souvent ne vouloir mourir ailleurs que au lict
d'honneur, c'est à dire au service du Roy en juste
guerre) avoit laissé croistre dés longtemps l'ongle du
groz orteil du pié droit. Apres ces nobles corps trouvez
furent par leurs serviteurs portez és eglises de Pavye,
où furent nudz sur la terre par quelque peu de temps ;
pendant lequel on preparoit les coffres et feretres pour les
confire en myerre et aloes, et les transporter en France.
Les serviteurs des occis feirent regretz et com-
plainctées sur les corps nudz de leurs maistres, lesquelz
ilz feirent embasmer en coffres; et, sans rien obmectre

des pompes funereuses à telz personnages déues, les feirent transporter en France, chacun d'eulx à la principalle eglise de leurs seigneuries ; et on moys d'avril ensuyvant, de l'an 1525, les obseques dudict seigneur de La Tremoille furent solempnellement et honnorablement faictes, en son eglise collegialle Nostre Dame de Thouars, qu'il avoit nouvellement edifiée, fondée et dotée ; et fut mis en sa' sepulture, pres de son espouse, madame Gabrielle de Bourbon, et de monsieur Charles, leur filz. Les honneurs qu'on a acoustumé faire en obseques de comtes, princes, chevaliers et chiefz de guerre, luy furent baillez, comme bien le meritant, tant pour son honnorable et droicte vie que pour ses nobles faictz et gestes.

Le jour de son enterrement [1], vers le soir, furent apportées nouvelles certaines que monsieur le prince de Thalemont, son nepveu, c'est à dire filz de son filz, et son heritier unicque, estoit de retour à Lyon, avec madame la Regente, mere du Roy ; lequel retour donna quelque consolation aux habitans de Thouars, et à tous les serviteurs de la maison dudict feu seigneur ; qui fasoient ung merveilleux deul de leur feu seigneur et maistre, et non sans cause, car ce fut l'un des bons seigneurs qu'on veit onc, et qui mieulx traicta ses subgectz, sans leur faire aucun tort en biens, en corps ne en renommée ; il estoit nect de toutes les maculles de tyrannie, et decoré de toutes les meurs que doit avoir ung prince ; et, combien que, pour les laborieux services qu'il avoit faiz, par le temps de quarante cinq ans, à la couronne de France, il se deust

---

[1] *Le jour de son enterrement* : l'auteur ne parle pas des regrets de la jeune épouse de La Trémouille, probablement parce qu'elle se remaria bientôt avec Philippe de Bourbon, baron de Busset.

estre enrichy d'ung milion d'or, veu le grant revenu qu'il avoit à cause de ses parens, qui estoit de trente cinq ou quarante mil livres de rente, et les pensions des gouvernement de Bourgongne, admiraulté de Guyenne, et aultres estatz qu'il eut en la maison de France : neantmoins on ne luy trouva que bien peu d'argent contant, et si n'avoit fait aucuns ediffices, fors la structure de son eglise Nostre Dame, qui est fort sumptueuse et magnifique; aussi n'avoit acquis, fors la seigneurie de Montagu, dont encores bailla pour recompense, avec quelque somme de deniers, les seigneuries de Puybeliart et Chantonay, qui estoient de son ancien patrimoine.

Il despendoit non seulement ses gages et pensions, mais aussi tout son revenu, au service du Roy et de la chose publicque, et non ailleurs; car il ne feit onc de despence prodigue, mais tousjours honneste et honnourable, à la raison de son povoir; qui est une chose digne de grant louange aux princes et seigneurs, quant, oublieux de leurs privées richesses, applicquent tout ce qu'ilz font au proffit public, et ament mieulx souvent endurer que de veoir le pauvre peuple piller. Par telz moiens, et aussi pour sa grant loyaulté et fidelité qu'il eut tousjours aux roys et à la maison de France, et parce qu'il fut pur et nect de toute tyrennie, concussion et pillerie, a eu pour la retribucion ou loyer de si bonnes euvres, le tiltre et nom de *chevalier sans reproche.* La chose que plus craignoit, c'estoit d'offenser le Roy et le royaume : toutesfoiz aucuns ne trouvoient bon dont il se rendoit si tressubgect à la chambre du Roy, et qu'il ne monstroit assez son auctorité et magnificence. Il estoit humain, humble et familier, et l'un des plus veritables en ses parolles de consequence, que

je congneu onc; car il eust mieulx amé perdre tout son
bien que avoir dit une parolle de consequence contraire
à sa pensée. C'estoit le prince qui savoit bien actendre
le temps sans murmure, et changeoit incontinant ses
conditions, selon la disposition du temps, sans vouloir, par envie ne aultrement, detracter de ceulx qui
souvent le vouloient supplanter et surprendre sur son
auctorité. Il n'estoit importun ne pressant en re-
questés de dons d'offices, pour luy ne pour les siens,
dont aucuns de ses serviteurs estoient aucunesfoiz
mal contans; mais il repondoit qu'il avoit de quoy
les recompenser, et que les roys qu'il avoit serviz
congnoissoient les merites des hommes, pour selon
iceulx les remunerer. Ses obseques faictes, fut ceste
epitaphe atachée dans sa seigneurie de Sully :

> Au lict d'honneur il a perdu la vie
> Le bon Loys Tremoille cy gisant,
> On dur conflict qui fut davant Pavye,
> Entre Espaignolz et François par envie;
> Dont son renom est en tous lieux luysant.
> Il n'eust voulu mourir en languissant
> En sa maison, ne soubz obscure roche,
> De lacheté, comme il alloit disant;
> Pource est nommé *Chevalier sans reproche.*

*Cy finist le Chevalier sans reproche, composé par
maistre Jehan Bouchet, procureur es cours royalles
de Poictiers, imprimé par Jaques Bouchet, demourant audict Poictiers, à la Celle. Et se vendent en
la boutique dudict Bouchet et au Pellican, pres le
palais. Et fut achevé le vingt-huictiesme jour de
mars 1527.*

FIN DU PANEGYRIC DU CHEVALLIER SANS REPROCHE.

TABLE DES MATIÈRES

CONTENUES

DANS LE QUATORZIÈME VOLUME.

FIN DU QUATORZIÈME VOLUME.